2-35

ABHANDLUNGEN DES DEUTSCHEN PALÄSTINAVEREINS

Herausgegeben von

ARNULF KUSCHKE

GRUNDZÜGE DER HETHITISCHEN UND ALTTESTAMENTLICHEN GESCHICHTSSCHREIBUNG

VON

HUBERT CANCIK

1976

OTTO HARRASSOWITZ · WIESBADEN

GRUNDZÜGE DER HETHITISCHEN UND ALTTESTAMENTLICHEN GESCHICHTSSCHREIBUNG

VON

HUBERT CANCIK

1976

OTTO HARRASSOWITZ · WIESBADEN

CIP-Kurztitelaufnahme der Deutschen Bibliothek

Cancik , Hubert
Grundzüge der hethitischen und alttestamentlichen Geschichtsschreibung
(Abhandlungen des Deutschen Palästinavereins)
ISBN 3-447-01657-4

HERBERT HAAG

magistro conlegae amico

Inhaltsverzeichnis

2. Teil: Die historischen Werke ‚Mursilis' II.'

I: Die Annalenwerke

§ 11: Erzählformen (II)

§ 12: Religiöse und politische Motive

II: Die Mannestaten Suppiluliumas’

§ 13: Übersicht über Inhalt, Quellen, Gattungszugehörigkeit der TS

§ 14: Aufbau, Erzähltechnik, Stil

3. Teil: Bemerkungen zum Erzählstil der alttestamentlichen Historiographie

§ 15: Stufungsmöglichkeiten

§ 16: Satzfolgen

§ 17: Grundformen der Darstellung von einfachen und komplexen Handlungen

Anhang

§ 18: Übersetzbarkeit und Übersetzungen der alttestamentlichen Geschichtsschreibung

Literaturverzeichnis*

I Mesopotamische Historiographie

R. Borger, Einleitung in die assyrischen Königsinschriften, ²1964.

Ders., Die Inschriften Asarhaddons, 1956 (AfO, Beiheft 9).

E. A. W. Budge — L. W. King, The Annals of the Kings of Assyria I, 1902.

E. Ebeling — B. Meissner — E. F. Weidner, Die Inschriften der altassyrischen Könige, Altorientalische Bibliothek I, 1926 (IAK).

H. G. Güterbock, Die historische Tradition und ihre literarische Gestaltung bei Babyloniern und Hethitern bis 1200, in: ZA 42, 1934, 1—91; 44, 1938, 45—149.

St. Langdon, Die neubabylonischen Königsinschriften, 1912 (VAB IV).

D. D. Luckenbill, Ancient Records of Assyria and Babylonia, 1928. (Bd. I: bis Sargon; Bd. II: bis zum Ende Assyriens).

S. Mowinckel, Die vorderasiatischen Königs- und Fürsteninschriften. Eine stilistische Studie, in: FRLANT 36, 1923, I, 278—323.

A. T. E. Olmstead, Assyrian Historiography. A Source Study, 1916.

M. Streck, Assurbanipal und die letzten assyrischen Könige bis zum Untergange Niniveh's, in: Vorderasiatische Bibliothek Bd. VII, 1916 (VAB).

II Hethitische Historiographie

E. Cavaignac, Les Annales de Subbiluliuma, 1931.

Ders., Subbiluliuma et son temps, 1932.

J. Friedrich, Staatsverträge des Hatti-Reiches in hethitischer Sprache, MVAeG 31,1 (1926); 34,1 (1930).

Ders., Hethitisches Elementarbuch II, ²1946.

Ders., Hethitisches Wörterbuch, 1952 (HWB); Ergänzungshefte 1957. 1961. 1966.

G. Furlani, Gli Annali di Mursili II di Hatti, in: Saggi sulla civiltà degli Hittiti, 1939, 65—140.

Ders., L'Apologia di Hattusilis III di Hatti (1937) in: Saggi etc. S. 141ff.

A. Götze, Hattusilis. Der Bericht über seine Thronbesteigung nebst den Paralleltexten, MVAeG 29,3 (1925).

Ders., Madduwattas, MVAeG 32,1 (1928).

Ders., Neue Bruchstücke zum Großen Text des Hattusilis und den Paralleltexten, MVAeG 34,2 (1930).

Ders., Die Annalen des Mursilis, MVAeG 38, 1933 (=1967) (Götze, AM) (s. 2 A 10).

Ders., Kizzuwatna, 1940.

Ders., Kleinasien, ²1957.

H. G. Güterbock, The Deeds of Suppiluliuma as told by his Son, Mursili II, in: JCS 10, 1956, 41—50; 59—68; 75—85; 90—98; 107—130 (DS = TS).

---

* Dieses nach Sachgebieten geordnete Literaturverzeichnis ist keine Bibliographie zur altorientalischen Historiographie, sondern lediglich eine Zusammenstellung einiger wichtiger und der häufiger zitierten Werke; Spezialliteratur ist in den Anmerkungen genannt.

O. R. Gurney, The Hittites, ²1954.

Ph. H. J. Houwink ten Cate, The Records of the Early Hittite Empire (ca. 1450—1380 B. C.), 1970.

Ders., Mursilis' Northwestern Campaigns — Additional Fragments of his Comprehensive Annals, in: JNES 25, 1966, 162—192.

F. Imparati — C. Saporetti, L'Autobiografia di Hattusili I, in: Studi classici e orientali 14, 1965, 40—85.

A. Kammenhuber, Die hethitische Geschichtsschreibung, in: Saeculum 9, 1958, 136—155.

H. Klengel, Geschichte Syriens im 2. Jt. v. u. Z., I—II, 1965—1969.

Ders., Syrien in der hethitischen Historiographie, in: Klio 51, 1969, 5—14.

V. Korošec, Hethitische Staatsverträge. Ein Beitrag zu ihrer juristischen Wertung. Leipziger rechtswissenschaftliche Studien 60, 1931.

E. Laroche, Catalogue des Textes Hittites, 1971 (CTH).

H. Otten, Zu den Anfängen der hethitischen Geschichte, in: MDOG 83, 1951, 33—45.

Ders., Neue Fragmente zu den Annalen des Mursilis, in: MIO 3, 1955, 153—179.

Ders., Keilschrifttexte (aus den Grabungen in Bogazköy 1957), in: MDOG 91, 1958, 73—84.

Ders., Neue Quellen zum Ausklang des Hethitischen Reiches, in: MDOG 94, 1963, 1—23.

Ders., Das Hethiterreich, in: Kulturgeschichte des Alten Orient (Hrg.: H. Schmökel), 1961, 313—446.

Ders., Hethiter, Hurriter und Mitanni, in: Fischer Weltgeschichte Bd. 3, 1966, 102—176.

Ders., Die hethitischen historischen Quellen und die altorientalische Chronologie, Akademie der Wissenschaften und Literatur, Mainz, Abh. d. geistes- und sozialwiss. Klasse, 1968, 3.

Ders., Sprachliche Stellung und Datierung des Madduwatta-Textes, Studien zu den Bogazköy-Texten 11, 1969.

M. Riemschneider, Die Welt der Hethiter, 1954 (Rez.: A. Kammenhuber, in: AfO 17, 1954/56, 389—391).

E. v. Schuler, Die Kaskäer. Ein Beitrag zur Ethnographie des Alten Kleinasiens, 1965.

Ders., Staatsverträge und Dokumente hethitischen Rechts, in: Neuere Hethiterforschung (s. G. Walser), 1964, 34—53.

F. Sommer, Die Ahhijavā-Urkunden, 1932 (AU).

F. Sommer — A. Falkenstein, Die hethitisch-akkadische Bilingue des Hattusili I (Labarna II), 1938 (HAB).

R. Sternemann, Temporale und konditionale Nebensätze des Hethitischen, sprachvergleichend dargestellt (Diss. Humboldt-Universität Berlin 1963), in: MIO 9, 1966, 231 ff. 377 ff. (Zitiert nach der Fassung von 1963).

G. Walser (Hrg.), Neuere Hethiterforschung, Historia-Einzelschriften 7, 1964 (mit Beiträgen von: Güterbock, Otten, von Schuler u. a.).

E. Weidner, Politische Dokumente aus Kleinasien, BoSt 8—9, 1923 (= 1970) (PDK).

III Israelitische Historiographie

M. Adinolfi, Storiografia biblica e storiografia classica, in: Riv. Bibl. 9, 1961, 42—58.

B. Albrektson, History and the Gods. An Essay on the Idea of Historical Events as Divine Manifestations in the Ancient Near East and in Israel, 1967.

L. Alonso-Schökel, Erzählkunst im Buche der Richter, in: Bibl. 42, 1961, 143—173.

J. Barr, Bibelexegese und moderne Semantik, deutsch 1965.

K. Beyer, Semitische Syntax im Neuen Testament, I 1 = ²1962.

Ders., Althebräische Grammatik. Laut- und Formenlehre, 1969.

Ders., Althebräische Syntax in Prosa und Poesie, in: Festschrift H. G. Kuhn, 1971, 76—96.

Th. Boman, Das hebräische Denken im Vergleich mit dem griechischen, ³1959.

C. Brockelmann, Die hebräische Syntax, 1956.

H. Cancik, Art. „Geschichtsschreibung" in: Bibellexikon (Hrg. H. Haag), ²1968, Sp. 567—574.

Ders., Das jüdische Fest. Ein Versuch zu Form und Religion des chronistischen Geschichtswerkes, in: ThQ 150, 1970, 335—348.

O. Eißfeldt, Einleitung in das Alte Testament, ³1964.

K. Galling, Textbuch zur Geschichte Israels, ²1968.

G. Gerlemann, Hebreisk berättarstil, in: SvTKv 25, 1949, 81—90. (Für die Übersetzung danke ich Herrn U. Nanko).

Ders., Struktur und Eigenart der hebräischen Sprache, in: SEA 23, 1957, 252—264.

H. Gese, Geschichtliches Denken im Alten Orient und im A. T., in: ZThK 55, 1958, 127—145.

C. H. Gordon, Geschichtliche Grundlagen des Alten Testamentes, ²1961.

J. Hempel, Geschichte und Geschichten im AT bis zur persischen Zeit, 1964.

G. Hölscher, Geschichtsschreibung in Israel, 1952.

A. Jepsen, Die Quellen des Königsbuches, 1953 (²1956).

K. Koch, Was ist Formgeschichte? Methoden der Bibelexegese, ³1974.

R. Meyer, Stilistische Bemerkungen zu einem angeblichen Auszug aus der „Geschichte der Könige von Juda", in: Festschrift Fr. Baumgärtel, 1959, 114—123.

J. A. Montgomery, Archival Data in the Book of Kings, in: JBL 53, 1934, 46—52.

Shoshana R. Bin-Nun, Formulas from Royal Records of Israel and of Juda, in: VT 18, 1968, 414—432.

G. v. Rad, Der Anfang der Geschichtsschreibung im alten Israel (1944), in: Gesammelte Studien zum Alten Testament, ²1961, 148—188.

W. Richter, Exegese als Literaturwissenschaft, 1971 (Rez.: K. Koch, in: ThLZ 98, 1973, 801 bis 814).

C. Westermann, Arten der Erzählung in der Genesis, in: Forschung am Alten Testament. Ges. Stud. (ThB 24), 1964, 9—91.

IV Verschiedene Kulturen

H. Cancik, Mythische und historische Wahrheit. Interpretationen zu Texten der hethitischen, biblischen und griechischen Historiographie, 1970 (MhW).

K. v. Fritz, Die griechische Geschichtsschreibung I, 1967.

B. Hellwig, Raum und Zeit im homerischen Epos, 1964 (Spudasmata 2).

S. Herrmann, Die Königsnovelle in Ägypten und in Israel. Ein Beitrag zur Gattungsgeschichte der Geschichtsbücher des ATs, in: Wiss. Ztschr. Karl-Marx-Univ. Leipzig, 3, 1953/4, 51 bis 62.

F. Jacoby, Die Fragmente der griechischen Historiker, 1957 ff. (vermehrter Neudruck) (FGr Hist).

R. G. Kent, Old Persian, ²1953.

J. Nougayrol, Le Palais Royal d'Ugarit, IV 1956 (PRU).

H. Preller, Geschichte der Historiographie I, 1967 (Rez.: H. Cancik, in: ThR 66, 1970, 245 bis 248).

J. B. Pritchard, Ancient Near Eastern Texts Relating to the OT, ²1955 (ANET).

F. Rosenthal, A History of Muslim Historiography, 1952.

H. Strasburger, Die Wesensbestimmung der Geschichte durch die antike Geschichtsschreibung, 1966.

E. Täubler, Die Anfänge der Geschichtsschreibung, in: Tyche 1926, 17—74.

Abkürzungen

..A..	.. Teil, Anmerkung ..
AA	Ausführliche Annalen, s. Götze
AM	Annalen Mursilis', s. Götze
ANET	s. Pritchard
AU	s. Sommer
CTH	s. Laroche
FGrHist	s. Jacoby
HAB	s. Sommer-Falkenstein
IAK	s. Ebeling
K.	Kümmel, s. Vorwort
KBo	Keilschrifttexte aus Bogazköi, Berlin
KUB	Keilschrifturkunden aus Bogazköi, Berlin
MhW	s. Cancik
PDK	s. Weidner
PRU	s. Nougayrol
TS (= DS)	Taten Suppiluliumas', s. Güterbock
VAB	s. Streck
ZJA	Zehnjahresannalen Mursilis', s. Götze

Im übrigen sind die gebräuchlichen Abkürzungen verwandt, vgl. die Listen bei J. Friedrich (Handwörterbuch), Laroche (CTH) und O. Eißfeldt (Einleitung). Die Siglen der altpersischen Texte nach R. G. Kent.

Fremdsprachliche und deutsche Zitate werden in möglichst einfacher Form geboten; Ergänzungen, Lücken, Übersetzungshilfen, Unsicherheiten werden, wenn für diese Arbeit unwichtig, nicht bezeichnet.

In hethitischen Texten bedeuten kursive Versalien akkadische, senkrechte Versalien sumerische Wörter. Zur Vereinfachung des Druckes wurde in hethitischen Wörtern s für š, h für ḫ geschrieben.

Die Wiedergabe der hebräischen Texte beschränkt sich auf eine Umschrift des Konsonantentextes.

Vorwort

Die Anfänge des hier vorgelegten Versuches zur Typologie und Geschichte der beiden bedeutendsten Historiographien des Alten Orients gehen auf sprachwissenschaftliche und hethitologische Übungen zurück, die vor mehr als zehn Jahren die Professsoren Dr. Peter Hartmann und Dr. Einar v. Schuler in Münster abhielten.

Daß die damals begonnenen Vorarbeiten hiermit einen gewissen Abschluß finden, verdanke ich dem verständnisvollen Interesse von Prof. Dr. Herbert Haag, der das Thema begrenzte, der Arbeit ein Ziel setzte und sie durch andauernde Hilfe förderte. Prof. Dr. Wolfgang Röllig hat die beiden ersten Teile des Manuskriptes gelesen und in detaillierter Kritik nicht wenige Verstöße beseitigt, Lücken aufgezeigt, nützliche Winke gegeben und mit H. Haag die Arbeit begutachtet. Dr. Hans Martin Kümmel hat besonders die hethitologischen Kapitel kontrolliert; er hat die zum Teil bereits veralteten Übersetzungen von Götze nach neueren Texten ergänzt oder korrigiert, zur Normalisierung der Transkription beigetragen, Literatur nachgewiesen und mich vor manchem Irrtum bewahrt; in besonderen Fällen nur ist seine Hilfe durch ein „K." kenntlich gemacht.

Mein Freund Heinrich Lotz hat einst viel Zeit darauf verwendet, mit mir die logischen und mathematischen Grundlagen für eine quantitative Stilistik historiographischer Texte zu diskutieren; es ist nur durch meine dürftigen Kenntnisse in Logistik und Statistik zu entschuldigen, daß von diesen, wie ich vermute, weittragenden Überlegungen hier sehr wenig, in Anmerkungen versteckt, aufgenommen werden konnte.

Prof. Dr. Günther Zuntz (Buxton/Derbyshire) hat eine frühere Veröffentlichung des Verfassers (Mythische und historische Wahrheit, 1970) mit Strenge und mit einem Verständnis für altorientalische — um nicht zu sagen: ostantike — Probleme, wie es bei Graecisten der Vätergeneration nicht selbstverständlich ist, zensiert; vielleicht kann ich hier einige Belege, die er vermißte, nachliefern, einige Zweifel zerstreuen.

Als klassischer Philologe und Religionswissenschaftler war ich auf vieler
Hilfe angewiesen, die ich in reichem Maße gefunden habe — mehr als in diesem
Vorwort ausgeführt werden kann. Um die Drucklegung hat sich zunächst Prof.
Dr. Johannes Neumann, sodann Prof. Dr. Arnulf Kuschke bemüht. Ihm habe
ich für die Aufnahme der Arbeit in die „Abhandlungen des Deutschen Palästi-
na-Vereins", der Deutschen Forschungsgemeinschaft für einen großzügigen
Druckkostenzuschuß zu danken.

summa laus est profiteri per quos profeceris.

Ammerbuch-Reusten/Tübingen im August 1974   Hubert Cancik

§ 1: EINLEITUNG

Bestimmung des Themas

§ 1.1: Durch die Funde und Forschungen etwa seit Beginn dieses Jahrhunderts sind in Kleinasien und Syrien neue Zweige der altorientalischen Kultur und Literatur erschlossen worden. Diese Entdeckungen erlauben es, die alte geistesgeschichtliche, literatursoziologische und psychologische Vexierfrage nach dem Erwachen des historischen Bewußtseins, den Ursprüngen der europäischen Geschichtsschreibung — oder gar von Geschichtsschreibung überhaupt — genauer zu stellen und mit den Mitteln der vergleichenden Literatur- und Kulturgeschichte einer Klärung näher zu bringen. Zu den wichtigsten Ergebnissen dieser Forschung gehört die Einsicht, daß die altorientalischen Kulturen schon zu Beginn des zweiten Jahrtausends v. Chr. sehr viel reicher und differenzierter sind, als man bis dahin ahnen durfte. So konnte in den Bibliotheken einer unbekannten Stadt in Anatolien schon für die erste Hälfte des zweiten Jahrtausends eine historiographische Literatur nachgewiesen werden, wie man sie — gemessen an der gleichzeitigen mesopotamischen und ägyptischen Literatur — nach Quantität, Mannigfaltigkeit und Niveau in diesem Randbezirk altorientalischer Kultur nicht hatte erwarten können. Die altorientalische Geistes- und Literaturgeschichte des 2. Jt.s hat in Hattusa (Bogazköy), der Hauptstadt des hethitischen Reiches, einen neuen Mittelpunkt erhalten.

Die Entdeckung einer ausdrucksfähigen historischen Literatur, die sogar einige, wenn auch schwache Ansätze zu einer Art historischer Kritik entwickelt zu haben scheint, entsprach, wie gesagt, keineswegs den Vorstellungen, die man sich bis dahin von der Entwicklung der Historiographie im 2. Jt. hatte machen müssen und — nicht zuletzt infolge unzureichender Klärung grundlegender literaturwissenschaftlicher Begriffe — bis heute macht. Die hier vorgelegte Arbeit versucht deshalb, systematischer und detaillierter als vereinzelte ältere Vorarbeiten, diesen Zweig der altorientalischen Historiographie in einem repräsentativen Werk — dem unter dem Namen Mursilis' bekannten historiographischen Oeuvre (ZJA, AA, TS) — so darzustellen, daß er auch für den Vergleich mit der israelitischen und der westantiken Historiographie, vielleicht sogar für die allgemeine Frage nach der Entstehung des europäischen Geschichtsbewußtseins fruchtbar gemacht werden kann.

Die Beschränkung auf das Werk Mursilis' II. (ab ca. 1329 v. Chr.) ist durch den Überlieferungsbefund und den Stand der hethitologischen Forschung bedingt: das Oeuvre, das unter dem Namen dieses Herrschers überliefert ist[1], ist reich, durch Editionen, Übersetzungen und Kommentar erschlossen; der chronologische und geographische Rahmen ist hinreichend gesichert. Dagegen ist die Erforschung der alt- und späthethitischen Epoche, vor allem aber die Neubestimmung des ‚Mittleren Reiches' so stark im Flusse[2], daß eine literargeschichtliche Darstellung der hethitischen Historiographie gegenwärtig kaum möglich scheint[3]. Die Interpretation der Geschichtsschreibung Mursilis' wird jedoch, so hoffe ich, zur Motiv-, Formen- und Gattungsgeschichte der hethitischen Geschichtsschreibung beitragen und damit einer Geschichte der hethitischen Historiographie vorarbeiten.

Aus der genannten Zielsetzung folgt die dem Forschungsstand entsprechend verschiedene Ausführlichkeit der Darstellung. Die israelitische und westantike Historiographie ist seit Jahrhunderten von Theologen, Philologen und Historikern bearbeitet, die hethitische erst seit kurzem in den Blick der biblischen und klassischen Altertumswissenschaften gerückt. Deshalb wird das hethitische Material ausführlicher vorgelegt und erläutert werden müssen; der Vergleich mit der westantiken und israelitischen Historiographie kann sich auf einige kurze Skizzen beschränken. Auch den etwaigen direkten und indirekten Verbindungen zwischen der hethitischen und israelitischen, der altorientalischen und westantiken Historiographie kann hier nicht nachgegangen werden. Immerhin sprechen einige Indizien dafür, daß die israelitische Geschichtsschreibung als Teil und Fortsetzung der ‚kanaanäischen' Historiographie des 2. Jt.s zu verstehen ist. G. v. Rads oft zitierte Aussage, die Entstehung der altisraelitischen Geschichtsschreibung lasse sich nicht darstellen, sie sei zu einem bestimmten Zeitpunkt da, und zwar in ihrer vollkommensten Gestalt, ist — beim gegenwärtigen Stand der Forschung — lediglich eine Aussage zur Überlieferungsgeschichte: die vor-israelitische Historiographie ‚Kanaans' ist uns fast unbekannt[4]. Darüber hinaus ist von zahlreichen Hethitologen, vor allem immer wieder von A. Götze, ein Zusammenhang zwischen der assyrischen und der hethitischen Annalistik postuliert worden[5]. Eine Untersuchung von Einzelheiten der Erzähltechnik, der Motive oder der Phraseologie von Datierung, Auszug, Kampf, Götterbeistand, Sieg und Beute ist jedoch bisher nicht durchgeführt worden; auch in dieser Arbeit können zu diesem Fragenkreis, der für die Geschichte der altorientalischen Historiographie von besonderer Bedeutung ist, nur wenige Hinweise gegeben werden.

Wie der Titel der Arbeit sagt, sind historiographische Texte der Hethiter und Israeliten Gegenstand der Untersuchung. Die Themastellung bezieht sich also nicht unmittelbar auf allgemeine Fragen wie die nach dem historischen Sinn, dem Zeitgefühl oder Geschichtsdenken der altorientalischen Kulturen, auch nicht auf die so reizvollen Zusammenhänge zwischen Sprache, Gesellschaft, Recht, Religion und Geschichtsschreibung[6]. Hingegen ließ es sich nicht vermeiden, den Begriff der Geschichtsschreibung selbst in einer theoretischen Untersuchung so genau zu bestimmen, wie es für eine literaturvergleichende Untersuchung notwendig ist.

Zum Stand der Forschung

§ 1.2: Die Frage nach der Entstehung der Geschichtsschreibung ist durch mancherlei Werturteile und begriffliche Unklarheiten belastet. Mit denselben Schlagworten wird bald den Griechen, bald den Israeliten oder anderen altorientalischen Kulturen das Verdienst zugeschrieben, als erste ‚eigentliche‘, ‚wirkliche‘ Geschichte geschrieben zu haben: „Die Geschichtsschreibung im eigentlichen Sinne findet sich im AO nur in Israel"; der AO kenne nur Geschichtsquellen[7]. G. v. Rad meint[8]: „Unter den antiken Völkern haben bekanntlich nur noch die Griechen eine Geschichtsschreibung hervorgebracht, freilich auf ganz anderem Wege." Die Ansichten der klassischen Philologen über die altorientalische Historiographie unterscheiden sich von denen der Theologen vor allem darin, daß sie geneigt sind, den Ursprung der ‚eigentlichen‘ Geschichtsschreibung nicht im Orient, sondern nur in Hellas zu suchen. K. v. Fritz hat in seinem umfassenden Werk über die griechische Geschichtsschreibung die Frage kaum berührt; der Hauptunterschied zwischen griechischer und altorientalischer Historiographie liegt bei ihm im Fehlen „eine(r) gewisse(n) Art der historischen Lebendigkeit" im Alten Orient[9]. Eine Sammlung ähnlicher traditioneller (Vor-)Urteile findet sich bei Brundage, Starr und Preller; sogar E. Meyer, der wichtige Texte der hethitischen Historiographie bereits kannte, hat den historiographie-geschichtlichen Wert diese Texte verkannt[10]. Schon früh aber haben die Hethitologen ihre Ansprüche angemeldet. Schon E. Forrer (1922) hat in den Anmerkungen zu seinen geschichtlichen Texten aus dem alten Chatti-Reich gelegentlich geniale Intuitionen auch zum literarischen Charakter dieser Texte notiert[11]. A. Götze[12] schrieb 1936: „Viel bedeutsamer ist, daß bei den Hethitern zum ersten Male in der Weltgeschichte ein literarisches Genos von hoher Bedeutung in Erscheinung tritt: der historische Bericht. Er sprengt den Rahmen trockener Annalistik, die auch anderswo im Orient vorhanden gewesen sein muß, wenn auch nur traurige Reste auf uns gekommen sind; er bedient sich anderer Formen als der im Zweistromland üblichen; Mythus und

Legende sind aus dem Bereiche der Geschichtsschreibung verdrängt. Der hethitische historische Bericht versteht es in einer Weise, die erst in den Geschichtsbe-
richten der Israeliten wieder erreicht wird, Ereignisse unter einheitlichen Gesichtspunkten rückschauend zusammenzufassen, Situationen eindrucksvoll darzustellen." Trotz aller Berührungen im einzelnen mit assyrischen Annalen sei
ein ungeheurer Unterschied in der geistigen Haltung spürbar. Der hethitische
Bericht diene nicht der Heroisierung des Königs, sondern der Darstellung von
Tat und Geschick, sei deshalb vom Mythischen durchaus abgelöst, sei Geschichte. Schon 1928 hat Götze mit genau den Begriffen, mit denen die Eigenart und
Priorität der griechischen, bzw. biblischen Geschichtsschreibung bewiesen werden soll, die Sonderstellung der hethitischen Historiographie hervorgehoben[13]:
„Dagegen scheint es (sc. Assur) mir den Stil seiner Königsannalen von den
Hethitern erlernt zu haben. Der Vordere Orient kennt diese Literaturgattung
in vorhethitischer Zeit nicht ... Annalen treten zuerst in Boghazköi auf, und
die Ähnlichkeit in Stil und Ausdrucksweise zwischen den hethitischen und
assyrischen Werken dieser Art ist so groß, daß man ohne die Annahme einer
Abhängigkeit gar nicht auskommt. Die hethitischen Berichte werfen ein eigentümliches Licht auf das historische Bewußtsein ihrer Verfasser ... (folgen
einige Beispiele) ... atmen einen eigentümlichen Geist und zeugen von der
Fähigkeit, Ereignisse im Zusammenhang zu sehen. Sie erheben sich hoch über
trockene Aufzählung und haben Sinn und Tendenz unabhängig vom Ablauf
der erzählten Geschehnisse; wenn es auch Tendenzgeschichte ist, was sie bieten,
so ist es doch Geschichte. Assur hat, wo nicht den Geist, der hinter diesen Berichten steht, so doch die Technik, sie zu schreiben, übernommen."

Diese Vorstellungen über die Errungenschaften der hethitischen Historiographie haben sich unter Orientalisten weithin durchgesetzt. H. Schmökel
schreibt[14]: „Die Geschichtswissenschaft liefert in den Berichten und Vertrags-
einleitungen erstaunliche Beweise ihres Könnens; sie bildet ... jene Art der vom
Mythus freien Historiographie aus, die Einzelgeschehnisse von einer höheren
Warte her zu deuten und einzuordnen versteht und als Schöpfung hethitischen
Geistes anzusehen ist."

Der Streit um Prioritäten soll an dieser Stelle gewiß nicht fortgeführt werden. Der Blick auf die Differenzen der communis opinio bei Theologen, Orientalisten und klassischen Philologen lehrt jedoch, daß für eine vergleichende
Betrachtung der hethitischen und israelitischen Historiographie möglichst klare
literaturwissenschaftliche Begriffe notwendig sind; ihrer Darstellung dient der
erste Teil dieser Arbeit. Denn weder ‚literarische Komposition', ‚bloße Quelle',
‚nur Aufzählung ohne tieferen Sinn' noch ‚innerer Zusammenhang', die ‚Vergangenheit der berichteten Ereignisse' oder die ‚Unbeteiligtheit des Erzählers'

sind Ausdrücke, die unbesehen zur Beschreibung historiographischer Texte, bzw. zum Aufweis ‚wahrer‘ Geschichtsschreibung benutzt werden können.

Zur Quellenlage

§ 1.3: Das Alte Testament ist eine epitomierte Bibliothek; es ist eine zwar reiche, aber doch unvollständige und einseitige Quelle für die Geschichte der israelitischen Historiographie. Voraussetzung für diese Geschichte ist die quellenkritische Aussonderung und Rekonstruktion derjenigen Einzelwerke, die zu verschiedenen Zeiten und aus verschiedenen Gründen zu der komplexen Überlieferungsmasse des Alten Testamentes verschmolzen sind. Da trotz einer mehrhundertjährigen Gelehrtenarbeit die Analyse, sprachliche, inhaltliche und theologische Charakterisierung und die Datierung der einzelnen Schichten immer noch zu oft stark divergierenden Resultaten führt, ist auch die auf der Quellenanalyse aufbauende Geschichte der israelitischen Historiographie, zumal was die Einzelheiten angeht, ganz hypothetisch.

Alle alttestamentlichen Historiographien, auch die der ältesten Epoche, haben mündliche und schriftliche Traditionen in mehr oder weniger veränderter Form übernommen. Der Integrationsgrad dieser Werke ist gelegentlich sehr gering. So kann es geschehen, daß ein Forscher ein Geschichtswerk rekonstruiert, Herkunft, Zeit und Anliegen des Verfassers bestimmt, während ein anderer Forscher die Existenz dieses Werkes bestreitet.

Man kann also für den Vergleich mit den historiographischen Werken der Hethiter nicht einfach das jahwistische Geschichtswerk, wie es G. Hölscher, oder das nebiistische Geschichtswerk, wie es A. Jepsen rekonstruiert hat, heranziehen. Die bewundernswürdige Rekonstruktion des jahwistischen Geschichtswerkes durch G. Hölscher ist nicht allgemein anerkannt worden. Dieses Werk wird z. B. in die „Laien-“ oder „Nomadenquelle“, J^2, eine südpalästinensische Quelle, eine Keniterquelle etc. aufgeteilt. Ähnliches ist bekanntlich mit dem elohistischen Geschichtswerk geschehen, das bald als selbständige Komposition, bald als Serie von Interpolationen angesehen wird[15]. Man muß also, will man Ergebnisse gewinnen, die von der jeweiligen Quellenanalyse unabhängig sind, der Tendenz zur Atomisierung der ehemaligen Quellenautoren Rechnung tragen und kann nur kleine, nach möglichst allgemeinem Urteil in sich einheitliche Partien vergleichen. Nur an einheitlichen Partien kann man die Handlungsführung, die Konstruktion gleichzeitiger Handlungen, die Einfügung von Exkursen oder das Verhältnis von Rede und Handlung studieren. Sollten auch die in dieser Arbeit untersuchten Stücke uneinheitlich sein, dann beziehen sich die Aussagen auf den vom jeweiligen ‚Bearbeiter‘ hergestellten Text.

Für die Auswahl derjenigen Partien des Alten Testamentes, die zum Vergleich mit der hethitischen Historiographie benutzt werden, ist außer der Einheit der Texte ihr Alter und ihr Inhalt maßgebend. Es werden überwiegend Texte aus der frühen Königszeit gewählt, die von späterer Prophetie oder Weisheit möglichst unberührt sind. Es handelt sich dabei fast ausschließlich um Berichte über militärische oder politische Ereignisse, da ein Vergleich des historiographischen Stils sich an Texten ähnlichen Inhalts am leichtesten durchführen läßt.

Geschichtliche ‚Handlung‘ bei Hethitern und Israeliten

§ 1.4: Es ist nämlich zunächst weder nötig, noch der Sache adäquat oder fruchtbar, vorschnell auf Begriffe wie ‚Deutung, Bewertung oder Interpretation von Ereignissen‘ zurückzugreifen, um die Sonderstellung der israelitischen Historiographie sicherzustellen. Daß es ‚Interpretation von Ereignissen‘ auch in der außerbiblischen altorientalischen Historiographie gibt, wird man genausowenig leugnen können, wie die selbstverständliche Tatsache, daß diese Interpretation in den verschiedenen altorientalischen Kulturen verschieden ausfiel, und zwar kulturspezifisch (‚einzigartig‘). In Vergleichen zwischen israelitischer und altorientalischer Historiographie muß zwischen ‚Geschichtsdenken‘, den Metaschichten und der eigentlichen historiographischen Narrative sorgfältig geschieden werden[16].

Die wichtigste Kategorie des hier angestellten Vergleiches ist die der ‚(geschichtlichen) Handlung‘ (s. § 2.1). Diese Kategorie scheint für die Erforschung von Historiographie geeigneter als psychologische wie „historische Lebendigkeit" (K. v. Fritz), Feinfühligkeit, Kunst und Charakterdarstellung oder spannende Erzählkunst. Die genannten Begriffe sind nämlich nicht konstitutiv für historischen Sinn oder historische Darstellung. Sie sind gattungsunabhängig und auch auf Märchen oder lyrische Gedichte anwendbar; sie sind der Kategorie der (geschichtlichen) Handlung unterzuordnen.

Legt man die Kategorie der geschichtlichen Handlung zugrunde, dann lassen sich die hethitische und die israelitische Historiographie im Unterschied zur (älteren) mesopotamischen als Handlungsdarstellung bezeichnen. Die hethitische Historiographie enthält Ansätze zur Darstellung von handlungsübergreifenden Prozessen und zur Ausbildung von Metaschichten[17]. Schildert der hethitische Historiograph die Ereignisse aus der Distanz, von einem genau fixierten Zeitpunkt aus einen Überblick über Vergangenes bietend, mit Vorgeschichten und Rekapitulationen, so bleibt der israelitische Erzähler meist nah an den

Ereignissen (vgl. aber 1 A 65, u. ö.). Die hethitische Historiographie expliziert dementsprechend das logische Verhältnis der Handlungsteile zueinander genauer als die israelitische; sie ist in der Staffelung der historischen Hintergründe eines Geschehens ausführlicher und genauer als die israelitische. Die geschichtliche Handlung erscheint in der israelitischen Historiographie nicht als ein logisch faßbares Gefüge von Sachverhalten in der objektiven Wirklichkeit, sondern als ein vom handelnden Subjekt her gesehener, durch menschlichen Willen und Verstand bewirkter Zusammenhang. Diese wesentlich anthropozentrische Geschichtsbetrachtung ist ein Grund dafür, daß die Geschichte als sinnvoller Prozeß gedeutet werden konnte. Statt wie die hethitische Historiographie Voraussetzungen, Nebenumstände und Folgen einer Handlung mit einer Fülle von logischen Partikeln, Konjunktionen und Konnektiven zu explizieren, hat die israelitische Historiographie eine reiche Verweis-, Anspielungs- und Wiederholungstechnik ausgebildet.

Die hier angedeuteten Eigenheiten des Erzählstils der israelitischen Historiographie sind, wie gesagt, bereits an sehr alten, ‚profanen‘ Texten kenntlich; die Sonderstellung der israelitischen Historiographie zeigt sich also schon in den Erzählstrukturen. Der Vergleich dieser Erzählstrukturen ist der vornehmste Gegenstand dieser Untersuchung. Nur andeutungsweise kann gezeigt werden, wie die aus Jahwismus, Weisheit und Prophetie entwickelte theologische Metaschicht auf den Grundformen dieser Historiographie aufruht, nicht etwa äußerliche Zutat oder sekundäre Verfremdung einer, wie man gemeint hat, in ihren Anfängen profanen Historiographie ist.

Der Stand der Forschung über die hethitische Historiographie

§ 1.5: Den Höhepunkt der hethitischen Historiographie, soweit sie bis jetzt bekannt ist, bezeichnen drei unter dem Namen Mursilis' II. überlieferte Werke: die Zehnjahresannalen (ZJA), die ausführlichen Annalen (AA), die Taten Suppiluliumas' (TS)[18]. Möglichkeiten, Mittel und Ziele der hethitischen Historiographie müßten sich bei diesem umfangreichen und, wie sich zeigen wird, erstaunlich differenzierten Oeuvre mit einer gewissen Aussicht auf Fruchtbarkeit und Sicherheit der Ergebnisse untersuchen lassen.

So überrascht es denn, wie wenig über diese zum Teil schon seit langer Zeit gut edierten, übersetzten und kommentierten Werke in neuerer Zeit gearbeitet wurde[19]. Die Darstellungen der hethitischen Historiographie konzentrieren sich auf die oft ganz fragmentarisch überlieferten Texte der althethitischen Epoche.

Über die historischen Werke des Neuen Reiches finden sich meist nur allgemeine Andeutungen, scharfsinnige Intuitionen ohne Begründungen und Ruhmesworte über den historischen Sinn der Hethiter. Es ist erstaunlich zu sehen, wie die Hethitologen — unbeachtet von den Erforschern der biblischen Historiographie — zur Beschreibung und Würdigung der hethitischen Historiographie dieselben Ausdrücke gebrauchen, die die alttestamentlichen Theologen und Philologen zum Beweis der Einzigartigkeit der biblischen Geschichtsschreibung benutzen.

In der hier vorgelegten Arbeit sollen die zumal bei Furlani, Götze, Güterbock, Kammenhuber und Otten vorhandenen Ansätze zu einer Geschichte der hethitischen Historiographie aufgenommen und fortgeführt, wichtige Begriffe geklärt und einige neue Methoden herangezogen werden. Da hier jedoch sozusagen das Wesen der hethitischen Historiographie, das sich auf dem Höhepunkt ihrer Entwicklung am deutlichsten zeigen dürfte, ermittelt werden soll, steht das Werk Mursilis' im Mittelpunkt der Interpretationen. Texte aus der Zeit vor und nach Mursilis II. wurden nur angeführt, wenn sie Eigenheiten dieses Werkes erklären. So sind die hethitischen Vasallenverträge herangezogen worden, um die Konstruktion der Vorgeschichten und das politische Räsonnement bei Mursilis zu verdeutlichen. Die sog. Autobiographie Hattusilis' III. hat die theologische Metaschicht, die im Werke Mursilis' nur in Ansätzen zu erkennen ist, reich entwickelt. Die Verfassungsurkunde Telepinus', Partien aus dem Testament Hattusilis' I., einige Sammeltafeln des Neuen Reiches bringen Beispiele für generalisierende Beschreibungen in der Historiographie, Vergangenheitsgeschichte und den politischen Gebrauch der Historiographie bei den Hethitern. Die Wichtigkeit von Untersuchungen über die Entstehung und Entwicklung der hethitischen Historiographie soll mit diesem Ansatz natürlich nicht bestritten werden. Das Material hierfür ist reich und trotz seines fragmentarischen Zustandes ergiebig.

Doch wurden, aus den angegebenen Gründen, so wichtige Texte wie die Anittas-Tafel und die quasihistorischen Texte der althethitischen Zeit, die Aufschluß über die Verbindung von Tatenbericht und Baubericht, Mythos, Sage, Märchen und Geschichte sowie über den Zusammenhang zwischen mesopotamischer und althethitischer Historiographie geben, nicht berücksichtigt. Die Entwicklung der Annalistik von Hattusilis I. über den Ammunas-Text, die Annalen eines Arnuwandas (CTH 143) und eines Tuthalijas (CTH 142), Hattusilis' III. (CTH 82) bis Tuthalijas IV. konnte nicht verfolgt werden. Doch dürften die hier ausgewählten und interpretierten Texte ein einigermaßen vollständiges Bild der Kategorien und Darstellungsformen hethitischer Historiographie vermitteln.

Philologische Interpretation von Historiographie

§ 1.6: Der Vergleich von Historiographien, die sprachlich, zeitlich und ihrem allgemeinen kulturellen Hintergrund nach so verschieden sind wie die hethitische und israelitische, muß notwendigerweise weitgehend formal sein. Gewiß gibt es ähnliche Motive in der hethitischen und israelitischen Historiographie, Texte des Alten Testamentes, die durch Parallelen aus der hethitischen Historiographie besser verständlich werden[20]. Ein umfassender Vergleich der beiden Typen von Historiographie bezieht sich indessen auf die Kategorien, Formen, Strukturen der Darstellung.

Die philologische Interpretation von historischen Texten ist Thema zahlreicher Arbeiten der klassischen Altertumswissenschaft[21]. In dieser Wissenschaft hat sich ein Schatz von Methoden und Erfahrungen angesammelt, die für die Interpretation auch der altorientalischen Historiographie nützlich sein dürften. Die Aufgabe des Interpreten ist ja weder mit der des Historikers noch der des Grammatikers identisch. Die reine Sachforschung geht hinter das Schriftwerk zurück. Die grammatische Sprachforschung bleibt vor dem Werk stehen und betrachtet nur das Instrument der Sprache, die zur Mitteilung des Sinnes verwandt ist[22]. Die stilistischen Methoden und Begriffe, die in diesem Paragraphen weder vollständig noch systematisch aufgezählt werden, konstituieren eine ‚Einheitssprache‘, mit der sich historiographische Texte verschiedener Sprachen und Kulturen adäquat beschreiben und interpretieren lassen.

Die Stilistik richtet sich zunächst nicht auf den ‚Inhalt‘ eines Textes, sondern auf seine grammatischen, vor allem syntaktischen Formen und auf die in den syntaktischen Formen angezeigten ‚logischen Schemata‘. Auf die Untersuchung der Satz- und Periodenform folgt die Analyse derjenigen Mittel, mit denen Satzfolgen zu höheren Einheiten zusammengeschlossen werden, der Konnektive. Es schließt sich an eine Untersuchung derjenigen Kompositionsmittel, die einen Text in Teile gliedern beziehungsweise diese Teile zu einem Ganzen mehr oder weniger stark integrieren (z. B. Prolog, Epilog, Verweise). Die Gesamtheit dieser Gliederungsmittel repräsentiert den Formalgehalt eines Werkes[23].

Bereits auf dieser Stufe der Untersuchung werden Eigenheiten eines historiographischen Textes wie ‚Zusammenhang der Ereignisse‘, Handlungsführung und Personenverteilung, die Möglichkeiten der räumlichen und zeitlichen Perspektive, die Techniken, Einlagen geographischen oder ethnographischen Inhaltes in die fortlaufende Narrative einzufügen, sichtbar. Auf semantisches und literarhistorisches Gebiet führen die Überlegungen über das Verhältnis von Rede und Narrative, den Gebrauch von Wiederholungen, von rhetorischen und poetischen Sprachmitteln. Dazu kommen gattungsgeschichtliche, formen- und motivgeschichtliche sowie literatursoziologische Gesichtspunkte (Beispiel: Autoren und Publikum von Historiographie). Die verschiedenen Gattungen, in denen Historiographie vorkommt, geben Aufschluß über den Sitz der Historiographie im Leben der verschiedenen Kulturen. Die Beachtung von Gattung und Sitz im Leben fördert das Verständnis der Erzählweise, der Tendenz eines Werkes und der Auswahl aus den zu berichtenden Ereignissen, die jeder Historiograph treffen muß[24]: die literarische Formung eines historischen Berichtes ist, wie man von einem der größten Historiographen des Altertums gesagt hat[25], immer nur eine Fortsetzung der Formung der politischen Wirklichkeit.

Grundformen der altorientalischen Historiographie

§ 2: EREIGNIS, TAT, HANDLUNG, PROZESS

Ereignislisten, Tatenberichte, einfache Handlung

§ 2.1: Die Erfindung der Schrift und die Verschriftlichung mündlicher Traditionen sind für die Entwicklung des historischen Bewußtseins in allen Kulturen von großer Wichtigkeit. Die Schrift bedeutet eine Entlastung des Gedächtnisses, die häufig eine Rückbildung des Erinnerungsvermögens zur Folge hat[26]. Durch Repräsentation im Zeichen werden auch vergangene Ereignisse dem menschlichen Geiste in ganz anderer Weise verfügbar und überschaubar als materielle Relikte vergangener Epochen. Die historischen Monumente — Ruine, Grenzstein, Beutestück und Siegesmal — verbleiben (als ‚Signale‘) im Bereich des Faktischen. Da ihr historischer Informationsgehalt — ohne zusätzliche schriftliche Überlieferung — gering ist, verfallen sie schnell dem Mythos oder Märchen. Die Schrift dagegen, gleichsam ein materialisiertes Gedächtnis, hält in historischen Dokumenten die Ereignisse fest.

Die in Tempeln und Palästen angelegten Listen, Kalender und Chroniken, die typologisch und teilweise auch zeitlich am Anfang der historischen Dokumentation stehen, verzeichnen in chronologischer Reihung Ereignisse und Tatsachen punktuell, ohne einen anderen Zusammenhang als den der Zeit, des Ortes und der Person oder des Standes. Die Eintragungen erfolgen gewöhnlich bald nach dem Ereignis, also ohne Distanz. Beamtennamen, Bauten, Blitzschlag, Hunger und Krieg werden ohne Bezug aufeinander, ohne Vor- oder Rückverweise in asyntaktischer Nennung aufgezählt[27]. Diese Ereignislisten stehen auf der untersten Stufe eines Systems der Typen der Historiographie.

Mit dem Terminus ‚Historiographie‘[28] werden alle Texte historischen Inhaltes zusammengefaßt. Der Terminus ‚Geschichtsschreibung‘ wird dagegen nur für bestimmte höher entwickelte Formen der Historiographie gebraucht.

Die historiographischen Typen fallen nicht mit den literarischen Gattungen zusammen. In der hethitischen Literatur finden sich Texte, die verschiedenen historiographischen Typen zuzuordnen sind, in verschiedenen Gattungen: in Brief (Tavagalavas- und Milavatas-Brief) und Vertrag (historische Einleitung und historische Beispiele), in Gebet (Pestgebete Mursilis' II. und Gebet der Puduhepas für Hattusilis III.), Erlaß, Stiftungsurkunde und Testament (hethitisch-akkadische Bilingue Hattusilis' I.), vielleicht auch in Götterbrief, Bau- und Siegesinschrift. In den TS, die als Gesamtwerk betrachtet eine Handlungsdarstellung sind und zur Gattung ,Biographie' gehören, gibt es Partien, die nicht zum Typ ,Handlungsdarstellung' gehören, sondern zum Typ ,Tatenbericht' oder ,Ereignisliste' (s. § 14.1).

Von den Listen, in denen heterogene Ereignisse gesammelt sind, sind die Texte zu unterscheiden, die allein menschliche Taten berichten, wie z. B. die Siege, Bautätigkeit und Jagden eines Königs. Tatenberichte zählen die mehr oder weniger voneinander unabhängigen Taten eines übermächtigen Herrschers an Objekten ohne eigene Initiative — Menschen, Tieren, Bauten — auf. Zwar können Nebenumstände, Voraussetzungen und Folgen einer Tat angegeben sein, doch kommt es dadurch, daß es für den Täter nur passive Objekte seiner Tat, aber keinen selbständigen Gegenspieler gibt, nicht zur Handlungsdarstellung. Diese Aussage läßt sich durch einen Hinweis auf assyrische Reliefs veranschaulichen, auf denen der siegreiche König in übermenschlicher Größe, seine besiegten Gegner zwergenhaft dargestellt sind[29].

Im Unterschied zu den Tatenberichten enthält eine Darstellung von Handlungen[30] mindestens zwei Aufmerksamkeitsträger. Nicht nur Aktion und Reaktion werden dargestellt, sondern auch die Gegenaktion des Partners, Bundesgenossen, Unterfeldherrn oder Gegners. Der Gegner ist nicht nur Objekt von Taten, sondern Mitwirkender in einer Handlung, die verschiedene Einzeltaten umgreift.

Die Beteiligung eines größeren Personenkreises an einer Handlung stellt gewisse Anforderungen an die Erzähltechnik. Es muß beispielsweise, wenn die Vorgeschichte eines zu der Handlung gehörigen Umstandes berichtet werden soll, in die Vorvergangenheit zurückgegriffen werden; neue Personen müssen in einer Nebenreihe vorgestellt, zwei gleichzeitige Handlungen so erzählt werden, daß das Geschehen auf beiden Schauplätzen dem Leser oder Hörer immer gegenwärtig bleibt. Die hierfür benötigten Formen der Narrative werden häufig der Dichtung entlehnt, die in Helden- und Götterepos schon lange vor der Historiographie komplizierte Handlungsformen beschreibt[31].

Die Handlungsdarstellungen können sehr komplex werden. Sie sind dann sowohl für die Formen der mündlichen Überlieferung, Lied und Sage, wie auch für die Formen von Listen und Chroniken zu schwierig und zu umfangreich. Das historische Bewußtsein kann sich auf einer bestimmten Stufe der Entwicklung nur noch in Literatur, schriftlich und prosaisch, ausdrücken. Die Entwicklung der Historiographie ist deshalb aufs stärkste von der Entwicklung der übrigen Literatur und, z. B. bei der Ausbildung von Metaschichten, von anderen Bereichen des Geisteslebens einer Kultur abhängig[32].

Die literarische Darstellung geschichtlicher Handlungen nennen wir ,Geschichtsschreibung'. Da zahlreiche Werke der hethitischen Historiographie

Darstellungen oft hochkomplexer Handlungen sind, da die Kriterien auf sie zutreffen, mit denen die Literarizität eines historiographischen Textes bestimmt werden kann (§ 6), da sich weiterhin mindestens Ansätze zu Metaschichten finden (§ 4; § 9), darf gesagt werden, daß es sich bei diesen Werken um Geschichtsschreibung handelt.

Bevor in verschiedenen Ansätzen die eben verwendeten Begriffe verdeutlicht werden, sei hier unter Vorwegnahme späterer Ergebnisse zusammengefaßt, was in dieser Arbeit unter Geschichtschreibung verstanden wird: Geschichtschreibung sei eine schriftliche, für ein Publikum bestimmte,(meist) prosaische Darstellung von vergangenen geistigen, politischen, militärischen Handlungen von Menschen, welche durch historische oder moralische Kritik, theologische oder philosophische Deutung oder eine objektive Theorie überhöht sein kann. Eine Handlungsdarstellung sei eine Darstellung, in der mindestens zwei Handlungsträger in Aktion, Reaktion und Gegen-Aktion als Gegner oder Partner agieren. Dieses Handlungsgefüge kann durch Vorgeschichte, Exkurse, Reden und Reflexionen in verschiedenem Grade kompliziert, ‚verumständet' werden[33].

Komplexe Handlung, Prozesse, Themen

§ 2.2: Die Tatsache, daß in der hethitischen und israelitischen Historiographie der Personenkreis recht groß ist und die Personen, auch der Gegner, oft scharf profiliert sind[34], ist bereits ein Indiz dafür, daß israelitische und hethitische Historiographie wesentlich Handlungsdarstellung sind. Da der Gegner hier als ein in gewissem Maße freies, (spontan) handelndes Wesen einbezogen wird, entsteht die Notwendigkeit, auch seine möglichen Reaktionen auf intendierte Handlungen vorauszuberechnen und die eigene Handlung als eine durch diese erwarteten Reaktionen modifizierte zu verstehen und darzustellen. Dadurch, daß andere Handlungen einwirken, ergeben sich Umwege, Aufschübe oder Verhinderungen einer geplanten Aktion. So werden im Raume der Möglichkeit Elemente der Handlung verschieden kombiniert, ihre Abhängigkeit oder Unabhängigkeit voneinander festgestellt, einflußlose Umstände isoliert, schließlich die günstigste Konstellation als Plan entwickelt und — unter Umständen mit neuerlichen Modifikationen — in die Wirklichkeit umgesetzt[35]. So führt die konsequente Handlungsdarstellung zur Einbeziehung von nicht-ausgeführten, modifizierten und möglichen Handlungen und durch das Gedankenexperiment zur historischen Reflexion: Denken ist folgenloses Handeln. Wenn die Anzahl der an den Handlungen beteiligten Personen, die Menge der Handlungen, die Größe ihrer räumlichen und zeitlichen Ausdehnung, die Angabe der Gründe und Möglichkeiten, Pläne und Motive und damit der Grad der Abhängigkeit der Handlungen voneinander eine gewisse Schwelle übersteigt, geht die Handlungsdarstellung in die Darstellung eines Prozesses über. Die Handlung ist im Prozeß aufgehoben wie in der Handlung die Tat.

Prozeßdarstellungen gibt es im Alten Orient erst in der israelitischen Historiographie, wenn man auch Ansätze hierzu bei den Hethitern nicht übersehen wird[36].

Ziel, Triebkraft und Träger dieser Prozesse sind nicht die Absichten einer einzelnen Person, z. B. Rachsucht und Machtwille eines Königs, sondern etwa die kulturelle Entwicklung der Menschheit, Machtzuwachs eines Volkes, das gerechte Walten und der Erfolg einer Dynastie, das Schicksal eines Reiches.

Ein derartiger Prozeß ist z. B. — wenigstens in der konstruktiven Sicht der biblischen Historiographie — die Landnahme des Volkes Israel in Palästina. In das Geschehen um das Volk Israel — vgl. Ex. 1, 1.7: die Söhne Jakobs werden zum Volk Israel — ist eine große Anzahl individueller Handlungen aufgenommen; das ‚Volk‘ aber gibt es in der altorientalischen Historiographie nicht. Der Umfang der Berichte und des Berichteten, durch den sich die israelitische Historiographie auszeichnet, die Tendenz zur Welt- und Menschheitsgeschichte entspringen einem Streben zur Prozeßdarstellung, das schon in der älteren Historiographie bemerkbar ist.

Diese weitgespannten Prozeßdarstellungen werden durch eine mannigfaltige Verweis-, Anspielungs- und Wiederholungstechnik literarisch, durch eine reiche Ausbildung von Metaschichten gedanklich und thematisch bewältigt[37].

Das berühmteste Beispiel griechischer Prozeßdarstellung ist die ‚Archäologie‘ des Thukydides, die unter dem Thema ‚Wachsen der Macht der Stadt Athen‘ geographische Lage, Bevölkerung, Wirtschaft, Rüstung und Politik zusammenfaßt. Auf ein Beispiel aus der römischen Literatur sei noch hingewiesen, weil es leicht übersehen wird, Caesars *commentarii de bello Gallico*. Diese sind alles andere als der Tatenbericht eines siegreichen Feldherrn oder der „militärische Rapport des demokratischen Generals an das Volk" (Mommsen). Die furchtbare Sachlichkeit und Notwendigkeit der caesarischen Darstellung rührt nicht zum wenigsten daher, daß Caesar Prozesse beschreibt, in denen er, Caesar in der dritten Person[38], nur ein — wenn auch entscheidender — Faktor ist. Die Sprache Caesars ist bis in die syntaktische Struktur seiner Perioden Abbild von prozeßhaft gesehenem und analysiertem Geschehen[39].

Die Grenzen zwischen Ereignis und Tat, Handlung und Prozeß, historiographischer Narrative und Metaschicht sind fließend. Es ist auch möglich, erst die Darstellung von Prozessen als ‚Geschichtsschreibung‘ zu bezeichnen: dann beginnt m. E. die Geschichtsschreibung im 10./9. Jh. v. Chr. in Israel, trotz beachtlicher Ansätze in der außerbiblischen Historiographie. Hält man die rationale Kritik an anderen historiographischen Werken unter Berufung auf einen objektiven, theoretischen historischen Wahrheitsbegriff — also nicht die Kritik an dem politischen Handeln anderer, z. B. der königlichen Vorgänger — für die entscheidende Wende in der Geschichte der Historiographie, dann beginnt die Geschichtsschreibung im 6. Jh. v. Chr. in Ionien, obschon es auch hierfür Ansätze in der hethitischen Historiographie gibt[40].

Die Historiographie und die verwandten Gattungen

§ 2.3: Die hier angestellten Versuche, Geschichtsschreibung zu bestimmen, gehen von der Geschichtsschreibung selbst, nicht von der Wirklichkeit aus, die in der Geschichtsschreibung abgebildet werden soll. Die Formel, nach der eine historische Erzählung dann vorliegt, wenn ein Berichterstatter historische Fakten hat abbilden und sagen wollen, wie es wirklich gewesen ist, führt leicht zu Mißverständnissen[41]. Die Bestimmung der Geschichtsschreibung als literarische Darstellung von menschlichen Handlungen und von Prozessen umfaßt, wie bereits ausgeführt, auch mögliche und nichtausgeführte Handlungen, Pläne und Reflexionen. Sie scheint in dieser allgemeinen Form jedoch einerseits zu weit, weil auch Epos und Drama darunter fallen, andererseits zu eng, weil geographische oder ethnographische Exkurse zum Beispiel nicht unmittelbar erfaßt werden.

Um die Geschichtsschreibung von dichterischen Handlungsdarstellungen abzusetzen, wird man davon ausgehen, daß Historiographie überwiegend prosaisch ist[42]. Die Welt der Prosa ist eine andere als die der Dichtung. Schon die bloße Umsetzung einer mythischen Dichtung in Prosa verändert mit der Gestalt auch den Geist des Mythos. Prosa scheint immer dann verwendet zu werden, wenn der Wille zur nüchternen, distanzierten, rationalen Deskription der Welt sich Geltung verschafft. Die Prosa ist ein adäquater Ausdruck für komplexe Handlungen, politische Argumentation und theoretische Reflexion. Mit dem Übergang von dichterischer zu prosaischer Darstellung ist häufig eine Umsetzung von mündlichen Traditionen in schriftliche verbunden, die meist nicht nur Wechsel im Medium der Tradierung, sondern eine Veränderung bis in die syntaktischen Strukturen bedeutet.

Die Frage, ob mit dem Ausdruck ‚prosaische Beschreibung menschlicher Handlungen' die Geschichtsschreibung hinreichend genau bestimmt ist, ob nicht Märchen und Novelle zu Unrecht eingeschlossen, politische Geographie und Ethnographie unberücksichtigt sind, hängt mit dem Problem zusammen, ob Geschichtsschreibung als eine Gattung neben anderen bestimmt werden kann.

Man kann zur Beantwortung dieser Frage von den Untersuchungen ausgehen, die über die Historisierung verschiedenster Stoffe aus Kult, Mythos,
Sage und Märchen im Alten Testament angestellt wurden[43]. Bei der Einbettung
in eine historiographische Struktur werden diese Stoffe tiefgreifend verändert.
Waren sie vorher selbständige Einzelstücke, so werden sie jetzt in eine Zeitfolge
eingereiht; Dichtung wird in Prosa umgesetzt; ein Allerweltsmärchenmotiv
wird einer ganz bestimmten historischen Person zugeschrieben; eine Aitiologie
wird einer historischen Situation zugeordnet; Einzelsagen werden zu Zyklen
zusammengestellt und in ein genealogisches Schema gepreßt.

So gewiß man also aus dem Alten Testament (Teile von) Mythen, Märchen,
Sagen, Legenden, Novellen herauslösen kann, so wenig ist die Stellung zu vernachlässigen, die diese Motive, Erzählformen und Erzählungen innerhalb des
Werkes haben, aus dem die Analyse sie gelöst hat. Ein Mythos im jahwistischen Geschichtswerk ist kein Mythos mehr (vgl. Gen. 6, 1ff.); die Erzählungen
von Josef sind keine Märchen oder Novellen, sondern Teil der Geschichte des
Volkes Israel; die Berichte vom Tempel und seinen Schätzen in den Königs-
büchern sind keine bloßen Exzerpte aus Archiven oder Bauinschriften, so gewiß
sie auf derartigem Quellenmaterial beruhen. Besonders aufschlußreich ist der
Einbau der Ruth-„Novelle" in die Geschichte Israels durch Prolog und Epilog[44].
Die Historisierung von Mythen und Märchen impliziert natürlich nicht die
Historizität dieser Geschichten im modernen Sinne.

Aus diesen Bemerkungen ergibt sich, daß Historiographie als eine Über-
Gattung aufgefaßt werden kann, die andere Gattungen in sich aufnimmt, sie
zwar verändert, aber die ihnen eigenen Ausdrucksweisen nicht zerstört. Umgekehrt kann Historiographie in andere Gattungen wie Brief, Erlaß oder
Gebet aufgenommen werden[45]. Was die Zugehörigkeit von handlungsdarstel-
lenden Novellen, Märchen und Sagen außerhalb von eindeutig erkennbaren
Geschichtswerken angeht, so kann sie meist im Rückgriff auf inhaltliche Kriterien entschieden werden[46].

§ 3: ERZÄHLFORMEN UND LOGISCHE SCHEMATA

Nebenreihen

§ 3.1: Zu einer Handlungsdarstellung gehören mindestens zwei Handlungsträger, die gegen- oder miteinander operieren. Wenn aber eine Person nicht nur

Objekt der Taten einer anderen ist, sondern selbst handelt, muß innerhalb der Erzählung eine Nebenreihe, und sei es nur ein Nebensatz oder Partizip ausgebildet werden, in der dieser Aufmerksamkeitsträger grammatisches oder logisches Subjekt ist. Die Anzahl der Aufmerksamkeitsträger, die Menge und Länge der Nebenreihen und die Art ihrer Verknüpfung mit der Hauptreihe sind Kriterien für das Niveau einer Handlungsdarstellung.

Dieser formale Gesichtspunkt läßt sich durch einen Hinweis auf die unterschiedliche Beachtung des Gegners in den verschiedenen Historiographien konkretisieren. Die hethitische und israelitische zeichnet sich dadurch vor der übrigen altorientalischen Historiographie aus, daß sie eine größere Anzahl von Handlungsträgern exponiert. Die Annahme der Vernünftigkeit des Gegners, der prinzipiellen Rationalität, Durchschaubarkeit und Vorausberechenbarkeit seiner Pläne und Unternehmungen ist eine wichtige Voraussetzung für eine höher entwickelte Handlungsdarstellung[47]. Ein lebhafter politischer Sinn, der seinerseits auf bestimmten politischen Verhältnissen beruht, sowie die Fähigkeit zur Distanz und zur Einfühlung in die Situation der gegnerischen Partei schaffen diese Voraussetzungen.

An diesem Punkte geht die Untersuchung von Formen und Typen der Historiographie über zur Betrachtung der gesellschaftlichen, historischen und politischen Wirklichkeit, in der eine Historiographie wurzelt. Geschichtlich leben heißt in Konflikten und Rivalitäten, in Vorläufigkeit, Unzulänglichkeit und Kompromissen leben. Eine Historiographie, die keine Konflikte darstellt, ist keine Geschichtsschreibung[48].

Für die Beteiligung von hethitischen Generälen an den militärischen Aktionen, für das Zusammenwirken von Brüdern in den AM, von Großvater, Vater und Sohn in den TS und für die Beachtung des Gegners, seiner Pläne und Motive in der hethitischen Historiographie wird die Interpretation der Vorgeschichten und der komplexen Handlung hinreichend Beispiele bringen. Charakteristisch ist beispielsweise schon die Berücksichtigung von Einwänden eines fiktiven Gegners im politischen Räsonnement[49].

Die israelitische Historiographie bietet viele Beispiele für die Fähigkeit, den Sachverhalt auch vom Standpunkt des Gegners wahrnehmen zu können. Der Rat Husai's ist in Absalom's Augen dem Rat Ahithophel's vor allem deshalb überlegen, weil er in bester Rhetorik ganz von David her argumentiert:

„Da sprach Husai zu Absalom: ... du kennst deinen Vater wohl und seine Leute, daß sie stark sind und zornigen Gemüts wie ein Bär auf dem Felde, dem die Jungen geraubt sind; dazu ist dein Vater ein Kriegsmann und wird sich nicht säumen mit dem Volk, ... Denn es weiß ganz Israel, daß dein Vater stark ist, und die Krieger, die bei ihm sind." (2 Sam. 17,7—10)

Auch Joas von Israel argumentiert in seiner Botschaft an den angriffslustigen Amasja vom Gegner her:

„Du hast die Edomiter geschlagen, des überhebt sich dein Herz. Habe den Ruhm und bleibe daheim." (2 Kön. 14, 10)

In Caesars *commentarii*, die mit altorientalischer Annalistik gut vergleichbar sind, ist die Zweisträngigkeit der Erzählweise in größtem Umfang und mit caesarischer Virtuosität gehandhabt. Auch hier ist die Anerkennung des Gegners die politische Grundlage des historischen Berichtes[50].

Aus der Wichtigkeit des hier vorgetragenen Gesichtspunktes für die Beurteilung von Historiographie überhaupt folgt, daß über die Konstruktion von Nebenreihen, über die hierzu notwendigen Konjunktionen, Konnektive, Verweise und Wiederholungen, über die Stufung verschiedener Handlungskomplexe gegeneinander sowie über besonders interessante Typen von Handlungen, die nichtausgeführten und möglichen, ausführlicher gehandelt werden muß.

Konnektive

§ 3.2: Was die Konjunktionen für die Syntax, sind die Konnektive für die Stilistik[51]. Konnektive bestehen aus Pronomina, Konjunktionen, Partikeln, Adverbien beziehungsweise aus Kombinationen dieser Elemente. Im Unterschied zu den syntaktischen Elementen, die Sätze zu Satzfolgen oder Perioden verknüpfen, haben die Konnektive die Aufgabe, Gruppen von Sätzen und Perioden zu höheren Komplexen, zu Kapiteln, Exkursen oder Nebenreihen zu verbinden.

In dem folgenden Beispiel dient ein ganzer Nebensatz als Konnektiv: *dum ea ibi Romani gerunt, Antemnatium exercitus... incursionem facit* (Livius 1,11). Dieses Konnektiv markiert das Ende eines Exkurses und den Anfang eines neuen Kapitels; es bewirkt Gleichzeitigkeit bei Schauplatz- und Personenwechsel. Seiner formalen Wichtigkeit entspricht seine Inhaltslosigkeit.

Die historischen Einleitungen hethitischer Verträge sind mit den Vertragsbestimmungen durch ein Konnektiv verbunden, das die Einheit dieser beiden Teile eines Vertragswerkes sichert. Dieses Werkkonnektiv hat verschiedenen Umfang und verschiedene syntaktische Formen je nach den politischen Konsequenzen, die aus der historischen Darstellung gezogen werden[52]. Am einfachsten, nämlich als eine wörtliche Wiederholung, ist das Werkkonnektiv in dem Vertrag Mursilis' II. mit Manapa-Dattas ausgebildet. Die Vorgeschichte wird mit einem Trikolon beendet, das in allgemeinen Worten das Ergebnis der Vorgeschichte zusammenfaßt und auf den Vertrag selbst vorausweist: „Und zu dir faßte ich, die Sonne, Gnade. Und dir deswegen willfahrte ich. Und dich in einen Vertrag nahm ich."

Unmittelbar darauf folgen die Vertragsbestimmungen; sie werden eingeleitet mit den Worten: „Und zu dir, als ich, die Sonne, Gnade faßte und dich in einen Vertrag nahm, da . . . "[53]

Sehr viel kompliziertere Formen erfordert das politische Räsonnement im Vertrag Mursilis' mit Kupanta-KAL; die Konklusion aus der Vorgeschichte lautet (§ 7)[54]:

> „Und weil jetzt dein Vater Mashuiluwas gesündigt hat, weil du aber, Kupanta-KAL, des Mashuiluwas' Sohn warst, hätte man nicht, obwohl du keineswegs sündig warst, dir das Haus deines Vaters und dein Land wegnehmen und es irgendeinem andern geben können?
> Auch hätte ich im Lande irgendeinen anderen zum Herrn machen können!"

Nach der Feststellung, daß Mursilis dies alles dennoch nicht gemacht habe, beginnt mit der Grenzbeschreibung der Hauptteil des Vertrages.

Konnektive großen Umfangs mit der Aufgabe, einen Text zur Einheit eines Werkes zu integrieren, sind die Prologe und Epiloge. Sie erheben sich — oft mit metasprachlichen Allgemeinbegriffen — über die Narrative und machen das Werk vor- oder rückblickend überschaubar[55].

Prospektive Konnektive von der Art ‚zunächst noch nicht, später aber' sind in der hethitischen Historiographie relativ selten[56]; in der mesopotamischen fehlen sie fast ganz. Das Vorhandensein von prospektiven Konnektiven ist Zeichen einer entwickelten Erzähltechnik. Sie tragen besonders stark zur Integration eines Werkes bei, weil dieses durch den Vorverweis dem Leser oder Hörer als Ganzes präsent wird. Da diese Vorverweise auch Spannung erzeugen, wird verständlich, warum mesopotamische Historiographie oft so ‚langweilig' ist; andererseits überrascht es nicht, daß für Homers Ilias und die Perserkriege Herodots die ‚Vorbereitung' eines der wichtigsten Kompositionsmittel ist.

Retrospektive Konnektive vom Typ ‚zum zweiten Male, wieder, wie schon früher einmal' sind häufiger. Einige Beispiele:

ZJA 2. Jahr (Götze S. 30 f)[57]:
> „Und weil da das Land Ishupitta feindlich war, schickte ich den . . . . ., und er besiegte es zum zweiten Male wieder (dan EGIR-pa)."

AA 10. Jahr (Götze S. 130 ff):
> „Als es aber Frühling wurde, da machte ich mich zum zweiten Male wieder auf den Weg nach dem Lande Azzi. . . . Weil die Leute von Azzi aber ich, die Sonne, schon früher geschlagen hatte, auch Nuwanzas, der Große des Weines, sie vor Kannuwara geschlagen hatte, wagten sie deshalb keineswegs, bei Tage mit mir zu kämpfen . . ."

AA 11. Jahr (Götze S. 138 f):
> (Rede der Leute von Azzi an Mursilis) „Weil du, unser Herr, uns schon früher vernichtet hast, so komme du, unser Herr, nicht nochmals!"[58]

In einer Chronik sind pro- und retrospektive Konnektive überaus selten, da eine Chronik die Ereignisse punktuell registriert, deshalb Wiederholungen desselben Ereignisses nicht als Wiederholungen kennzeichnet[59].

Verweise, Wiederholungen

§ 3.21: Eine Sonderstellung unter den Konnektiven haben die Verweise vom Typ ,wie (weil, obschon) ich früher gesagt habe (später sagen werde)'. Der Wert dieser Verweise läßt sich abschätzen, indem man beispielsweise die Entfernung — als Anzahl der dazwischen stehenden Worte — angibt, die ein derartiger Verweis überbrücken muß. Dieser Verweistyp setzt eine gewisse literarische Kultur voraus. Er ist in der altorientalischen Historiographie sehr selten; doch gibt es in der hethitischen Historiographie und sehr häufig in den Königsbüchern und in der Chronik des Alten Testamentes Fälle, wo sogar auf andere Werke verwiesen wird. Diese Verweise sind für die Geschlossenheit des Textes und damit für seine Literarizität von großer Bedeutung; wie die Konnektive können sie für die Unterscheidung von Kompilation und Komposition benutzt werden[60].

Neben diesen formalen Mitteln, größere Partien zu verbinden, gibt es auch andere, die ,materielle (inhaltliche) Konnektive' genannt werden können. Ein materielles Konnektiv liegt bei Wiederholungen und Anspielungen vor, oder wenn mehrere Handlungsstränge durch (fiktiven) Botenverkehr oder Briefwechsel miteinander verbunden sind[61].

Die abstraktere Form des bloßen Blickwechsels gibt es bei Mursilis kaum; hethitische und israelitische Historiographie unterscheiden sich in diesem Punkte stark[62]. Bei Homer und Herodot ist diese Form des Wechsels zu einem anderen Thema recht häufig. Die Götter im Himmel sehen, was sich in der troischen Ebene abspielt; die verschiedenen Schauplätze des Kampffeldes sind stets durch optische oder akustische Kommunikation verbunden. Dareios sitzt auf dem Felsen am Bosporus und blickt auf den Pontus, dessen Geographie Herodot nun beschreibt[63]. Orakel und Prophezeiungen sind unter stilistischem Aspekt ebenfalls als materielle Konnektive mit prospektiver Funktion aufzufassen; sie spielen in der hethitischen Historiographie — im Gegensatz zur israelitischen und herodoteischen — eine ganz geringe Rolle[64].

Der Gebrauch von Wiederholungen und Anspielungen zur Wiederaufnahme oder zum Verweisen ist tief im Erzählstil der israelitischen Historiographen begründet. Sie machen häufiger den Sachverhalt, auf den ,verwiesen' werden soll, durch (teilweise) Wiederholung eines früheren Berichtes präsent, statt durch formale Verweise logische Verbindungen herzustellen. Dieser syntaktisch faßbare stilistische Unterschied der historischen Darstellung führt letztlich auf einen Unterschied des geschichtlichen Sehens und Erfahrens[65].

Gleichzeitige Handlung

§ 3.22: Eine besondere Schwierigkeit bei der Konstruktion von Nebenreihen ist die Darstellung von gleichzeitigen Handlungen. Komplexe Handlungen und Prozesse setzen aber meist die Gleichzeitigkeit gewisser Sachverhalte voraus; verschiedene Handlungen kommunizieren in verschiedenen Momenten und beeinflussen gegenseitig ihre weitere Entwicklung.

Die griechische Geschichtsschreibung bietet zahlreiche Beispiele für gleichzeitige Handlungen; einige Fälle aus der hethitischen und israelitischen Historiographie werden später behandelt. Die Seltenheit der Darstellung von gleichzeitigen Handlungen in der assyrisch-babylonischen Historiographie dürfte nach dem, was bereits über die Nebenreihen in der mesopotamischen Historiographie gesagt wurde, nicht überraschen[66].

Für eine Schilderung mit häufigem Schauplatz- und Personenwechsel werden temporale Konjunktionen und Konnektive benötigt. Häufig wird eine Handlung bis zu einem Zustand der Ruhe oder des gleichmäßigen Fortgangs geführt und mit Ausdrücken wie ,während, solange, noch' die zweite Handlung eingeschaltet.

Diese Technik wurde für Homer eingehend untersucht[67]. Da in den TS und — mit charakteristischen Unterschieden — in der israelitischen Historiographie dieselbe Technik angewandt ist, soll die homerische an einem Beispiel veranschaulicht werden.

Im dritten Buch der Ilias wird dreimal eine Handlung in gleichmäßig fortlaufende Vorgänge überführt. Während des ersten dieser Vorgänge — das griechische und trojanische Heer wartet; zwei Boten gehen nach Troja beziehungsweise zu den griechischen Schiffen — findet auf einem anderen Schauplatz, in Troja, eine andere Handlung statt. Die Handlung in Troja wird durch ein materielles Konnektiv mit dem Vorgang auf dem Schlachtfeld verbunden: ein Herold, der vom Schlachtfeld her nach Troja gekommen war, geht mit Priamus auf das Schlachtfeld zurück. Während nun die Handlung auf dem Schlachtfeld weitergeht — Zweikampf zwischen Paris und Menelaos —, wartet Helena auf den Ausgang des Kampfes. Die Entrückung des Paris aus dem Zweikampf durch Aphrodite verlagert den Blick wieder nach Troja. Hier ereignen sich nun mehrere Szenen zwischen Helena, Aphrodite und Paris, während das Geschehen auf dem Schlachtfeld in der Suche nach Paris ausläuft[68].

Die ‚Vorgeschichte'

§ 3.3: Eine weitere wichtige historiographische Erzählform ist die ‚Vorge-schichte', in der die Voraussetzungen des zu berichtenden Sachverhaltes mitge-teilt werden: die früheren Schicksale einer Person (Gruppe, eines Landes u. ä.), die jetzt neu in die Handlung eintritt; aus früheren Ereignissen entstandene und weiterwirkende Rechtsverhältnisse, politische Abhängigkeiten u. a. m. Es ist einleuchtend, daß Eigenart und Niveau eines Geschichtswerkes sich auch an der Anzahl und Konstruktion der Vorgeschichten erkennen läßt.

Rückblick, Vorgeschichte, Exposition, ‚Archäologie'

§ 3.31: Es lassen sich drei Arten von Vorgeschichten unterscheiden: Rück-blick, Vorgeschichte im engeren Sinne und Exposition. Wenn der Erzähler, etwa in einer kurzen Parenthese, u. U. mit einem temporalen Konnektiv (‚frü-her aber') kurz in die Vergangenheit ‚zurückblendet', kann man von einem R ü c k b l i c k sprechen. Der Rückblick kann sich zu einer Nebenreihe auswei-ten, wie beispielsweise in den Annalen Assurbanipals:

> „Auf meinem neunten Feldzuge bot ich meine Truppen auf
>   gegen Uaite', den König von Arabien, schlug ich den Weg ein,
>   der gegen die mit mir (geschlossenen) Verträge gefrevelt,
>   das Gute, das ich ihm angetan, vergessen,
>   das Joch meiner Herrschaft abgeworfen hatte.
>   Er hielt seine Füße zurück, mir zu huldigen
>   sein Geschenk, seinen schweren Tribut verweigerte er . . .
>   Auf Befehl Assurs und Istars . . . schlug ich ihn in Menge[69]."

Die Nebenreihe gliedert sich allmählich aus der Hauptreihe aus; sie ist eine anreihende Ausweitung der Apposition, an die sie — ohne explizite logische oder temporale Stufung — locker angeschlossen ist.

Von V o r g e s c h i c h t e im strengen Sinne kann man sprechen, wenn außer der Verlängerung der Zeitachse nach rückwärts noch eine logische Stufung der Geschehenskomplexe angegeben ist. Die hethitische Geschichtsschreibung be-nutzt hierfür in großem Umfange kausale Konnektive, in einigen Fällen auch irreale und konzessive. Für derartige Stufungen sind grammatische Möglichkei-ten der Sprache erforderlich, die nicht immer vorhanden sind oder doch nicht überall gleichmäßig benutzt werden. Der Unterschied zwischen mesopotami-scher und hethitischer Historiographie, der hier sichtbar wird, läßt sich mit dem Unterschied von Reihung und Stufung, Aufzählung und Erzählung in Zusam-menhang bringen[70].

Wird nicht für einen einzelnen Sachverhalt, sondern für das ganze in einem Werk beschriebene Geschehen eine Vorgeschichte gegeben, so kann man — im Anschluß an die klassische Terminologie — diese Vorgeschichte eine ‚Archäologie' nennen[71]. Die Archäologie ist eine potenzierte Vorgeschichte; sie setzt das Bewußtsein der Einheit aller im folgenden beschriebenen Ereignisse beim Verfasser voraus und erzeugt dasselbe beim Leser.

Das klassische Beispiel einer Archäologie ist der Anfang des thukydideischen Geschichtswerkes. Thukydides greift bis auf den Beginn der griechischen Geschichte zurück und schildert unter einem bestimmten Gesichtspunkt, der Machtkonzentration in Athen und Sparta, die Vorgeschichte des peloponnesischen Krieges. Diese Archäologie hat zudem noch den Zweck, die These des Prologs, der peloponnesische Krieg sei der größte aller Kriege, zu beweisen.

In der hethitischen Geschichtschreibung finden sich Archäologien z. B. im Prolog der ZJA und vielleicht in den TS; man kann auch alle historischen Einleitungen der Verträge als ‚Archäologien mit Begründungsfunktion' bezeichnen.

Staffelung von Gründen

§ 3.32: Wenn die Vorgeschichte einen großen Zeitraum umfaßt, können in ihr mehrere gegeneinander gestufte Handlungsfolgen auftreten; so können in der Narrative mittelbare und unmittelbare Gründe sichtbar werden. Das Prinzip der Stufung führt zu immer komplexeren Darstellungsformen, das Prinzip der Reihung nur zu immer längeren Satzfolgen. Hierfür zwei Beispiele: Direkter Anlaß für den Ausbruch der Feindseligkeiten ist gewöhnlich die Weigerung des Gegners, Flüchtlinge auszuliefern, oder ein Einfall in hethitisches Gebiet; als Grund gibt Mursilis oft — so häufig, daß man Kritik an der Politik seines Vaters Suppiluliumas darin sehen möchte — Entblößung der nördlichen Gebiete von Militär durch Truppenabzug nach Süden, die Vernachlässigung der betreffenden Gebiete durch Suppiluliumas, sein langes Verweilen in den Hurri-Ländern, das Ruhen der Feste der Sonnengöttin an.

In den TS ist der Witwenstand der aegyptischen Königin für den mißtrauischen Suppiluliumas nur ein fadenscheiniger Vorwand, ihm einen Sohn zu entlocken, mit dem man ihn dann politisch erpressen könnte. Der wahre Grund ist seiner Meinung nach das siegreiche Vordringen der Hethiter in Syrien. Dieser gerechtfertigte Argwohn hat freilich die Ermordung seines dann doch noch geschickten Sohnes eher beschleunigt als verhindert, da inzwischen eine der aegyptischen Königin feindliche Richtung an die Macht kam.

So wird in der Narrative und der politischen Reflexion der hethitischen Historiographie bereits eine Abstufung von Gründen sichtbar, die als solche in

Geschichtsschreibung und Geschichtsdenken der Griechen expliziert wurde[72]. Im Griechischen konnte in zunehmender Abstraktion über verschiedene Arten von Gründen spekuliert werden, während den Hethitern die kausalen Kategorien nur mit und in einem entsprechenden Sachverhalt gegeben waren. Die Abstraktion von diesen Sachverhalten ließe sich als Bewußtmachen der impliziten logischen und stilistischen Formen verstehen, in denen die Sachverhalte mitgeteilt wurden. Es ist klar, daß eine derartige Abstraktion nur schwer vorgenommen werden kann, wenn die Sachverhalte selbst nicht schon in einer entsprechenden Form gefaßt sind. In der Geschichte der hethitischen Historiographie ist es jedoch nicht zu dieser Entwicklung gekommen.

Die historische Einleitung der hethitischen Verträge

§ 3.33: Die Form der Vorgeschichte hat ihren festen Sitz im politischen Leben der Hethiter. Die historische Einleitung der Vasallenverträge hat den juristischen Zweck, die Verpflichtung der Vasallen aus den Vorausleistungen des hethitischen Großkönigs herzuleiten[73].

Der Vertrag Mursilis' II. mit Duppi-Tesup beginnt nach der Präambel folgendermaßen[74]:

> „Azira war dir, Duppi-Tesup, Großvater. Er empörte sich gegen meinen Vater, und mein Vater brachte ihn wieder zur Untertänigkeit. Als die Könige von Nuhašši und der König des Landes Kinza sich gegen meinen Vater empörten, da empörte sich dein Großvater Azira nicht gegen meinen Vater; wie er Freund war, blieb er Freund.
>
> Als mein Vater gegen seine Feinde kämpfte, kämpfte auch dein Großvater Azira ebenso gegen die Feinde meines Vaters. Azira schützte die Macht meines Vaters, meinen Vater erzürnte er keineswegs; und mein Vater schützte den Azira samt seinem Lande, er suchte gegen Azira samt seinem Lande keine Art von Gewalttat. 300 (Halbsekel) geläutertes erstklassiges Gold, was mein Vater als Tribut deinem Großvater auferlegt hatte, entrichtete er ihm Jahr für Jahr. Niemals verweigerte er es, niemals erzürnte er ihn."

Die Vorgeschichte wird bis zum Tod des Vaters Duppi-Tesup's heruntergeführt; darauf folgt das Mittelkonnektiv, das durch wörtliche Wiederholung und modale Stufung die historische Einleitung mit dem eigentlichen Vertragstext verknüpft[75]:

> „(§ 7) Als aber dein Vater starb, verwarf ich dich aber gemäß dem Wort deines Vaters nicht. Weil mir dein Vater deinen Namen ... empfohlen hatte, kümmerte ich mich deswegen um dich. Dir aber ging es schlecht und du erkranktest.
> Und obschon du krank warst, setzte ich, die Sonne, dich aber doch auf den Platz deines Vaters. Und ich vereidigte deine Schwestern, deine Brüder und das Land Amurru auf dich.

> (§ 8) Und wie aber ich, die Sonne, um dich mich gemäß dem Worte deines Vaters kümmerte und dich auf den Platz deines Vaters setzte und siehe, dich habe ich auf den König des Landes Hatti, das Land Hatti und auf meine Söhne und Sohnessöhne vereidigt."

Wie in den Einleitungen der Verträge dient die Darstellung der Beziehungen zweier Staaten in der Vergangenheit im allgemeinen diplomatischen Verkehr der politischen Argumentation. In einem Brief Hattusilis' III. an Kadašman-Ellil II. von Babylon (CTH 172) werden zu diesem Zwecke verschiedene Schreiben an Kadašman-Turgu, den Vater Kadašman-Ellil's zitiert[76].

Auch im Tavagalavasbrief, dessen Anfang, in dem man eine Art historische Einleitung wie im Milavatasbrief erwarten könnte, verloren ist[77], schildert der hethitische Großkönig mit Hilfe zahlreicher Belege aus seinen eigenen Briefen und denen seiner Partner (z. B. Tav. § 15) in einem Stil, der an die Topik und Phraseologie der Annalen und der Vasallenverträge erinnert[78], die Vorgeschichte der politischen Verwicklung:

(§ 2) „Als ich aber zur Stadt Valivanda gelangte, schrieb ich ihm:
‚Wenn du nach meiner Oberherrschaft verlangst, nun siehe, so laß mich, da ich nach der Stadt Ijalanda kommen werde, in Ijalanda keinen deiner Leute vorfinden! Auch darfst du weder einen hineinlassen noch dich in meinen Herrschaftsbereich begeben. Um meine Untertanen kümmere ich mich (selber?)!'
Als ich aber in Ijalanda eingetroffen war, schritt der Feind an drei Stellen zum Kampfe gegen mich.
Nun sind jene Stellen schwieriges Gelände[79].
So zog ich denn zu Fuß hinauf und bekämpfte dort den Feind und nahm die Bevölkerung von dort weg. Lahurzi aber, sein Bruder, ist eilends vor mir davongezogen."[80]

Bemerkenswert ist in diesen Briefen der Versuch, den Partner zu überzeugen. Der hethitische Großkönig begnügt sich nicht mit der Zitierung eigener und fremder Briefe; das politische Räsonnement steigert sich zu einer Diskussion mit „moralisierendem Pathos"[81].

Der stark zerstörte Milavatasbrief beginnt mit einer historischen Einleitung, die ein Resumé der nicht gerade guten Beziehungen des hethitischen Großkönigs zu dem Vater des Adressaten bietet. Aus dieser Geschichte wird die Lehre gezogen: ‚Was dein Vater gegen meine Person Böses getan hat, darfst du nicht tun'. Erst danach geht der Briefschreiber auf strittige Fragen der Auslieferung von Flüchtlingen usw. ein, wobei er immer wieder mit zahlreichen Rückgriffen in die Vergangenheit den Tatbestand umständlich und genau darstellt.

Zwischen den hethitischen Instruktionen für Hof- und Staatsbeamte und den Verträgen bestehen, was den Aufbau des Formulars und die Phraseologie angeht, so große Ähnlichkeiten, daß man annimmt, Instruktion und Vasallenvertrag seien irgendwie auseinander entwickelt worden. Von der historischen Einleitung aber hat man bisher nur in einer Partie wie SAG 2 § 12 „Keim oder Überbleibsel einer ‚Vorgeschichte'" gefunden[82].

Zum hethitischen und alttestamentlichen Erzählstil

§ 3.4: Charakteristisch für die hethitischen Vorgeschichten, im Unterschied etwa zu dem langen Rückblick in den Annalen Assurbanipals (§ 5.3), ist die klare temporale Stufung von Vorgeschichte und Haupthandlung[83]. Erzähler und Leser stehen jenseits der erzählten Ereignisse. Distanziert werden die einzelnen Handlungsteile überschaut; Kausalreihen werden in genauer Staffelung, sozusagen perspektivisch sichtbar gemacht. Dieselbe Wirkung haben, in größeren Dimensionen, Vorgeschichten in der Einleitung ganzer Werke. Der Prolog der ZJA oder des Großen Stiftungstextes formulieren zu Beginn eindeutig den Standpunkt, von dem aus der Erzähler die Vergangenheit überblickt. Gelegentlich wird ein *karu-* „früher" zur Fixierung des Erzählzeitpunktes eingefügt, etwa im Alaksandus-Vertrag (§ 1f.)[84]: „Folgendermaßen die Sonne Muwatallis, der Sohn Mursilis' . . .: Früher, als Labarnas, mein Vorfahr . . .". So wird in den AM oft bis in die Zeit Suppiluliumas', in den historischen Einleitungen der Verträge in die Zeit der Großväter, in anderen Fällen, wie vielleicht in den TS, bis in die Zeit des Alten Reiches ‚zurückerzählt'. Von dem jeweils fixierten Standpunkt aus geht der Erzähler in die Vergangenheit, um mit dem Ende der Vorgeschichte wieder zum Ausgangspunkt zurückzukehren: „Als ich mich aber auf den Thron meines Vaters setzte", mit diesem Konnektiv wird die Vorgeschichte sehr oft an die Haupterzählung angeschlossen. Die Syntax derartiger Abschnitte wirkt — auf uns — pedantisch, unbeholfen; ähnliche Schwierigkeiten scheint die Darstellung der möglichen Handlungen und der konzessiven Stufungen bereitet zu haben[85].

Es ist übrigens ohne Einfluß auf das hier beschriebene Phänomen der Erzähldistanz, daß der (fingierte?) Berichterstatter in der hethitischen Historiographie meist zugleich der Hauptbeteiligte ist; das Problem, ob dabei die ‚Objektivität' des ‚Historikers' gewahrt bleiben könne, und ob damit ein Kriterium für oder gegen das Vorhandensein von ‚eigentlicher Geschichtsschreibung' bei den Hethitern gewonnen werden könne, braucht hier nicht besprochen zu werden[86].

In der alttestamentlichen Historiographie ist diese Festsetzung des Erzählpunktes selten; der Erzähler tritt nicht in Erscheinung, er präsentiert den Stoff, gibt die Tradition weiter. Die Explikation von temporalen und kausalen Stufungen scheint eher gemieden; bruchlos geht die Vorgeschichte, deshalb besser ‚Exposition' genannt, in die Haupthandlung über. Diese Erzählweise ist weder ein Zeichen von Primitivität, noch die Folge der ‚Armut der hebräischen Sprache'. Ein Beispiel aus der Exposition der Geschichte von der Thronbesteigung Salomons möge dies verdeutlichen; in dokumentarischer Übersetzung[87] lauten die ersten Verse (1 Kön. 1, 1-4)[88]:

A (V. 1—4)

1. „Und der König David (ist) alt, gehend in die Jahre.
   Und sie bedeckten ihn mit Decken,
   und nicht wurde es warm für ihn.
2. Und sprachen zu ihm seine Diener:
   Man soll suchen für meinen Herrn, den König, eine junge Frau,
   und sie wird dienen vor dem König,
   und wird sein für ihn Pflegerin,
   und wird schlafen in deinem Schoße,
   und es wird warm für meinen Herrn, den König.
3. Und man suchte eine schöne Frau im ganzen Gebiet Israel,
   und fand Abisag von Schunam,
   und brachte sie dem König.
   Und die junge Frau (war) schön gar sehr.
   Und wurde für den König Pflegerin,
   und diente ihm,
   und der König erkannte sie nicht.

B (V. 5—7)

1. Und Adonia, . . .“

Die allgemeine stilistische Regel, daß im Aufbau der Sätze, Satzgruppen-komplexe, ja ganzer Werke analoge ‚Gesetze‘ wirken, ist auch hier anwend-bar[89]. So zeigt bereits der erste Satz der betrachteten Partie dieselben Eigen-arten, die sich im Aufbau der gesamten Exposition und ihrer Stellung im Kontext beobachten lassen.

Der erste Satz ist ein Trikolon, in dem drei Sachverhalte konstatiert werden: der König ist alt; die Dienerschaft müht sich um ihn; es hilft nichts. Wie kom-pliziert das logische Verhältnis dieser drei Sachverhalte zueinander ist, lehrt Luthers Übersetzung:

„Und da (temporal und kausal) der König alt war und wohl betagt, konnte er nicht warm werden, ob man ihn gleich mit Kleidern bedeckte.“

Die Unterschiede, die Luthers Text dem hebräischen gegenüber aufweist, sind nicht nur für Luthers Übersetzungstechnik, sondern auch für den hebräi-schen Erzählstil lehrreich. Luther zerstört die Triade der drei gleichgeordneten Sätze, indem er sie in eine Periode verwandelt, die aus der Tradition griechisch-römischer Historiographie heraus konzipiert ist; sie ließe sich mühelos in elegantes livianisches Latein übersetzen, was unmittelbar vom hebräischen Text aus nicht gelänge[90]. Die Umwandlung in eine Periode — wobei überdies eine Inversion des zweiten und dritten Gliedes vorgenommen werden mußte — zerstört nicht nur die triadische Struktur dieses Verses. Die Unterordnung der gleichgeordneten Sätze unter die Periodenstruktur hat zur Folge, daß die Sätze ihre Selbständigkeit verlieren. Luther hat nicht den ersten Vers einfach über-setzt, sondern — gewiß mit Hilfe von Übersetzungen und anderen Hilfsmit-teln — die dort gebotene Information aufgenommen, durchdacht und die

Fakten in ihrem Verhältnis zueinander neu konstituiert. Es scheint aber gerade die Absicht des hebräischen Erzählers zu sein, kleine, in sich geschlossene, selbständige Sätze nebeneinander zu stellen; denn die syntaktischen Mittel, Perioden zu bauen, waren im Hebräischen durchaus vorhanden. Der hebräische Erzähler aber stellt in den drei Sätzen drei Szenen hin, die ganz aus sich heraus wirken sollen. Welche Assoziationen erwecken gleich die ersten Worte: der große Kriegsheld David, dessen Jugendtaten jedem Hörer gegenwärtig sind, ist alt. Die nächsten Worte leiten die Aufmerksamkeit auf die Dienerschaft, die sich um den alten König bemüht. Sie legen Decken auf ihn — weshalb, das wird nicht gesagt, die Vorstellungskraft ergänzt es sich mühelos. Dabei entsteht das Bild des Palastes, zu dem diese Dienerschaft gehört, der Kammer, in der der König liegt; sie ist aber erst in V. 15 ausdrücklich genannt! Von der Dienerschaft, die nur in ihrer Tätigkeit bemerkbar wird, geht der Blick zurück auf den alten König, der immer noch, wenn auch selbst ganz passiv, Mittelpunkt des Geschehens ist: die Bemühungen sind erfolglos, dem König wird nicht warm.

Das erfolglose Bemühen führt zu einem neuen Versuch. Die Konstatierung von Fakten wird von einer neuen Erzählform abgelöst; in einer Rede wird ein Plan entwickelt, der in einer neuen Handlung realisiert wird. Die Realisierung wird Schritt für Schritt beschrieben, in den einzelnen Phasen des Suchens und Findens im ganzen Gebiete Israel, bis die Gefundene in den Palast gebracht wird, vor den König, den sie pflegen soll. Damit ist der Plan erfüllt, dem Übelstand abgeholfen. Die Bewegung des Erzählens hat zu dem alten König zurückgeführt und kommt zum Stillstand. Doch unvermittelt mit einem schlichten ‚Und‘, wo Luther natürlich ein ‚Aber‘ schreibt, setzt mit der Nennung des Namens ‚Adonia‘ eine neue Bewegung ein, ohne daß das zeitliche oder logische Verhältnis der beiden Teile irgendwie expliziert wäre. Folgt man jedoch dem Rhythmus der Bewegung, so vermißt man die Stufung gar nicht. Die Kunst des Erzählers hat uns so geführt, daß wir das Ende der Erzählung vom alten David durchaus als einen Schluß empfinden und auf einen Neueinsatz vorbereitet sind.

Was hier für einige Sätze der Exposition angedeutet wurde, ließe sich leicht auf den Aufbau der gesamten Exposition und ihre Stellung im Kontext übertragen. Die Partie ist weder nach vorn noch nach hinten formal abgegrenzt. Mit sicherem Stilempfinden hat denn auch Luther an den beiden entscheidenden Stellen ein breit neu anhebendes „Und da" gesetzt, wie er auch die Binnengliederung der Exposition durch ein „Aber" (V. 5 und 8) markiert. Diese Eingriffe in den Text sind ganz geringfügig; sie geschehen sozusagen unter der Oberfläche; aber sie treffen die Struktur des Textes.

Es wurde schon hervorgehoben, daß die Struktur dieses alttestamentlichen Textes nicht das Ergebnis sprachlicher oder erzähltechnischer Notdurft ist. Zwei weitere Beispiele mögen diese These verdeutlichen:

„Und Ben-Hadad, König von Aram, versammelte alle seine Macht
Und 32 Könige (waren) mit ihm und Pferd und Wagen
Und zog herauf und belagerte Samaria
Und bekämpfte es und sandte Boten zu Ahab
Und ließ ihm sagen ...“[92]

Gewiß könnte der moderne Übersetzer diesen Kettensatz in eine kunstvolle historische Periode verwandeln. Der israelitische Historiograph aber wollte offenbar die militärische Handlung so schildern, daß ihre einzelnen Etappen selbständig und gleichwertig nebeneinander stehen. Schritt um Schritt, in schöner Ausführlichkeit und Vollständigkeit, sodaß sozusagen ein Handlungsstück direkt an das nächste stößt, wird die Handlung entwickelt. Die Erzählweise löst die Handlung in einzelne Phasen auf und stellt sie in einem überwiegend ,verbalen‘ Stil ,unmittelbar‘ vor den Leser oder Hörer hin. Sie bietet weder einen distanzierten Bericht von vergangenem Geschehen, wie die hethitische Historiographie, noch ein aufzählendes Rühmen von königlichen Taten.

Ein auffallend stark gegliederter historischer Text ist uns dagegen in der Siloah-Inschrift aus Jerusalem (vor 701 v. Chr.) erhalten[93]:

[Lücke?]
A „[Vollendet wurde] der Durchbruch.
Und so verhielt es sich (*hyh dbr*) mit dem Durchbruch:
B Als noch (*b'wd*) [....] die Beilhacken,
jeder auf seinen Genossen zu,
und als noch (*wb'wd*) 3 Ellen zu durchschlagen waren,
wurde gehört die Stimme eines jeden,
der seinen Genossen rief (Partizip)
— denn (*ky*) es war ein Spalt (?) im Felsen
von rechts nach links.
C Und am Tage des Durchbruchs schlugen die Steinhauer — jeder auf seinen Genossen zu
— Beilhacke gegen Beilhacke (Konnektiv mit variierender Wiederholung).
Und floß das Wasser ....   Und ....“

Auch dieses Beispiel lehrt, daß es falsch ist, vom parataktischen Stil einiger Texte auf eine parataktische Struktur der hebräischen Sprache zu schließen[94].

Handlungsformen; Möglichkeit; Reflexion

§ 3.5: Die konsequente Handlungsdarstellung führt, wie bereits angedeutet, zur Einbeziehung der nichtausgeführten, modifizierten und möglichen Handlungen und — durch das Gedankenexperiment und den Plan — zur Einbeziehung der Reflexion. Die Darstellung dieser ‚gebrochenen Handlungen' kann recht kompliziert werden und erfordert eine Anzahl möglichst eindeutiger Konjunktionen, Adverbien und Konnektive: ‚und (nun, auch), nicht aber (sondern, vielmehr), deshalb (weil, also), zwar (doch), wenn — dann; schlecht'. Diese Formelemente lassen sich — in lockerem Anschluß an die Sprache der Logik — als „logische Partikeln" zusammenfassen[95]. Ob die genannten Partikeln aufeinander zurückgeführt werden können, welchen verschiedenen logischen Wert sie haben, braucht hier nicht behandelt zu werden. Es ist deutlich, daß Sprachen, die über ein reiches und differenziertes Partikelsystem verfügen, die entsprechenden logischen Verhältnisse leichter, kürzer und deutlicher darstellen können als Sprachen, die nur wenig logische Partikeln mit jeweils großem Bedeutungsumfang besitzen[96].

Im Unterschied zur Sprache der mesopotamischen und hebräischen Historiographie besitzt die hethitische Sprache Möglichkeiten, durch Konjunktionen (*ma-a-an*), Partikeln (*man; man-a*) und Tempusverschiebungen hypothetische (potentiale und irreale) und konzessive Verhältnisse recht genau anzugeben. Im Akkadischen und Hebräischen finden sich, morphologisch gesehen, dieselben Sprachelemente, aus denen das Hethitische beispielsweise die Konzessivsätze entwickelt hat; umso bemerkenswerter ist es, daß diese Elemente und Ansätze nicht weiter entwickelt und in der historiographischen Literatur gebraucht wurden[97]. Die hethitische Historiographie hat die genannten Möglichkeiten in großem Umfang genutzt; sie unterscheidet sich in diesem Punkte scharf von der semitischen Historiographie des Alten Orients.

Mit den genannten Partikeln lassen sich vier Typen gebrochener Handlungen realisieren[98].

1. Nichtausgeführte Handlung:	A
	aber B
	deshalb nicht A
2. Modifizierte Handlung:	A
	aber B
	deshalb A' (= A + C)
3. Konzessive Stufung:	A
	aber B
	deshalb nicht A
	nun aber C
	deshalb doch A
4. Hypothetische Stufung:	wenn A
	dann B; B aber ist ‚schlecht'
	deshalb nicht A
	deshalb auch nicht B
	sondern C

Unter diese vier Typen lassen sich praktisch alle Handlungsbeschreibungen der Werke Mursilis' subsumieren. Die häufigste Partikel, die für diese Schemata gebraucht wird, ist ,deshalb'; dies stimmt mit der Tatsache überein, daß *kuit*-Sätze in den Werken Mursilis' überaus häufig sind. In der mesopotamischen Historiographie überwiegen die einfachen, nicht-gebrochenen Abläufe, was mit der allgemeinen Charakterisierung dieser Texte als ,Tatenberichte' überein-stimmt. In der israelitischen Historiographie sind nichtausgeführte und ein-fache modifizierte Handlungen überaus häufig[99].

Die hypothetischen Konstruktionen sind für unsere Untersuchung von Hand-lungsdarstellung besonders wichtig, weil sie eine ganz neue Art von Handlun-gen, die möglichen und unmöglichen Handlungen, einführen[100]. Diese können mit der wirklichen Handlung kontrastiert werden; in der Gegenüberstellung von Möglichkeit und Wirklichkeit bildet sich die Reflexion. Reflexion über ge-schichtliche Handlungen operiert im Raum der Möglichkeit; sie variiert experi-mentell und folgenlos die Elemente einer Handlungskette, sei es im Plan — ,was würde geschehen, wenn (nicht)' —, sei es in der Erinnerung — ,was wäre geschehen, wenn (nicht)' —. Für den letzten, schwierigeren Fall gibt es bei Mursilis noch kein Beispiel.

Die griechischen Historiographen haben auch in den hier angedeuteten Punk-ten von Homer lernen können. Immer wieder setzt er die Wirklichkeit in Anti-these zur Möglichkeit, das, was wirklich eintrat, in einen ,spannenden' Kon-trast zu dem, was vielleicht eingetreten wäre, wenn nicht ... So rückt z. B. eine friedliche Verständigung zwischen Griechen und Trojanern — und damit das Ende des trojanischen Krieges — mehrmals in den Bereich der Möglichkeit. Der Pfeilschuß des Pandaros jedoch und die Weigerung des Paris, Helena heraus-zugeben, machen die Hoffnungen zunichte. In der ,Probe' im zweiten Buche der Ilias macht Homer eine andere Möglichkeit der Beendigung des Krieges — die Abfahrt des Griechenheeres — sichtbar, um im Kontrast dazu in das Kampfgeschehen überzuleiten.

Für die Odyssee ist die stilistische Form des ,fast hätte er ... aber da ...' für viele große und kleine Partien strukturierend[101]. Dieselbe Funktion — Staffe-lung von Wirklichkeit und Möglichkeit — haben viele Warnungen und Vor-aussagen in den beiden homerischen Epen. Die durch unerwartete Richtungs-änderung immer wieder beleuchtete Differenz zwischen erwarteter und wirk-licher Handlung gehörten zu dieser dichterischen Technik, Handlungen in ihren verschiedenen Modalitäten zu kontrastieren[102].

Bei Herodot ist das historische Gedankenexperiment dazu benutzt, um in rationaler Argumentation die Richtigkeit einer historischen Aussage zu prüfen[103]:

„Hier muß ich unbedingt offen meine Ansicht darlegen, mag sie auch bei vielen Menschen anstößig sein, werde ich dennoch nicht, wie es mir wenigstens wahr zu sein scheint, verschweigen.

Wenn die Athener aus Furcht vor der anziehenden Gefahr ihr Land verlassen hätten oder auch es nicht verlassend sondern bleibend sich dem Xerxes ergeben hätten, hätte keiner versucht, dem Großkönig zur See zu widerstehen.

Wenn nun aber zur See niemand dem Xerxes widerstanden hätte, so wäre es zu Lande folgendermaßen gegangen: wenn auch viele Mauerzinnen von den Peloponnesiern über den Isthmos gezogen worden wären, wären die Lakedaimonier — von ihren Bundesgenossen nicht freiwillig im Stich gelassen sondern aus Zwang, weil Stadt um Stadt von der persischen Flotte genommen worden wären — isoliert worden. Isoliert aber wären sie Heldentaten verrichtend edel gefallen.

Entweder wäre es ihnen so gegangen, oder sie wären vorher, wenn sie die anderen Hellenen hätten persisch werden sehen, mit Xerxes zu einer Verständigung gekommen.

Und so wäre in beiden Fällen Hellas unter die Perser gekommen.“

Der Irrealis der Vergangenheit ist die Struktur dieses Satzgruppenkomplexes; eine derartige Partie ist in der semitischen Historiographie des Alten Orients m. W. nicht nachzuweisen. In der hethitischen Historiographie dagegen sind nicht nur in der Narrative nichtausgeführte und mögliche Handlungen berichtet, vielmehr wird über sie auch in der Metaschicht im politisch-historischen Räsonnement reflektiert. Auch hier ruht die Metaschicht auf den Formen der Narrative auf.

Durch diese reflektierenden Partien, die in dieser frühen Zeit natürlicherweise meist als Rede geformt sind, unterscheiden sich die Werke Mursilis' aufs stärkste von der mesopotamischen Historiographie. Ein Grund für diesen Unterschied ist darin zu sehen, daß die hethitische Historiographie sich der politischen Geschichtschreibung nähert, während die mesopotamische zum großen Teil aus Kriegsberichten besteht[104]. Im politischen Räsonnement der hethitischen Verträge finden sich Partien, die in den Annalen inhaltlich und sprachlich ihre nächsten Parallelen haben. Das politische Räsonnement wird am deutlichsten an der Stelle des Vertrages, wo aus der historischen Einleitung die Folgerung gezogen und zu den Vertragsbestimmungen übergegangen wird[105].

Im Duppi-Tesup-Vertrag ist der Gedankengang recht einfach: wie deine Vorfahren gehandelt haben, so handle auch du; wie dein Vater es gewünscht hat, so habe ich — trotz deiner Krankheit — getan. Das politische Räsonnement des Vertrages mit Kupanta-KAL spielt verschiedene Handlungsmöglichkeiten gegeneinander aus. Die ausgeführte Handlung wird von den nichtausgeführten aber möglichen, ja wahrscheinlichen abgesetzt, so daß die unverdiente Großmut des Königs seinem Vasallen gegenüber in ein glänzendes Licht gerückt wird. Dieser Text ist ein gutes Beispiel für den politischen Gebrauch der Historiographie bei den Hethitern, für das Niveau ihrer Reflexion und die Ausdrucksmöglichkeiten der hethitischen Sprache:

„Weil aber seinerzeit dem Mashuiluwas kein Erbsohn gewesen war und er dich, Kupanta-KAL, den Sohn seines Bruders, in Erbsohnstellung angenommen hatte, — weißt du, Kupanta-KAL, nicht, (daß), wenn in Hattusa jemand irgendein Vergehen von Aufruhr begeht und (wenn), wessen Vater sündigt, der Sohn nicht zugleich (?) auch sündig (ist), (daß) man ihm (trotzdem) das Haus seines Vaters wegnimmt und es entweder irgendeinem anderen gibt oder in den Palast(besitz) einzieht? Und weil jetzt dein Vater Mashuiluwas gesündigt hat, weil du aber, Kupanta-KAL, des Mashuiluwas' Sohn warst, hätte man nicht, obwohl du keineswegs sündig warst, dir das Haus deines Vaters und dein Land wegnehmen (und) es irgendeinem anderen geben können? (Auch) hätte ich im Lande irgendeinen anderen zum Herren machen können." (Friedrich, Staatsv. I, 3 S. 112 ff).

Einlagen; Reden

§ 3.6: Mit der stärkeren Entwicklung von Nebenreihen, gleichzeitigen Handlungen und Vorgeschichten hängt die Ausbildung weiterer Einlagen zusammen.

Geographische Exkurse geben dem Leser in lokaler oder modaler Stufung die näheren Umstände der Handlung an; die Handlung bekommt dadurch Hintergrund und Profil. Die geographischen Exkurse haben freilich in der hethitischen Historiographie nie den Umfang und Wert bekommen, den sie in der griechisch-römischen besitzen. In der israelitischen Historiographie sind sie recht selten[106], in der mesopotamischen fehlen sie fast ganz.

Mit der konsequenten Handlungsdarstellung in der hethitischen und israelitischen Historiographie hängt die gegenüber den assyrischen Annalen so auffällig häufige Verwendung der direkten Rede zusammen. Botenberichte, Gespräche, Fragen, Befehle leiten die Handlung ein oder akzentuieren ihren Höhepunkt. Rede und Gegenrede, eingelegte diplomatische Notenwechsel mit Urkunden, Zitaten und Apostrophen machen den historischen Bericht lebendig. Die literarische Absicht in der Verwendung dieser Redeformen ist überall deutlich[107].

§ 4: ELEMENTE UND FORMEN DER METASCHICHT

Übersicht

§ 4.1: Wählt man den Bericht von ausgeführten militärisch-politischen Handlungen als Basis, so sind bereits Pläne und Reflexionen über mögliche Begründungen für ausgeführte und nichtausgeführte Handlungen als Elemente der Metaschicht anzusehen. Die Formen, in denen diese Elemente erscheinen, sind in der hethitischen Historiographie vor allem kausale, hypothetische und konzessive Konstruktionen und die Rede. Die genannten Elemente und Formen der Metaschicht konstituieren z. B. eine bemerkenswerte Partie im Bericht des neunten Jahres der AA: In einem großen hypothetischen Gefüge werden die möglichen Folgen einer Entscheidung in der Reflexion bedacht und daraus die Entscheidung für einen von zwei möglichen Kriegszügen abgeleitet; diese Reflexion äußert sich als Selbstgespräch[108].

Sollen größere Handlungskomplexe als ganze in ein bestimmtes Verhältnis zueinander gesetzt werden, müssen oft umfangreiche und komplizierte Konnektive verwandt werden[109]. In derartigen Konnektiven — z. B. ‚zu derselben Zeit‘, ‚aus diesem Grunde‘ — erscheinen bereits Begriffe, die nicht mehr Handlungen oder Taten, sondern z. B. Verhältnisse von Handlungen zueinander bezeichnen.

Je größer und vielfältiger der Inhalt eines Werkes wird, desto mehr Mittel sind erforderlich, um den Text zu einem gegliederten Ganzen zu integrieren. Dies geschieht besonders wirkungsvoll durch Prologe und Epiloge, in denen — von einem jenseits der Narrative liegenden Standpunkt aus — in allgemeinen, vorausblickenden oder rekapitulierenden Sätzen Aussagen über den Inhalt, die Anlage oder den Grund zur Abfassung des betreffenden Werkes gemacht werden. In Titel, Prolog, Epilog finden sich, wie in den größeren Konnektiven und Verweisen, häufig Begriffe, die das Thema eines als Einheit gefaßten Handlungs- oder Gedankenkomplexes angeben. Zwischen der Ausbildung von Titeln und Themen und der Darstellung übergreifender Handlungskomplexe besteht ein innerer Zusammenhang.

Häufig sind die thematischen Begriffe nur implizit in einem Text enthalten, aber durch Interpretation zu eruieren. So läßt sich schon das älteste Dokument der hethitischen Historiographie, die Anittas-Tafel, unter das Thema ‚Aufstieg der Herrscherdynastie von Kussar‘ stellen[110]. Das Thema der ZJA dagegen ist am Ende des Prologes explizit angegeben. Im Großen Text Hattusilis’ III. ist das Thema in einer ausgebildeten theologischen Metaschicht entwickelt[111].

Die Handlungs- und Reflexionsschemata, Gliederungs- und Stufungsmittel, Konnektive, Redeformen, thematischen Begriffe etc. machen insgesamt den Formalgehalt eines Textes aus. Zwischen diesen verschiedenen Formen und Elementen der Metaschicht besteht ein gewisser Zusammenhang. Wenn beispielsweise ein historiographischer Text keine explizit kausal gestuften Vorgeschichten und keine aus bestimmten Gründen nichtausgeführten Handlungen berichtet, wird in der weiteren Entwicklung einer derartigen Historiographie kaum eine Metaschicht entstehen, in der die Gründe an sich dargestellt sind und darüber reflektiert wird, warum etwas so geschah und nicht anders. Dieser Bereich der Metaschicht ließe sich somit als eine Explikation des in den logischen Schemata, Konnektiven, Stufungs- und sonstigen Gliederungsmitteln immanenten Formalgehaltes begreifen. Je höher der implizite Formalgehalt in einer historiographischen Tradition ist, desto leichter dürfte es zur Ausbildung und Differenzierung von Metaschichten kommen.

Aussagen von Autoren über ihre Werke sind in der altorientalischen Literatur überaus selten. In der hethitischen Historiographie finden sich einige Beispiele, in denen ein Verfasser auf ein anderes Werk verweist oder die Wahrheit einer Aussage — und zwar sowohl ihre Übereinstimmung mit der historischen Wirklichkeit wie auch ihre Übereinstimmung mit anderen Aussagen — ausdrücklich behauptet. Direkte Kritik an anderen historiographischen Werken unter Berufung auf einen Wahrheitsbegriff gibt es aber m. W. in der altorientalischen Historiographie nicht. Dementsprechend fehlen auch alle Bemerkungen zur Methode der Geschichtsschreibung: erst unter griechischem Einfluß ist die Argumentation möglich, mit der der Verfasser des zweiten Makkabäerbuches seine Epitomisierung des Jason von Kyrene rechtfertigt[112]; die anspruchsvollen Proömien des Flavius Josephus stehen in einer von Herodot, Thukydides und Polybios herkommenden Tradition[113]. Es ist demgegenüber bezeichnend, daß eines der ältesten Stücke der griechischen Historiographie einen geradezu aggressiv polemischen Ton hat. Hekataios schreibt in der Einleitung seiner Genealogien:

„Hekataios, der Milesier, spricht so: das schreibe ich, wie es mir wahr zu sein scheint. Die Geschichten der Hellenen nämlich sind viele und lächerliche, wie mir scheint[114]."

Die altorientalische Historiographie kennt zwar den dieser Polemik zugrundeliegenden Wahrheitsanspruch, aber nicht das Selbstbewußtsein des — im Unterschied etwa zu den hethitischen Königen oder den Propheten Israels — nur durch diesen Anspruch legitimierten Individuums, das diesen in der Öffentlichkeit vertreten zu können glaubt.

Diese knappe und unsystematische Übersicht über einige Elemente der Metaschicht in der altorientalischen Historiographie soll anschließend mit einigen Beispielen aus dem Bereich der ,generalisierenden Beschreibungen' illustriert werden. Auch diese Beispielsammlung ist weder systematisch noch vollständig. Es werden weder das altorientalische Geschichtsdenken noch die biblische Geschichtstheologie dargestellt, sondern lediglich Beispiele für einige historische Allgemeinbegriffe und den Zusammenhang zwischen historiographischer Narrative und Metaschicht zusammengestellt.

Generalisierende Beschreibungen

Vorbemerkung

§ 4.2: Unglück als Folge von Gotteszorn und als Strafe ist eine religiöse Allgemeinvorstellung, die schon in sumerischer Historiographie auf die Geschichte angewandt ist.

Eine politisch-historische Dichtung aus der sumerisch-akkadischen Epoche, von der bisher 238 Zeilen bekannt sind, behandelt die Verfehlung Naramsin's von Akkade gegen das Ekur Enlil's in Nippur. Als Strafe für die Verfehlung rief Enlil die Gutäer aus ihrer Bergheimat herab und gab ihnen ganz Babylonien in die Hand. Andere Gottheiten versuchen nun dadurch, daß sie ewigen Fluch auf die Stadt Naramsin's legen, Enlil zu besänftigen. Dieser Fluch erfüllt sich; der Text schließt mit einem Preis an Inanna für die Zerstörung von Akkade. Die historische Glaubwürdigkeit dieser anti-akkadischen Tendenzdichtung aus der Zeit der sumerischen Renaissance unter der III. Dynastie von Ur ist zu bezweifeln. Gewiß aber wird man in dieser Dichtung „den frühesten bezeugten Versuch sehen, ein historisches Ereignis im Zusammenhang einer allgemein angenommenen Weltanschauung zu deuten"[115].

Die sogenannte Chronik Weidner berichtet die Ereignisse von der Sintflut an. Das Unglück, das über die Herrscher kommt, ist Folge ihrer Verfehlungen gegen den Mardukkult von Babylon. In einem allgemeinen Satz wird in der Einleitung das theologische Thema genannt: ‚Wer gegen die Götter von Babylon frevelt, geht zugrunde‘. H. Gese bemerkt hierzu[116]:

„Interessanterweise wird aber in dieser Geschichtstheorie die Folge menschlichen Tuns nicht auf den einzelnen Menschen beschränkt, vielmehr richtet sie sich auf ganze Dynastien. So vergeht sich Sargon, aber über ihn kommt nur Ruhelosigkeit; erst Naramsin, der sich auch vergeht, bekommt das volle Unheil zu spüren."

Der inhaltliche Unterschied dieser mesopotamischen Historiographie zu dem stärker politischen Räsonnement der Hethiter und der deuteronomistischen Theologie von der Pädagogik Jahwes an seinem störrischen Bundesvolke wird durch die folgenden Beispiele deutlich werden, ebenso der formale Unterschied zwischen der politischen beziehungsweise theologischen Reflexion und der politischen Dichtung beziehungsweise der rekapitulierenden Chronik.

Der Große Text Hattusilis' III. gibt am Anfang mit allgemeinen Begriffen („niemals, bei jeder Gelegenheit, Feind, Walten, retten") einen Überblick über alle Ereignisse, die erzählt werden sollen, ohne ein einziges zu nennen; am Schluß steht eine Rekapitulation des Erzählten, in der die wichtigsten Etappen seines Aufstiegs wiederholt werden[117].

Ebenfalls rekapitulierend ist der mehrere Generationen umfassende Überblick über die hethitische Geschichte, der zu Beginn des Telepinus-Textes gegeben wird[118]:

„Früher war Labarnas Großkönig.

Und seine Söhne, seine Brüder, seine angeheirateten und blutsmäßigen Verwandten und seine Truppen waren einig. Und das Land war klein. Wohin er aber zum Kampfe zog, da hatte er der Feinde Länder mit Macht unterworfen. Und die Länder zerstörte er, und die Länder entmachtete er. Und er machte die Meere zu seinen Grenzen.

Wenn er aber aus der Schlacht zurückkommt, da gehen seine Söhne jeder in das jeweilige Land ... und die Länder verwalteten sie. Und die großen Städte waren ihnen übergeben.

Danach herrschte Hattusilis.

Und auch dessen Söhne, Brüder, angeheiratete und blutsmäßige Verwandte und seine Truppen waren einig.

Wohin er aber zum Kampfe zog, da hatte auch er der Feinde Länder mit Macht unterworfen. Und die Länder zerstörte er, und die Länder entmachtete er. Und die Meere machte er zu seinen Grenzen.

Wenn aber auch er aus dem Kampfe zurückkommt, da gehen seine Söhne ein jeder in das jeweilige Land. Auch unter dessen Macht waren (ihnen) die großen Städte übergeben.“

Der allgemeine politische Gesichtspunkt für die historische Darstellung ist die Einigkeit im Königshaus; sie ist Voraussetzung für die innen- und außenpolitischen Erfolge des Reiches. Die Formelhaftigkeit des Textes könnte als ein Zeichen für die intendierte Allgemeinheit der Aussage verstanden werden. Nach der Abstraktion von den konkreten, individuellen Inhalten blieben, so könnte man sagen, die Erzählschemata übrig. Doch beruht die ‚Allgemeinheit‘ vielleicht nur auf einem Mangel an konkreten Nachrichten, der aus einem historischen Irrtum folgte: die gegenwärtige Forschung neigt dazu, Labarnas und Hattusilis zu identifizieren. Dennoch: in formaler Hinsicht bedeutsam bleibt die Betonung der Gleichartigkeit der Regierungen Labarnas' und Hattusilis' durch mehrfaches „auch dieser“ (*apas-a*) und verallgemeinernde Relativpronomina (*kuis-a, kuwatta*), also dieselben syntaktischen Mittel, die im Prolog der ZJA und im Großen Texte Hattusilis' gebraucht sind.

Jdc. 2, 11-23

§ 4.3: Das von M. Noth rekonstruierte ‚deuteronomistische Geschichtswerk‘ bietet in den Reden, Prologen, Epilogen und den zahlreichen Zwischenbemerkungen, mit denen es das von ihm ausgewählte ältere Gut durchsetzt und umrahmt, nicht nur eine Deutung und Bewertung einzelner Handlungen, sondern eine ‚Theorie der Geschichte Israels‘. Die theologische Grundkonzeption dieses Werkes, der Versuch, das Funktionieren des göttliches Wortes (Voraussagen, Segen, Fluch) in der Geschichte sozusagen historisch zu beweisen[119], macht eine Einheit dieser Geschichte sichtbar, indem es Ereignis- und Handlungsfolgen zu

einem Geschehen (Prozeß) konstituiert[120]. Das ‚deuteronomistische Geschichtswerk' erscheint unter diesem Aspekt als ein einziges, monströses *vaticinium ex
eventu*. An einem Beispiel, dem Prolog des Richterbuches, soll die generalisierende Kraft dieser Theorie vorgeführt werden, um ihre Eigenart als Theorie
zu verdeutlichen. Der Begriffsapparat dieser Theorie mag zwar religiöser
Provenienz, relativ einfach und klein sein, er ist dennoch ‚theoretisch' und
wenigstens teilweise dem Gegenstandsbereich adäquat: diese ‚Theorie' expliziert sehr alte Kategorien israelitischen Geschichtserlebens und Geschichtsdenkens[121].

Am Ende der Einleitung des Richterbuches steht ein ganz allgemeiner, nicht-
rekapitulierender Überblick über die gesamte im folgenden geschilderte Richterzeit[122]. Um die hier geleistete gedankliche Arbeit würdigen zu können, muß
man sich in Erinnerung rufen, welch großer Zeitraum und Personenkreis, welche Textmenge hier zusammengefaßt ist. Von allen konkreten Orts- und Personennamen, von allen individuellen Handlungen wurde abstrahiert, und es
blieben als Leerformen die reinen Erzählschemata. Die Erzählungen von den
Richtern Othniel, Ehud und Samgar im nächsten Kapitel beruhen auf den Erzählstrukturen, die in diesem Kapitel als solche expliziert wurden, um das
‚Allgemeine' der Geschichte der Richterzeit auszusagen[123]. Die Mittel zur allgemeinen Darstellung der Geschichtsbewegung sind die Partikeln ‚alle, auch', der
als Kollektivbegriff gebrauchte Ausdruck ‚Richter', die Formelhaftigkeit der
Sprache und die relativ komplizierte Syntax[124].

An hervorgehobener Stelle, am Ende des Überblickes, steht eine deliberative
Rede Jahwes, in der er seinen Entschluß kundtut, die Heidenvölker, die bis zu
Josua's Tod noch nicht vertrieben waren, vorläufig noch im Lande zu lassen,
zur Prüfung und Erziehung Israels. Diese Rede, über deren theologische Trag-
weite hier nicht zu handeln ist[125], gründet sich auf den vorher gegebenen Ge-
schichtsüberblick. Die Rede steht an derselben Stelle wie das politische Räsonnement nach den Vorgeschichten der hethitischen Verträge. Die ‚theologische'
Reflexion, die in dieser Rede die in der generalisierenden Beschreibung nicht
angegebenen logischen Beziehungen zwischen den Handlungsteilen expliziert,
schafft sich eine Sprache, die der der politischen Reflexion nicht unähnlich
ist[126]:

> „Und entbrannte der Zorn Jahwes über Israel und er sprach:
>   Weil übertreten hat dies Volk meinen Bund,
>   den ich befohlen habe ihren Vätern, und sie nicht
>   gehorcht haben meiner Stimme,
>   werde auch ich weiterhin niemanden vertreiben vor ihnen
>   von den Völkern, die Josua übrig ließ,
>   — und er ist gestorben —

damit ich durch sie Israel auf die Probe stelle,
ob sie halten die Wege Jahwes, auf ihnen zu gehen,
wie ihre Väter (sie) gehalten haben,
oder nicht."

Die Zusammengehörigkeit der zitierten hethitischen und israelitischen Texte zeigt sich deutlich in einem Vergleich mit Luthers Übersetzung des Richterprologs[127]. Luther verändert die generalisierende Beschreibung des Prologs dadurch grundsätzlich, daß er sie in das Schema eines historischen Gesetzes von der Form ‚immer wenn x, dann y' zwängt. Es ist aber andererseits für den Unterschied zwischen hethitischer und israelitischer Historiographie bezeichnend, daß die israelitische die kondizionalen und kausalen Verhältnisse von Handlungsteilen nicht in die Narrative projiziert wie die hethitische und griechisch-römische, sondern in der Rede expliziert. Luthers Übersetzung — und eine so moderne wie die von Hans Wilhelm Hertzberg[128] unterscheidet sich in diesem Punkte nicht von der Luthers — steht, wie das kaum anders zu erwarten ist, in der Tradition westeuropäischer Historiographie.

Der Große Text Hattusilis' III.

Gattung

§ 4.41: In vorsichtigen Anführungszeichen als ‚Autobiographie' ist bei E. Laroche (CTH 81) ein Text Hattusilis' III. aufgeführt, der an ausgezeichneter Stelle, nach seinem ersten großen Triumph über seine Feinde, in der Form eines Sieges- und Dankliedes eine generalisierende Beschreibung der im Text erzählten Ereignisse enthält (1, 39—60).

Die Bezeichnung ‚Autobiographie' scheint auf A. Götze zurückzugehen; sie wurde von J. Friedrich aufgenommen und ist seitdem — zumal in theologischen Lexika — verbreitet[129]. Die Bezeichnung des Textes als ‚Aretalogie' ist nicht mit dem traditionellen Gebrauch dieses Terminus, wohl kaum mit dem Inhalt, auch nicht, wie sich zeigen wird, mit dem Formular des Textes zu vereinbaren[130]. Auch die alte und verbreitete Deutung des Textes als ‚Apologie' oder ‚Verteidigungsschrift' ist keine Gattungsbestimmung; sie kann falsche Assoziationen erwecken und mag dazu beigetragen haben, in dem Verfasser einen „unhethitisch wirkenden", unsympathischen, „zähen und leisetreterischen Ränkeschmied" zu sehen[131]. Die gelegentlich gebrauchte Bezeichnung ‚Thronbesteigungsbericht' trifft nur einen Teil der berichteten Ereignisse. Hattusilis erzählt nicht nur aus seiner Kindheit und Jugend, sondern auch von seinem glücklichen Wirken als hethitischer Großkönig (seit ca. 1275 v. Chr.). Aus dieser Schilderung geht hervor, daß zur Zeit der Abfassung des Textes die Herrschaft Hattusilis' sich völlig konsolidiert hatte. Er war als Großkönig anerkannt und fügte den Hatti-Ländern Gebiet um Gebiet hinzu; wer vor seinen Vätern und Vorvätern feindlich gewesen war, mit Hattusilis vertrugen sie sich. In dieser Aussage vermutet Götze „eine Anspielung auf den Friedensschluß mit Ägypten"[132].

Ein anderes Indiz führt ebenfalls in die Zeit nach dem hethitisch-ägyptischen Friedensvertrag von ca. 1269 v. Chr. Hattusilis berichtet, er habe Urhi-Tesup, seinen ihm feindlich gesinnten Vorgänger auf dem hethitischen Thron, in Nuhasse zum König eingesetzt; dort habe er mit Babylonien konspiriert und wäre dahin entwichen, wenn ihn Hattusilis nicht rechtzeitig nach Cypern (?) relegiert hätte[133]. Diese Konspiration ist wohl in die Zeit Kadašman-Enlil's, also nach dem Tode des hethiter-freundlichen Kadašman-Turgu (ca. 1270 v. Chr.) anzusetzen[134].

Hieraus folgt, daß der Große Text Hattusilis' mindestens ein halbes Jahrzehnt nach seiner Thronbesteigung abgefaßt wurde. Durch diese Tatsache rückt die Bezeichnung des Textes als ‚Thronbesteigungsbericht' oder als ‚Apologie' in ein anderes Licht.

Die konkrete Situation, für die der Text geschrieben ist, läßt sich genau angeben. Das Formular des Textes, das sich in Prolog und Epilog besonders deutlich zeigt, beweist, daß der Text in die Klasse der Stiftungs- und Belehnungsurkunden gehört.

Der Prolog lautet:

> „Der Istar *para handandatar* berichte ich,
> und jeder soll es hören.
> Und in Zukunft soll unter den Göttern
> meiner Sonne, des Sohnes, des Enkels, des Nachkommen meiner Sonne
> der Istar (sc. besondere) Verehrung sein."

Die Verpflichtung der Dynastie zur Pflege eines besonderen Kultes ist auch aus anderen Texten bekannt[135]. Der Epilog des ‚großen Textes', der mit wörtlicher Wiederholung und mit fast unmerklicher Variation die Formulierungen des Prologes aufnimmt und damit einen literarisch geschlossenen Text konstituiert (vgl. § 8.1), schärft der königlichen Familie diese kultische Verpflichtung nochmals ein:

> „Und wer in Zukunft, ein Sohn, Enkel, Nachkomme
> in Zukunft des Hattusilis und der Puduhepa zur Regierung kommt,
> der soll unter den Göttern der Istar von Samuha ein
> (sc. besonderer) Vereh r e r sein."

Unmittelbar vor diesem Epilog wird von den Privilegien und Schenkungen berichtet, die Hattusilis, nachdem er Großkönig geworden war, dem Istarkult gewährte[136]. Das Haus des SIN-U-as, eines alten Feindes Hattusilis', schenkt er der Gottheit und läßt es steuerfrei; er bestätigt den alten Besitz der Gottheit und läßt ihn steuerfrei; ja „und was ich hatte, auch das schenkte ich (ihr), und ich ließ es steuerfrei". Unter dem Haus des SIN-U-as ist natürlich ein größerer Besitz mit Ortschaften (IV Z. 71) zu verstehen. Es handelt sich also um die Privilegierung eines jener ‚Tempelstaaten', von deren Existenz in Kleinasien wir auch aus späterer Zeit wissen.

Seinen Sohn Dudhalias schenkt Hattusilis ebenfalls der Gottheit, so wie er selbst einst von Mursilis dieser Gottheit zum Dienste gegeben worden war[137]. Auf diese Stiftung ist bereits innerhalb der historischen Narrative verwiesen. Nach seinem Sieg über Urhi-Tesup und dessen Verbannung sagt Hattusilis:

„Auch den Sipazitis ließ man die Grenze überschreiten; sein Haus aber nahm ich ihm weg und gab es der Istar, meiner Herrin. Und ich gab dieses der Istar, meiner Herrin; die Istar aber, meine Herrin, kam fernerhin immerdar zu mir[138]."

Mit diesen Worten endet der historische Bericht. Es folgen eine Rekapitulation und einige allgemeine Formeln über die Zeit seines Großkönigtums, der Stiftungsbericht und der Epilog.

Hieraus ergibt sich mit Sicherheit, daß der Große Text Hattusilis' eine Stiftungsurkunde ist[139]. Unmittelbar zu vergleichen sind KBo IV 12 (CTH 87: Dekret für Mittanamuwa) und KBo VI 29 (CTH 85, 1) sowie KBo XIV 45 (CTH 85, 3)[140], wo in zum Teil wörtlicher Übereinstimmung mit dem Großen Text Hattusilis' vom Verhalten Hattusilis' gegenüber Urhi-Tesup berichtet ist. Auch hier handelt es sich vermutlich um die historische Einleitung einer Urkunde, in der einem Parteigänger Hattusilis' bestimmte Privilegien eingeräumt wurden.

Für die Verbindung von Historiographie und Schenkungsurkunde sei hier nur auf die Belehnungsurkunde des Ritti-Marduk aus der Zeit Nebukadnezar's I. (Mitte des 12. Jh. v. Chr.) verwiesen, deren Stil so auffällig von dem der späteren mesopotamischen Historiographie abweicht[141].

Wenn der sogenannte Thronbesteigungsbericht Hattusilis' III. zur Klasse der Stiftungsurkunden gehört, dann ergeben sich daraus nicht nur Folgerungen für die religiösen und autobiographischen Bestandteile des Textes, sondern auch für die Geschichte der hethitischen Historiographie. Die Stiftungsurkunde steht zwischen Bauinschrift und Vertrag. In den Stiftungsurkunden ist eine weitere Gattung zu sehen, die bei den Hethitern Historiographie aufnehmen konnte.

Mit dieser Bestimmung rückt der Große Text des Hattusilis in eine konkrete politische Situation: auf diesen politischen Zweck hin, für seinen Sohn Dudhalias (§ 7.32!), die ganze königliche Familie und Nachkommenschaft, gewiß auch für die Priesterschaft der Istar von Samuha, ja für jeden ist der Text verfaßt. Für eine sichere Beurteilung der Bedeutung religiöser Themen für Geschichtsdenken und Geschichtsschreibung Hattusilis' wäre ein Vergleich mit seinen Jugend- und Königsannalen aufschlußreich; leider ist von diesen Texten nur wenig erhalten (CTH 82—84).

Für die Verbindung von Kultstiftung und Historiographie sei noch auf die Einrichtung des Totenkultes für Tuthalijas IV. durch Suppululiumas II. (KBo XII 38; CTH 121) hingewiesen. Kol. II 17 ff.[142]:

> „Ein ‚beständiges' Felsheiligtum habe ich bauen und ein Bild (sc. Tuthalijas') anfertigen lassen; dieses habe ich (dann) in das ‚beständige' Felsheiligtum hineingebracht, es (dort) aufgestellt (und) besänftigt." — Rs. IV x+3 ff.: „... Für ihn erbaute ich, Suppululiumas, der Großkönig, dieses ‚beständige' Felsheiligtum. ..... (Dazu ..) gab ich 70 Ortschaften (mit dem Auftrag) zur Versorgung. Wer auch immer ihm (etwas) wegnimmt oder es zu Fron (und Abgabe) heranzieht, ihnen (...)"

Vor dieser Kultstiftung steht in Kol. I eine historische Einleitung über die Eroberung von Zypern durch Tuthalijas IV. und Rs. Kol. III ein Selbstbericht Suppululiumas' über die Seeschlacht bei Zypern. Beide Berichte sind im traditionellen historiographischen Stil gehalten. H. Otten (a. O. S. 22) verweist für diese Verbindung von Kulteinrichtung und Historiographie auf die Prologe der AM: „erst nach der Errichtung des ᴺᴬ⁴hekur SAG. UŠ für seinen großen Vater und damit verbunden, so darf man folgern, der Ausrichtung der schuldigen Manen-Opfer fühlt er (sc. Suppululiumas II.) sich frei zur militärischen Aktion. Wie sein Vater als siegreicher König alle Kämpfe bestand, möchte man aus dem Text von Kol. II herauslesen, so will auch er nun die gleichen Mannestaten vollbringen." (Vgl. 2 A 35)

Das Gebet an Istar

§ 4.42: Nach dem Bericht über seinen ersten großen Sieg über seine innenpolitischen Gegner erhebt sich Hattusilis zu einem Sieges- und Dankeslied, das sein ganzes Leben als Erwählung und Führung durch Istar von Samuha sieht[143]. Dieses Gebet, das in einigen Punkten an Königslieder des Psalters erinnert[144], ist eine generalisierende Beschreibung, welche mit den Ausdrücken ‚Feind, Hilfe' u. ä. und mit Verallgemeinerungen mit ‚niemals, immer' den Aufstieg Hattusilis' zusammenfaßt. Die Führung ist nicht ein punktuelles, mirakelhaftes Eingreifen der Gottheit, sondern ein dauerndes Walten, das sich in bestimmten Situationen auf besondere Weise (z. B. im Traum) manifestiert[145]. Der wichtigste theologische Begriff ist *para handandatar*, etwa „göttliche Fügung, gerechtes Walten, göttliche Ordnung"; die Gottheit hilft und „zeigt" dabei ihr *para handandatar*[146]. Dieser theologischen Aussage entsprechend, wird in der Erzählung vor, während oder nach fast jeder Handlung die Hilfe Istars erwähnt. Dabei ist mit auffallender Regelmäßigkeit göttliches und menschliches

Handeln einander zugeordnet. Aufschlußreich für die Religiosität Hattusilis',
merkwürdig von der Sicherheit abstechend, mit der an anderer Stelle der
Erfolg seiner Usurpation als Zeichen göttlicher Billigung ausgegeben wird[147],
ist der Satz des Gebetes:

„Wenn es mir einmal schlecht ging, dann, gerade krank sah ich der Gottheit Walten oben
deutlich."

Hattusilis, das jüngste Kind Mursilis' II., war, seiner eigenen Darstellung
nach, kränklich und hatte keine Aussicht, auf den Thron zu kommen[148]. Auch
als Großkönig war er von schwacher Gesundheit, wie aus einem Gebet seiner
Gemahlin Puduhepas an die Sonnengöttin hervorgeht; das Gebet beginnt mit
einem synkretistisch-universalen Anruf[149]:

„O Sonnengöttin von Arinna, Königin aller Länder! Im Hatti-Lande trägst du den Namen
der Sonnengöttin von Arinna, aber in dem Lande, das du zum Zedernland machtest, trägst du
den Namen Hepat[150]."

Bedeutende theologische Reflexion im Zusammenhang mit Geschichtsdenken
ist seit langem durch die ‚Pestgebete' Mursilis' II. bekannt[151]. Das Thema dieser ‚Klagepsalmen' ist das Verhältnis von objektiver Verfehlung — Vertrags-,
d. h. Eidbruch Suppululiumas', des Vaters Mursilis' — zu persönlicher Schuld,
das Wirken von Schuld über die Generationen hinweg und damit, natürlich,
das Problem der Theodizee[152]. Das Selbstbewußtsein des Beters, das personale
und ethische Gottesverhältnis, das „wir" in seinem Schuldbekenntnis ist auffällig. Da die Ereignisse, die zu dieser Pest führten, später zu besprechen
sind[153], sei hier nur daran erinnert, daß, nach hethitischer Vorstellung, die
Gottheit die Hethiter über die Ägypter s i e g e n ließ, um die Hethiter für den
Vertragsbruch zu s t r a f e n : denn mit dem Sieg kam jene Menschenbeute in das
Land, die das Hethiterreich mit der Pest infizierte. So strafte die Gottheit das
eigene Volk: eine naive Geschichtstheologie, die jeden Sieg als Heil preist, ist
unter diesen Voraussetzungen nur noch schwer durchzuhalten.

„Hattischer Wettergott, mein Herr, und ihr Götter, meine Herren! Es ist wahr: der Mensch
sündigt.
Und auch mein Vater sündigte, und er übertrat das Wort des hattischen Wettergottes, meines
Herrn.
Ich aber habe in nichts gesündigt.
Es ist aber auch: die Sünde des Vaters kommt über den Sohn. Auch über mich kam die
Sünde meines Vaters.
Ich habe aber nun vor dem hattischen Wettergott, meinem Herrn, und den Göttern, meinen
Herren, gestanden: es ist wahr, wir (!) haben es getan.
Und weil ich nun meines Vaters Sünde gestanden habe, besänftige sich dem hattischen
Wettergott, meinem Herrn, und den Göttern, meinen Herren, der Sinn wieder.
Seid mir wieder freundlich gesinnt und jaget die Pest wieder aus dem Lande Hatti hinaus."

Eine Darstellung der Königs- und Staatstheologie sowie der persönlichen
Frömmigkeit oder der weisheitlichen Motive, die in diesen und ähnlichen Ge-

beten verwandt sind, ist an dieser Stelle nicht möglich und insofern auch nicht nötig, als ihr Einfluß auf die Historiographie im engeren Sinne, auch in den hier vornehmlich behandelten Werken Mursilis' — AM und TS —, gering ist (§ 12.3). Die Ausbildung einer theologischen Metaschicht in der hethitischen Historiographie beschränkt sich auf einige wenige Begriffe.

Die im Alten Testament überlieferte Geschichtsschreibung ist demgegenüber, und zwar schon in den frühen Texten, von einer Vielzahl theologischer Themen durchdrungen. Die griechisch-römische Myth-Historie und Geschichtsschreibung erhielt darüber hinaus intensive Anregungen aus den Naturwissenschaften, aus Kosmologie, Geographie, Medizin, aus Ethik und Staatslehre[154]. Die Anregungen der altorientalischen Weisheit auf die Geschichtsschreibung waren demgegenüber gering[155]. Da die Entwicklung der Geschichtsschreibung aber sehr stark von der Entwicklung der anderen Bereiche einer Kultur abhängt, ist im AO nicht nur die Reflexion über Geschichte rudimentär geblieben, sondern auch die eigentliche Geschichtsschreibung, d. h. die Narrative, nicht durch die Anwendung von wichtigen Begriffen der Metaschicht wie Wahrheit, Beweis etc. bereichert worden. Nur in der Westantike konnten Geschichtsschreiber und Geschichtsschreibung zum Gegenstand rationaler Untersuchungen werden[156].

§ 5: FORMALE UNTERSCHIEDE ZWISCHEN HETHITISCHER UND MESOPOTAMISCHER HISTORIOGRAPHIE

Die Bauinschrift

§ 5.1: Hethitische, mesopotamische und israelitische Historiographie repräsentieren drei verschiedene, selbständige Typen. Hethitische und israelitische Historiographie gehören insofern enger zusammen, als beide in relativ früher Zeit komplexe Handlungsgefüge darstellen. Die hethitische Historiographie unterscheidet sich von der mesopotamischen und israelitischen vor allem dadurch, daß die ,logischen' Strukturen dieser Gefüge häufiger und deutlicher syntaktisch-stilistisch expliziert werden.

Der Frage der literarischen Abhängigkeiten soll auch an dieser Stelle nicht nachgegangen werden[157]. Gewiß sind mesopotamische Einflüsse in einzelnen Stoffen und Phrasen der ältesten hethitischen Historiographie nachzuweisen; entscheidend aber ist, daß weder Götterbrief noch Bau- oder Siegesinschrift zur Hauptform der hethitischen Historiographie geworden sind[158].

In der im Alten Testament überlieferten israelitischen Historiographie spielt die Prunk- und Bauinschrift ebenfalls keine Rolle. Ein Tatenbericht im engeren Sinne (§ 2.1) scheint sich nur in dem ,Rechenschaftsbericht' des Nehemias erhalten zu haben (1 A 160). Auch archäologisch ist auf dem Boden Israels bisher nur eine monumentale Inschrift bezeugt — in ihr ist bezeichnenderweise der König nicht genannt (Lücke am Anfang?) —, obschon die Form der Bauinschrift, kombiniert mit Kriegsberichten, auch in der näheren Umgebung Israels durchaus bekannt war[159]. In der mesopotamischen Historiographie dagegen ist das Schema der Bauinschrift als herrschende Form historischer Darstellung eigentlich nie überwunden worden. Dennoch ist die mesopotamische Historiographie keineswegs so eintönig und langweilig, wie sie den geläufigen Darstellungen der Handbücher und den folgenden, stark vereinfachenden Bemerkungen nach erscheinen könnte[160]. Man lese nur den Gottesbrief Asarhaddon's[161], um eine Vorstellung von dem ganz eigenen Pathos und der Gravität, jener grellen Anschaulichkeit und der Freude am pittoresken Detail zu bekommen, die die assyrische Historiographie auszeichnen.

Das Schema der Bauinschrift, das den sogenannten Prunk-, Annalen- und Bauinschriften des Zweistromlandes zugrundeliegt, wurde bereits in der sumerischen Literatur ausgebildet und findet sich mit nur geringfügigen Abwandlungen noch in einer spätbabylonischen Inschrift Antiochos' Soter[162]. Ein Grund für die Dauerhaftigkeit dieser Form ist ihre Verwurzelung in der sakralen Sprache, dem aretalogischen Götterhymnus und der Votivinschrift.

Das Gerüst einer Votivinschrift lautet etwa folgendermaßen: ,NN', der Sohn des MM, der abc gemacht hat, widmet xy dem Gotte Z, der ein mächtiger Gott ist, der etc.... Gewähre dem NN dfg'. Das Gerüst besteht aus einem einfachen Satz, der durch dem Subjekt oder den Objekten beigefügte Adjektive, Appositionen, Partizipien oder Relativsätze erweitert werden kann. Die Relativsätze können sich verselbständigen und zu Hauptsätzen aufsteigen, ohne daß dadurch die Struktur des Schemas zerstört würde[163]. Die Erweiterungen des Subjektes können Genealogien und Tatenkataloge, beispielsweise eine Aufzählung früherer Leistungen für denselben Gott, die des Objektes einen Hymnus auf die Macht und die früheren Wohltaten der jeweiligen Gottheit enthalten.

Das Gerüst der Bauinschrift ist ebenfalls ein einfacher Satz, der jedoch im Unterschied zur reinen Votivinschrift regelmäßig durch ein temporales Adverbialglied erweitert ist. Auf Namen und Titulatur des Königs folgt in einem ,Als-Satz' (*inuma*) seine Erwählung durch die Götter und eine Aufzählung der Taten, die zeitlich vor den Ereignissen liegen, die in dem durch *ina umēšuma* eingeleiteten Hauptsatz berichtet werden. Die Erweiterungen, die in diesem Schema möglich sind, sind von derselben Art wie diejenigen der Votivinschrift; sie führen zu Vergrößerungen und Zerdehnungen, zerstören aber das Schema nicht. Es könnte zunächst scheinen, als besäße dieses Schema in seinem Adverbialglied eine temporale Stufung. Jedoch sind die Glieder des Adverbialteiles dem Hauptsatze nicht im strengen Sinne subordiniert; sie haben zudem dasselbe Subjekt wie das Prädikat des Hauptsatzes und lassen sich als ‚Vorprädikate' darstellen[164].

Die stilistische Form jeder Bauinschrift ist deshalb mit der grammatischen Form eines einfachen Satzes identisch[165]. Eine Entwicklung von Handlungsdarstellung ist innerhalb dieses Schemas schwer möglich, schon deshalb, weil — grundsätzlich wenigstens — alle Sätze des Schemas auf dasselbe Subjekt, den König, bezogen bleiben, wodurch die Ausbildung von Nebenreihen sehr umständlich wird.

Eine Bauinschrift Adad-narari's I.

§ 5.2: Als Beispiel für einen Text, der in einer Erweiterung des Schemas der Bauinschrift geschichtliche Taten aufzählt, sei eine Inschrift Adad-narari's I. (ca. 1304—1273 v. Chr.) zitiert[166].

I

1.) „Adad-narari, (a) der glänzende Fürst, der Zubehör der Götter, der Herr, der Stellvertreter der Götter, (b) derStädtegründer, ... der die Gesamtheit der Feinde oben und unten zerschmetterte, der ihre Länder zerstampfte von Lubdi ... bis ..., der die Allheit der Völker erfaßte, der Gebiet und Grenze erweiterte, der König, ...

2.) der Sohn des Arikdenili, ... der überwältigte das Land der Turuki und das Land Nigimt(h)i mit seinem Gesamtgebiete (sowie) sämtliche Herrscher der Gebirge und Hochländer des weit ausgedehnten Gebietes der Kuti, der überwältigte ..., der ...,

3.) der Enkel des Enlilnarari, des Priesters Assurs, der das Heer der Kassi vernichtete und dessen Hand alle Feinde überwältigte, der Gebiet und Grenze erweiterte,

4.) der Nachkomme des Assuruballiṭ, des mächtigen Königs, dessen Priestertum im ehrfurchtgebietenden Ekur übergewaltig war, und dessen Königsgruß fernhin einem Berge gleich fest gegründet war, der das Land Muzri unterjochte, der die Streitmacht des weiten Subari-Landes auflöste, der Gebiet und Grenze erweiterte.

II

Damals (*enuma*) der muṣlalu des Tempels Assurs, meines Herrn, der .., und der vordem erbaut worden war, er verfiel ...

III

Diese Stätte trug ich ab, erreichte ihre Grundfeste, mit Kalksteinblöcken und Erde aus der Stadt Ubase baute ich (sie neu), brachte (sie) an ihren Ort zurück und legte meine Steintafeln nieder.

IV

Für zukünftige Tage: ein zukünftiger Prinz möge, wenn diese Stätte alt wird und verfällt, ihren Verfall erneuern, meine Steintafeln (und) meine Namensschrift möge er an ihren Ort zurückbringen. ..."

(Fluchformel, Datum)

Das Gerüst dieser Inschrift ist ein einfacher Satz (,Adad-narari baute den verfallenen Tempel wieder auf'), dessen Subjektsglied durch eine anakoluthisch endende ,syntaktische Schleppe' aus Attributen, Appositionen, Partizipien und Relativsätzen gewaltig verlängert ist. In analoger Weise können Adverbial- und Prädikatsteil erweitert werden (1 A 163). Es ist, zumal wenn man die Struktur hethitischer Vorgeschichten vergleicht (§ 5.4), einleuchtend, daß in einer Genealogie mit dieser syntaktischen Form keine Handlung dargestellt werden kann[167].

Der Baubericht selbst weist eine zeitliche Stufung auf (II/III), die im Sachverhalt eines Wieder-Aufbaus vorgegeben ist. Nicht die politisch-militärischen Taten, sondern die Geschicke des Bauwerkes scheinen mit ,historischem Blick' gesehen zu sein. Ein sachlicher Zusammenhang zwischen der politisch-militärischen und der Geschichte des Bauwerkes, wie er in anderen altorientalischen Bau- und Kultgeschichten dargestellt ist (1 A 226), besteht nicht. Ein lehrreiches Beispiel dafür, wie andere Gattungen (,Baubericht') und Stoffe, die im allgemeinen typisch für Tatenberichte sind, in die Struktur eines echten Geschichtswerkes eingeordnet werden können, bieten die Königsbücher des Alten Testamentes; in ihnen findet sich eine fast lückenlose Geschichte des Tempels und seiner Schätze[168].

Assurbanipal, Annalen VII 82—124

§ 5.3: Die Erweiterung des Schemas geschieht durch Anreihung neuer Elemente der gleichen Art. Historische Texte, die in dieser Weise gebaut sind, bieten überwiegend eine Aufzählung königlicher Taten nach chronologischen, geographischen oder ,sachlichen' Gesichtspunkten. Von einer durchgreifenden Organisation des Materials kann keine Rede sein, weil entsprechende historische Kategorien fehlen. Die historischen Texte der Assyrer und Babylonier sind oft nur mehr oder weniger geschickte Kompilationen (§ 6.4); sie stehen teilweise eher auf dem Niveau archivarischer Dokumentation als literarischer Komposition. Die Werke Mursilis' dagegen sind, wie im zweiten Teil gezeigt werden soll, nach verschiedenen, offenbar auch künstlerischen und ästhetischen Gesichtspunkten organisierte Einheiten. Sie sind durchaus Literatur und als Handlungsdarstellungen Geschichtsschreibung; beides wird man nur von wenigen Texten der mesopotamischen Historiographie behaupten können, über die Mowinckel schreibt[169]:

„Der Stoff der Darstellung ist oft in hohem Grade für eine Erzählung geeignet; ihr Stil ist davon noch unberührt. Man kann sagen, während der Inhalt sich bewegt, steht der Stil auf derselben Stelle. Er kennt nicht Über-, Unterordnung, Wichtiges, Unwichtiges, Haupt-, Nebensätze. Alles ist koordiniert. Diese Eigentümlichkeit beruht nicht lediglich auf der primitiven Syntax der semitischen Sprache. Sie liegt in dem Gewicht, das jede Einzelheit erhalten hat. Die Inschriften bleiben, auch abgesehen von der Partikelarmut des Assyrischen, Zusammenkettungen von Einzelheiten, die nicht zu einem Organischen zusammengeflochten sind."

Die Umständlichkeit und Ungenauigkeit, mit der in der Historiographie des Zweistromlandes noch in später Zeit Nebenreihen und ‚Vorgeschichten' konstruiert wurden, soll am Beispiel einer Annaleninschrift Assurbanipal's (668—626 v. Chr.) vorgeführt werden[170].

„Auf meinem neunten Feldzuge bot ich meine Truppen auf; gegen Uaite‘, den König von Arabien (Apposition), schlug ich den Weg ein, der (ša) gegen die mit mir (scil. abgeschlossenen) Verträge gefrevelt, das Gute, das ich ihm angetan, vergessen, das Joch meiner Herrschaft ... abgeworfen (hatte) (ohne ša, mit Subjunktiv).

Er hielt seine Füße zurück, mir zu huldigen, und sein Geschenk, seinen schweren Tribut verweigerte er. Wie Elam hörte er auf Verratsgerede von Akkad und hielt meine Verträge nicht. Mich, Assurbanipal, den ..., verließ er und übergab seine Truppen dem Abijati ... Dem Samaš-šum-ukin, meinem feindlichen Bruder, kam er zu Hilfe und verschwor sich mit ihm. Die Leute von Arabien wiegelte er gegen mich auf und plünderte die Leute aus, die A s s u r u n d I s t a r und die großen Götter mir übergeben hatten, um sie zu weiden, und meinen Händen anvertraut hatten.

Auf Befehl A s s u r s u n d I s t a r s meine Truppen (scil. bot ich auf). In (folgen Ortsnamen) bereitete ich ihm ein großes Blutbad (und) hieb Zahllose der Seinen nieder. Die Leute von Arabien, soviele mit ihm herangerückt waren, machte ich mit den Waffen nieder.

Er aber entrann vor den gewaltigen Waffen Assurs und floh in die Ferne.

Die Zelte, ihre Wohnungen zündeten sie an (und) verbrannten sie im Feuer.

Den Uaite‘ befiel Unheil und allein floh er nach Nabaite[171]."

Die Nebenreihe ist an das Objektsglied angeschlossen. Die Festigkeit des Anschlusses lockert sich immer mehr; was ursprünglich Attribut ist, wird zum attributiven Nebensatz und zum selbständigen Hauptsatz. Dadurch ist das grammatische Gefüge, des einfachen Satzes, der auch dieser Scheinperiode zugrundeliegt, gesprengt. Es entsteht ein Anakoluth, der durch einen gleitenden Übergang von der Neben- zur Hauptreihe verdeckt wird. Am Ende der Nebenreihe wird geschickt auf Assur und Istar zurückgelenkt, dann ein asyntaktisches ‚auf Befehl Assurs und Istars' eingefügt und so, durch die verkürzte wörtliche Wiederholung, die Verbindung mit der Hauptreihe wenigstens durch ein materielles Konnektiv hergestellt[172].

Vorgeschichten aus Mursilis' AA 12. und 20. Jahr; Reihung und Stufung

§ 5.4: Als Gegenbeispiel zu Bauinschrift und assyrischer Annalistik werden im folgenden zwei Satzgruppenkomplexe aus den Werken Mursilis' analysiert. Die Beispiele werden den Unterschied von Reihung und Stufung sowie den Formalgehalt hethitischer Historiographie veranschaulichen.

AA 12. Jahr (Götze S. 140 ff):

„Als es aber Frühling wurde—
und weil (A) Mashuiluwas, der Arzawa-Mann, als Flüchtling zu meinem Vater gekommen war (impf.), hatte ihn mein Vater zu seinem Schwiegersohn gemacht (impf.) und ihm Muwattis, seine Tochter, meine Schwester, zur Ehe gegeben. Dann hatte er ihn auf seine Person und auf uns, seine Söhne, vereidigt (impf.) und ihn zu seinem vereidigten Untertanen gemacht.

Weil mein Vater aber (B) in den Hurri-Ländern war, und er sich darin verspätete und länger aufhielt, konnte er sich also (*namma*; C) nicht um ihn kümmern, und er ging nicht zurück und schlug seinen Feind nicht für ihn. Das Land seines Vaters aber gab er ihm anstelle seines Vaters nicht zurück. Mein Vater aber ist Gott geworden.

Als aber ich mich auf den Thron meines Vaters setzte, welcher Mashuiluwas da aber meines Vaters Schwiegersohn geworden war, und (dem) er die Muwattis, seine Tochter, meine Schwester, zur Ehe gegeben hatte, (der) ferner sein vereidigter Untertan war, um den kümmerte ich mich da[173].“

Eine Reduktion dieser Satzgruppe auf einen einfachen Satz und seine Erweiterungen ist nicht möglich. Die einfachste Form, auf die die hethitische Satzgruppe gebracht werden kann, lautet:

> Jetzt
> > Früher   weil   (zwar A
> > > aber auch B)
> > > also nicht C.
> Aber jetzt C.

Der hethitische Schreiber hat die logische Form der Satzgruppe durch drei Gliederungsstriche kenntlich gemacht[174]. Einen derartigen irreduziblen Satzgruppenkomplex mit verschiedenen syntaktisch explizierten Stufungen nennen wir eine (historische) Periode. Historische Perioden dieser Art gibt es in der mesopotamischen Historiographie nicht. Das logische Gefüge einer handlungsreichen Vorgeschichte beispielsweise ist aber nur in derartigen Satzgefügen darstellbar.

Im Gegensatz zu einer Reihe, die durch Hinzufügen gleichartiger Glieder immer nur länger wird, nimmt in einem gestuften System die Satzgruppe durch Unterstufung an Komplexität zu. Einen derartigen Zuwachs an Komplexität illustriert ein weiteres Beispiel aus den AA; wiederum handelt es sich um eine Vorgeschichte.

AA 20. (?) Jahr (nach Götze S. 152 ff und Otten, Neue Fragmente 166 ff)[175]:

„(A) Ferner, weil (K.) mein Vater im Hurri-Land war — und solange er mit den Hurri-Ländern kämpfte, verweilte, (B) mobilisierten in seinem Rücken von der Kaskäer-Stadt her viele Feinde und bedrängten das Hatti-Land. (C) Und einiges Land verwüsteten sie, einiges aber besetzten sie auch noch und hielten es auch. Und weil das Land Tummanna meinem Vater treu blieb — die Stadt Tummanna, ferner auch welche festen Städte gebaut worden waren, die verwüstete der kaskäische Feind, dann besetzte er sie auch noch.
(D) Den Hutupijanzas aber, den Königssohn, den Sohn des Zidas, des Groß-Mesedi — Zidas, der meines Vaters Bruder war — mein Vater beorderte diesen Hutupijanzas, den Sohn des Zidas, des Groß-Mesedi, ins Land Pala.

(E) Das Land Pala aber war ein in keiner Weise geschütztes Land, eine feste Stadt, einen Platz, auf den man sich stützen konnte, gab es überhaupt keinen: ein unbefestigtes (?) Land war es.

(F) Hutupijanzas aber schützte das Land Pala, ein Heer aber stand ihm nicht zur Verfügung. Und er schuf Schlupfwinkel in den Bergen; und die Mannschaft, die er in geringer Zahl dorthin gezogen hatte, übergab vom Lande Pala dem Feinde nichts. Und welcher (... Feind sich) dem Hutupijanzas zur Schlacht stellte, den besiegte er.

(G) Als ich mich aber auf den Thron meines Vaters setzte, die Feinde, die sich da in großer Zahl auch erhoben hatten, solange ich die da bekämpfte, bis ich sie schlug und ins Reich einordnete, vorher und nachdem ich mich auch auf den Thron meines Vaters gesetzt hatte, vergingen (...) 20 Jahre. Hutupijanzas aber schützte das Land Pala. Weil ich nicht imstande war, da marschierte ich nicht ins Land Tummanna ... Fuß- und Wagentruppen des Hutupijanzas ... te ich, und Hutupijanzas das Land ..., er zog gegen andere Feindesländer und mit ihnen kämpfte er, und die Kolonen brachte er zurück nach ... und das Land Pala baute er und befestigte es. Der Kaskäerfeind aber war ihm zu mächtig, darum in das Kaskäer-Land zu ziehen, wagte er nicht. Aber welcher kaskäische Feind auch immer in das (im) Land Pala ..., den (vertrieb?) Hudupijanzas ...

... und die Feindesländer ordnete ich ... und als es Frühling geworden war, (H) Fuß- und Wagentruppen bot ich auf, und nach Tummanna (zog ich und ... nach..) athuma gelangte ich ..."

Die logische Form, auf die sich dieser Satzgruppenkomplex bringen läßt, lautet:

Ferner: früher   weil A, deshalb B
                  weil A und B, deshalb C und D
                        trotz E gelang F

---

dann aber G

---

jetzt aber H

Ein Text, der so umfangreiche und komplexe Satzgruppen enthält, wie die zitierten Beispiele es für die Werke Mursilis' zeigen, wird auch als ganzer eine andere Struktur haben als ein Text, der im Bauinschriftenschema, mit Reihung und Aufzählung verfaßt ist[176].

§ 6: KRITERIEN DER LITERARIZITÄT

Die historischen Texte werden üblicherweise in ‚historische Dokumente (Quellen o. ä.)' und ‚(literarische) Geschichtsschreibung' geschieden[177]. Einige der Kriterien, nach denen ein historischer Text als ein literarischer anzusehen ist, werden in diesem Abschnitt zusammengestellt.

Publikation

§ 6.1: Ein literarischer Text muß schriftlich abgefaßt sein. Er muß publiziert, d. h. einem Hörer- oder Lesepublikum zugänglich sein. Der Text muß also entweder in mehreren Exemplaren in privatem Besitz vorhanden sein oder in Bibliotheken eingesehen oder entliehen werden können. Auch die regelmäßige Rezitation eines schriftlich fixierten Textes ist eine Art der Veröffentlichung.

Bau- und Prunkinschriften mit ihrer monumentalen oder dekorativen Absicht, Grenzsteine, Siegesinschriften, Belehnungs- und Gründungsurkunden mit ihrem vornehmlich juristischen, die reinen Gottesbriefe mit ihrem letztlich religiösen Zweck[178] sind deshalb keine Literatur im strengen Sinne. Allerdings ist die Grenze zwischen Dokument und Literatur fließend. Das Staatsexemplar eines Textes kann in einem Tempel niedergelegt sein, während gleichzeitig Abschriften in der Öffentlichkeit verbreitet sind[179]. Von der monumentalen Darius-Inschrift von Behistun sind Fragmente in aramäischer Sprache unter den Papyri von Elephantine gefunden worden[180]. Gelegentlich gibt der Aufbewahrungs- bzw. Fundort eines Textes einen Hinweis darauf, ob er zur Literatur oder zum Archivmaterial gerechnet wurde[181].

Das veröffentlichte Werk wendet sich an ein Publikum, das entweder selbst lesen oder das Werk durch Vorlesen kennenlernen kann[182]. Die spätalthethitische Verfassung Telepinus' setzt voraus, daß hethitische Großkönige die historische Einleitung eines juristischen Textes selbst lesen[183].

Historische Texte, wie die Inschrift des Irišum, scheinen in der altassyrischen Handelskolonie Kültepe „als Literaturwerk im Schulbetrieb" benutzt worden zu sein[184]. In den Archiven und Bibliotheken von Hattusa waren viele historische Werke in mehreren Exemplaren und verschiedenen Serien gesammelt[185]. Zahlreiche Texte über die Geschichte des alten Hatti-Reiches sind auf Tafeln des Neuen Reiches überliefert[186]. Bemerkenswert sind vor allem Sammeltafeln wie 2BoTU 30, auf der aus unbekannten Gründen historische Texte zusammengestellt sind[187]. Der Text KBo VII 14, der über die Kämpfe eines althethitischen Königs handelt, war wohl schon im Alten Reich in mehreren Exemplaren vorhanden[188]. Art und Umfang der Veröffentlichung von historischen Texten sind jedoch auch für den Bereich der hethitischen Kultur noch nicht im einzelnen untersucht. Über die Frage nach der Verbreitung derartiger Werke können nur Zitate oder Tafelfunde außerhalb von Hattusa Aufschluß geben.

Das Publikum

§ 6.2: Als Publikum für historische Texte bei den Hethitern wird man sich die gesamte feudale Oberschicht denken müssen, Priester und Adel, dazu die Hof- und Staatsbeamten[189]. Das Testament Hattusilis' I., mit dem der in Kussar erkrankte König den jungen Mursilis I. zur Königsherrschaft berief, wendet sich an die „Mannen der Adelsgemeinschaft" und die „Würdenträger". Die Tafel soll dem jungen König jeden Monat vorgelesen werden[190].

Die so auffällige Berücksichtigung der Großen, Prinzen, Generäle, Statthalter und Vasallen in den Werken Mursilis' II. dürfte damit zusammenhängen, daß die hethitischen Königsannalen für diese an Politik und Militärwesen stark beteiligten Kreise bestimmt waren. Historischer und politischer Sinn erscheinen auch unter diesem Aspekt als verschiedene Ausprägungen derselben Geisteshaltung.

Der große Text Hattusilis' III. richtet sich zunächst an die gegenwärtige und künftige königliche Familie, im besonderen an seinen Sohn Dudhalijas, der Priester der Istar von Samuha wird, und wohl auch an die Priesterschaft der Istar[191].

Darüber hinaus aber wendet sich Hattusilis an den „Sohn der Menschheit", an „jeden", woraus das auffallend starke religiöse und politische Pathos dieses legitimationsbedürftigen Priesters und Königs verständlich wird.

Die Wendung an ein Publikum manifestiert sich aber nicht nur in dem einmaligen Akt der Veröffentlichung des Werkes, sondern durch Bezugnahme auf den Leser auch innerhalb des Werkes. In den Werken Mursilis' wird der Leser durch Apostrophen einbezogen, ja zur Stellungnahme aufgefordert[192]. Vielleicht ist sogar die Einleitungsformel der hethitischen Annalistik („folgendermaßen spricht meine Sonne"), die der mesopotamischen Historiographie fremd ist und möglicherweise aus dem Erlaß oder Brief stammt, auch in diesem Sinne zu interpretieren. Zur Einbeziehung des Lesers zwei Beispiele aus den AA[193]:

„Und wer diese Tafeln hört, soll aussenden und sehen, wie diese Stadt gebaut ist."

An einer spannenden Stelle, wo Mursilis berichtet, wie er durch einen Orakelvogel aus dem Hinterhalt der Taggastäer gerettet wird, steht folgender Einschub:

„Und nun erkenne, wie mir der stolze Wettergott, mein Herr, Beistand, ist, und mich dem Bösen nicht überläßt, sondern dem Guten anempfohlen hält."

Die schriftliche Veröffentlichung und die Verbreitung eines Werkes bei einem Lesepublikum bringen es mit sich, daß die Werke aufeinander Bezug nehmen können. Der Leser kann also z. B. auf ein anderes Werk verwiesen werden, in

dem Dinge stehen, die aus bestimmten Gründen in dem ihm vorliegenden
Werke nicht behandelt sind. In einem derart komplementären Verhältnis
stehen die AA zu den ZJA[194]. Dieser Verweistyp ist aus der israelitischen
Historiographie bekannt, wo er besonders häufig in den Königsbüchern und in
der Chronik auftritt[195]. An der großen Anzahl dieser Verweise zeigt sich der
Reichtum der israelitischen Historiographie[196]. Das Verweisen und Zitieren hat
zur Voraussetzung, daß es sich um verfügbare und um abgeschlossene, eindeutig zu bezeichnende Werke handelt[197].

Quellen der hethitischen Geschichtsschreiber

§ 6.3: Daß die hethitischen Historiographen vorgeformtes Material be-
nutzten und zitieren, ist sicher, aber in den Einzelheiten noch nicht erforscht[198].

Die Frage nach den nicht- und halbliterarischen Quellen von Geschichtswerken ist nicht nur für die Beurteilung ihres historischen Wertes wichtig, sondern
auch für die Erkenntnis der historiographischen Arbeit der alten Gelehrten und
der Zusammenhänge zwischen politischer, wirtschaftlicher, juristischer Dokumentation und Geschichtsschreibung (§ 7)[199]. Die Vorstellung, die gesamte altorientalische Historiographie, mit Ausnahme der israelitischen, sei primäres,
urkundliches Material, lediglich Stoff für Geschichtsschreibung etc., ist ebenso
verbreitet wie unrichtig (1 A 180).

Als Primärmaterial aus dem militärischen Bereich sind in der gesamten altorientalischen Historiographie Armeetagebücher, Listen von Gefallenen und
Beutegut etc. vorauszusetzen (1 A 180-181); die Itinerarien und Grenzbe-
schreibungen sind in der hethitischen Historiographie gelegentlich zu geographischen, ja ethnographischen Exkursen ausgestaltet (§ 11.2). Militärisches
Primärmaterial ist in den Berichten von Grenzposten und Distriktsgouverneu-
ren über Truppenbewegungen, Grenzübertritte, Eintreffen von Boten, Anwer-
bung von Truppen, in militärischen Instruktionen und brieflichen Bitten um
militärische Unterstützung erhalten.

Von der Dokumentation aus dem Bereich der Staatsverwaltung haben vor
allem die — ihrerseits bereits z. T. stark literarisch geformten — Vasallenverträge auf die hethitische Historiographie gewirkt (§ 12.3). Dokumente über
die Einteilung von Verwaltungsbezirken, Schenkungen (1 A 139), über die
Ordnung der Steuern etc. sind aus dem Alten Orient reich belegt, ebenso Be-
schwerdebriefe, Schiedssprüche, Gerichtsprotokolle, Bündnisvorschläge und
-entwürfe, Anmahnung ausstehender Tribute[200]. Für fast alle Spielarten dieser
juristisch-politischen Gebrauchsprosa finden sich Beispiele in der hethitischen
Historiographie.

Die literarische Bearbeitung dieses Materials setzt, zumal wenn es sich um als literarische und geistige Einheiten konzipierte Geschichtswerke handelt, einen individuellen Verfasser voraus, der zudem möglichst nicht aus politischen, sozialen oder psychologischen Gründen gehalten ist, anonym zu bleiben. In welchem Sinne jedoch die hethitischen Könige als Verfasser der ihnen zugeschriebenen Werke anzusehen sind, ist noch unklar. Die literarische und philologische Tätigkeit der mesopotamischen und kleinasiatischen Gelehrten und Schreiber darf jedenfalls nicht unterschätzt werden. Die soziale Stellung der Historiographen, ihre Abhängigkeit vom Tempel, ihre Selbständigkeit gegenüber dem Herrscher, ihr Rückhalt beim Publikum sind für Charakter und Entwicklung einer Historiographie von Bedeutung. Die israelitischen Historiographen genossen wohl teilweise eine in ihrer altorientalischen Umwelt einmalige ‚prophetische‘ Immunität; die Verfasser der großen historiographischen Werke der davidisch-salomonischen Epoche sucht man in den Kreisen der Weisheitslehrer[201]. Die spannungsreiche, fruchtbare Polyzentralität des israelitischen Geisteslebens macht sich auch hier bemerkbar[202].

Kompilation und Komposition

§ 6.4: Außer den Kriterien für die Literarizität eines Textes, die sich aus der Forderung nach Veröffentlichung für ein Lesepublikum ableiten lassen, gibt es einige innere Indizien.

Ein literarisches Werk hat einen Anfang (Prolog) und einen Schluß (Epilog) — mit ‚Beginn‘ und ‚Ende‘ könnte man hiervon das Einsetzen, bzw. Aufhören ‚ungeformter‘ Texte unterscheiden —, oft auch eine besonders ausgezeichnete Mitte, Binnenprologe und Binnenschlüsse, Rekapitulationen u. a. m. Prologe und Epiloge lassen sich als prospektive bzw. retrospektive Werkkonnektive auffassen. Dadurch, daß im Prolog ein Vorblick auf den Inhalt des Werkes, im Epilog ein Rückblick auf das Behandelte gegeben wird, wird der Text als ein geschlossenes Ganzes konstituiert[203]. Die ZJA besitzen Prolog, Epilog und einen deutlichen Binnenschluß nach den Arzawa-Kriegen. Nach der Verteilung der Provinzen heißt es[204]:

„Und diese Länder unterjochte ich an ihrem Platze. Und ich legte ihnen Truppenstellung auf, und sie stellten mir von da an regelmäßig Truppen. Und im zweiten Jahre, seit ich im Lande Arzawa überwinterte, standen mir ... die Götter alle bei. Da besiegte ich das Land Arzawa. Und den einen Teil führte ich nach Hattusa heim, den andern Teil aber an Ort und Stelle unterwarf ich ... Und als ich das ganze Arzawa-Land besiegte, was ich, die Sonne, da an Kolonen nach dem Palaste herbeigeführt habe, das waren alles in allem 66 000 Kolonen ... Und wie ich das ganze Arzawa-Land besiegt hatte, kam ich dann nach Hattusa heim. Und seit ich im Arzawa-Land drinnen überwinterte, führte ich das in 1 Jahre aus."

Schlußbildungen mit ähnlicher Topik finden sich am Ende der jeweiligen Regierungsjahre und nach einzelnen Episoden:

„Und als ich dann Timmuhala dem Wettergott geweiht hatte (sc. das war der letzte Punkt der Erzählung), kam ich vor Kasimula herab.

Und ich kam heim und überwinterte in Katapa. Und der stolze Wettergott, mein Herr, die Sonnengöttin von Arinna, meine Herrin, ... hatten mir beigestanden, da hatte ich diese Länder in 1 Jahre besiegt."

„Und Hutupijanzas machte das ganze Land Kalasma wieder zu einem Land des Hatti-Landes[205]."

Die Prismen-Inschrift Tiglat-pilesar's I. besitzt einen gut gegliederten Prolog (Götterhymnus; Selbstvorstellung; Berufung). Am Ende dieses Prologes wird ein Vorblick auf den gesamten Inhalt gegeben[206]:

„Assur und die großen Götter, die mein Königtum groß machten (Rückverweis auf Götterhymnus und Selbstvorstellung)..., gaben den Auftrag, daß ich das Gebiet ihres Landes ausdehnen sollte, ... Länder, Berge, Städte und Könige, die Assur feindlich waren, habe ich erobert und ihre Gebiete unterworfen. Mit 60 Königen ... kämpfte ich und gewann Siege über sie. Einen Ebenbürtigen in der Schlacht und einen Rivalen im Kampf fand ich nicht. Zu Assyrien fügte ich Land hinzu ... Die Grenze meines Landes erweiterte ich und ihre (scil. der 60 Könige) Länder eroberte ich ganz. Im Beginn meiner Herrschaft ..."

Die Geschlossenheit eines Textes läßt sich an dem Grad der Schwierigkeit, die die Herauslösung eines Teiles aus seinem Zusammenhang macht, ablesen (Lückentest). Wenn sich Teile aus einem Text herausnehmen lassen, ohne daß das Verständnis des Ganzen beeinträchtigt wird, kann man von einem nur wenig integrierten, offenen Text sprechen. Ein wenig integrierter Text kann leicht durch Streichungen gekürzt oder durch Zusätze erweitert werden; einen derartigen Text nennen wir eine ‚Kompilation'. ‚Komposition' dagegen ist ein Verfahren, durch das Teile eines Textes mit verschiedenen Mitteln — Prologe, Metaschichten, Konnektive, Stufung, Proportionen der einzelnen Teile dem Umfang nach, Wechsel von Stilschichten etc. — zu einem gegliederten Ganzen mehr oder weniger stark integriert werden.

Die assyrischen Annalen sind durch Kompilation entstandene, mehr oder weniger offene Texte. Diesen Tatbestand hat Olmstead in einer historischen Quellenanalyse herausgearbeitet, ohne freilich Schlüsse auf den literarischen Charakter dieser Texte zu ziehen.

Die verschiedenen Redaktionen der assyrischen Annalen kommen nach Olmstead folgendermaßen zustande[207]. Sobald der König seinen ersten bedeutenden Sieg gewann, wurde die erste Edition der Annalen veröffentlicht. Bei dem nächsten Sieg wurde eine neue Edition herausgebracht, in die die Ereignisse bis zum ersten Sieg in einer verkürzten Fassung der ersten Edition aufgenommen wurden. Das jeweils letzte Ereignis wurde als das jeweils wichtigste am ausführlichsten dargestellt; mit jeder neuen Edition verschoben sich die Gewichte.

Vom historischen Standpunkt aus ist nur die jeweils erste, zeitgenössische, ungekürzte Schilderung interessant. Das Kürzungsverfahren der späteren Editionen verringert lediglich den historischen Informationswert[208]; außerdem dringen — zumal in den Zahlenangaben — viele Fehler und Entstellungen ein.

Ein in dieser Editionstechnik hergestellter Text ist grundsätzlich offen; er ist nie ‚fertig‘; jeder Teil ist potentieller Gegenstand weiterer Bearbeitung. Historische Gesichtspunkte, die die Darstellung über eine Edition hinaus bestimmen könnten, oder einen Plan, nach dem die Ereignisse von hinten her, aus historischer Distanz, in einen sinnvollen Bezug zueinander gebracht werden könnten, gibt es meist nicht.

Die annalistische Technik der Assyrer ist als literarisches Phänomen noch nicht gewürdigt. Die Kriterien beispielsweise, nach denen aus den Darstellungen früherer Editionen Ereignisse für die nächste Edition ausgewählt wurden, sind noch nicht untersucht. Die Verhältnisse sind bei verschiedenen Inschriften oft sehr verschieden. Es gibt natürlich auch Texte, die man mit guten Gründen eine ‚literarische Komposition‘ im hier definierten Sinne nennen wird, beispielsweise die hier bereits öfter zitierte Prismen-Inschrift Tiglat-pilesar's I.

Es ist bezeichnend, daß die beiden Annalenwerke Mursilis' in einem anderen Verhältnis zueinander stehen als zwei verschiedene Editionen assyrischer Königsannalen. Bei den Annalen Mursilis' handelt es sich um zwei selbständige Werke, die zwar in einer bestimmten, komplementären Beziehung zueinander stehen, aber gerade nicht so, daß die ZJA eine spätere Redaktion der AA darstellten (§ 8.2).

Zu den in der hethitischen Historiographie verwandten Gliederungsmitteln, die als Zeichen literarischer Formung aufgefaßt werden können, gehören auch die Querstriche. Sie machen, was nur im Bereich der Schriftlichkeit möglich ist, die Gliederung optisch sinnfällig. Diese Querstriche sind in der hethitischen Literatur mit erstaunlicher Sicherheit und Regelmäßigkeit gesetzt. Die Güte dieses Gliederungssystems läßt sich z. B. daran erkennen, daß die Gliederung, die moderne Editoren für hethitische Texte angeben, oft völlig mit der durch die Querstriche angezeigten zusammenfällt. Es ist kein Argument gegen die prinzipielle stilistische Bedeutung dieses Gliederungssystems, daß die Gliederungsstriche in verschiedenen Ausgaben mit gewissen Abweichungen gesetzt sind. Auffällig ist, daß der akkadische Text der ‚Annalen‘ Hattusilis' I. — im Gegensatz zu der hethitischen Version — keine Gliederungsstriche aufweist[209]. Eine Arbeit über Linierung und Gliederungsstriche in der altorientalischen Literatur ist mir nicht bekannt[210].

Dieser ganze Komplex wäre vermutlich im Zusammenhang mit der Frage nach der Entstehung der masoretischen Parascheneinteilung zu erörtern. Durch die Qumrantexte kann das Prinzip der Paraschengliederung einige Jahrhunderte weiter zurückverfolgt werden, als es bisher auf der Grundlage der Mischna o. ä. geschehen konnte. Es könnte sein, daß das jüdische Gliederungssystem sich in altorientalische Traditionen einordnen läßt[211].

Das Verhältnis zu anderen literarischen Gattungen

§ 6.5: Ein historiographischer Text bezeugt seinen literarischen Anspruch auch dadurch, daß er Einflüsse anderer Literaturgattungen aufnimmt[212]. So wird man die ausgiebige Verwendung der direkten Rede in Ansprache, Selbstgespräch und Dialog, die Einlage fiktiver Briefe, die Botenberichte und den Gebrauch von Vergleichen in der hethitischen Historiographie auf Anregungen der epischen Dichtung zurückführen können. Epische Breite und poetische Formeln finden sich gerade in der ältesten hethitischen Historiographie und in den quasi-historischen Texten der Altreichszeit[213].

Aufgrund der neuen Erkenntnisse über das kanaanäische Kunstepos läßt sich jetzt auch der schon immer postulierte Einfluß epischer Formeln, Motive und Erzähltechniken auf die frühe israelitische Historiographie nachweisen[214]. Nach C. H. Gordon[215] ist die Geschichtsschreibung bei den Israeliten dadurch entstanden, daß sie „menschliche Werte vom epischen Stoffgebiet auf das aktuelle Geschehen übertrugen"; der Schöpferkraft Israels sei es gelungen, epische Elemente und politisch-geschichtliches Erleben zu verbinden und so die Geschichtsschreibung zu begründen. Außerdem sei es kein Zufall, daß die israelitische und griechische Geschichtsschreibung sich in der ehemaligen hethitischen Einflußsphäre entwickelt habe; in Juda wie in Halikarnaß sei die Geschichtsschreibung auf dem Nährboden der hethitischen Geschichtsschreibung gewachsen[216].

Ob sich die zuletzt genannten Thesen Gordon's beweisen lassen, scheint mir unsicher. Die Tatsache aber, daß hethitische und israelitische Geschichtsschreibung ebenso wie die griechische, römische und arabische vom Epos beeinflußt sind, ist nicht zu bestreiten[217].

§ 7: POLITIK UND GESCHICHTSSCHREIBUNG

Vorbemerkung

§ 7.1: Die unbefangene Lektüre der Werke Mursilis' führt auf die höchst erstaunliche Tatsache, daß die Darstellung von kriegerischen Handlungen in ihnen einen relativ geringen Raum einnimmt[218]. Sie enthalten zahlreiche Partien, die nur in einem abgeleiteten Verhältnis zur militärischen Handlung stehen, beispielsweise geographische Exkurse, Vorgeschichten, Prodigien und andere religiöse Motive, Vergebungsszenen, Diplomatie, politische Neuordnung eines eroberten Gebietes. Diese Partien dienen der Motivation und Verumständung der kriegerischen Handlung; sie stellen ihre Bedingtheit und Abhängigkeit von mannigfaltigen Voraussetzungen und Nebenumständen dar. Das Interesse an nicht-militärischen Ereignissen kommt besonders deutlich zum Ausdruck, wenn von einer geplanten, aber aus besonderen Gründen nicht ausgeführten militärischen Operation berichtet wird oder ein diplomatischer Notenwechsel den Feldzug ersetzt[219]. Der Nicht-Krieg kommt als Politik zur Darstellung. Aber auch dann, wenn der Krieg — häufig genug — trotz vorbeugender Diplomatie ausbricht, also konkret, wenn die Auslieferung von Siedlern oder Flüchtlingen, die Tributzahlung oder Truppenstellung verweigert wird, wird er insofern als politische Angelegenheit verstanden, als die Schlachten sehr knapp, ihre politischen Voraussetzungen und Folgen recht eingehend berichtet werden.

Die politischen Motive in den historischen Werken Mursilis' sind bekannt aus zum Teil gleichzeitigen hethitischen Verträgen und der diplomatischen Korrespondenz[220]. Die Beobachtung, daß sich in den hethitischen Verträgen, zumal in ihren Einleitungen, längere historiographische Partien finden, wurde früh gemacht. Noch wichtiger erscheint mir das Vorkommen von Diplomatie, Politik und Vertragstopik in historischen Berichten; dies ist nämlich ein weiterer Grund dafür, in den Werken Mursilis' eine mindestens im Ansatz politische Geschichtsschreibung zu sehen (§ 6.1; § 10.1).

Der Bedeutung, die die menschliche Handlung in der hethitischen Historiographie besitzt (§ 3.1), entspricht die Tatsache, daß die Darstellung des handelnden Menschen viel reicher und plastischer ist als in der mesopotamischen Historiographie. Die eigenen Generäle und Bundesgenossen, die Gegner und feindlichen Generäle sind im Zusammenhang mit einer verwickelten Handlungsführung oft eindrucksvoll exponiert. Sie erscheinen durchaus als Persönlichkeiten, nicht als blasse Schemen, die von der übermenschlichen Größe des Königs, der alles allein tut, erdrückt werden. Sie sind durch Vatersnamen und Titel ausgezeichnet. Oft werden ihre früheren Leistungen in einer Vorgeschichte erwähnt und ihre eigenen Operationen recht ausführlich in drittpersönlicher Narrative beschrieben. So kommt es, daß wir in den Werken Mursilis' einen großen Kreis mehr oder weniger individuell charakterisierter Persönlichkeiten kennen lernen[221].

Es überrascht nicht, daß die Affekte dieser Menschen den hethitischen Historiographen darstellenswert erschienen. In der mesopotamischen Historiographie finden wir fast nur den Triumph des Siegers, die Furcht und Verzweiflung der Besiegten. In den Werken Mursilis' ist die Skala der Affekte bedeutend größer[222]. Ein Kriegszug kann auf Grund von Bitten und Mitleid abgebrochen, in einer Vergebungsszene — in der gelegentlich sogar der Unterlegene zu Wort kommt — kann der Streitfall friedlich geregelt werden. Frühere Wohltaten, Dankbarkeit und Treue sind oft ausschlaggebende Motive.

Die berüchtigte assyrische Grausamkeit fehlt dagegen völlig. Die hethitische Kriegführung war offenbar verhältnismäßig human. Diese Einstellung der Hethiter zum Kriege dürfte die Ansicht derer bestätigen, die die Hethiter für das politisch reifste Volk ihrer Zeit halten: jener menschliche, gutmütige Zug, der viele Seiten der hethitischen Kultur so sympathisch erscheinen läßt, ist auch in der Geschichtsschreibung greifbar[223]. Als Beispiel sei auf die Rede der Feindesländer beim Regierungsantritt des jungen Mursilis' II. verwiesen. Diese Rede gibt die Stimmungen und Gedanken der Nachbarländer nach dem Tode Suppiluliumas' und Arnuwandas' wieder. Dabei gibt Mursilis eine wenig schmeichelhafte Selbstdarstellung, wie man sie kaum bei einem Herrscher des Zweistromlandes finden wird.

Beamtenerziehung

§ 7.2: Das Vorkommen historiographischer Partien in Dokumenten der hethitischen Innen- und Außenpolitik beweist, daß die Beamten und Schreiber des Hofes von Hattusa und wahrscheinlich auch der König selbst eine gewisse historische Bildung haben mußten[224].

Sie mußten beispielsweise für die Anfertigung der historischen Einleitung eines Vertrages oder einer Anklage- oder Beschwerdeschrift aus den Archiven oder Bibliotheken frühere Verträge, den diplomatischen Briefwechsel, gegebenenfalls die Kriegsberichte früherer Könige heranziehen. Zu dieser Arbeit aber braucht man nicht nur ein geordnetes Archiv, sondern auch gewisse historische Sachkenntnisse und die Fähigkeit, das Material für den jeweiligen Zweck zu ordnen, auszuwählen und in die knappe Form einer historischen Einleitung zu bringen. Die historischen Beispiele, die zur Warnung oder Anfeuerung eines Partners gebraucht werden, dürften dagegen eher aus dem Gedächtnis geschöpft sein. Sie gehören zum politischen Räsonnement und wohl auch zur politischen Weisheit (*hattatar*) der Hethiter im engeren Sinne. Man darf, obschon wir hierüber keine sicheren Nachrichten haben, annehmen, daß in der Ausbildung der höheren hethitischen Beamtenschaft das Lesen und Abschreiben historischer Dokumente mindestens eine ebenso große Rolle spielte, wie im ägyptischen und mesopotamischen (sumerischen, babylonischen, assyrischen) Schulbetrieb[225].

Sogar in streng juristischen Texten der Hethiter finden sich Spuren historischen Denkens. In den Gesetzen werden gelegentlich ältere Rechtszustände, vor allem die früheren härteren Strafen, den jetzigen Zuständen gegenübergestellt; in Texten, die sich mit dem Kult befassen, finden sich oft stark historiographisch stilisierte „Kultgeschichten"; die ältere und jüngere Fassung des Illujankas-Mythos (CTH 321) werden durch folgende ‚literargeschichtliche‘ Notiz ausdrücklich unterschieden: „Die Geschichte des *purullijas*-Festes verkündet man nicht mehr folgendermaßen[226]." Eine genauere Prüfung der sogenannten Sammeltafeln mit historischen Texten oder der Tradierung alt- und mittelhethitischer Historiographie im Neuen Reich dürfte über die Stellung der Historiographie in Leben, Erziehung und Gelehrsamkeit der Hethiter weitere Aufschlüsse bringen.

Schon jetzt aber zeichnet sich der innere Zusammenhang ab, in dem das historische Denken der Hethiter mit dem politischen und juristischen steht. E. v. Schuler hat verschiedentlich die selbständigen schöpferischen Leistungen betont, die die Hethiter auf dem Gebiet der Jurisprudenz und der Geschichtsschreibung hervorgebracht hätten; auf beiden Gebieten hätten die Hethiter die zeitgenössischen Hochkulturen Mesopotamiens und Ägyptens übertroffen. v. Schuler schreibt[227a]:

„Es wäre noch zu prüfen, inwieweit der bemerkenswerte Drang zur Darstellung der eigenen Geschichte und der Sinn für Recht schlechthin, der sich selbst im religiösen Bereich geltend macht, sich gegenseitig bedingen. Eine noch zu erfüllende Voraussetzung dafür ist die eingehende Erforschung der hethitischen Historiographie. Schon jetzt zeigen einige Indizien, daß für die Hethiter Recht und Geschichte in einem sinnvollen Zusammenhang standen. Das Recht ist göttlichen Ursprungs, die Geschichte ist es mindestens insoweit, als der sie vollziehende König als Statthalter der Gottheit in deren Auftrag handelt."

An dieser Stelle seien nur einige wenige Belege für das politisch-historische Denken der Hethiter zusammengestellt.

Politische Weisheit und historische Exempla

§ 7.31: Das sog. Testament Hattusilis’ I. ist ein an Adel und Würdenträger gerichteter Erlaß, in dem der junge Mursilis zum Thronnachfolger bestimmt wird[227]. Der Text aber geht über diesen Anlaß weit hinaus. Vor der Designation (HAB § 7 = II 37) steht die ‚Vorgeschichte‘. Sie erklärt, wie es dazu kommt, daß gerade Mursilis designiert wird: der ursprüngliche Thronanwärter Labarnas hat sich schlecht gegen Hattusilis benommen; vom Ausscheiden eines zweiten Thronprätendenten wird § 12 ff berichtet —: der Vergleich mit alttestamentlichen Aufstiegs- bzw. Thronfolgegeschichten bietet sich an. Am Schluß wird Mursilis persönlich angesprochen; jeden Monat soll man ihm diesen Text vorlesen, damit er sich die „Weisheit" seines Vorgängers ins Herz prägen könne[228].

Das Testament Hattusilis' ist also weder ein einmaliger politischer Akt, noch erschöpft sich seine Bedeutung im Rahmen der Tagespolitik. Nach Hattusilis' eigenen Worten enthält er Weisheit, die sich der noch minderjährige Mursilis einprägen soll. Der Erziehung seines Nachfolgers durch die Worte und Weisheit dieser Tafel hat Hattusilis die mündliche Lehre hinzugefügt (§ 10 = II 53-57):

„Niemand darf sagen: ‚Und der König wird ja doch im Stillen tun, was nach seinem Herzen ist, da will ich es ihm hingehen lassen!' — Ob dem so ist oder nicht — auch derlei Böswilligkeit darf euch nie und nimmer anhaften!
Ihr aber, die ihr schon jetzt meine Worte und Weisheit kennt, erzieht meinen Sohn immerdar zur Weisheit!"

Die Adligen und Beamten, die mit der Erziehung betraut sind, darunter wohl vor allem Pimpiras, der Reichsverweser, sollen dem künftigen König nicht alles durchgehen lassen, sondern ihn gemäß den ihnen bekannten Worten und der Weisheit Hattusilis' zur Weisheit erziehen. *hattatar* bedeutet ‚Weisheit, Verstand, weiser Rat'. Hier ist vor allem die zur Staatsführung nötige moralische und politische Klugheit gemeint, die sich in den politischen Bestimmungen und in den warnenden Beispielen unseres Textes zeigt.

Die Verbindung von Weisheit, Prinzen- und Beamtenerziehung und Historiographie wird aus dem ‚Testament' Hattusilis' einigermaßen deutlich. Diese hethitische Weisheit liegt vorläufig noch im Dunkeln; in der Historiographie sind jedenfalls, wie es scheint, keine weiteren Spuren erkenntlich[229].

Der Gebrauch von historischen Exempla in Paränese und politischer Argumentation sei an zwei Beispielen der HAB illustriert.

HAB II 49-51 (§ 9; ohne Bezeichnung der Unsicherheiten und Ergänzungen):

„Aber nicht dürft ihr euch überheben, kein Widersacher finde sich unter euch! Und weiterhin darf das Gebot niemand übertreten; eine solche Tat, wie die Städte Sinahuva und Ubarija (sie getan haben), dürft ihr nicht tun!"

Über das hier als bekannt vorausgesetzte Ereignis wissen wir nichts.

Nach der an den jungen König gerichteten Warnung, sich nicht von den Ältesten beeinflussen zu lassen (§ 11)[230], wird eine lange Geschichte darüber erzählt, was dem Huzzijas und einer Königstochter widerfahren ist, die sich mit Bürgern einließen (§ 12 ff)[231]:

„Blickt auf meinen Sohn Huzzija! Ich, der König, hatte ihn über die Stadt Tapassanda zum Herrscher gemacht. Die Leute dort aber stellten ihn und trieben es böse mit ihm, und sie feindeten mich an: ,Lehne dich gegen deines Vaters Haupt auf! Die Paläste von Tappassanda, die sind nicht entsühnt worden, und du mußt die Entsühnung vollziehen!'

Da setzte ich, der König, den Huzzija ab. Nun verfielen die Söhne Hatti's in Hattusa (selbst?) in Haß. Da stellten sie nunmehr die Tochter, und da diese männliche Nachkommenschaft hatte, feindeten sie mich an: ,Für deines Vaters Thron ist kein Sohn da! Ein Knecht wird sich darauf setzen, ein Knecht König sein!' Und so machte denn jene die Stadt Hattusa und den Hof abtrünnig, und die Großen und meine eigenen Hofjunker traten gegen mich in offene Feindschaft. Und sie wiegelte das ganze Land auf.

Da tötete der Bruder den Bruder in der Fehde, der Freund aber tötete den Freund! Hatti's Söhne starben dahin! ... (§ 16) Nun gaben mir die Götter die Tochter in meine Hand; hatte sie doch Hatti's Söhne zu Tode gebracht! Und ich, der König, forderte der Tochter ihren ganzen Besitz ab: ,Wenn ich dir auch (noch so) wenig beließe, so würden die Söhne Hatti's mich mit der Zunge (?) zur Rechenschaft ziehen.' Da sprach sie so: ,Dem Verderben hast du mich preisgegeben!' Da gab ich, der König, der Tochter doch ein wenig. Da sprach sie so: ,Warum hast du mir so wenig gegeben?' So sprach ich, der König: ,Wenig ist's! Gäbe ich dir aber reichlich Rinder oder reichlich Ackerland, so würde ich selber dem Lande das Blut aussaugen!'"

Diese Partie ist ein frühes Beispiel für historische Exempel in der politischen Literatur der Hethiter. Sie ist überdies eines der wenigen Stücke hethitischer Historiographie, die sich mit Innenpolitik beschäftigen[232].

Ein drittes Beispiel aus der HAB (III 40—46; § 20 f):

„So ist es mit den Worten meines Großvaters Pu-LUGAL-ma (?) gewesen: Hat man nicht seine Söhne abtrünnig gemacht? — Mein Großvater hatte seinen Sohn Labarna in Sanahuitta als Thronfolger verkündet. Nachher aber haben seine Diener (und?) die Großen, seine Worte zunichte gemacht (?) und den Papahdilmah auf den Thron gesetzt! Nun, wieviele Jahre sind (dabei) vergangen, und wie viele sind ihrem Schicksal entgangen? Die Großen Häuser — wo sind sie? Sind sie nicht verschwunden?

Ihr aber müßt meine, des Großkönigs Labarna, Worte bewahren!"

§ 7.32: Am Anfang der Verfassungsurkunde des Telepinus steht ein Abriß der Geschichte des Alten Reiches[233]. Diese Geschichte hat die Form einer historischen Einleitung und die Funktion eines historischen Exempels. In II 46-48 weist der Verfasser auf die historische Einleitung zurück:

„Also: Wer immer (*namma kuisa*) König wird und er versucht Böses gegen Brüder (und) Schwestern, dann (seid) ihr ihm *pankus* (etwa: Gerichtshof). Und sagt ihm: ,Das ist eine Blutsache! Lies in der Tafel (wörtlich: sieh aus der Tafel — *tuppiaz au*)! Früher war Bluttat häufig in Hattusa ...'"

Der in der Einleitung gegebene Überblick über die alte Geschichte hatte gezeigt, daß Streit im Königshaus zur inneren und äußeren Schwäche des Reiches führte und alle Beteiligten schädigte, Einigkeit aber Stärke bedeutete. Die Einleitung dient, wie die zitierte Stelle zeigt, nicht nur zur Begründung dieses Erlasses in der Gegenwart. Jeder künftige König nach Telepinus[234], der gegen die ‚Verfassung' handelt und vor den *pankus* kommt, soll auf diese Einleitung hingewiesen werden, ja der König soll selbst in dieser Tafel lesen, und zwar gerade die historische Einleitung, wie die auf die Aufforderung zum Lesen folgenden Worte beweisen: „Früher war Bluttat häufig in Hattusa". Die gleichzeitig moralische, juristische und politische Absicht, die die Hethiter schon im Alten Reiche mit der Historiographie verbanden, läßt sich hieraus gut erkennen. Die Verfassungsurkunde des Telepinus ist in dieser Hinsicht ein Vorläufer der Vasallenverträge des Neuen Reiches.

Um seinen Partner zu einem bestimmten Verhalten zu ermuntern, erzählt ein hethitischer König in einem diplomatischen Brief folgende „Lehrepisode"[235]:

> „(Und wie) das auch beim (X-)li, dem Sohne des Sahurunuva, geschehen ist, so soll ein Flüchtling auch zu meinem Bruder wieder zurückkommen, sei es ein Würdenträger, sei es... Zulässig ist das! Hat doch der mir gleichgestellte Großkönig(...?) gerne (?) jenem das bewilligt: Als zu ihm Flüchtlinge von mir hinübergegangen waren, da war Sahurunuva gegen seinen Sohn zornig geworden. Der aber machte sich auf und ging zu ihm hin, jener aber hat ihn wieder weggehen lassen. Auch du, mein Bruder, darfst ihn (sc. den Pijamaradu) nach dem eben Gesagten festnehmen (?). —"

In diesen „Lehrepisoden" äußert sich nicht selten ein kritischer Geist, der langjährige propagandistische Bemühungen früherer Könige vereitelt. Die Tradition dieser kritischen Lehrepisode beginnt mit Hattusilis I. (§ 7.31) und reicht bis zum Ende des hethitischen Staates. Tuthalijas IV. (um 1250) will seinen Vertragspartner Sausgamuwas von Amurru dadurch vom Abfall abhalten, daß er ihm die Geschichte von Masturis erzählt[236]. Dieser hatte sich bei dem Staatsstreich Hattusilis' III. gegen den legitimen König Mursilis III. auf die Seite Hattusilis' geschlagen. In zahlreichen Texten hatte Hattusilis versucht, seinen Staatsstreich politisch und vor allem religiös zu legitimieren: Istar von Samuha hatte ihn von Jugend auf erwählt und geführt; sie war den Großen des Reiches erschienen und hatte sie auf seine Seite gebracht[237]. Der Sohn und Nachfolger dieses Hattusilis, Tuthalijas IV., erklärt nun seinem Vasallen Sausgamuwas ausführlich, daß das Verhalten des Masturis Unrecht und undankbar war: „Willst du, Sausgamuwas, etwa wie Masturis handeln?" —

Der kritische historische Sinn der Hethiter zeigt sich, soweit wir sehen, in der Blütezeit der hethitischen Historiographie besonders deutlich.

In seinen Pestgebeten beschreibt Mursilis II. (um 1329) erstaunlich detailliert den Staatsstreich, mit dem sein Vater Suppiluliumas unter Beseitigung des „jüngeren Tuthalijas" an die Macht gelangte; implizit kritisiert er in seinen Annalen die einseitig nach Süden gerichtete Politik seines Vaters, die den Kult daheim und die Sicherheit der nördlichen Reichsteile vernachlässigte; ja er führt sogar ausdrücklich das Wüten der Pest im Hethiterreich auf einen Vertragsbruch Suppiluliumas' zurück: all dies verrät ein ernsthaftes, religiös begründetes und kritisches politisch-gesellschaftliches Denken[238].

Eine weitere historiographische Form, in der sich auf besondere Weise
Politik, Recht und Geschichte verbinden, ist durch die „Erste Tafel der Vergehen (wa-as-du-la-as) des Madduwattas" bezeugt[239]. Schon der Erstherausgeber, A. Götze, faßte den Text als „Anklageschrift" gegen den abtrünnigen
Vasallen auf; zu derselben Gattung gehört der Text über Midas von Pahhuwa
(CTH 146); auch in dem Gebet von Arnuwandas und Asmunikal über Gewalttaten der Kaskäer (CTH 375) werden Vergehen der Vertragspartner aufgezählt[240]. Der „Madduwattas" liest sich wie die verselbständigte historische
Einleitung eines Vasallenvertrages (§ 12.32). Von ihrem juristischen Zwecke
gelöst, wären die „Vergehen des Madduwattas" eine historische Monographie.
Jedoch sind die Art des juristischen Verfahrens, der praktische Zweck der
Komposition, die Umstände der Publikation (nur Depositum vor den Göttern?) ungeklärt.

Ausblick auf das Alte Testament

§ 7.4: Der Gebrauch von Historiographie im diplomatischen Verkehr, im
Vertragswesen und in der Beamtenerziehung ist auch aus dem Alten Testament
bekannt.

Ein Beispiel für ein politisches Räsonnement mit historischem Material findet
sich im Buche Esra. Die Widersacher Judas und Benjamins versuchen, den Tempelbau in Jerusalem zu verhindern. In einem Brief an Arthahsastha, den König
von Persien, schreiben Rehun, der Kanzler, und Simsai, der Schreiber: sie fühlten sich als königliche Untertanen zu dem Rat verpflichtet, „daß man lasse
suchen in den Chroniken deiner Väter; so wirst du erfahren, daß diese Stadt
aufrührerisch und schädlich ist den Königen und Landen und macht, daß auch
andere abfallen, von alters her, — darum die Stadt auch zerstört ist." In der
Antwort des Königs heißt es: „Und ist von mir befohlen worden, daß man
suchen sollte. Und man hat gefunden, daß diese Stadt von alters her wider die
Könige sich empört hat, und Aufruhr und Abfall darin geschieht.

Auch sind mächtige Männer zu Jerusalem gewesen, die geherrscht haben über
alles, das jenseits des Wassers ist, daß ihnen Zoll, Schoß und jährlich Zinse gegeben wurden." (Esra 4, 15 ff.)

Die Versuche, die Entwicklung von Geschichtsschreibung, Geschichtsdenken
und Geschichtserleben bei den Israeliten zu erklären, sind zahlreich und mannigfaltig. Das historische Bewußtsein und die Formen seines Ausdruckes sind

offenbar späte und komplizierte Phänomene. So hat man denn aus der geographischen Lage und den Institutionen der Gesellschaft, aus dem Verhältnis zu Natur und Gottheit, zu Kult und Mythos das israelitische Geschichtsdenken herleiten wollen.

In jüngerer Zeit ist zu diesen Versuchen ein neuer Ansatz gekommen. G. E. Mendenhall hat behauptet, daß die Ordnung des Bundes einen Kern darstellte, um den sich im frühen Israel geschichtliche Überlieferungen kristallisiert hätten; das Bundesdenken sei eine der Quellen des israelitischen Geschichtsbewußtseins. Recht und Geschichte seien in Israel von Anfang an eine Einheit gewesen; da die Proklamation bzw. die (wohl regelmäßige) Erneuerung des Bundes in kultischen Formen erfolgt sein dürfte, gehören also Geschichte, Kult und Gesetz im alten Israel untrennbar zusammen[241].

Eine wichtige Stütze für seine Thesen findet Mendenhall in den hethitischen Vasallenverträgen mit ihrer Verbindung von Historiographie, Paränese und Vertragschluß. Jedoch sind nicht nur die Verbindungen zwischen biblischen und hethitischen Texten, die Mendenhall konstruiert hat, bestritten worden; auch die religionsgeschichtlichen und theologischen Grundlagen und Motive jener These — Bundesfest, Bundestheologie etc. — sind stark umstritten[242]. Man wird, um die Entstehung der israelitischen Historiographie erklären zu können, auf die im Kanaan des 2. Jts. v. Chr. bekannte Historiographie zurückgreifen müssen; doch sind die Voraussetzungen dafür nicht günstig (§ 1.1).

Die Vätergeschichten des Pentateuch werden durch die Erzählungen von Joseph beschlossen. Die Einbettung dieser ursprünglich wohl selbständigen Novelle in die historiographische Struktur hat ihren weisheitlich-didaktischen Charakter jedoch nicht zerstört[243]. Aufgabe der Weisheit der Königszeit war die Erziehung des Beamtennachwuchses. Ihr Ideal ist der beredte, sachverständige und lebenskluge Beamte, beherrscht, bescheiden und langmütig, der vor dem König Rat spricht und sich vor der fremden Frau hütet (vgl. 1 Sam. 16, 18): „Auch Joseph ist Beamter, und er ist es geworden, indem er vor dem Pharao eine doppelte Kunst bewies, nämlich die der öffentlichen Rede und die des Ratgebens. Das aber ist genau das, worauf die Weisheitslehrer unablässig gedrungen haben[244]."

So sind die Josephsgeschichten des Alten Testamentes ein — vielleicht frühes — Zeugnis für die Verbindung von moralisch-politischer Weisheit und Historiographie bei den Israeliten. Auch innerhalb der Geschichtswerke, nicht nur als selbständige Novelle, dürften die Geschichten von Joseph das Interesse der Weisheitslehrer und der höfischen Kreise gefunden haben; diese Annahme wird auch durch einige Ähnlichkeiten der Geschichten von Joseph, David und Salomo nahegelegt[245].

ANMERKUNGEN ZUR EINLEITUNG UND ZUM 1. TEIL

[1] Zur Frage der Verfasserschaft s. § 7.2; 1 A 18; 2 A 197 u. ö.

[2] Zur mittelhethitischen Epoche vgl. *Otten*, Madduwatta, S. 31 ff.

[3] Der immer noch nützliche Aufsatz von *Kammenhuber* (1958) ist in nicht wenigen Punkten veraltet.

[4] *G. v. Rad*, Ges. Stud., S. 149 f. — Zur Verbindung Kleinasien—Syrien vgl. die Arbeiten von *Klengel*, a. O., und *Otten*, Anfänge, a. O., sowie *Otten*, Kanaanäische Mythen aus Hattusa-Bogazköy, in: MDOG 85 (1953) S. 27—38 (CTH 342). Zu den Hypothesen von *C. Gordon* s. § 6.5. Zu den vielleicht recht alten Verbindungen der Hethiter nach Westkleinasien s. *G. Steiner*, Die Ahhijawa-Frage heute, in: Saeculum 15 (1964) S. 365 ff.; *J. D. Muhly*, Hittites and Achaeans: Ahhijawa redomitus, in: Historia 23 (1974) S. 129 ff. Vgl. 3 A 85 zu Idrimi von Alalach.

[5] *A. Götze*, Das Hethiter-Reich. Seine Stellung zwischen Ost und West, AO 27,2 (1928) S. 44 f.; ders., Kleinasien², S. 174 f.; ders., AM S. 1; die soeben genannten Texte sind in 1 A 19 ausführlich zitiert. Vgl. auch *A. Götze*, Hethiter, Churriter und Assyrer (1936) S. 181: „Die Hethiter sind die ersten Geschichtsschreiber des Alten Orients, und es läßt sich an vielen stilistischen Einzelheiten zeigen, daß ein Zusammenhang zwischen den Formen der historischen Literatur bestehen muß. Die assyrische Geschichtsschreibung bewahrt freilich immer mythisch-epische Züge, die wir bei den Hethitern nicht antreffen. Die Vermutung kann daher nicht von der Hand gewiesen werden, daß zwischen Hethiter und Assyrer ein Zwischenglied einzuschalten ist. Es könnten die Churriter sein." — *A. Kammenhuber* (Saeculum 9) S. 152: „Vermutlich blieb die von Mursilis eingeführte Annalistik nicht ohne Einfluß auf die spätere mittel- und neuassyrische Annalenliteratur, Zusammenhänge, die aber noch nicht untersucht sind." — Die Annahme, daß erst Mursilis II. die Annalistik eingeführt habe, ist durch den Fund der ‚Annalen' Hattusilis' I. endgültig widerlegt: vgl. 1 A 232.

Nach *Gurney* (The Hittites, S. 177) ist die Abhängigkeit der Assyrer von der hethitischen Annalistik sicher: "In this respect the Assyrians were the heirs of the Hittites". Vgl. auch *Furlani*, a. O. S. 65 ff.; s. 1 A 158. — Einige Unterschiede zwischen hethitischer und mesopotamischer Historiographie sind in § 5 aufgeführt.

[6] *H. Gese* z. B. formuliert das Thema seines Aufsatzes folgendermaßen (1958, S. 127): „... die theologische Bedeutung dieser These läßt die Aufgabe besonders dringlich erscheinen, einen grundsätzlichen Vergleich zwischen den Zeugnissen der vorderorientalischen Kulturen, die sich irgendwie auf das, was wir Geschichtserleben oder geschichtliches Denken nennen, beziehen, und den entsprechenden alttestamentlichen Urkunden durchzuführen." — Ein gewisser Nachteil dieses Ansatzes scheint mir darin zu liegen, daß *Gese* es — klugerweise — vermeiden muß, „an den Anfang der Untersuchung eine Definition von Geschichte oder geschichtlichem Denken zu stellen, die uns als Kriterium dienen könnte für die Frage, wo und wann wir geschichtlichem Denken begegnen." (a. O. S. 128). Auf Definitionen von Geschichtsschreibung aber wird man sich einigen können. Zur Kritik am „Psychologismus" vgl. *H. Conzelmann*, Geleitwort zu *Barr*, Bibelexegese und moderne Semantik, dessen ganzes zweites Kapitel heranzuziehen ist, sowie *Koch*, Formgeschichte, S. 333 ff. S. hier § 18.1 mit 3 A 112.

Die hier genannten Themen sind von *Hempel, Noth, v. Rad, Boman, Speiser, Gordon*, um nur wenige zu nennen, und in fast allen Abhandlungen über die Entstehung oder das Wesen der israelitischen Historiographie ausgiebig behandelt.

Eine sehr radikale Ausprägung hat der Gedanke des Zusammenhangs von Sprache, Denken, Wirklichkeit, Grammatik, Zeitgefühl und historischem Bewußtsein in den metalinguistischen Abhandlungen von *B. L. Whorf* gefunden (rde 174, 1963). — So gewiß die Geschichtsschreibung einer Sprachgruppe auf die in der Sprache vorgegebenen Möglichkeiten angewiesen ist, so wenig gelingt es, die Unterschiede der hethitischen, israelitischen und griechischen Geschichtsschreibung etwa aus den Kategorien der Grammatik zu deduzieren. Außerdem ist jede Sprache ein offenes System, das Möglichkeiten zu seiner Transzendierung in sich enthält. — Bezugspunkt der Interpretation sind zunächst Sätze in Texten, nicht Verbalparadigmen, Worte oder ‚Begriffe'.

[7] *M. Sekine*, Biblisch-Historisches Handwörterbuch I (1962) 556, s. v. Geschichtsschreibung. — Vgl. 1 A 180. — Ähnlich z. B. *Noth*, RGG II (³1958) 1498—1501. Vgl. MhW, S. 71—78 zu *Sellin-Fohrer, A. Jepsen, M. Rehm, J. Soggin, H. Gese.* Vgl. noch *Boman*, Hebräisches Denken, S. 146 ff.; *Eissfeldt*, Einleitung S. 63 f. 67.

[8] Theologie des AT (⁴1962) I, S. 117; *v. Rad* handelt (a. O. S. 119 ff.) ausführlich über die orientalische Zeit- und Geschichtsauffassung. Diesen Analysen des angeblich zyklischen Geschichtsdenkens im AO, der Besonderheiten des prophetischen und heilsgeschichtlichen Zeitbewußtseins ist hinzuzufügen, daß das historische Bewußtsein der hethitischen und israelitischen Historiographen „ganz normal" war, also doch wohl „linear". — 3 A 27; 3 A 111. Gelegentlich wird sogar das griechische Geschichtsdenken „zyklisch" genannt, so neuerdings z. B. *M. Adinolfo*, Storiografia, S. 43 A. 5. Diese Behauptung beruht hier auf zwei falschen Interpretationen der bekannten Stellen aus Herodot, Thukydides etc., beweist aber, daß ‚zyklisches Geschichtsdenken' und (offensichtlich ‚lineare') Geschichtsschreibung sich keineswegs ausschließen. Über die Vorstellung von der ewigen Wiederkehr des Gleichen im kosmologischen Denken ‚der Griechen', d. h. vor allem der Stoiker (s. Stoic. vet. fragm., ed. *J. v. Arnim*, vol. II S. 183 ff.), vgl. *Ch. Mugler*, Deux thèmes de la cosmologie grecque: Devenir cyclique et pluralité des mondes, Paris 1953; *D. Friese*, Die Denkformen von Kreislauf und Fortschritt und die Weltgeschichte, in: Stud. Gen. 11 (1958) S. 215—237. Ähnlich *C. H. Gordon*, Grundlagen, S. 228. — In das entgegengesetzte Extrem ist, wie mir scheint, *Bertil Albrektson*, History and the Gods, verfallen; nachdem *Albrektson* Motive wie Zorn, Strafe, Lohn, ‚Plan' der Götter u. ä. als Elemente der allgemein-altorientalischen Religion festgestellt hat, löst sich die angeblich so feste Verbindung zwischen dem in der Geschichte wirkenden Jahwe und der hebräischen Geschichtsschreibung in ein Nichts auf: "The reason why the Hebrews produced historiography on a level unknown in their environment must probably be sought elsewhere" (sc. und nicht in Religion oder Theologie) (a. O. S. 114 Anm. 52).

[9] *v. Fritz*, a. O. I, S. 2. — In seiner Rezension (Gnomon 44 [1972] S. 205—207) hat *A. Momigliano* gerade diese Mängel hervorgehoben: „Die Frage der Entstehung der historiographischen Gattungen ist untrennbar von der Frage der Beziehungen zwischen griechischer und orientalischer Geschichtsschreibung... Ohne Vergleich mit anderen Historiographien können die Eigentümlichkeiten der griechischen Historiographie nicht richtig eingeschätzt werden." (207).

[10] *E. Meyer*, Geschichte des Altertums, 1,1 (³1910) S. 227; 2,1 (³1953) S. 420: „Zu einer wirklichen Geschichtsschreibung sind die Ägypter so wenig gelangt wie die Babylonier. Dem praktischen Bedürfnis genügten die Königslisten und die unter jeder Regierung offiziell geführten Jahrbücher, aus denen uns in einzelnen Königsinschriften, wie denen Thutmosis' III., und sonst einige wenige Reste erhalten sind. Daneben stehen populäre Erzählungen sagenhaften Charakters, wie die von Hyksoskönig Apopi...". — *E. Meyer* hat die hethitische Historiographie bereits weitgehend gekannt (s. ebd. S. 336 A. 2; S. 337 A. 2; S. 436 ff.: „Das Chetiterreich unter Mursil II und Muwattal"). — *B. C. Brundage*, The Birth of Clio: A Résumé and Interpretation of Ancient Near Eastern Historiography, in: Teachers of History. Essays in Honor of L. Breadford Packard (1954) S. 191—230, gibt — auf der Grundlage von Übersetzungen — einen allgemeinen Überblick (mit Einschluß ägyptischer historischer Texte). — *Ch. G. Starr*, The Awakening of the Greek Historical Spirit (1968) S. 25 ff. — *Preller*, a. O.

[11] Vgl. z. B. 2 BoTU 31⁺; 2 BoTU 34⁺ ff. (1926); S. 37⁺; vgl. ZDMG NF 1 (1922) S. 184.

[12] *A. Götze*, Hethiter, Churriter und Assyrer (1936) S. 73; vgl. ebd. S. 180 f. — Vgl. hier 1 A 5; 1 A 19.

[13] *A. Götze*, Das Hethiter-Reich, in: AO 27,2 (1928) S. 44 f.

[14] *H. Schmökel*, Geschichte des Alten Vorderasiens. Hdb. d. Orientalistik II (1957) S. 150.

[15] Vgl. die knappe und übersichtliche Beschreibung der Forschungslage bei *Sellin-Fohrer*, Einleitung in das AT, [10]1965, S. 112 ff., bes. 121 f.; 246 ff.

[16] Zu einem extremen Fall von Vermischung dieser Ebenen, S. MhW, S. 75 f. *(Gese* über die Religiosität Hattusilis' III., *Soggin* über die Entwicklung altorientalischer und griechischer Geschichtsschreibung im Vergleich mit der israelitischen).

[17] Die hier verwandten Begriffe werden im Fortgang der Arbeit erklärt.

[18] Zur Verfasserschaft s. *Furlani* a. O. S. 77; 1 A 201; 2 A 168; 2 A 197, u. ö.

[19] a) Formgeschichtliche Untersuchungen, wie sie einst *A. Götze* (AM S. 1) anregte, sind m. W. nur von *H. G. Güterbock* (a. O., 1938, S. 93 ff.) und *G. Furlani* (s. u.) versucht worden. *Götze* a. a. O. schreibt: „Die Annalen des Mursilis sind trotz des fragmentarischen Zustandes, in dem sie auf uns gekommen sind, das umfangreichste historische Schriftwerk aus dem Archiv von Boghazköy ... Sie sind eine historische Quelle ersten Ranges, aber nicht nur inhaltlich, auch formell sind sie von größtem Interesse. Denn zusammen mit einigen gleichartigen, aber schlechter erhaltenen Bruchstücken ... sind die hier vereinten Texte die ältesten Proben vorderasiatischer Annalistik, die wir überhaupt besitzen. Sie gewinnen dadurch ein besonderes formgeschichtliches Interesse. Bei Behandlung der Frage, woher der Annalenstil stammt, den wir später bei den assyrischen und urartäischen Herrschern antreffen, werden sie ein gewichtiges Wort mitzusprechen haben."

Diese Andeutungen hat *Götze* an anderen Stellen etwas weiter ausgeführt: s. 1 A 5 und S. 6; ders., Kleinasien[2] S. 174 f.: „Wie viel die Hethiter auch anderen vorderasiatischen Völkern zu verdanken haben mögen, ihre eigene Literatur zeigt trotzdem eine überraschende Originalität. Die Annalistik, die bei ihnen zum ersten Male begegnet, ist zwar zunächst ein politischer Akt, durch den der König der Gottheit über die Führung des von ihr verliehenen Königsamtes berichtet ... Aber die Annalistik beginnt diese Zwecksetzung zu vergessen, sie berichtet bereits über die Ereignisse u m i h r e r s e l b s t w i l l e n. Dieser Bericht geht weit hinaus über öde Glorifizierung des Königs. Er beschränkt sich auch nicht auf eine trockene Aufzählung von Ereignissen. Vielmehr sind Situationen eindrucksvoll dargestellt und Ereignisse u n t e r e i n - h e i t l i c h e n G e s i c h t s p u n k t e n g e o r d n e t, wie die Wiederherstellung hethitischer Macht in den ersten zehn Jahren des Mursilis, oder die Hilfe, die die Istar von Samuha Hattusil gewährte, so daß er vom Prinzen zum Großkönig aufstieg. Es ist kaum zweifelhaft, daß der assyrische Annalenstil dem hethitischen vieles verdankt." (Sperrungen von H. C.).

b) Als einziger versuchte bisher *G. Furlani* eine Untersuchung der literarischen Formen der Mursilis-Annalen, wobei er weitgehend vom historischen Inhalt und der sprachlichen Form absah. *Furlani* schreibt (a. O. S. 66): „Dal nostro studio sugli Annali di Mursilis II, il quale studio non estenderemo per ora al contenuto in senso oggetivo, cioè alla politica e alle guerre del re hittita, ..., emergerà appunto la peculiarità della forma letteraria dell' annalistica presso gli Hittiti, nonchè l'alto livello cui essi sono giunti nella storiografia, livello al quale i Babilonesi e Assiri non arrivarono che molto più tardi e anzi mai completamente." Für einen ersten Ansatz ist dieser leere Formalismus — s. bes. a. O. S. 70! — ausreichend. Eine genauere Untersuchung der Komposition der AM oder ein Vergleich der beiden Annalenwerke darf jedoch die wirkliche Reihenfolge der Ereignisse (déformation historique) und den Umfang von Lücken nicht gänzlich vernachlässigen. Wenn man linguistische, logische, stilistische und literatursoziologische Gesichtspunkte heranzieht, ist auch die objektive Wirklichkeit der politischen und militärischen Fakten, die Anzahl der Serien, die Herkunft des Historiographen etc. von Wichtigkeit. *Furlani* behandelt nach einer knappen Einleitung, einer kurzen Übersicht über die Quellenlage und einer Skizze des Inhaltes der AM ihre literarische Form unter folgenden Gesichtspunkten: die Motivation (S. 76—86), Zitate aus Reden und Dokumenten (S. 86—103), die diplomatischen Briefe (103—111), Kriegserklärungen (113—115), Instruktionen an die

Generäle (115—119), die Hilfe der Götter (119—126), die Feste des Königs (126—132), Manifestationen der Götter (132—136), die Mantik (136—140), Begräbnis (140).

Diese Gesichtspunkte sind logischer (Kausalität), stilistischer (Redeformen) und inhaltlicher (juristischer, religiöser) Art; „puramente formale" sind höchstens die ersten beiden Gruppen. Insofern ist der Begriff eines leeren Formalismus, den *Furlani* in seinen methodischen Bemerkungen zu vertreten scheint, auf seine Ausführungen nicht anwendbar. Allerdings ist der Formbegriff *Furlanis* unklar, seine Definitionen tautologisch: „... forma, nel modo di esporre la materia" (S. 66). Ähnliches gilt für seinen Begriff von Historiographie (S. 66, 77 mit Anm. 29, S. 97) und Motivation (S. 76 ff.). Nach *Furlani* beginnt die (eigentliche) Geschichtsschreibung bei den Hethitern: „resulterà inoltre dal nostro esame che la storiografia nel senso esatto del termine non è sorta appena presso gli Ebrei, come molti studiosi retenero finora, ma già indubbiamente, presso gli Hittiti." (S. 66 f.; vgl. S. 97.) *Furlani* gibt freilich nicht genau an, was er unter Historiographie versteht. Entgegen seiner eben zitierten Behauptung könnte man z. B. aus S. 77 Anm. 29 schließen, daß die AM gerade keine Historiographie seien. *Furlani* schreibt: „per essere uno scritto compiutamente storiografico gli Annali dovrebbero essere scritti in terza persona e non in prima." Die TS sind allerdings in (quasi-)drittpersönlicher Narrative abgefaßt, s. § 13.3. — In der vorliegenden Arbeit werden nicht nur diese Begriffe bestimmt, sondern auch die sprachlichen und literarischen Formen der historischen Werke Mursilis' vollständiger gesammelt (z. B. Irrealiskonstruktionen, Exkurse). *Furlanis* Ansätze sind jedoch, wenn man die Zeit bedenkt, in der seine Monographie entstand, als sehr konstruktiv zu bezeichnen.

c) Der Aufsatz von *A. Kammenhuber* (Saeculum 9, 1958) gibt für die AM nichts aus. Lediglich auf S. 152 findet sich eine kurze Bemerkung.

d) *H. Otten* (RLA Sp. 120—21, unter dem merkwürdigen Titel „Geschichtswissenschaft [Geschichtsschreibung]") faßt sich ebenso kurz. Vgl. aber 1 A 110 u. ö.

e) Abschließend sei auf einen Irrweg bei der Erforschung der hethitischen Historiographie hingewiesen. B. WYSS (Handbuch der Weltgeschichte, ed. A. Rauda, I³ 1962 Sp. 241 f.) schreibt: „Die Reform des Telepinu kann als der erste bekannte Versuch, eine grundlegende Staatsverfassung zu schaffen, bezeichnet werden. Die Annalen Mursilis sind das älteste Dokument einer dem ursächlichen Zusammenhang nachgehenden, um Objektivität sich mühenden Geschichtsschreibung. Derselbe historische Sinn — der so bei keinem früheren Volke zu finden ist — bekundet sich in der ‚ältesten Autobiographie der Weltliteratur', in Chattuschilis III. Rechtfertigung seiner Usurpation. Daß die Verfasser von Schriftwerken sich mit Namen nennen, deutet auf eine im Alten Orient allein dastehende hohe Schätzung der geistigen Persönlichkeit. Alle diese Züge, die man als indogermanische wird ansprechen dürfen, verwischen sich allerdings infolge der zunehmenden ‚Orientalisierung' des hethitischen Großreiches."

Was die Schaffung einer Verfassung als solche, was historischer Sinn oder Schätzung der geistigen Persönlichkeit mit indogermanischem Erbe zu tun haben sollen, ist mir ganz rätselhaft. Eine naheliegende Deutung dieser Behauptung bestände etwa in der Annahme, in einer indogermanischen Sprache könnten historische Sachverhalte leichter gedacht und ausgedrückt werden als in semitischen. Diese Annahme ist jedoch falsch, § 18.1; 1 A 6. Auch der Terminus ‚Orientalisierung' scheint mir sehr unglücklich. Die von *Wyss* als Zeugnisse indogermanisch-historischen Sinnes angeführten AM und die sog. Autobiographie Hattulilis' III. entstammen einer doch wohl recht fortgeschrittenen Phase der ‚Orientalisierung' der Hethiter. Der Widerspruch ist dem Verfasser gewiß nicht aufgefallen. Vgl. *Walser*, Alte Geschichte und Hethiterforschung, in: Neuere Hethiterforschung, S. 1—10, bes. S. 5 ff.; S. 8: „So bleibt vom ‚indogermanischen Charakter' des hethitischen Reiches wenig mehr als die Schriftsprache bestehen." Vgl. 3 A 72b).

[20] *Fr. Cornelius*, Genesis XIV, ZAW 72 (1960) S. 1—7. — *N. R. Lehmann*, Abraham's Purchase of Machpelah and Hittite Law, BASOR 129 (1953) S. 15—18. — *A. Malamat* (s. 1 A 72) zieht die Pestgebiete Mursilis' II. zur Klärung der rechtlich-religiösen Vorstellungen

von 2 Sam. 21 heran. Es scheint mir gewagt und überflüssig, zur Begründung des Vergleiches auf Kontakte zwischen ‚Hethitern' und Israeliten in Jerusalem hinzuweisen. Zu Ex. 25 ff. vgl. *H. Kronasser*, Die Umsiedlung der Schwarzen Gottheit. Das heth. Ritual KUB XXIX 4 (des Ulippi), SB Österr. Ak. d. Wiss., philos.-hist. Kl. 241 (1963) 3. Abh. S. 56 ff. — Zu den hethitischen Vasallen-Verträgen und der alttestamentlichen ‚Bundestheologie', § 7.4; zu Vasallen-Verträgen s. § 12 u. ö. — Besonders interessant ist in diesem Zusammenhang die Verbindung von Gebet, Historiographie und Vertrag in dem sog. „Gebet des Königspaares Arnuwandas und Asmunikkal" (CTH 375 mit Lit.); Text und Übersetzung s. *v. Schuler*, Kaskäer, S. 152 ff. Zu Beginn des Kommentars (S. 164) bemerkt *v. Schuler*: „Zu dem Text sind jetzt im Schutt des Tempels I von Bogazköy Zusatzstücke und Duplikate gefunden worden, die zeigen, daß es sich hier nicht um ein reines Bitt- und Klagegebet handelt, sondern daß das Gebet vertragliche Vereinbarungen mit anschließender Eidesleistung von den Kaskäern einleitet."

²¹ a) Hier sind vor allem *W. Aly*, Formprobleme der frühen griechischen Prosa, Philol. Suppl. 21, 1929, H. 3, *H. Fränkel*, Über philologische Interpretation am Beispiel von Caesars Gallischem Krieg (1933) (in: Wege und Formen frühgriechischen Denkens, 1955, 294—312) zu nennen, dem die folgende Darstellung weitgehend, teilweise mit Übernahme seiner Formulierungen folgt, außerdem die Rezensionen und Interpretationen von *F. Klingner*, in: Studien zur griechischen und römischen Literatur (bsd. S. 594 ff.: Rezension von *E. Burck*, Die Erzählungskunst des T. Livius 1934; ²1964; S. 659 ff.: Beobachtungen über Sprache und Stil des Tacitus am Anfang des 13. Annalenbuches). Grundlegend für die Formen- und Motivgeschichte der antiken Ethnographie ist *E. Norden*, Die germanische Urgeschichte in Tacitus Germania, ⁴1959. Zum Verhältnis von Politik und Geschichtsschreibung kann auf die Arbeiten von *R. Syme* zu Sallust, Tacitus und der spätantiken Geschichtsschreibung verwiesen werden.
    b) Eine historische (keineswegs vollständige) Übersicht über Stilforschung am AT gibt *L. Alonso-Schökel*, Estudios de Poética Hebrea, 1963 (dt. Teilübersetzung 1971); ders., Erzählkunst S. 146: „Was könnten wir einem Literarhistoriker aus den Arbeiten unserer Bibelwissenschaft anbieten?" *H. Gunkel*'s wichtigstes Anliegen seien Gattungsfragen gewesen; *J. Hempel* (Die althebräische Literatur ... 1930) sei für die Erzählkunst nicht so ergiebig; *E. Galbiati*, La struttura letteraria dell'Esodo (1956) betone zu sehr die Schemata: „Doch eine grundsätzliche, systematische und abgerundete Darstellung der alttestamentlichen Erzählkunst besitzen wir nicht. Mehr noch: sie wird kaum als Desiderat empfunden." (a. a. O. S. 147). Vgl. *Richter*, Exegese; *Koch*, Formgeschichte, S. 4 ff.; 18 ff.; 289 ff.
    c) Ein Beispiel methodischer Sicherheit und kritischer Gewissenhaftigkeit bietet *Fr. Overbeck*, Über die Anfänge der Kirchengeschichtsschreibung (Basel 1892 = Darmstadt 1965); vgl. z. B. S. 4: „Denn die Kirchengeschichte des Eusebius ist in der Tat bis jetzt, indem sich, übrigens erklärlich genug, die Aufmerksamkeit ihrer Leser ausschließlich ihrem Inhalt und gar nicht ihrer Form zuwandte, oft genug als Quelle der Kirchengeschichte, aber kaum von jemand als Denkmal der Kirchengeschichtsschreibung behandelt und geschätzt worden." Vgl. ebd. S. 10 bes. Anm. 9; S. 14 Anm. 18; S. 38 ff. über die Formen der Geschichtsschreibung; Geschichtschreibung und Literatur etc.
    d) Aus dem Bereich der asiatischen Historiographie vergleiche: *A. Rosthorn*, Die Anfänge der chinesischen Geschichtsschreibung. SB Wien 193,3, 1920 (beachte den Anhang S. 20 ff.: „Eine moderne Kritik der chinesischen Geschichte", ein Referat über einen Essay von Liang Tsch'i-tsch'ao über die historische Literatur Chinas); *E. Haenisch*, Das Ethos der chinesischen Geschichtsschreibung, in: Saeculum 1, 1950, 111 ff (vgl. Saeculum 8, 1957, 196 ff.: zur Organisation der offiziellen chines. Geschichtsschreibung); *K. Quecke*, Der indische Geist und die Geschichte, Saeculum 1, 1950, 362 ff.

²² *H. Fränkel*, a. O. S. 294 ff.

²³ Die hier gebrauchten Begriffe werden im folgenden erläutert; zu Konnektiv vgl. vor allem § 3.2.

[24] *J. G. Droysen,* Historik (ed. Hübner) S. 283: „Nach welchen Kriterien wählt er (sc. der historische Erzähler) aus? Von welchen Gesichtspunkten aus relativ als Ganzes und in sich geschlossen stellen sich ihm die Dinge dar? Von objektiver Vollständigkeit kann nicht die Rede sein, und ein Maß für das Wichtige und Bezeichnende in den Dingen selbst, ein objektives Kriterium gibt es nicht."

[25] *H. Fränkel,* a. O. S. 310 ff.

[26] In einem Seminar über Homer machte *W. Schadewaldt* darauf aufmerksam, daß sich die Texte verschieden zur Schrift verhalten. Während für die einen Texte die Tatsache des Aufgeschriebenwerdens ganz zufällig ist (wie z. B. für die nach Tonband oder Diktat aufgenommenen Texte der oral poetry), gibt es Texte, deren besondere Struktur durch schriftliche Abfassung erst möglich wird (Entwürfe, Einfügungen, Korrekturen, Umstellungen: die simultane optische Präsenz der Gedanken!). *Schadewaldt* schlug vor, diese beiden Arten des Verhältnisses zur Schrift als ‚Geschriebenheit‘ und ‚Schriftlichkeit‘ zu unterscheiden. — Diese Bemerkungen werden in § 6 bei der Untersuchung der Literarizität historiographischer Texte wieder aufgenommen.

Daß die Bedeutung der Schriftlichkeit für die Entwicklung des historischen Bewußtseins hier nicht überschätzt wird, mag ein Hinweis auf *P. W. Schmidt,* Der Mensch aller Zeiten (= Völker und Kulturen 1. Teil, 1924, S. 45) zeigen. *Schmidt* meint, allein die Einführung der Schrift gebe die Möglichkeit, „eine wirklich brauchbare, d. h. durchgreifend ersichtliche Einteilung in der geistigen Entwicklung des Menschengeschlechtes aufzustellen." Ähnlich meint *J. Vogt* (Geschichte und Vorgeschichte. Die Bedeutung der Schrift, in: Hist. Jahrb. 62/69, S. 1 bis 12), daß erst Völker, die zu schreiben beginnen, aus dem Zustande der Naivität herausträten und „eine höhere Form des historischen Bewußtseins" gewännen. Anders *H. Kirchner,* Über das Verhältnis des schriftlosen frühgeschichtlichen Menschen zu seiner Geschichte, in: Soziologus 4, 1954, 9—22. — Zu ‚Schrift und Gedächtnis‘ vgl. Aisch. Prom. 460 f.; Eurip. Palam. 578 N²: (die Schrift) λήθης φάρμακα.

[27] Zum Chronikstil vgl. § 15.3. — Zur historischen Listenwissenschaft vgl. *W. v. Soden,* Leistung und Grenze sumerischer und babylonischer Wissenschaft (1936) Nachdr. 1965, 61 ff. Zu israelitisch-judäischen Königslisten, s. Bin-Nun, a. O. 423 f.

[28] Zum Terminus *historia* vgl. *F. Müller,* De historiae vocabulo atque notione, in: Mnem. II. ser. 54, 1926, 234—257 — *K. Keuck,* Historia. Geschichte des Wortes und seiner Bedeutung in der Antike und in den romanischen Sprachen. Diss. Münster 1934.

[29] Vgl. *J. B. Pritchard,* The Ancient Near East in Pictures relating to the Old Testament (1954) 447: Asarhaddon, Abd-Milkutti und Ushanahurru auf der Siegesstele von Sendschirli (ca. 670 v. Chr.).

[30] Über die Bedeutung des Begriffes ‚Handlung‘ in der modernen Anthropologie (z. B. bei *A. Gehlen*), in der Soziologie (z. B. *Max Weber,* Soziologische Grundbegriffe, in: Wirtschaft und Gesellschaft, ⁴1956, 1—30; bs. S. 5 f., 18 f., 23 f.), in der Theorie der Literatur von Platon und Aristoteles, Lessing und Herder bis *G. Müller* und *E. Lämmert* braucht hier nicht gehandelt werden. Für Literaturhinweise vgl. *Hellwig,* Raum und Zeit, S. V f.; 3 ff.; *K. Lanig,* Der handelnde Mensch in der Ilias, Diss. Erlangen 1953; *F. v. Trojan,* Handlungstypen im Epos. Die homerische Ilias, München 1928; *H. Schwabl,* Zur Selbständigkeit des Menschen bei Homer, in: WSt 67, 1954, 46 ff. *H. R. Immerwahr,* Tat und Geschichte bei Herodot, in: Herodot. Wege der Forschung 26, 1962, 497—540. Die hier versuchte Deskription von ‚Handlung‘ in der altorientalischen Historiographie ist unabhängig von der Sprache der verschiedenen Historiographien. Handlungsstrukturen können — theoretisch gesehen — auch ohne Verben realisiert werden. Es muß keineswegs — etwa mit *Gerleman,* Struktur, S. 256 f. („die Ausrichtung des Alten Testamentes auf das Geschehen, auf die Handlung" wird in Zusammenhang gebracht mit der Größe des verbalen Wortschatzes, der starken verbalen Rektion des hebräischen Infinitivs, der häufigen Anfangsstellung des Verbums im Satz) — angenommen werden, eine Sprache

mit zahlreichen Verben sei zur Darstellung von Handlungen und damit zur Geschichtsschreibung besonders geeignet. Vgl. *J. Barr*, Bibelexegese S. 89 f.

Die Gegenüberstellung von homerischer Epik und alttestamentlicher Erzählung (Gen. 22), wie sie *Gerleman*, Struktur, S. 252 f. im Anschluß an *Auerbach* und *Staiger* durchführt, ist in dieser Verallgemeinerung nicht richtig.

Gerleman schreibt (S. 253): „Unzählige Hexameter vermögen uns, völlig losgelöst von ihrer Umgebung, um ihrer runden Bildlichkeit willen, zu erfreuen. Sie wollen für sich betrachtet werden und sprechen allein das Auge an (sic!). Im Hinblick aufs Ganze dagegen sind eine Fülle von Versen, Szenen, Taten und Vorgängen entbehrlich." Diese Behauptung ist sachlich in keinem Punkte zu rechtfertigen. Der Hinweis auf die Ergebnisse der Homerforschung von *K. Reinhardt, W. Schadewaldt, U. Hölscher* mag genügen. *Gerleman* aber fährt fort: „In der alttestamentlichen Erzählung ist dies ganz anders. Die Sätze, fast ausnahmslos mit Impf. cons. eingeleitet, lassen sich nicht als selbständige Teile betrachten. Statt Selbständigkeit findet man hier Funktionalität, eine Funktionalität der Einzelheiten, die bis ins letzte durchgeführt worden ist. Damit ist die ‚epische Ruhe' verschwunden. Nicht Ruhe, sondern Bewegung finden wir im Alten Testament, nicht Gegenstände, sondern Vorgänge, nicht Beschreibung, sondern Erzählung. Die Handlung, das Geschehen ist die Hauptsache ... In einer gewissen Hinsicht könnte man behaupten, die alttestamentliche Erzählung habe viel größere Ähnlichkeit mit dem Drama als mit dem Epos."

Schon die Antike aber hat in Homer einen dramatischen Dichter gesehen! Man kann auch nicht aus der einen homerischen Szene auf die ganze homerische Epik schließen. In der genannten Szene zwischen Euryklea und Odysseus ist kein Vers entbehrlich. Die verschiedenen Szenen von der inneren und äußeren Heimkehr des Odysseus, seiner Aufnahme und Abweisung stehen in einem ganz festen Funktionszusammenhang. Der lange Bericht über die Narbe des Odysseus dient u. a. dazu, die Spannung dieses ‚Wiedererkennungsdramas' bis aufs äußerste zu steigern. Funktionalität ist ein relativer Begriff. *Gerleman* meint offenbar den jeweiligen Integrationsgrad von Satzgruppen bzw. Handlungsreihen. Der Integrationsgrad muß in jedem einzelnen Fall mit den verschiedensten Mitteln genau bestimmt werden, bevor ein derartiger Vergleich durchgeführt werden kann.

Über epische Elemente im AT s. § 6.5. Im 3. Teil dieser Arbeit ist versucht, einige Unterschiede zwischen israelitischer und westantiker Historiographie anzugeben. Dabei sind, wie ich hoffe, die von *Gerleman* gefühlten Unterschiede ebenso wie seine starke Betonung von Handlung im AT wenigstens teilweise berücksichtigt; vgl. schon § 1.4.

[31] Diese Andeutungen sind ausgeführt in § 3 und § 6.5.

[32] Vgl. z. B. *G. Mann*, Geschichtsschreibung als Literatur, 1964; *Rosenthal*, A History, Einleitung zu Kap. IV: „The contents of historical works" (S. 87 ff.).

[33] Die hier vorgeschlagenen Definitionen stimmen prinzipiell mit der überein, die *Rosenthal*, A History, S. 9 f. zur Grundlage seines Werkes über die islamische Historiographie macht: „History, in the narrow sense applicable here, should be defined as the litterary description of any sustained human activity either of groups or individuals which is reflected in, or has influence upon the development of a given group or individual." Bei *Rosenthal* (a. a. O) finden sich Hinweise auf weitere Definitionsvorschläge. Vgl. ebd. S. 15: „Muslim historiography includes those works which Muslims, at a given moment of their litterary history, considered historical works and which, at the same time, contain a reasonable amount of material which can be classified as historical according to our definition of history, as given above." — Der Ausdruck ‚Verumständung' ist vielleicht durch den entsprechenden Terminus der antiken Rhetorik (περίστασις, umfassend Zeit, Ort, Modus, Grund, Werkzeug, Personen bei einem Ereignis) gerechtfertigt.

[34] S. § 3.1.

[35] Über Gedankenexperimente vgl. *E. Mach*, Erkenntnis und Irrtum. Skizzen zu einer Psychologie der Forschung (1905) S. 180—197. Das Gedankenexperiment ist auch bei den

Griechen ein Vehikel der Spekulation. Seine syntaktische Form sind hypothetische Konstruktionen. Hesiod (Theog. 740—743) überschreitet mit diesem Denkmittel die Grenzen der Welt (vgl. schon 720 ff.) Vgl. Lukrez 1, 968 ff.; 1003 f. — Zu den hypothetischen Konstruktionen der hethitischen Historiographie s. § 3.5.

[36] S. § 4.2.

[37] Vgl. § 1.4.

[38] Entscheidend für das Verständnis dieser Eigentümlichkeit ist Suet. Caes. 30.

[39] Vgl. *E. Wyss*, Stilistische Untersuchungen zur Darstellung von Ereignissen in Caesars bellum Gallicum, Diss. Bern 1930. *Wyss'* Begriff ,Ereignis' entspricht dem hier gebrauchten Begriff ,Prozeß'.

[40] Vgl. § 9.31; MhW, S. 35—45.

[41] *Eissfeldt*, Einleitung, S. 41.

[42] Über Dichtung und Historiographie s. § 6, bes. § 6.5. Über die Anfänge der Prosa bei den Griechen s. *E. Norden*, Die antike Kunstprosa I ([5]1958) (= 2. und 3. Aufl. 1909 und 1915), S. 35 ff. mit Literatur.

[43] Vgl. z. B. *G. v. Rad*, Ges. Stud. z. AT (1961) S. 29 mit Anm. 26; S. 39; S. 51; 75; 78; 90; 95 u. ö. — Aus der reichen Literatur zu dem umstrittenen Begriff der Historisierung seien wenigstens genannt: *G. Widengren*, Myth and History in Israelite-Jewish Thought, in: Radin-Festschr. 1961, 467—495; *K.-H. Bernhardt*, Elemente mythischen Stils in der alttestamentlichen Geschichtsschreibung, WZ Rostock 12, 1963, 295—297; vgl. *Cancik*, Art. ,Mythus', in: Bibellexikon, [2]1968, Sp. 1195—1204. Für den altorientalischen Bereich vgl. *F. M. T. Böhl*, Mythos und Geschichte in der altbabylonischen Dichtung, s. 1 A 213. Das Problem kommt deutlich zum Ausdruck bei *E. Sellin — G. Fohrer*, Einleitung, [10]1965, 94: „So trifft die Ansicht schwerlich zu, daß der Mythus im AT historisiert worden sei (*Weiser*), wie umgekehrt die Geschichte nicht mythologisiert wird. Entgegen solchen modernisierenden Auffassungen hat Israel offenbar zwischen den einzelnen Erzählformen nicht grundlegend unterschieden, sondern sich gleicherweise mythischer und märchenhafter Motive wie der Sage, Legende und berichtender Formen bedient." Gewiß —, nur zu welchem Zweck wurden diese Formen jeweils verwandt?

[44] Ruth 1,1; 4, 17—22. — S. § 5.2. — Zu Märchen, Novelle im AT s. die bei *Eissfeldt*, Einleitung, S. 43; 48 ff. genannte Literatur. Zur Josefsgeschichte vgl. *H. Gunkel*, Die Komposition der Josef-Geschichten, ZDMG 76 (NF 1) 1922, 55—71, bes. 68 ff.

[45] S. § 2.1; § 2.3; u. ö.

[46] Zu den Novellen und Exkursen bei Herodot vgl. *O. Regenbogen*, Antike 6, 1930, 222; *W. Schadewaldt*, Herodot als Historiker (1934), in: Herodot. Wege der Forschung Bd. 26 (1962) S. 111. Zum 2. Buch Herodots vgl. *F. Jacoby*, RE Suppl. II, 1913, Sp. 331.

[47] S. § 2.2; § 7.1; § 10.6.

[48] Diese Andeutungen über die Voraussetzungen des historischen Bewußtseins werden in § 6 und § 7 ausgeführt.

Es scheint symptomatisch, daß der Prophet in der außerbiblischen orientalischen Historiographie, etwa als Gegenspieler des Königs, nicht vorkommt, obschon es durchaus Priester und z. T. auch ,Propheten' gab, die diese Rolle hätten übernehmen können (3 A 39). Vgl. *Gordon*, Grundlagen, S. 212: „Es gab im Hebräertum ein Gleichgewicht der Kräfte, das zu seiner inneren Stärke beitrug. Wie die Bücher der Könige Episoden aus Hofannalen, aus echt menschlichen Erlebniskreisen und aus den Erzählungen der Propheten enthalten, so gab es in der in ihnen beschriebenen Welt das höfische Beamtentum, die Gelehrten von scharfer Beobachtungsgabe und die Propheten. Die Religion war in allen Schattierungen vertreten ..." — „Das einfache Volk konnte, trotz aller Angriffe auf seine überlieferten Rechte, einen Teil seines demokratischen Erbes behaupten. Die Ältesten des Volkes machten in lokalen und manchmal auch in nationalen Angelegenheiten ihren Einfluß geltend ..." — „Die hebräische Gesellschaftsordnung

verfügte über mancherlei Machtmittel und Ausgleichsmöglichkeiten und war keine auf alther-
gebrachte Privilegien sich stützende Diktatur."

Reiches Material über Rivalität und Konkurrenz im alten Israel ist bei *Hempel*, Geschichten, S. 30 f. zusammengestellt: Kain/Abel, Jakob/Esau, Berufsrivalitäten der Propheten (Jer.
28,1 ff.) (die Rangstreitigkeiten der Apostel lassen sich vergleichen); David/Joab und Saul/
David (Herrscher/General); Prophet/Priester; geistliches und weltliches Oberhaupt der nach-
exilischen Gemeinde; Leviten/Aaroniden. *Hempel*, a. a. O. S. 31 f.: „Bis in die vorstaatliche,
wenn nicht voramphiktyonische Zeit reicht die Eifersucht der Stämme widereinander (vgl.
Jud. 12,1 ff.; 2 Sam. 19,10 ff.; 20,1 ff), an der das Davidreich zerbrechen sollte (1 Reg. 12,16).
Mit ihr verbindet sich die Konkurrenz der Heiligtümer, vor allem der Streit um Stier oder
Lade als echten Thronsitz des Errettergottes aus Ägypten (1 Reg. 12,28 ff., auch Jud. 17 f.) und
damit die spätere Trennung der Jerusalemer von den Samaritanern bis auf den heutigen Tag.
Seit den Tagen, in denen Jäger und Hirten, Kleinviehzüchter und Bauern miteinander in
Ausgleich und Gegensatz leben, heißt — zumal sich solche soziologischen Gruppen in verschie-
denen politischen Gebilden kristallisieren (Esau, der Jäger = Edom) — geschichtlich leben: in
Rivalität leben: und Geschichte schreiben heißt demgemäß: von Rivalitäten sprechen, für deren
Ablauf es kein ‚Gesetz' gibt." *Hempel* (a. a. O. S. 33) bringt all dies mit einem „voluntaristi-
schen Grundzug" der israelitischen Psyche in Verbindung. Vgl. ders., Das Ethos des ATs,
BZAW 67, ²1964, S. 1 ff.; 91 ff.

[49] S. § 7; § 10.6; 1 A 151.

[50] *H. Fränkel*, Über philologische Interpretation... (a. a. O.) S. 302: „Auch dem Gegner
wird sein Daseinsrecht zuteil, unbeschadet dessen, daß natürlich die römische Seite ausführlicher zu Worte kommt. Auch der Gegner wird verstanden, und es werden ihm vernünftige
Motive unterlegt. Wie ein guter Schachspieler deutet Caesar jede Aktion seiner Gegner, und
er setzt bei ihnen immer die klügste mögliche Absicht voraus. Gewiß beruhten seine politischen
und militärischen Erfolge zu einem Teil darauf, daß er den Feind ernstnahm. So läßt Caesar
auch den Gegnern unangefochten die eigentlichen Triebfedern ihres Tuns... Mit erschüttern-
der Sachlichkeit bringt Caesar gelegentlich zum Ausdruck, wie seine Feinde gegen ihn vollkommen im Recht sind — in ihrem Recht, wie er selbst als Römer recht hat."
So wenig die caesarischen commentarii als Maßstab für die altorientalische Annalistik gelten
können, so wenig kann man sich dem klärenden Licht entziehen, das dieses Werk auch nach
rückwärts wirft.

[51] Die verschiedenen Arten von Konnektiven sind untersucht und mit Beispielen illustriert
von *B. A. van Groningen*, La composition littéraire archaïque Grecque, Vrh. Nederl. Akad.
N. R. 65/2, Amsterdam 1958, S. 41 ff.: chevilles simples, chevilles expressives; chevilles retro-
spectives/prospectives; chevilles mixtes; les véritables chevilles jalons. Wir schließen uns der
Terminologie *v. Groningen*'s an.

[52] Zu der juristisch-politischen Funktion der Vorgeschichten, die die Vorausleistungen des
Großkönigs seinem Vasallen in Erinnerung rufen sollen, s. § 3.33 und § 12.3; zum politischen
Kalkül in der hethitischen Historiographie s. § 7.

[53] *J. Friedrich*, Staatsverträge II, 4 S. 8 f.

[54] *J. Friedrich*, Staatsverträge II, 3 S. 112 ff.; vgl. § 3.3; vgl. § 4.3 zu Richt. 2,20.

[55] Die Prologe und Epiloge der AM sind in § 9 ausführlich behandelt.

[56] Vgl. ZJA, Prolog (*Götze*, S. 20 f.): *na-wi ku-it-ma-an*, wörtl.: „solange, während noch
nicht."

[57] Vgl. AA 1. J. (*Götze* S. 24 f.); ZJA 1. J. (*Götze* S. 24 f.); ZJA 1. J. (*Götze* S. 26 f.);
AA 2. J. (*Götze* S. 30 f.); AA 2. J. (*Götze* S. 36 f.): ergänzt. — Der Ausdruck „zum 2. Male"
ist nicht immer als Zahlangabe gemeint.

[58] Vgl. ZJA 3. J. (*Götze* S. 46 f.: aus der Kriegserklärung an Uhhazitis) mit ZJA, Regierungsantritt (*Götze* S. 20 f.). — Zum Ausdruck der Vorzeitigkeit im Hethitischen s. 2 A 229.

[59] S. § 2.1; § 15.3.

[60] Vgl. z. B. Herodot 4, 1, 6. — Zu Kompilation und Komposition s. § 6.4; zu hethitischen Werkverweisen s. § 9.3; vgl. 1 A 65.

[61] Für altorientalische Beispiele s. § 14.3; § 17.1; § 11.3 (Briefe). — Aus dem griechischen Bereich vgl. Hom. Il. 2,16 ff.: Zeus schickt vom Olymp einen Traum zu Agamemnon: Szenenwechsel: der Traum kommt bei Agamemnon an. Vgl. Hom. Il. 11,195 f.; 18,617—19,1; weiteres Material bei *Hellwig*, Raum und Zeit, S. 95 f.

Zu den Wiederholungen vgl. das von *C. Kuhl* (Die ‚Wiederaufnahme' — ein literarkritisches Prinzip? ZAW 64, 1952, 1—11) gesammelte Material (mit älterer Literatur). Über die stilistische Funktion von Wiederholungen äußert sich *Kuhl* nicht. Das Prinzip der Wiederaufnahme als solches gestattet übrigens keine Entscheidung darüber, ob ein Einschub vom Verfasser selbst stammt oder nicht.

[62] Zur Wahrnehmung in der israelitischen Historiographie s. § 17.4; 2 A 221; für hethitische Beispiele s. z. B. § 14.2.

[63] *B. Hellwig*, a. O. S. 90 ff; S. 107. — Die im Text paraphrasierte Stelle: Herodot 4,85; vgl. dazu *H. Fränkel*, Eine Stileigenheit... (1 A 89) S. 86.

[64] S. § 12.1; vgl. *L. Huber*, Herodots Homerverständnis, Synousia (Festgabe für W. Schadewaldt, 1965) S. 43; *Strasburger*, Wesensbestimmung, S. 9, 24, 30. — 1 A 216.

[65] S. § 1.4; § 17.6. — Einige verschiedenartige Beispiele für (Vor-, Rück-) Verweise und Konnektive in der israelitischen Historiographie: Gen. 26,1 (J); 26,15. 18 (J); 15,13—16 (E?): „... die Sünde der Amoriter ist n o c h n i c h t voll..." Ex. 7,3. 13. 22 (P); 18,8 (!); Jos. 6,26/1 Kön. (dtn. Geschichtswerk); Richt. 1,22; Neh. 13,23 u. a. m. Die Quellenangaben dienen hier, wie in der ganzen Arbeit, nur der ersten Orientierung.

[66] S. § 3.1 — Für die griechische Historiographie genügt ein Hinweis auf die herodoteische Darstellung der Kämpfe der Land- und Seemacht der Perser mit der Land- und Seemacht der Griechen in den Thermopylen und bei Artemision (7,121 ff.; 175 ff.).

Aufschlußreich für die assyrische Historiographie ist der Gottesbrief Asarhaddon's (II, 1; *Borger*, Die Inschriften Asarhaddons, S. 104): „Während ich in jenem Distrikte siegreich umherzog, bespritzten sie den Belagerungswall, den ich gegen seine Residenz hatte stampfen lassen, am 21. Kislev ... mit Naphta und legten Feuer an ihn."

Die erste Kolumne endet mit dem Bericht von der Errichtung des Belagerungsdammes. Von einem Umherziehen in der Provinz ist sonst nicht mehr die Rede. Der Satz II, 1 ist alles, was von den beiden gleichzeitigen Unternehmungen berichtet ist. Vergleiche hiermit die ganz andere Darstellung einer ähnlichen Situation, der Belagerung von Karkemisch, in den TS, s. § 14.3.

[67] *W. Schadewaldt*, Iliasstudien ([2]1943 = 1966), S. 77: „Achtet man ... darauf, wie der Weg des Nestor mit Machaon nur am Anfang (519) und Ende (597) sichtbar ist, während den Verlauf der Fahrt selbst die letzten Ereignisse der Λ-Schlacht überdecken, so hat auch das seine Parallelen. So überdeckt im Z die Diomedes-Glaukos-Szene die Zeit zwischen Hektors Weggang von Troia (116) bis zu seiner Ankunft am Skäischen Tor (237). So werden (Γ 116 f.) die troischen Herolde zur Stadt entsandt, und während sie dorthin auf dem Wege sind, beschäftigt uns der Dichter mit der Schau der Helena und der troischen Greise von der Mauer: Dort treffen die Herolde dann 245 ein..." — Vgl. *C. M. Bowra*, Heroic Poetry (1952) S. 287 und vor allem *Th. Zielinski*, Die Behandlung gleichzeitiger Ereignisse im antiken Epos. Erster Teil, in: Philologus Suppl. 8, 1899—1901, 407—449 (mehr nicht erschienen).

[68] Vgl. das Schema bei *Zielinski*, a. O. Fig. 7; S. 420 ff.

[69] S. § 5.3. — Zu Beginn der Ägypterfeldzüge Assurbanipal's (Rassam-Cylinder Col. I 52 ff.; *Streck*, VAB VII 2 S. 7 ff.) steht eine ähnliche Vorgeschichte, die in der Zeit seines Vaters Asarhaddon einsetzt. Die ägyptische Gegenpartei, vor allem Tarqû, ist gut exponiert,

gelegentlich sogar mit wörtlicher Rede; Botenberichte verbinden den ägyptischen und assyrischen Schauplatz.

[70] S. § 3.5 und § 5.

[71] (Plat.), Hippias maior 285 B; Semonides von Amorgos (FGr Hist. 534): „Archäologie der Samier" (6. Jh.; Alter des Titels unsicher); vgl. FGr Hist. 556 und 523 T 2.

[72] Vgl. die Differenzierung zwischen αἰτία — 1. Verantwortlichkeit, Schuld, Schande, Anklage (Pindar, Herodot); 2. Grund (erster Beleg wahrscheinlich im Prooem Herodots) und πρόφασις (Vorwand, Grund), ἀρχή (Ursprung); s. K. A. Pagel, Die Bedeutung des aitiologischen Momentes für Herodots Geschichtsschreibung, Diss. Berlin, Leipzig 1927 (rez. W. Aly, Ph. W. 49, 1929, 1169—1172); H. R. Immerwahr, Aspects of historical causation in Herodotus, TAPhA 87, 1956, 241—280. Hethitisch uttar — Wort, Rede, Gerede, Sache, Geschichte, Grund, Anlaß, Rechtsfall; memijas — Wort, Sache (s. Friedrich HWB s. v.). Zu Hebr. dbr s. § 15.3. Die Staffelung von Gründen ist bereits im Anfang der homerischen Ilias zu beobachten. Zur ganzen Frage vgl. M. Weber, Kritische Studien auf dem Gebiet der kulturwissenschaftlichen Logik. (2.) Objektive Möglichkeit und adäquate Verursachung in der historischen Kausalbetrachtung (1905), in: Ges. Aufs. zur Wissenschaftslehre (1922), S. 215 ff.
Einen anderen Gegenstand behandelt A. Malamat, Doctrines of Causality in Hittite and Biblical Historiography: a parallel, in: VT 5, 1955, 1—12. ‚Causality' ist nicht Kausalität im logischen oder syntaktischen Sinne, sondern meint die Folge ‚Vertrag des Königs A mit a; Vertragsbruch durch König B, Sohn von A; nationales Unglück; Erforschung der Gründe für das Unglück (Orakel); Sühne'. Diese Folge liegt nach Malamat in den Pestgebeten Mursilis', dessen Vater Suppiluliumas einen Vertrag mit Ägypten gebrochen hat, und in 2 Sam. 21, 1—3 (David sühnt den Bruch eines Vertrages, den Saul mit den Gibeonitern geschlossen und verletzt hatte) vor. Der Aufsatz ist historisch; er behandelt nicht die Formen der Historiographie. Eine direkte Abhängigkeit der Israeliten von den Hethitern aufgrund dieser inhaltlichen Parallele zu konstruieren, scheint mir voreilig, da diese Parallele auf gemeinorientalischen Vorstellungen von Königtum und Götterzorn beruhen könnte (§ 4.2).

[73] Korošec, Hethitische Staatsverträge (1931); knappe Zusammenfassung bei G. E. Mendenhall, Recht und Bund in Israel und dem Alten Vorderen Orient, Theol. Stud. H. 64, 1960, 33 ff. Die älteren westantiken Verträge enthalten keine historische Einleitung, s. Hermann Bengtson, Die Verträge der griechisch-römischen Welt von 700—338 v. Chr. (1962), bes. S. 14. — Vgl. § 7.4.

[74] Friedrich, Staatsverträge I (1926) S. 4 ff. Übersetzung der akkadischen Version, hier ohne Angabe der Ergänzungen, Unsicherheiten, Übersetzungshilfen.
Der zitierte Text hat 12 Sätze mit insgesamt 94 Worten. Er besitzt 9 Partikeln und Konjunktionen, 5 Adverbien, davon 4 in modaler Bedeutung. Die durchschnittliche Satzlänge (S_d) beträgt 7,8 Worte pro Satz. Auf durchschnittlich 9,5 Worte kommt eine Partikel oder Konjunktion $P_d = 9,5$. — Vgl. 1 A 75.

[75] Duppi-Tesup-Vertrag § 7 (Z. 11) — § 8 (Z. 22), hethitische Version. Zum Mittelkonnektiv der Verträge s. hier § 3.2. Der Text hat 7 Sätze mit 70 Wörtern (einschließlich der Partikeln). Er besitzt 20 Partikeln und Konjunktionen, davon 7 nu. $S_d = 10$; $P_d = 3,5$. Die Sätze sind also länger und partikelreicher als der Anfang der Vorgeschichte in der akkadischen Version (1 A 74). Das hängt einerseits mit dem Sprachunterschied zusammen, andererseits mit dem rein narrativen Charakter der erstgenannten Partie. — Vgl. § 15.1.

[76] E. Edel, Die Abfassungszeit des Briefes KBo I 10 (Hattusil — Kadašman-Ellil) und seine Bedeutung für die Chronologie Ramses' II., in: JCS 12, 1958, 130—133.

[77] Sommer, AU 2 ff.; 237.

[78] Sommer, AU S. 390 f.

[79] I 23 f. Das ist ein typisch annalistischer Ein-Satz-Exkurs: s. § 11.2.

[80] Übersetzung aus *Sommer*, AU, a. a. O., ohne Bezeichnung der Ergänzungen. — Zu jedem Satz finden sich Parallelen in den AM. Vgl. z. B. AA 3. Jahr (*Götze* S. 54 f.): Wegen der Steilheit des Gebirges Arinnanda kann man nicht hinauffahren. Deshalb „ging ich, die Sonne, zu Fuße vor dem Heere her und zog zu Fuße auf das Gebirge Arinnanda hinauf". — AA 22. J. (?) (*Götze* S. 162 f.): „Und weil mit Kriegswagen hinaufzufahren (nicht ...) möglich war, zog ich den Truppen zu Fuß voran (und ...) (... aufs) Gebirge zog ich zu Fuß."

[81] *Sommer*, AU S. 240 zum Schluß des Milavatas-Briefes. Zur politischen Diskussion mit fiktiven Einwänden s. § 7.3 und 1 A 151.

[82] E. v. *Schuler*, Hethitische Dienstanweisungen (1957) S. 2 f. im Anschluß an V. *Korošec* und A. *Götze*.

[83] Weitere Vorgeschichten sind in § 5.4 und § 11 interpretiert.

[84] Zum Prolog der ZJA, s. § 9. — Vgl. den Rückblick im Großen Text Hattusilis' III. (Epilog, Kol. IV 41 ff.); dasselbe gilt für den Anfang des Großen Textes. Das Zitat aus dem Alaksandus-Vertrag bei *Friedrich*, Staatsverträge II 5, S. 50 f.
Überschriften in dieser Funktion sind — vielleicht nur aus überlieferungsgeschichtlichen Gründen — in der israelitischen Historiographie nicht erhalten.

[85] § 10.5.

[86] F. *Jacoby*, RE Suppl. II (1913) Sp. 360 s. v. Herodotos: „Kein großes Geschichtswerk ist je *sine ira et studio* entstanden; keines, ohne daß sein Verfasser politisch Partei genommen hat, ergriffen war von dem lebendigen Wesen und Wirken eines Staates oder eines großen Mannes." — Zu Recht betont die „pädagogische" Zielsetzung der westantiken Geschichtsschreibung *Adinolfi*, Storiografia, S. 43—45 mit einer nützlichen Zusammenstellung einiger antiken Zeugnisse: Thuk. 1,22; Polyb. 12,25; Plut. Aem. Paul. 1 (römische Vorstellung!); Sall. Jug. 4; Liv. Prooem 10; Tac. Ann. 3,65; Cic. de or. 2,9: *historia vero testis temporum, lux veritatis, vita memoriae, magistra vitae, nuntia vetustatis* ... J. G. *Droysen*, Historik (ed. *Hübner* S. 287) bemerkt zu *Wachsmuth*'s Ausdruck, „entwunden allen Banden der Nationalität, allen Lockungen und Ansichten der Partei, des Standes, aller Befangenheit durch Glauben, frei von Vorurteilen und von Affekten, außer dem für Wahrheit und Tugend, sine ira et studio bildet er ein Werk für die Ewigkeit", recht drastisch: „Ich danke für diese Art eunuchischer Objektivität." Daß *Droysen* nicht einer Standpunkthistorie das Wort redet, ist selbstverständlich. Vgl. Lukian, de hist. conscr. 38 und bes. 41.

[87] Der Unterschied zwischen dokumentarischer und transponierender Übersetzung ist von W. *Schadewaldt*, der auch diese Begriffe geprägt hat, begründet worden: Artemis-Symposion. Das Problem der Übersetzung antiker Dichtung (1963) S. 22 ff. Vgl. ders., Die Wiedergewinnung antiker Literatur auf dem Wege der nachdichtenden Übersetzung, DUZ 12, 1958, 741—744. Dokumentarische Übersetzungen bewahren, soweit möglich, die phraseologischen, syntaktischen und stilistischen Eigenarten eines Textes. Sie sind eher Interlinearversionen als Eindeutschungen.

[88] Die Partie ist in MhW, S. 61 ff. als ‚Exposition' besprochen und mit einer hethitischen Vorgeschichte (AA 12. Jahr, *Götze* 140 ff.) verglichen worden. Die Fortsetzung des Textes ist hier § 17.5 unter dem Aspekt der gleichzeitigen Handlung untersucht.

[89] Vgl. z. B. H. *Fränkel*, Eine Stileigenheit der frühgriechischen Literatur, in: Wege und Formen frühgriechischen Denkens, ²1960, 40—96; S. 82. — Zur Satzanalyse s. § 16.1.

[90] Dieselbe Art der Umwandlung findet sich in V. 9—10: „Und da Adonia Schafe ... opferte ..., lud er alle seine Brüder, ... Aber den Propheten Nathan lud er nicht ..." — S. § 17.5; vgl. die Übersetzung Hieronymus' und die Fassung der Geschichte bei Flavius Josephus, § 18.5 mit Anmerkungen.

[91] Ähnliches ließe sich z. B. an Ex. 1, 1—7 und den Übersetzungen (z. B. Luther; G. v. Rad) demonstrieren.

[92] 1 Kön. 20,1.

[93] Hebräischer Text: *R. Meyer*, Hebräisches Textbuch (1960) (Göschen Bd. 769/769a), S. 91 f. Übersetzung nach *Galling*, Textbuch, S. 66 f. (Lit.).

[94] Gegen *Gerleman*, Erzählstil; vgl. § 15.2.

[95] *H. Hermes*, Einführung in die mathematische Logik, Münster 1957, § 2. — *P. Lorenzen*, Logik und Grammatik, in: Duden-Beiträge 26, 1965. *Lorenzen* bemerkt S. 6: „Um es zu wiederholen: meine These ist nicht, daß a l l e grammatischen Strukturen des Deutschen als Verwirklichungen logischer Strukturen aufzufassen sind, sondern nur, daß es neben den Eigenstrukturen auch e i n i g e Strukturen gibt, die besser als Verwirklichungen logischer Strukturen zu verstehen sind. Mit der ‚strukturalistischen' Auffassung von Sprache hat das gar nichts zu tun — ebenso nichts mit Logistik." — Über die logischen Partikeln s. ebd. S. 12 ff.

[96] Unter ‚logische Formen, Syntax' etc. ist hier immer die explizierte (explizite) Syntax verstanden. Daß durch syntaktische Hilfsmittel wie Satzmelodie, Gestus, Pausen, Sprechrhythmus, Tonhöhe ‚kausale Sachverhalte' mitgeteilt und mitverstanden werden können, ist selbstverständlich. Einmal aber sind diese Phänomene an toten Sprachen nicht zu verifizieren, zum anderen ergibt sich gerade aus den hier vorgetragenen Überlegungen, daß für kompliziertere Sachverhalte explizite Formzeiger immer notwendiger werden. Der Vergleich des hebräischen und hethitischen Erzählstils zeigt, welche subsidiären Mittel für ‚fehlende', d. h. nichtbenutzte Konnektive ausgebildet werden können; s. § 3.4; § 15 und § 16; MhW, S. 7.9 f. — Da in der Schriftsprache die genannten syntaktischen Hilfsphänomene fortfallen, neigt eine verschriftete Sprache zur Hypotaxe. Der Unterschied zwischen mündlicher und schriftlicher Tradition, der für die Definition von Historiographie so wichtig ist, zeigt sich also schon in der Syntax eines Textes, nicht nur allgemein in seinem Stil. Vgl. *R. Sternemann*, Nebensätze S. X; S. XII f.; S. XV führt *Sternemann* die relative Partikelarmut des Hethitischen auf die Altertümlichkeit der Sprache und die „geringe Durchstilisierung des Schriftsprache" zurück. Diese Aussage ist nur in einem eingeschränkten Maße zutreffend.

[97] *Friedrich*, Elementarbuch I § 327—§ 332; der bisher einzige klare Fall für den Potentialis im Hethitischen findet sich in den TS (KBo V 6 III 12 f.), s. 2 A 58. — Zur akkadischen Irrealispartikel *-man, -min* s. *W. v. Soden*, Akkadische Grammatik (1952) § 123e; § 152d; zu den Bedingungssätzen § 160 ff. Konzessivsätze gibt es im Akkadischen nicht: § 158a und c. — Auch in der hebräischen Historiographie sind diese Konstruktionen selten und oft vieldeutig (beteuernd, adversativ, kausal); vgl. z. B. Ex. 1, 8—10; s. 3 A 17. — Das Sumerische hat wahrscheinlich ein Irrealis- und Potentialissuffix *-e-še*.

[98] In dem folgenden Schema bedeuten A B C Handlungen. Die Handlungen über dem Strich sind mögliche, geplante, gewünschte o. ä. Handlungen. Die im folgenden aufgestellten vier Typen lassen sich als Teile eines Kalküls auffassen, dessen Gegenstandsbereich die Beschreibungsformen von Taten, Handlungen und Prozessen ist. Dieser Kalkül müßte, um Ansprüchen der Logik genügen zu können, noch sehr viel genauer und ausführlicher entwickelt werden. An dieser Stelle dürfte der Hinweis auf die Möglichkeit eines derartigen Kalküls und auf seinen Nutzen für eine Typologie von Beschreibungsarten genügen.

[99] Nichtausgeführte Handlungen: Richt. 1, 21—36; 1 Kön. 1, 1—4; 2 Kön. 14,8 ff.; 1 Kön. 22,1; 22,32—33. S. *G. v. Rad*, Ges. Stud. S. 90 f.; S. 97 über die inhaltliche Ausfüllung einer Noch-Nicht-Struktur. Über nichtausgeführte Handlungen bei Mursilis s. § 10.1.

[100] Aus diesem Grunde sind alle hypothetischen Konstruktionen aus den drei großen Werken Mursilis' gesammelt, s. § 10.5. Vgl. schon Telepinus II 11—12: „Huzzijas hätte sie (sc. den Telepinus und seine Schwester) getötet, und die Sache wurde bekannt. Und Telepinus vertrieb sie." Vgl. § 4.2. — Zu parataktischen Bedingungssätzen: *Sturtevant*, JAOS 54, 1934, 403. Zur ‚Logik' der Kondizionalsätze s. *Sternemann*, Nebensätze, S. XVII ff.

[101] *U. Hölscher*, Untersuchungen zur Form der Odyssee, Hermes Einzelschriften 6, 1939, S. 75: „Dieses ‚beinah', als die äußere Form der Doppelhandlung, ist zugleich die innere Form aller jener Situationen."

[102] Beispiele bei *Hellwig*, Raum und Zeit, S. 4—8. Bei *H. Strasburger*, Homer und die Geschichtsschreibung, 1972 sind diese Aspekte nicht beachtet.

[103] Zum Gedankenexperiment s. § 2.2 mit 1 A 35. — Text: Herodot 7, 139; vgl. 3,38. — Zu dem historischen Wahrheitsbegriff und der Idee des historischen Beweises in der griechischen Historiographie s. MhW, S. 24—45.

[104] Über Politik und Historiographie bei den Hethitern s. § 7; § 12.3.

[105] Vgl. § 3.2. Vgl. auch Madduwattas § 1 und § 3: Wenn der hethitische König, der Vater der Sonne, nicht eingegriffen hätte, hätte der Ahhijäer Attarsijas den Madduwattas getötet. Der Vater der Sonne gab den Leuten des Madduwattas zu essen: „Andernfalls aber hätten euch vor Hunger die Hunde gefressen. Wenn ihr dem Attarsijas mit dem Leben davongekommen wäret, wäret ihr Hungers gestorben." (Ähnlich § 23). — Vgl. auch Jos. 22,21—34.

[106] § 11.2; über die Geographie in der arabischen Historiographie s. *Rosenthal*, A History, S. 94 ff. (griechisch-syrisch-christliche Einflüsse!); für die griechisch-römische Historiographie vgl. *F. Beckmann*, Geographie und Ethnographie in Caesars Bellum Gallicum, 1930. *Martin Schwind*, Die geographischen ‚Grundlagen' der Geschichte bei Herder, Hegel und Toynbee (1960), in: Kulturlandschaft als geformter Geist, 1964, 47 ff.

[107] S. § 11.3; Das Verhältnis von Rede und Narrative ist einer der Hauptgesichtspunkte bei der Interpretation der TS: § 14.1 und § 14.3; vgl. § 17.6 zur israelitischen Historiographie.

[108] S. § 10.6.

[109] S. § 3.2.

[110] Vgl. *Otten*, MDOG 83, 1951, S. 39; S. 44: „Schließlich halte ich die literarische Form des Textes nun nicht mehr für einzigartig, sondern sehe darin das älteste Beispiel der aus späterer Zeit wohlbezeugten Geschichtsdarstellungen; beachtlich allerdings in Aufbau und Stilistik für so frühe Zeit. Der wache historische Sinn, der auch diese alte Inschrift in drei Kopien auf uns hat kommen lassen, die Fähigkeit, Ereignisse im Zusammenhang zu sehen und darzustellen, so auch die Ordnung des Einzelgeschehens unter einen Leitgedanken — wie hier die Darstellung der Geschichte unter dem Gedanken der Erringung der Suprematie durch die Dynastie von Kussar — alles das war seit je als typisch hethitische Geisteshaltung in Anspruch genommen worden." Ähnlich ders., Hethiterreich, S. 337. 413 f.

[111] S. § 4.4; vgl. § 9 zum Prolog und Epilog der ZJA.

[112] 2 Makk. 2,20 ff.; MhW, S. 108—126.

[113] Herodot 1,5,3; Thuk. 1,22; Polyb. 1,1 ff. u. a. m. Vgl. *H. Lieberich*, Studien zu den Prooemien in der griechischen und byzantinischen Geschichtsschreibung. I bis Zosimos; Progr. München 1899.

[114] Hekataios frg. 1 (*Jacoby*).

[115] Referiert nach *A. Falkenstein*, Fluch über Akkade, in: ZA 57 (NF 23), 1965, 43—124. Das Zitat im Text stammt von *S. N. Kramer* und ist vermittelt durch *Falkenstein*, a. O. S. 47. — Vgl. 1 A 184 — Zur politischen Dichtung im AO vgl. die Heldenlieder auf Tiglatpilesar I. (*E. Ebeling*, Liter. Keilschrifttexte aus Assur, Nr. 62 und 63, bearbeitet von *Ebeling*, Orientalia N. S. 18, 1949, 30 ff.) und auf Assurnasirpal (ebd. Nr. 64). Vgl. *E. Ebeling*, Bruchstücke eines politischen Propagandagedichtes aus einer assyrischen Kanzlei, Leipzig, Mitt. der AO-lischen Ges. 12,2 (1938); *R. J. Williams*, Literature as a Medium of Political Propaganda in Ancient Egypt, in: Festschrift für T. J. Meek (ed. W. S. McCullough) 1964, 14—30. Zu den allgemein-altorientalischen und den biblischen Vorstellungen von Zorn, Strafe, Herrschaft und ‚Plan' der Götter in der Geschichte, s. *Albrektson*, History (passim); 1 A 8.

[116] *H. Gese*, S. 136.

[117] S. § 4.4 und 1 A 145; zum Binnenschluß der ZJA s. § 8.1; zu Prolog und Epilog der ZJA s. § 9. Zusammenfassende Jahresschlußformel schon Hatt. I. Ann. II 45.

[118] CTH 19; *Friedrich*, Elementarbuch Nr. 26. Zeit: ca. 1525—1500. Zum Zwecke der Einleitung der Verfassungsurkunde des Telepinus s. S. 64 ff. Zur historischen Analyse, s. *Otten*, Hethiter, S. 112 ff.

[119] *G. v. Rad*, Die deuteronomistische Geschichtstheologie in den Königsbüchern (1947), in: Ges. Stud., S. 204 mit Verweis auf 1 Kön. 8,24: „Was du durch deinen Mund verheißen hast, das hast du durch deine Hand erfüllt." Vgl. *W. Richter*, Die Bearbeitungen des Retterbuches in der deuteronomischen Epoche, Bonner bibl. Beitr. 21, 1964, S. 87 f.

[120] Über Geschichte als Prozeß s. § 2.2; 9.2.

[121] Zum ‚Funktionieren des Wortes Gottes in der Geschichte' vgl. § 15.4; § 17.4. — Ein generalisierender Schlußsatz am Ende einer größeren Partie findet sich schon in den ‚Ammoniterkriegen': „Und so tat er (sc. David) allen Städten der Kinder Ammon." (2 Sam. 12,31) — Auch das Verb ‚tun' ist eine Generalisierung zahlreicher vorher beschriebener Tätigkeiten.

[122] Jdc. 2,11—23; vgl. S. 190 f.

[123] Vgl. die prophetische Stilisierung derartiger ‚Summarien' z. B. bei Ezechiel, c. 20.

[124] Vgl. z. B. Jdc. 2,15.17.18.14/20.

[125] Als Gegenstück zu diesem Prolog ist zu vergleichen der Epilog auf den Fall des Nordreiches (2 Kön. 17,7—23).

[126] Jdc. 2,20—22; vgl. § 7; § 10.6 u. ö. zum Kalkül in hethitischen Verträgen. Zur Explikation von logischen Kategorien in der Rede, nicht in der Narrative s. S. 224 und S. 25 f. mit 1 A 72 zu 2 Sam. 21,1—2.

[127] S. § 18.4.

[128] *H. W. Hertzberg*, Die Bücher Josua, Richter, Ruth[3] 1965, S. 156 f.

[129] *Götze*, Hattusilis (1925) S. 113 schreibt jedoch vorsichtig: „... der Text, wohl das älteste autobiographische D o k u m e n t der Weltliteratur." (Sperrung von H. C.) *Friedrich*, Elementarbuch II (1946) S. 10. — *H. Gese*, Geschichtsdenken, S. 139 nennt den Text eine „Biographie": Zur Kritik vgl. MhW, S. 76 f. 65. — *Otten*, Hethiter, S. 160: „eine Rechtfertigung in Form einer Autobiographie".

[130] *Götze*, a. O. S. 54 f.: „Literaturgeschichtlich ist die Einleitung ‚der Istar Walten will ich berichten' höchst interessant. In unserem Texte liegt das älteste Beispiel einer Aretalogie vor." — Zum Terminus Aretalogie s. *E. Norden*, Agnostos Theos (1912 = 1956) S. 149 ff. mit Literatur auf S. 150 Anm. 1. — Über die Aretalogie in der römischen Historiographie s. *W. Hartke*, Römische Kinderkaiser (1951) S. 26 mit Anm. 4.

[131] *Riemschneider*, Welt, S. 44. — Stil und Aufbau des Textes sind von *Riemschneider* (a. O. S. 43) falsch beurteilt. Der Ausdruck ‚Apologie' stammt wohl von *G. Furlani* (1937). Sehr vorsichtig *Gurney*, The Hittites S. 37; 175 ff. — Über das Bild Hattusilis' bei Tuthalijas IV., dem Sohne Hattusilis', vgl. KUB XXIII, II, 15 ff.; s. hier S. 65 f.

[132] IV 58—59. *taksulair* — sich vertragen, hier vielleicht konkret: ‚einen Friedensvertrag schließen'; vgl. *taksul* — „Anordnung, Pakt, Frieden"; s. *Götze* a. l. — vgl. IV 49: „und mir war Istar, meine Herrin, während meiner Königsherrschaft gewogen."

[133] IV 32—36.

[134] Über die Verschlechterung der hethitisch-babylonischen Beziehungen beklagt sich Hattusilis in einem Brief an Kadašman-Enlil, s. 1 A 76.

[135] Zur Verpflichtung der Dynastie auf die Pflege eines Kultes vgl. KBo VI 28 Rs. 18 ff. (CTH 88; Übersetzung bei *Otten*, MDOG 94, 1963, 19 f.): „... Wer nun in Zukunft als mein Sohn oder mein Enkel in Hattusa König wird, der bringt dem [NA4]hekur ... Nichts soll er ihm fortnehmen! ..." — 1 A 139.

[136] IV 66—85.

[137] Suppiluliumas I. setzte seinen Sohn Telepinus zum Priester in Kizzuwatna ein. Die

Einsetzungsurkunde (KUB XIX 25 und 26) ist erhalten. Text und Übersetzung bei *A. Götze,* Kizzuwatna S. 12 ff. Direkte Parallele zur angeführten Stelle aus dem Großen Text ist XIX 25 I 3—5: „Den Telepinus, seinen Sohn, in der Stadt Kizzuwatna dem Wettergott, der Hepat und dem Sarruma zum Dienste gaben wir, und dich zum Priester machten wir." — Vgl. *Götze,* Neue Bruchstücke, S. 48 f.: „Und diesen Sohn, den ich zur Priesterwürde ... gab, darin soll entsprechend sein Sohn ... die Priesterwürde für die Istar von Samuha behalten."

[138] IV 36—40.

[139] *Götze,* Neue Bruchstücke, S. 46—53: Ein Paralleltext zum Ende des Großen Textes (CTH 85); vgl. daraus A III 19 ff.: „Und das Haus, das der Istar von Samuha gehört, das soll von Lehnsdienst und Frohnden für den Landesherrn und den Grenzschutzkommandanten, von auserwählten Schafen ... von (der Stellung von) Hilfstruppen, von alledem befreit sein." (ebenso B IV 6 ff.). Bei *Götze,* a. O. S. 54 Hinweise auf ähnliche Urkunden der Steuerbefreiung. Zu den Landschenkungsurkunden s. *K. Riemschneider,* Die hethitischen Landschenkungsurkunden, in: MIO VI, 321—381.

Zu Landschenkungen Hattusilis' III. an das Haus Sahurunuwas s. KUB XXVI 43 und 50 (CTH 225). Zum Typ der Belehnungsurkunde s. *H. G. Güterbock,* Siegel aus Bogazköy I, 1940, S. 47 ff.; *V. Korošec,* Einige juristische Bemerkungen zur Sahurunuwa-Urkunde, Münchner Beitr. z. Papyrusforschung 35, 1945, 191 ff.

Zur Verbindung von Kultstiftung und Historiographie s. 1 A 151. Vgl. KUB XL 2 (CTH 641) (Text und Übersetzung bei *Götze,* Kizzuwatna, S. 60 ff.): Vorgeschichte eines Tempels im Istahara-Gebirge; Bestätigung des Grundbesitzes durch spätere Könige, genaue Beschreibung des Tempeleigentums mit Zitaten (*-wa-*) aus einer früheren Urkunde; vermutlich aus der Zeit Suppiluliumas' I.

[140] Die beiden erstgenannten Texte sind als Beigaben in *Götze*'s Hattusil-Ausgabe abgedruckt; zu letzterer s. MDOG 93, 1962, 75.

[141] Übersetzung in KB 3, S. 165 ff. (veraltet); *King,* Babylonian Boundary Stones, no. 6.

[142] Übersetzung von *Otten,* in: MDOG 94 (1963) S. 16 ff.

[143] I 39—60. Übersetzung, Gliederung und Erläuterung in MhW, S. 66—70.

[144] Vgl. Ps. 18 (z. T. 10. Jh. v. Chr.?) mit seiner Parallelüberlieferung in den Davidsgeschichten, 2 Sam. 22; Ps. 22,31 f.: „Mein Same wird ihm dienen und wird dem kommenden Geschlecht vom Herrn erzählen. ..."

[145] Ebenso ist in den AM der Beistand der Sonnengöttin von Arinna geschildert, s. § 12.2.

[146] Vgl. *Friedrich,* HWB, s. v. — In KUB XVII 20 Kol. II ist eine lange Götterliste überliefert (Transskription und Übersetzung bei *H. Th. Bossert,* Untersuchung hieroglyphen-hethitischer Worte, in: MIO IV [1956] S. 203 f.); Z. 8 ff.: „Hinter ihm aber sitzt die Gottheit Hinkallus. Hinter ihm aber sitzt auch Hantantatar. Hinter ihm aber sitzt..." Bemerkenswert ist, daß Hantantatar, wie auch einige andere Abstraktpersonifikationen dieses Textes (der günstige Tag, die Freude, der Gehorsam, die Einsicht, die Sinneserleuchtung, das günstige Jahr, Hattulatar — die Gesundheit) kein Gottesdeterminativ besitzt.

[147] III 78—79 (Hattusilis antwortet auf den Einwand eines fiktiven Interlocutors): „... hätten sie (sc. die Götter) dann wirklich einen Großkönig (sc. Urhi-Tesup) einem kleinen König (sc. Hattusilis) unterliegen lassen? Weil er jetzt tatsächlich Streit mit mir anfing, haben ihn mir die Götter durch ein Gericht unterliegen lassen." — Krieg ist Gottesgericht. Gottesgerichte sind gerecht; Hattusilis hat den Krieg gegen Urhi-Tesup gewonnen, also war seine Sache gerecht.

Zu der zitierten politischen Argumentation vgl. KUB XXVI 33 II 3 ff. (CTH 125): „Die Einwohner von Hatti aber versündigten sich ihm (sc. dem König) gegenüber: Ich dagegen habe nicht gefehlt. Wäre Nachkommenschaft von ihm vorhanden gewesen, so hätte ich diese nicht übergangen, ich hätte vielmehr diese Nachkommenschaft geschützt. Weil ihm Nachkommen-

schaft nicht vorhanden war, so erkundigte ich mich hinsichtlich einer schwangeren Frau; aber
auch eine schwangere Frau war nicht vorhanden. Da nun Arnuwanda keine Nachkommenschaft hinterlassen hat, hätte ich da sündigen können, indem ich seine Nachkommenschaft
übergangen und einen anderen zum Herrn gemacht hätte?" — Übersetzung von *Otten*, in:
MDOG 94 (1963) S. 3 f. (hier ohne Kennzeichnung der Unsicherheiten). Sprecher ist nicht
Suppululiumas, sondern einer der Großen, die ihn zum König gemacht haben. Auch hier ist
der Irrealis die Form der Reflexion, s. § 3.5.

[148] Großer Text, I 14—17.

[149] KUB XXI 27 (CTH 384); *Götze*, ANET S. 393 ff.; *H. Otten — V. Souček*, Das Ge-
lübde der Königin Puduhepa . . ., StBoT 1 (1965).

[150] Anschließend zählt die Königin die Verdienste Hattusilis' um die Residenz des Sturm-
gottes von Nerikka auf, die von den früheren Königen vernachlässigt worden war. Danach
werden die Errungenschaften Hattusilis' unter Muwatallis berichtet. Es folgt ein Hinweis auf
Hattusilis' Königtum in Hakpis und Nerik, den Ägypterfeldzug Muwatallis' und die Einsetzung des Urhi-Tesup zum König durch Hattusilis. Die Königin verspricht regelmäßigen Kult
und bittet um Leben für Hattusilis.

[151] CTH 378, mit Lit.

[152] Vgl. *Otten*, Die Religionen des alten Kleinasien, in: Handb. d. Orient. 7,1 S. 107 f. —
Zur Sache vgl. den 1 A 72 referierten Aufsatz von *Malamat. Riemschneider*, Welt, S. 37 f.,
vergleicht diese Gebete mit dem Ringen Hiobs. Näher liegt der Hinweis auf das Gebet des
Kantuzilis (KUB XXX 10, CTH 373; Übersetzung: ANET, S. 400 f.). Auch diesem so persönlich klingenden Gebet liegt ein festes Formular zugrunde.

[153] Vgl. § 14.3.

[154] *K. v. Fritz*, Der gemeinsame Ursprung der Geschichtsschreibung und der exakten Wissenschaften bei den Griechen, in: Philosophia Naturalis 2, 1952, 200. 376; *K. Deichgräber*, Das
griechische Geschichtsbild in seiner Entwicklung zur wissenschaftlichen Historiographie, in: Der
listensinnende Trug des Gottes, 1952, 7—56; *H. Patzer*, Die Entstehung der wissenschaftlichen
Politik bei den Griechen, Wiesbaden 1966; *A. Dihle*, Studien zur griechischen Biographie,
[2]1970 (Biographie und ,Ethik').

[155] S. § 7.2—§ 7.4 zur Josephsgeschichte und der politischen Weisheit bei Israeliten und
Hethitern. Vgl. vor allem *G. v. Rad*, Josephsgeschichte und ältere Chokma (1953), Ges. Stud.
272 ff.; ders., Daniel und die Apokalyptik, in Theologie des AT II, 1965, 315—337. — O.
Eißfeldt, Religionshistorie und Religionspolemik in AT, in: Kl. Schr. 3,359 ff.

[156] Einige Belege: *Rosenthal*, A History, S. 87: „Development in Muslim historical writing
consisted of the mixture of the different historical forms and, in particular, of the incorpo-
ration of disciplines which were not strictly historical into the framework of historiography",
und zwar: Genealogie, Biographie, Geographie, Kosmographie, Astrologie, Philosophie, politische und Naturwissenschaften; Benutzung von Münzen, Inschriften etc. — Werke, die sich
ausschließlich mit der Geschichtsschreibung als solcher befassen, sind erst aus der hellenistisch-
römischen Zeit bekannt (Theophrast; Philodem; Varro, Sisenna de historia; Nepos; Sueton;
Lukian, de historia conscribenda). Aus der Mitte des 9./15. Jhs. stammen die Werke von al-
Kâfîja und as-Sahâwî, die die Geschichtsschreibung als selbständige Wissenschaft gegen Angriffe
der Theologen verteidigen (Text, Übersetzung und Erläuterungen bei *Rosenthal*, A History,
177 ff.). Nach as-Sahâwî ist „the object of history man and time. The problems with which
history is concerned are the circumstances of man and time broken down to details within
the general framework of the accidental circumstances which exist for man and in time. The
instructiveness of history consists in the knowledge of matters as they actually are". (Übersetzung von *Rosenthal*, a. O. S. 205). Erst ins 16. Jh. fallen die großen Werke Jean Bodin's
(Methodus ad facilem historiarum cognitionem, Paris 1566). Nur dem Titel nach ist mir
bekannt Francesco Patrizi, The true order and method of wryting and reading hystories (in

der Übersetzung von Thomas Blundville). Im 17. Jh. schrieb der niederländische Polyhistor Gerhard Johannes Voss die erste wissenschaftliche Darstellung der westantiken Historiographie (1624 über die griechischen, 1627 über die lateinischen Geschichtsschreiber). Der Terminus ‚Philosophie der Geschichte' findet sich m. W. zuerst bei Voltaire. Besondere Pflege fand die Geschichte der Kirchengeschichtsschreibung (F. Ch. Baur, Die Epochen der kirchlichen Geschichtsschreibung, 1852). Ein neues methodisches Bewußtsein zeigt sich auch bei *Friedrich Creuzer*, Die historische Kunst der Griechen in ihrer Entstehung und Ausbildung, Leipzig 1854. Dazu *A. Momigliano*, Friedrich Creuzer and Greek Historiography, in: Journ. of the Warburg and Courtault Institutes, 9, 1946, 152 ff.

[157] Die ägyptische Historiographie konnte vom Verfasser mangelnder Sprachkenntnisse wegen nicht berücksichtigt werden. Sie scheint jedoch gerade in der frühen Königszeit einen bedeutenden, direkten Einfluß auf die israelitische Historiographie ausgeübt zu haben. Vgl. *Herrmann*, Die Königsnovelle, bes. zu 2 Sam. 7 und 1 Kön. 3,4—15. Bei *Herrmann*, a. a. O. findet sich Literatur zu den ägyptisch-israelitischen Beziehungen und zu ägyptischen historiographischen Texten.

[158] Über einen Zusammenhang zwischen Gottesbrief und Annalistik vgl. *E. A. Speiser* (RLA III 219 s. v. Geschichtswissenschaft): Da sich Götterbriefe gekürzt in Annalen finden, erhebt sich nach *Speiser* die Frage, „ob nicht die gesamten Annalen, die die Assyrer seit dem 14. Jh. verfaßten, ursprünglich Briefe an Götter waren. Eine solche Herkunft würde sofort den prahlenden und egozentrischen Ton der Annalen erklären. Denn in diesem Falle wären die Worte, die der König ... gebrauchte, die Worte des ursprünglichen göttlichen Befehls". *Speiser* verweist auf *A. Moortgat*, in: *Scharff-Moortgat*, Ägypten und Vorderasien im Altertum (1950) S. 430: „Der König ist also in Assyrien nicht Beauftragter, sondern Substitut des Gottes. Seine Taten werden infolgedessen zu symbolischen Handlungen des Gottes." Hieraus folge eine Mythologisierung der Geschichte, die sich literarisch in Anklängen an die Götterepik zeigt. Die Hypothese *Speiser*'s muß bei den Untersuchungen über eventuelle Zusammenhänge zwischen hethitischer und assyrischer Annalistik genauso berücksichtigt werden, wie die *Mowinckel*sche Annahme eines engen Zusammenhangs zwischen Annalistik und Bauinschrift in Mesopotamien.

Zum Fehlen von Topoi der Bauinschrift, vor allem der Bauten und Jagden, in der hethitischen Historiographie s. § 12.1; 2 A 132. In KBo III 57 (2 BoTU 20) findet sich ein Zitat aus einer Bauinschrift (?) des Hantilis. Der Große Text des Hattusilis steht als Stiftungsurkunde der Bauinschrift wenigstens gattungsmäßig nicht sehr fern. Hattusilis selbst scheint nach einem Kaskäersieg in Wistawanda ein Siegesmal errichtet zu haben, das vermutlich eine entsprechende Inschrift getragen hat (Hatt. II 31 ff.). Suppiluliumas II. hat bei der Einrichtung des Totenkultes für Tuthalijas IV. ein Bild und einen Bericht über die Taten seines Vaters angefertigt. *H. Otten* (MDOG 94, 1963, S. 17) erwägt, ob dieser Bericht auf dem Bilde oder dem etwaigen Sockel, in Keilschrift oder in hethitischen Hieroglyphen abgefaßt war. Das hier für ‚aufzeichnen' gebrauchte Verb (*anda guls* — einritzen, s. HWB, 3. Ergänzungsheft S. 20) wird für Metall- und Holz/Wachs-Unterlagen gebraucht, offenbar nicht für Ton.

[159] a) Die Texte der Siloa-Inschrift aus Jerusalem, der Inschriften des Königs Mesa von Moab, die aramäischen und phönizischen Inschriften aus Byblos, Sidon, Tyros etc. (seit ca. 1000 v. Chr.) bei H. Donner — W. Röllig, Kanaanäische und aramäische Inschriften, 1962/64 oder Galling, Textbuch (dt.). Ein Siegesmal Sauls, das vielleicht eine Inschrift getragen hat: 1 Sam. 15,12. Eindeutig ist auch 1 Sam. 18,18: Absalom setzt sich noch zu Lebzeiten eine Gedenksäule im Königstal; unklar Ex. 17,14—16; Jos. 24,26 f.

b) Mit Hilfe grammatischer, stilistischer und sachlicher Kriterien versuchte *James A. Montgomery*, Archival Data, Archiv- und Inschriftenmaterial aus den Königsbüchern herauszupräparieren. Sollten sich seine Beobachtungen bestätigen, müßten die oft weitgehenden Schlüsse, die man aus dem Fehlen von Bau-, Siegesinschriften u. ä. in der im AT überlieferten israelitischen Historiographie gelegentlich gezogen hat, überprüft werden. Zu dem erzählenden perfectum copulativum *weqatal* in 2 Kön. 23, das *Montgomery* auf nicht konsequent umgesetzten Inschriftenstil vom Typ ‚ich beseitigte, ich schlug…‘ zurückführt, sind jedoch *R. Meyer*'s sprachwissenschaftliche Ausführungen zu beachten (R. M., Stilistische Bemerkungen, a. O.); vgl. *Shoshana R. Bin-Nun*, a. O.

[160] Der Eindruck der Eintönigkeit der mesopotamischen Historiographie wird auch durch die Arbeit von *S. Mowinckel* (dazu W. Baumgartner, in: OLZ 27, 1924, 313—317) und die knappen Bemerkungen bei *R. Borger* (Einleitung, passim) nicht unbedingt durch eine positive Deskription beseitigt. Neuere Darstellung Mowinckels, mit Berücksichtigung der Kritik Baumgartners, in: *S. Mowinckel*, Studien zu dem Buche Ezra-Nehemia, II: Die Nehemia-Denkschrift, 1964, bes. S. 92—104. Die folgenden Bemerkungen schließen sich in vielen Punkten der genannten Arbeit *Mowinckels* an. Der Verfasser hat von dieser hervorragenden Studie zahlreiche Anregungen empfangen, obschon eine gewisse Enge des Ansatzes bei *Mowinckel* sowohl in der Methode wie in der Materialerschließung nicht übersehen werden kann. Ob die Annahme der engen Verbindung zwischen Bauinschrift und Annalistik, die die Grundlage der *Mowinckel*schen Untersuchung ist, sich bestätigt und ob diese Verbindung von so entscheidender Wichtigkeit für die Entwicklung mesopotamischer Historiographie war, wie *Mowinckel* annimmt, kann an dieser Stelle nicht diskutiert werden: 1 A 158. Die Annahme *Mowinckel*'s liegt jedoch der folgenden Darstellung zugrunde. Das hethitische Material ist bei *Mowinckel* noch nicht berücksichtigt. — Vgl. 1 A 172.

[161] Text bei *Borger*, Die Inschriften Asarhaddons, § 68. S. 1 A 66. Neuere Literatur zur assyrischen Historiographie bei: *G. Goossens*, Geschichtsschreibung in Assyrien unter den Sargoniden. Handelingen van het XIXᵉ Vlaamse Filologencongres, Brüssel 1955, S. 112—115 und vor allem bei *R. Borger*, Einleitung in die assyrischen Königsinschriften, I: Das 2. Jt. v. Chr. (²1964) (Handbuch der Orientalistik, 1. Abt., Ergänzungsband 5); *E. Weidner*, Die Inschriften Tukulti-Ninurtas I. und seiner Nachfolger, AfO Beih. 12, 1959. — Nicht zur Geschichtsschreibung, sondern zur ‚Geschichtswissenschaft‘ gehört das historische Material in der babylonischen Omenliteratur, s. *J. J. Finkelstein*, Mesopotamian Historiography, Proc. Amer. Philos. Soc. 107, 1963, 461—472 (mit Quellen und Literatur); vgl. 1 A 240.

[162] 280—260 v. Chr.; s. KB III 2, 136 ff.; Weißbach, Keilschriften der Achaemeniden, VAB 3, 132 ff.

[163] Das Gerüst einer erweiterten Votivinschrift läßt sich folgendermaßen darstellen:

```
      —○—○—○                          —○—○—○
                 ○                                ○
NN               ○   widmet    dem Z             ○   XY
                 ○                                ○
```

Vorprädikate: Damals tat er abc / Prädikat: Jetzt / Dann widmet(e) er.

[164]

Subjekt	Attribut	Adverb	Prädikat
NN, der König,	der Held,…	als er… hatte,	machte er…

[165] Der hier skizzierte Grundtyp der Bauinschrift hat im Laufe der Geschichte natürlich zahlreiche Veränderungen erfahren. Eine ausführliche, aber nur wenig formalisierte Behandlung der Entwicklung gibt *Mowinckel*, a. O.

[166] *E. A. W. Budge* — *L. W. King*, Annals, S. 4 ff. (Text, Übersetzung); Übersetzung im Text aus IAK 56 ff.; *R. Borger*, Einleitung (²1964), S. 32 ff. (mit Lit.). — Weitere Beispiele sind gedeutet bei *Gese*, Geschichtsdenken, S. 129 f.; *Gese* geht auf die sprachliche Form nicht ein.

[167] Morphologisch gesehen ist die Genealogie der Selbstvorstellung eine der Keimzellen der Vorgeschichte in der Historiographie. Die Vorgeschichte im strengen Sinne kehrt die Zeitfolge der Genealogie um. Vgl. z. B. die Inschrift des Kilamuwa aus Zincirli (um 825 v. Chr.; Text und Übersetzung bei *H. Donner* — *W. Röllig*, Kanaanäische und aramäische Inschriften I [²1966] S. 4 f.; II [1964] 30 ff.): „Ich bin KLMW, Sohn des HJ'. GBR war König über J'DJ

und tat nichts, es war BMH und tat nichts, es war mein Vater HJ' und er tat nichts, und es war mein Bruder S'L und er tat nichts. Ich aber, KLMW, Sohn der TMT (?), was auch immer ich machte, die Früheren hatten es nicht getan." Der Topos des letzten Satzes ist in der hethitischen und mesopotamischen Historiographie weit verbreitet.

[168] *A. Jepsen* weist diese Tempelgeschichte seiner Quelle A (8./7. Jh.) zu. Zum chronistischen Geschichtswerk und zu 2 Makk. als Tempelgeschichten, vgl. *Cancik,* Das jüdische Fest, S. 335. 340.

[169] *Mowinckel,* a. O. S. 293. — Was es heißen solle, daß der Stil auf der Stelle stehen bleibt, während der Inhalt sich bewegt, ist mir allerdings nicht ganz klar geworden. Die Behauptung, in assyrischen Inschriften gebe es keine „Unterordnung", ist unrichtig.

[170] Rassam-Zylinder Kol. VII, 82—124; KB II S. 214; VAB VII 2 S. 64 ff.

[171] Vgl. § 3.31.

[172] In der Übersetzung von *P. Jensen* in KB a. O. verschwinden die grammatischen Unterschiede des assyrischen Satzes in einem riesigen Relativsatz. Derartige Übersetzungen, auf die sich *Mowinckel* verlassen mußte, sind für stilistische Untersuchungen nur bedingt brauchbar.

[173] Zur Interpretation dieser Partie s. § 11.1. — Der letzte Absatz des zitierten Textes ist stark ergänzt.

[174] S. 1 A 211.

[175] Zu Text, Übersetzung, Interpretation der Jahresangabe s. 2 A 10.

[176] Weitere Analysen von historischen Perioden der hethitischen Historiographie s. § 3.6; S. 166 f.

[177] Lehrreich sind für unseren Zusammenhang die Ausführungen von *F. Altheim,* Rom und der Hellenismus, S. 20 ff. über „Die Frage einer italischen Literatur": „Das Schreiben der Etrusker wurde durch praktische Rücksichten bedingt. Es war Aufzeichnung von Wissenswertem, aber nicht Gestaltung. Es war so wenig Literatur, wie Listen von Herrschern oder jahresmäßig festgelegten Ereignissen Geschichtsschreibung sind. In den Ritualbüchern wurden Vorschriften für vorkommende Einzelfälle gegeben. Dabei suchte man das Geheimnisvolle, das Schwerverständliche und Dunkle eher, als daß man es mied... Von einem Werk, das literarische Ansprüche stellt, wird man mehr verlangen. Es darf nicht nur praktischen Zwecken dienen: es soll eine ideale Ordnung vor uns hinstellen. Das Praktische soll aus seiner Verhaftung mit dem Einzelfall gelöst sein: es wird als sinnvoller Bestandteil eines allgemeinen Welt- und Lebensbildes deutlich. Wesentliches Erfordernis bleibt eine gestaltete und durchsichtige Form, die es gestattet, daß das literarische Werk allen zugänglich werde. Es hat nicht allgemeinverständlich in einem verflachenden Sinne zu sein, wohl aber müssen die Anforderungen, die es an den Hörer oder Leser stellt, auch ohne fachliche Vorbildung zu überwinden sein. Schon grundsätzlich scheidet damit die Möglichkeit einer eigenen etruskischen Literatur aus."

Der bewundernswerte Aufsatz von *F. Overbeck,* „Über die Anfänge der patristischen Literatur" (Histor. Zeitschr. 48, 1882; Sonderausgabe Darmstadt 1966) ist weitgehend eine Untersuchung der Literarizität frühchristlicher Texte.

Daß Geschichtsschreibung literarisch sei, betonen u. a. *M. Noth,* RGG[3] II, 1958, 1498; ders., Geschichte Israels, S. 201; *Hempel,* Geschichten, S. 21 Anm. 21 und S. 18 ff. mit Literatur; *v. Rad,* Ges. Stud., 55 ff. (über „Literaturwerdung" als tiefe Veränderung sakraler Traditionen); *H. Duhm,* Zur Geschichte der alttestamentlichen Geschichtsschreibung, in: Plüss-Festschrift 1905, S. 118—163; bes. S. 121; über Schriften und Literaturen im palästinensischen Raum der 2. H. des 2. Jt.s s. *C. H. Gordon,* Grundlagen, S. 283, 290; vgl. auch *Eissfeldt,* Einleitung, 912 ff. — Vgl. § 2.1.

[178] Die Inschriften sollten von den Göttern gelesen werden. Sie wurden deshalb so aufgestellt, daß die Götter sie sehen konnten, also vor ihren Statuen in den Tempeln. Tiglatpilesar I. berichtet (Prisma Kol. VIII 39 ff. Budge-King S. 104 ff.) von der Aufstellung einer Tafel

mit dem Bericht seiner Taten im Tempel von Anu und Adad, die ihm seine Siege verliehen. Die Tafeln seines Vaters Šamši-Adad salbte er mit Öl. Es handelt sich also eher um Kultobjekte als um Literatur. Die Wendung zum Publikum, normalerweise ist es ein zukünftiger Fürst oder die Nachwelt, ist nur ein schwacher Ersatz für die Öffentlichkeit, die ein literarisches Werk haben muß.

Eine assyrische Darstellung von Grenzstreitigkeiten schließt folgendermaßen: (Die Nachwelt) „möge den Ruhm von Assyrien für ewige Zeiten feiern, aber die Schlechtigkeit von Sumer und Akkad in allen Weltgegenden verbreiten." (CT 34, 41, 28 f.; Übersetzung von *B. Meißner*, Babylonien und Assyrien II (1925) S. 372 f.). Der Topos hat sich bis in persische und protobulgarische Zeiten gehalten: s. DNa 56, DNb 50; DB IV 37, 67, 87; DSt und *F. Altheim*, Literatur und Gesellschaft II (1950), S. 7 ff.

[179] S. 1 A 185 über mehrfache Überlieferung hethitischer historischer Texte.

[180] Zu dem umstrittenen § 70 dieser Inschrift vgl. *W. Hinz*, Die Einführung der altpersischen Schrift, ZDMG 102, 1952, 28 ff. — Zum gesamten Komplex von Inschrift und Historiographie vgl. *A. E. Raubitschek*, Die Inschrift als geschichtliches Denkmal, Gymnasium 72, 1965, 511—522. *Raubitschek* handelt u. a. über schriftliche und inschriftliche Überlieferung und über den — gar nicht so sicheren — Wahrheitswert von Inschriften. Auch die Inschrift muß kritisch, historisch und philologisch interpretiert werden, sie ist nicht einfach ‚historisches Primärmaterial‘. Interessante Beispiele sind die sikyonische Anagraphe, das Marmor Parium, die Inschrift von Oenoanda und andere ‚literarische Inschriften‘ (*F. Jacoby*, in: Rh. Mus. 59, 1904, 99). Auch nach diesen Gesichtspunkten ist zu korrigieren, was *K. D. Schunk*, Geschichtsquelle, in: Biblisch-Historisches Handwörterbuch I, 1962, 555—557 über den Gegensatz zwischen eigentlicher Geschichtsschreibung und dem primären Material sagt: „Gegenüber den Geschichtswerken, aber auch deren Vorstufen, den größeren und kleineren historischen Erzählungen, die stets durch die Augen des betreffenden Erzählers gesehen und von ihm geprägt sind, stellen diese Einheiten (sc. Verträge, Briefe, Listen, Gesetzeskorpora, amtliche Tagebücher und Reden wie etwa 2 Kön. 18,28—35) ein Teil der hist. Fakten selbst dar oder berichten unmittelbar von den gesch. Ereignissen. Primäres bzw. urkundliches Material in seinen verschiedenen Formen begegnete in der Alten Welt in großer Zahl; auch Israel und das Urchristentum kannten es neben der von Israel allein entwickelten Geschichtsschreibung, freilich meist von dieser verarbeitet." Die Behauptung, im Alten Orient hätte es — von Israel abgesehen — nur historisches Urkundenmaterial gegeben, ist sachlich unrichtig. Dasselbe gilt für den ergänzenden Artikel „Geschichtsschreibung" desselben Lexikons von *M. Sekine*, nach dem es im Alten Orient nur Geschichtsquellen, „Geschichtsschreibung im eigentlichen Sinne" allein in Israel gegeben habe. Vgl. 1 A 7; 1 A 10.

[181] *E. Weidner*, Die Bibliothek Tiglatpilesars I., AfO 16, 1952/3, 197—215; ders., Amts- und Privatarchive aus mittelassyrischer Zeit, in: Vorderasiatische Studien. Festschrift für Prof. Dr. V. Christian, 1956, 111—118; vgl. *I. Milkau*, Geschichte der Bibliotheken im Alten Orient, Leipzig 1935; *E. Laroche*, La bibliothèque de Hattusa, Archiv orientalní 17, 2, 1949, S. 7—23; *A. H. Sayce*, The Libraries of David and Salomon, Journ. of the R. Asiatic Soc. 1931, 783 bis 790; *J. Papritz*, Archive in Altmesopotamien, Archival. Zeitschr. 55, 1959, 11 ff. — Über ägyptische Hofarchive vgl. z. B. die Annalen Thutmose's III. bei *Breasted*, Records II, 433 und *Greßmann-Ranke*, AOT I (1909) S. 239: „Alles aber, was S. Majestät gegen die Stadt tat und gegen den elenden Fürsten samt seinen elenden Truppen, das wurde täglich nach seinem Namen verzeichnet und nach dem Namen des Zuges und den Namen der Truppen-Obersten; (es steht?) verzeichnet auf einer Lederrolle im Amonstempel (noch am heutigen Tag)." Vgl. *Galling*, Textbuch, S. 17; dazu *Täubler*, Tyche, S. 215: „Die Lederrolle ist offenbar eine buchmäßige Bearbeitung der Lageraufzeichnungen; auf sie geht der schriftliche Auszug (sc. in den Annalen) zurück." Vgl. aus dem Bericht über den 7. Krieg (*Breasted*, 472, *Gressmann-Ranke*, 241): „Sie (sc. die erbeuteten Vorräte) stehen in den Tagebüchern des königlichen Palastes. Ihre Liste wird nicht auf dieses Denkmal gesetzt, um nicht (zu) viele Worte

zu machen." Verfasser dieser Berichte war vielleicht ein gewisser Taneni, der im Bericht des ersten Feldzuges erwähnt wird. In der Inschrift seines Felsengrabes bei Theben ist überliefert, daß Taneni dem Pharao Thutmose III. folgte und „die Siege aufschrieb, die dieser in jedem Lande errungen hatte, daß er sie den Tatsachen entsprechend niederlegte" (*W. W. Struwe*, Der Alte Orient, 1955, S. 94).

Derartige Feldzugsberichte, Armeetagebücher, Heereslisten, Lageberichte von Offizieren, Vorposten, Spionen, Befehle und Listen von Gefallenen, Gefangenen und der Beute (vgl. u. a. ANET, 236 mit Anm. 33; 237 mit Anm. 39) sind auch als Grundlagen der assyrischen Annalen vorauszusetzen. Diese Berichte, nicht die daraus angefertigten Inschriften, wären als ‚Primärmaterial' zu bezeichnen, s. 1 A 180.

Zu den persischen Hofjournalen vgl. Esra 4,15; 6,2; Esther 2,13; 6,1; Diodor 2,32,4 (aus Ktesias); vgl. § 7.3. Ähnliches Archivmaterial ist auch bei den Hethitern anzunehmen. Doch ist die Bearbeitung dieses Materials bei den Hethitern im allgemeinen viel durchgreifender als in der übrigen (nicht-israelitischen) Historiographie des Alten Orients. Zu den Quellen der TS vgl. § 13.2. — Vgl. ZJA 3. Jahr (*Götze*, S. 56 f.): „Eine Zählung (sc. der Beute) gab es nicht." (K)

[182] Einige Beispiele: HAB § 22 (der Epilog des ‚Testamentes' Hattusilis' I.): „Meine Worte habe ich dir gegeben und diese Tafel soll man dir stets Monat für Monat vorlesen; so wirst du (dir) meine Worte und meine Weisheit immer wieder ins Herz prägen und meiner Diener und der Großen in Gnaden walten!" —

In verschiedenen hethitischen Verträgen (z. B. Mitanni-, Alaksandus-, Kupanta-KAL-Vertrag) gehört ein mehrmaliges Verlesen des Vertrages vor dem Herrscher zu den vertraglichen Verpflichtungen; der Vasall — und sein Volk — soll die Bestimmungen kennenlernen und sie bewahren. *Korošec*, Staatsverträge, S. 101 f. (vgl. *Mendenhall*, Bund und Recht, S. 36) vermutet, es gehe bei diesem öffentlichen Verlesen nicht nur um die Erinnerung an die Vertragspflichten und die geschuldete Dankbarkeit und Treue, vielmehr seien die Urkunden so abgefaßt gewesen, „daß sie das Ansehen des Vasallen steigern mußten; er erschien den Vornehmen seines Herrschaftsgebietes in einem neuen Glanze, der jedoch von der großköniglichen Sonne in Hattusas gespendet wurde und so wiederum den Vasallen zur Treue anspornte". Eine Anzahl von Bestimmungen seien unter dem Gesichtspunkt der Vorlesung, also nicht so sehr für den Vasallen, als für seine Großen verfaßt.

Dt. 31,10 f.: „alle sieben Jahre... sollst du dieses Gesetz ganz Israel vorlesen" (s. *v. Rad*, Ges. Stud., S. 32 mit Lit.). Noch Kaiser Claudius ließ seine 20 Bücher *Tyrrenica* im Museion zu Alexandrien jährlich an bestimmten Tagen vorlesen (Suet. Claud. 42,2). — 1 A 190.

[183] Telepinus II 46—48; s. § 7.32.

[184] *A. Götze*, Kleinasien, S. 70; Carnarvon Tablet I ist „a schoolboy exercise almost contemporaneous with the events it relates (sc. die Hyksos-Kriege). As will be indicated below, it may have been copied from Ka-mose's (vor 1570) own stela" (*Wilson*, ANET 232 f.). Von dieser Stele sind Fragmente in Karnak gefunden. Bereits in der sumerischen Schule wurden die Beischriften von in Tempeln aufgestellten historischen Monumenten von den Schülern kopiert, s. *D. O. Edzard*, Neue Inschriften zur Geschichte von Ur III unter Šusuen, AfO 19, 1959/60, 1—32; zu der in die Literatur eingegangene Korrespondenz der Könige von Ur III vgl. *A. Falkenstein*, Ibbisin-Išbi'erra, ZA NF 15, 1949, 59—79; eine Liste der bisher bekanntgewordenen ‚Episteln' bei *Edzard* a. a. O. S. 3, Anm. 27; *M. Çiğ — H. Kizilyay*, Zwei altbabylonische Schulbücher aus Nippur, 1959; *F. A. Ali*, Sumerian Letters. Two Collections from the Old Babylonian Schools, Diss. Philadelphia, 1964 — vgl. 1 A 225; 1 A 115.

[185] Zu der Überlieferung der AM s. § 9.1. Zum Vergleich: Vom Manapa-Dattas-Vertrag sind z. Zt. vier Exemplare bekannt (CTH 69), vom Alaksandus-Vertrag fünf, vom Hukkanas-Vertrag zwei, vom Großen Text des Hattusilis (s. *Götze*, Hattusilis, S. 1 ff.; Neue Bruchstücke, S. 1 ff.) zwölf Exemplare, die zu drei verschiedenen ‚Rezensionen' gehören. Sogar der Anittas-Text (CTH 1) ist in drei Kopien erhalten. Von den ZJA gibt es mindestens drei

Exemplare, die sich auf 1- und 2-Tafel-Serien verteilen. Für die AA gibt es — nach *Götze* — 3 Serien. Vgl. *H. Otten*, Neue Fragmente, S. 155 f. Die Tafel B der ZJA stammt aus dem (Archiv-)Gebäude A im Süden der Burg von Hattusa. Es ist auffällig, daß sich von dem Zweitafelexemplar der ZJA bisher nur Reste der ersten Tafel gefunden haben. Dazu *H. Otten*, a. a. O. S. 155: „Darf man annehmen, daß sie (sc. die zweite Tafel) im ‚Archiv‘ (beim Zeitpunkt der Zerstörung) nicht vorhanden war?" Die AM waren auch in dem zweiten Archiv (Bibliothek) auf der Königsburg (Gebäude A und E) vorhanden. Aus den Kolophonen, die die Tafeln einer Serie durchzählen, und einer Bibliotheksetikette aus Archiv A Raum 5 mit der Aufschrift „Tafeln über die Mannestaten des Mursilis" darf man schließen, daß die AM dort einst vollständig vorhanden waren. Dazu *Otten*, a. a. O. S. 160: „Eine auffällige Tatsache ist aber nicht zu verschweigen: Obgleich das Gebäude A vollständig, E zum größten Teile freigelegt ist, fehlen von dem Gesamtwerk umfangreiche Teile."

[186] Vgl. z. B. die Überlieferung der Annalen Hattusilis' I.: *Otten*, MDOG 91, 1958, 73 bis 84. Nach *Kammenhuber* (Saeculum 9, 1958, Korrekturzusatz) stammt die hethitische Übersetzung der akkadisch abgefaßten Annalen Hattusilis' I. von Mursilis II.; dieser habe mit seinen Annalen bewußt an Hattusilis I. angeknüpft. Diese Annahme scheint recht unwahrscheinlich, da über die Priorität der hethitischen oder akkadischen Version noch Zweifel bestehen sowie zwischen Hattusilis I. und Mursilis II. eine nicht unbedeutende historiographische Tradition steht.

[187] Vgl. *Forrer*, ZDMG (NF) 1, 180 ff.

[188] Vgl. die zu CTH 15 angegebene Literatur. KBo VII (1954) 14 ist die erste althethitische Tafel in alter Fundlage. Der Text enthält epische Stilelemente, s. 2 A 99.

[189] Über die Stellung der hethitischen Beamten sind wir durch Arbeiten von *E. v. Schuler* über die hethitischen Dienstanweisungen (1957) besser unterrichtet. Der Unterschied zwischen den assyrischen Beamtenanweisungen und den hethitischen Instruktionen führt auf „tiefgreifende Unterschiede" in der Stellung der Beamtenschaft zu König und ‚Staat‘: „Die ‚Oberen‘ stehen im persönlichen Dienst des Königs wie die assyrischen Hofbeamten, aber ihr Verhältnis zum König ist ein freieres und vertrauensvolleres und wird nur geringfügig vom Zeremoniell und nie durch Strafandrohungen beeinflußt. Wo der assyrische König droht, ist der hethitische bemüht, sich der Treue und der Korrektheit seiner Beamten zu versichern. Schon das weist auf eine andere Auffassung des Beamtentums. Und da die ‚Oberen‘ im Rahmen ihres Dienstes Handlungsfreiheit haben, bedürfen in ihren Dienstanweisungen weitere Bereiche einer Regelung als am assyrischen Hof, an dem der König eifersüchtig seine absolute Autorität wahrt." (*v. Schuler*, a. a. O. S. 6).

Über Politik und Historiographie im Hethiterreich s. § 7, bes. 1 A 224. Als Motto für diese literatursoziologischen Bemerkungen könnte der Satz *F. Overbeck*'s dienen: „Nun ist jedes Literaturwerk ein Symptom seines Publikums." (Anfänge der patr. Lit. 1882/1966, S. 66).

[190] HAB § 1 und § 22; vgl. Dtn. 17,14—20 (Königsgesetz); 1 A 182.

[191] Vgl. § 4.41.

[192] *Furlani*, a. a. O. S. 102 f. interpretiert diese Apostrophen als „vivacità dello stile"; er erkennt aber auch die Bedeutung dieser rhetorischen Form für das Verhältnis von Autor und Leser: „Il Gran Re di Hatti (sc. im Unterschied zu anderen altorientalischen Herrschern) si mette con molta buona grazia sullo stesso livello dei suoi lettori, dei suoi sudditi, e scherza quasi con loro bonariamente." Vgl. auch AA 25. J. (*Götze* S. 180 f.): „(Der törichte) Aparrus!"; s. hier S. 134 f.

[193] AA 7. J. (*Götze* S. 99); AA 19. J. (*Götze* S. 148 f.); vgl. Dt. 3,10 f.: … (wir nahmen) „die Städte des Königreiches Og von Basan. Denn allein der König Og von Basan war noch übrig von den Riesen. Siehe, sein eisernes Bett ist zu Rabba der Kinder Ammon, neun Ellen lang und vier Ellen breit nach eines Mannes Ellenbogen." Zu dem hier zugrunde liegenden Wahrheitsbegriff s. 2 A 35.

[194] S. § 8.2.

[195] Vgl. z. B. 1 Kön. 22,39: „Was mehr von Ahab zu sagen ist und alles, was er tat, und das elfenbeinerne Haus, das er baute, und alle Städte, die er gebaut hat, siehe, das ist geschrieben in der Chronik der Könige Israels."

[196] Der Jahwist zitiert das „Buch der Braven" und das „Buch von den Kriegen Jahwes" (Num. 21,14; Jos. 10,13; vgl. 2 Sam. 1,18); ein „Buch der Salomogeschichte" ist in 1 Kön. 11,41 genannt. Über die Quellen der Chronik vgl. *Rudolph,* Chronik S. XI; vgl. 2 Makk. 2.

[197] Der Titel der hethitischen Königsannalen lautet LÚ-*nannas* XY — „Mannestaten des XY". Unterschriften zu den AM s. *Götze,* AM S. 194 und 104.

[198] Einige Beispiele: a) *Gurney,* The Hittites S. 173, vermutet, daß das sog. Anekdotenbuch (CTH 8—9) benutzt worden sei als „reference book, from which orators might select a story to suit their purpose". Derartige „historische Anekdoten" finden sich z. B. in dem ‚politischen Testament' Hattusilis', in dem Vertrag zwischen Suppiluliumas und Hukkanas (§ 32: Marijas und die ‚Hierodule'): sie fungieren als abschreckende Beispiele, s. § 7.2.

b) Sehr ergiebig für die ‚Geschichtswissenschaft' des Neuen Reiches wäre die Analyse von Sammeltafeln mit historischen Texten aus der Altreichszeit, z. B. 2 BoTU 30 und 2 BoTU 20, wo die älteren Texte mit — *wa* — ‚zitiert' werden. Zu BoTU 20 III 7 ff. (Baubericht des Hantilis?) s. *v. Schuler,* Kaskäer, S. 24 (mit Lit.).

c) *Friedrich,* Staatsverträge II, 5, S. 85 Anm. 4 stellt in KUB XI 23 VI 8—11 eine „Reminiszenz" an den Telepinus-Text fest (vgl. 1 A 233). Über die Zitate in und aus den Verträgen s. §12.3 mit 2 A 166; *Friedrich,* Staatsverträge, a. a. O. S. 97 über eine anakoluthische Konstruktion im Alaksandus-Vertrag, die auf Kontamination zweier Phrasen aus dem Targasnallis- und Kupanta-KAL-Vertrag zurückgeführt werden kann.

d) Von der akkadischen Version des Aziru-Vertrages (CTH 49) sind verschiedene Fassungen vorhanden; *H. Klengel,* Neue Fragmente zur akkadischen Fassung des Aziru-Vertrages (OLZ 1964, 438—445) schreibt: „Wie es scheint, ist das Original lange Zeit hindurch in Hattusa vorhanden gewesen, da sowohl zur Zeit des Mursilis II. als auch des Hattusilis III. darauf Bezug genommen wird." (a. a. O. S. 442) *Klengel* verweist auf KBo III 3 III 13—20 und KBo I 8 Vs. 28—30. In KBo III 3 und Dupl. (CTH 63) liegen ungesiegelte Entwürfe:

α) eines Schiedsspruchs Mursilis II. hinsichtlich Barga, und
β) einer Übereinkunft mit Duppi-Tesub von Amurru vor;

in Kol. IV 2 ff. wird der Grund angegeben, weshalb die Tafel bisher noch nicht gesiegelt wurde: der König von Karkemisch, Duthalijas und Halpahis und Duppi-Tesub sind noch nicht vor Mursilis erschienen, um die Angelegenheit zu besprechen.

H. G. Güterbock (Das Siegeln bei den Hethitern, in: Symbolae Koschaker (Studia et Documenta II 1939, 26—36) nennt den Entwurf eine „Kladde" (S. 27). Bei den Amurru-Verträgen wurde bei der Abfassung eines neuen Vertrages die Fassung von früheren Verträgen berücksichtigt. Derartige Traditionsketten wird man gewiß auch für die hethitische Historiographie nachweisen können.

e) In der diplomatischen Korrespondenz sind Zitate aus anderen Briefen und sonstigen Urkunden überaus häufig. Besonders ausgiebig sind im Madduwattas Urkunden verwertet; über einen besonderen Fall der Berufung auf Urkunden s. § 9.31. Von wichtigeren eigenen Briefen wurden Konzepte oder Kopien aufbewahrt; vgl. z. B. *Sommer,* AU S. 253 ff. zu KUB XXI 38 (ein in Bogazköy gefundener Brief Puduhepas). Über den Entwurf eines Vertrages mit Kaskäern s. *v. Schuler,* Kaskäer, S. 117 ff. Der Eindruck eines Konzeptes ergibt sich aus graphischen Einzelheiten wie Längsteilung einiger Paragraphen, Nachträgen, Fehlen der üblichen Kolumneneinteilung; außerdem fehlen Präambel und die Liste der Vereidigten (*v. Schuler* a. a. O. S. 124 ff. mit Anm. 29). In einem etwas weiteren Stadium der Redaktion befindet sich der Vertrag XXVI 19, s. *v. Schuler,* a. a. O. S. 132 f.; vgl. aber *Houwink ten Cate,* Records, S. 39. Wie beispielsweise ein Kolophon der TS (*Güterbock,* S. 97) lehrt, wurden Texte, die auf eine Bronzetafel geschrieben werden sollten, erst auf Tontafeln geschrieben, um danach noch Korrekturen vornehmen zu können. Reinschrift heißt auf hethitisch *tuppi parkui*.

[199] Für den westantiken Bereich: a) hellenistische ὑπομνήματα βασιλικά, s. *v. Wilamowitz*, Der Feldzugsbericht des Ptolemaios Euergetes, in: Hermes 49, 1914, 447—453; b) Rom: *Th. Mommsen*, Das Verhältnis des Tacitus zu den Acten des Senats, Ges. Schr. VII (1909) 253—263; ders., Staatsrecht III 2 (1888) 1015 ff. (über die Protokollierung der Senatsverhandlungen); *E. Norden*, Die germanische Urgeschichte in Tacitus Germania [4]1959, 428 ff.: „Militärische und kaufmännische Berichte als Primärquellen"; 484—488: „Die ethnographischen Abschnitte Caesars über Suebi und Germani (Dienst- und Literaturbericht)".

[200] Da die genannten Arten der Dokumentation gut bekannt sind, seien hier nur wenige Beispiele genannt.

a) Militärisches Primärmaterial: *S. Alp*, Military Instructions of the Hittite King Tuthalija IV. (?), Belleten 11, 1947, 383 ff.; vgl. AA 9. Jahr (*Götze* S. 116 ff.), s. hier § 10.4. — Brief des Gouverneurs von Sagaratum am unteren Habur an Zimrilim über das Eintreffen von Boten: ARM II 107. — Truppenwerbung: s. *G. Dossin*, RA 35, 1938, 117 f. — Briefe des Abīsamar an Jahdunlim von Mari mit Hilfeersuchen gegen Šamšiadad I.: ARM I 1,2. — Itinerare: vgl. § 14.1. — Tagebuch eines ägyptischen Grenzbeamten (um 1220 v. Chr.): *Galling*, Textbuch, S. 37 ff.

b) PRU IV 71 ff.: Gebietsteilung und Festsetzung eines neuen Tributsatzes, mit historischer Einleitung, Zeit Mursilis' II. — AT 1: Übergabe von Alalah an Jarimlim durch Abbail von Jamhad, mit knapper historischer Einleitung im *inuma*-Schema. — PRU IV 53 ff.: Bündnisvorschlag des Sarrikusuh von Karkemisch an Niqmadu II. von Ugarit.

c) Auch die für die AM so wichtige Form der Vorgeschichte (s. § 11) ist in den Formen des politischen Verkehrs vorgebildet, vgl. z. B. Amarna-Tafel no. 51 (Knudtzon): Adad-nerari, Sohn Idrimi's von Alalah, an den König von Ägypten (Vorgeschichte, Erinnerung an das alte Bündnis, Bitte um Entsendung ägyptischer Hilfstruppen).

[201] a) Beispiele für Nennung des Verfassers in altorientalischen Texten: Kellas, Priester des Wettergottes von Nerik, zeichnete den Illujankas-Mythos, die Aitiologie des *purullijas*-Festes, auf (*Götze*, Kleinasien, S. 139 mit Quellen). Die Priesterinnen Kuwatalla und Silalluhi ‚verfaßten' (d. h. diktierten? gaben mündliche Tradition zur Niederschrift?) Rituale (KUB XXXV); die Mallidu ein Ritual für die Göttin Hannahanna (KBo VII 58); Ammihatna aus Kizzuwatna verfaßte das Ritual des Puri (KBo VII 59); weitere Namen sind dem CTH zu entnehmen. — An einem Tor beim Großen Tempel in Boghazköy findet sich die bildhethitische Inschrift des „Patasana, Schreiber", der an dieser Stelle wohl seinen Stammplatz hatte. —

b) *W. G. Lambert*, Ancestors, Authors and Canonicity, in: JCS XI, 1957, 1—14, führt zahlreiche babylonische Schreiberfamilien auf. Das Gilgamesch-Epos ist von Sîn-leqe-unnini aufgezeichnet. Kabti-ilāni-Marduk hat den Era-Mythos aufgezeichnet. Saggil-kīnam-ubbib fügte seinen Namen als Akrostichon in einen Dialog ein. 'Ellet-Aya (2. H. 17. Jh.?) ist der ‚Schreiber' der Naram-Sîn-Legende. Es gibt einen Katalog, der literarische Texte mit dem Namen des Autor-Editors aufführt. Der Aufsatz von *Lambert* vermittelt einen guten Eindruck von der literarischen und philologischen Tätigkeit der babylonischen Schreiber und Gelehrten. Nur ein Beispiel: Ein Editor von medizinischen Texten schreibt: „That which from old time did not get an authorized edition, and according to originals which were unparalleled, edited in the reign of Nabû-apal-iddina, king of Babylon. In the idiom (?) of Ešguzigin-a, son of Sataran-šeš-mansum...". — Vgl. *A. Falkenstein*, Die babylonische Schule, Saeculum 4, 1953, 125—137. *Erle Leichty*, The Colophon, in: Studies presented to *A. Leo Oppenheim*, 1964, 147—154 (über neu-assyr. und babyl. Kolophone); *H. Hunger*, Babylonische und assyrische Kolophone, AOAT 2, 1968 (vgl. WdO 5, 1970, 165—171; 290 f.). Zu einem Gottesbrief aus der Zeit Sargon's (714/13) schreibt *Olmstead*, S. 37: „The tablet was ‚written', probably composed, though it may mean copied, by Nabu-shallimshunu, the great scribe of the king, the very learned, the man of Sargon, the eldest sun of Harmaki — seemingly an Egyptian name — and inhabitant of the city of Assur." Für ugaritische Kolophone vgl. z. B. *C. H. Gordon*, Ugaritic Manual,

62 Z. 53 ff.: „The scribe is Il-Mlk, the Sbn-ite, the narrator is Atn-Prln, the chief of the priests, chief of the herdsmen, the T-ite. (Dated in the reign of) Niqmadu, King of Ugarit, . . .". Vgl. *O. Eissfeldt*, Sanchunjaton von Berut und Ilumilku von Ugarit, 1952, S. 53 ff.

   c) Einige hethitische Kolophone hat *E. Forrer* (Die Inschriften und Sprachen . . . 1922) zusammengestellt (S. 178 ff.). Vgl. z. B. VAT 6687: „2. Tafel, Tuthalijas, Großkönig. Über den Eid. Beendet. Diese Tafel war verstoßen. Angesichts des Mahhuzi und des Halwa-LU habe ich, Dudas, sie wieder erneuert (*appa newahhun*)." — Bo 2592: „5. Tafel der *allanuwassis*-Beschwörung. Wort des Gezzija, des Mannes aus der Stadt Alalah." — Bo 2048: „Diese Tafel (eine Schenkungsurkunde) soll vor dem Wettergott von Hatti niedergelegt werden (*kittaru*)."
   H. Otten (Hethitische Schreiber in ihren Briefen, in: MIO 4, 1956, 179—189) schließt von den Anredeformen der Würdenträger auf eine familienmäßige Gliederung des hethitischen Schreiberstandes, der auch in seiner Organisation (Großer Schreiber, Schreiber, Kleiner Schreiber, Gehilfe [?]) und Fachsprache deutlich den Einfluß der babylonischen Schule widerspiegele. Auffälligerweise ist das „Tafelhaus" (É. DUB. BA. A), die Schreiberschule, bisher in hethitischen Texten nur einmal belegt (*Otten*, a. O. S. 185). Vgl. *Liane Rost*, ebd., „Die außerhalb von Bogazköy gefundenen hethitischen Briefe", S. 349 mit weiterer Literatur. Für unseren Zusammenhang wichtig ist die Schlußbemerkung von *Rost*: „Zusammenfassend darf man vielleicht sagen, daß die Gleichförmigkeit der Grußformeln in Hattusa wie in der Provinz auf eine einheitliche Schreiberbildung in der Großreichszeit hindeutet."
   Zu den hethitischen Schreiberfamilien vgl. auch *Götze*, Kleinasien², S. 172 mit Anm. 8: „Die Schreiber der Großreichszeit in Hattusa gehören großenteils zu einigen wenigen Familien. Unter ihnen sind solche mit hurritischen und luwischen Namen; sie werden also aus hurritisch-luwischem Gebiete stammen, d. h. aus Kizzuwatna (Kilikien) und den anschließenden Teilen von Nordsyrien." — Die Schreiber waren wichtige Persönlichkeiten; das Amt des ‚Oberen der Tafelschreiber' war eines der höchsten Staatsämter. — S. 1 A 224 —.
   d) Zum „Stadium der Anonymität" der alttestamentlichen Historiographie s. *H. Duhm*, Zur Geschichte der israelitischen Geschichtsschreibung (a. O. S. 121); ebd. auch über Mündlichkeit und Schriftlichkeit von historischer Überlieferung. Vgl. *J. Begrich*, Sofer und Mazkir (1940), in: Ges. Stud. z. AT, 1964, S. 67—98, bes. S. 74; Namen von ‚Weisen': 1 Kön. 5,11. Anonymität kann gelegentlich sehr tiefe und verborgene Wurzeln haben, s. *H. Drerup*, Architektur als Symbol, Gymnasium 73, 1966, 196 (über die Gründe der Anonymität von römischer und mittelalterlicher Kunst).
   e) *Gordon*, Grundlagen, S. 213: „Im Gegensatz zu den Annalisten anderer Völker genossen die hebräischen Geschichtsschreiber oft prophetische Immunität, wodurch sich die Freiheit erklärt, mit der sie sogar am König Kritik üben. Viele prophetische Bücher des AT enthalten sowohl historische wie prophetische Partien. . . . Das Wechselverhältnis zwischen Prophetie und Geschichte spiegelt sich auch wider in der herkömmlichen hebräischen Terminologie, die den historischen Büchern von Josua bis Könige den Namen ‚Frühere Propheten' beilegt, . . .". Vgl. *W. Rudolph*, Chronik, S. X f. über Zitate aus ‚Propheten' in den Chronikbüchern. Zur Scheidung von früheren und späteren Propheten s. *Eissfeldt*, Einleitung, S. 766. *J. Begrich*, a. O., S. 67 ff. über eventuelle Hofhistoriographen, Archivare u. ä. in der früheren Königszeit.
   f) Zu ‚Weisheit und Historiographie' s. z. B. *G. v. Rad*, Theologie I, 69; ders., Weisheit in Israel, 1970, S. 366 ff.; *H.-J. Hermisson*, Weisheit und Geschichte, in: Festschrift G. v. Rad, 1971 (hrg. v. *H. W. Wolff*) S. 136—154. Den politischen Hintergrund der Thronfolgegeschichte betont *R. N. Whybray*, The Succession Narrative, 1968 (zur politischen Weisheit, S. 72 ff. 78 ff.) — Vgl. § 7.4.

²⁰² Vgl. z. B. *O. Neurath*, Antike Wirtschaftsgeschichte, 1905, S. 25: „Gerade deshalb, weil diese Staatswesen (sc. zwischen Mesopotamien und Ägypten) eine hohe kulturelle Entwicklung ohne eine entsprechende politische Macht aufwiesen, konnten sie befruchtend wirken, ohne zu unterwerfen, und so eine erzieherische Wirkung ausüben . . ." — *Max Weber*, Gesammelte Aufsätze zur Religionssoziologie III (1920 = 1966), S. 207 ff.

[203] Die klassische Definition für ein gegliedertes Ganzes ist von Aristoteles (Poet. cap. 7 und 8) im Zusammenhang mit dem Begriff der tragischen Handlung entwickelt worden. Auch der Gedanke, die Einheit eines Werkes durch einen Lückentest zu erproben, findet sich schon bei Aristoteles (Poet. 8,30). Die bei Aristoteles zugrunde liegende Anschauung wurzelt im Bereich des Organischen, des kompliziertesten der Systeme, die man damals theoretisch zu beschreiben vermochte.

[204] ZJA 4 J. (*Götze* S. 74); zu den All-Sätzen vgl. § 4.2 und § 4.3.

[205] AA 24. J. (*Götze* S. 170 f.) und AA 27.(?) J.(*Götze* S. 192 f.) (Episode innerhalb eines Jahresberichtes). Vgl. den nach Personen, Ort und Zeit gegliederten Binnen-Schluß in den Annalen Tiglatpilesar's I. (VI 39 ff.: Budge-King S. 82 ff.; am Ende des militärischen Berichtes, vor Beginn des Jagdberichtes; nach einem Gliederungsstrich): „Insgesamt 42 Länder und ihre Könige von jenseits des unteren Zâb . . . bis zum jenseitigen Ufer des Euphrat . . ., vom Anfang meiner Herrschaft bis zu meinem 5. Regierungsjahr hat meine Hand erobert. Ich habe sie unter eine Herrschaft gebracht . . ." Altpersisch: (DB IV 4) „Und das tat ich in einem Jahre" (mit Résumé).

[206] Tiglatpilesar I., I 46 ff., Budge-King, S. 33 ff.; Prolog und Epilog nehmen — wie in den ZJA und im Großen Texte Hattusilis' — aufeinander Bezug: s. 1 A 205. Auch HAB ist ein vorzüglich gegliederter und durch Prolog und Epilog geschlossener Text, s. HAB S. 177 f.; 202; 216. Der letzte Paragraph (HAB § 23) schließt mit der Sorge um Hattusilis' Begräbnis an den Bericht von seiner Krankheit in § 1 an.

[207] *Olmstead*, S. 6 ff.

[208] Auch die arabische Annalistik ist prinzipiell kompilatorisch, s. *Rosenthal*, A History, S. 72 ff.: „Subsequent annalistic works were thus conceived as mere continuations of the annalistic works of former authors." Es folgt ein hochinteressantes Zitat aus al-Qiftî (13. Jh.) über die Traditionskette islamischer Historiographen. Danach schreibt *Rosenthal*: „Al-Qiftî gave an accurate picture of the prevailing situation. Annalistic works were composed in succession to and continuation of preceding works. There was not much need for any two annalistic works being written at the same time and in the same region. The important part of an annalistic work was its contemporary section, which could become very detailed." (a. O. S. 74).

[209] Abbildung in: MDOG 91, 1958, S. 76 ff. Das hethitische Strichsystem ist zweistufig, da der Doppelstrich eine andere Funktion hat als der einfache. Der Doppelstrich wird häufig in Sammeltafeln gebraucht, um die verschiedenen Texte gegeneinander abzusetzen, ebenso wie die Kolophone vom Text, vgl. z. B. HT 1, II 13 ff. (Sammlung von Ritualen). Im Aziru-Vertrag (Bo 9188; s. *Klengel*, in: OLZ 1964, 440) werden die einleitenden allgemeinen Bestimmungen von der eigentlichen historischen Einleitung durch einen doppelten Abschnittsstrich getrennt; gleichzeitig erfolgt in der Anrede des Aziru ein Wechsel von der 2. Pers. Sg. in die 3. Pers.

[210] Für die Bedeutung, die eine derartige scheinbar belanglose paläographische Kleinigkeit für das Verständnis von Literatur hat, und die Methoden, mit denen dieses Phänomen zu erfassen wäre, vgl. *R. W. Müller*, Rhetorische und syntaktische Interpunktion. Untersuchungen zu Pausenbezeichnung im antiken Latein. Diss. Tübingen, 1964.

[211] *Eissfeldt* scheint Ähnliches zu vermuten, da er in seiner Behandlung der biblischen Parascheneinteilung (Einleitung S. 939 Anm. 2) *B. F. Gössmann* (Das Era-Epos, 1956, S. 4 f.) über die „Tafeleinteilung in den babylonischen Epen nach inneren, im Stoffe selber liegenden Kriterien" zitiert. — Zu den Paraschen in Qumran vgl. *H. Bardtke*, Die Parascheneinteilung der Jesaja-Rolle I von Qumran, in: Dornseiff-Festschrift 1953, 33—75; S. 34: „Daß eine solche Gliederung in einzelne Abschnitte den biblischen Texten schon vor Qumran eigen war, läßt sich in Ermanglung noch älterer Handschriften zwar nicht beweisen, aber doch wahrscheinlich machen, wenn man die Einteilung der Mescha-Inschrift in Sinnabschnitte heranzieht,

ferner die aramäischen Papyri von Elephantine, die Gliederung in ägyptischen Texten (vgl. *H. Grapow*, Sprachliche und schriftliche Formung ägyptischer Texte, 1936) und in griechischen Texten der vorchristlichen Zeit." (Literaturnachweise bei *Bardtke*, a. a. O.). Hinzu kommt z. B. die äußere Kennzeichnung der Strophengliederung durch Abschnittsstriche in der altbabylonischen Lyrik: s. *A. Falkenstein — W. v. Soden*, Sumer. u. akk. Hymnen u. Gebete, 1953, S. 41.

[212] Über den Zusammenhang zwischen Historiographie und den anderen Zweigen der Literatur ist unter dem Gesichtspunkt der Ausbildung von Metaschichten bereits in § 4 gehandelt.

[213] *H. G. Güterbock*, Die historische Tradition, bes. S. 96 ff.; S. 104 ff.; Zum Menschenfresser-,Mythos' (mit historischen Namen); vgl. *Kammenhuber*, a. a. O. S. 137 ff. *Otten*, MDOG 86, 1953, 63 zu 530/f. Vs. 15 f.; Bo 7062 III 7 ff. (s. CTH 15). — *F. M. Th. de Liagre Böhl*, Mythos und Geschichte in der altbabylonischen Dichtung (1951), in: Opera Minora (1953) 217—233, 497 f. (Zu Gilgamesch, Adapa, Sargon von Akkad; Mythologisierung der Geschichte, Historisierung des Epos).

[214] *S. Mowinckel*, Hat es ein israelitisches Nationalepos gegeben? ZAW 53, 1935, 130 ff. Dagegen: *Albright*, From the Stone Age[2], 330 n. 2 mit anderer Datierung (vor J), der *Mowinckel* (Erwägungen zur Pentateuch-Quellenfrage, 1964, Anm. 136) zustimmt. — *C. H. Gordon*, Indo-European and Hebrew Epic, in: Eretz Israel V, 1958, 10 ff.; ders., Ugarit as a Link between Greek and Hebrew Literatures, Riv. di Stud. Or. XXIX, 1954, 161—169. *J. Krämer* bemerkt in seiner Rezension von *Gordon*, Homer and the Bible (in: ZDMG 110, 1960; vgl. *A. Lesky*, Gnomon 29, 1957, 311—325), daß *Gordon* die Arbeiten von *Fr. Dornseiff* nicht zu kennen scheint. *Dornseiff* ist viel früher, auf einer viel kleineren Materialgrundlage, ohne Zwischenglieder wie die ugaritische Epik, aber mit einem ganz ähnlichen methodischen Ansatz zu Erkenntnissen gekommen, die denen *Gordon's* weitgehend entsprechen. Einen knappen und zuverlässigen Überblick über den Forschungskomplex ‚Mykene, Orient und Israel' bietet *H. Haag*, Homer und das Alte Testament, Tübinger Theolog. Quartalschr. 1961.

[215] *Gordon*, Grundlagen, S. 159 f.

[216] *Gordon*, a. a. O. S. 318 Anm. 33. Völlig richtig weist *Gordon* (a. a. O. Anm. 32) darauf hin, daß Herodot vom homerischen Epos entscheidend beeinflußt war. Von Thukydides sollte man dies jedoch nicht in gleicher Weise behaupten. Zu Homer s. 1 A 64. Vgl. 1 A 217. Man hat sogar behauptet, die hethitische Kunst der Geschichtsschreibung habe die klassische Annalistik befruchtet; vgl. MDOG 78, S. 20; *Schmökel*, Handb. d. Orientalistik, 1957, S. 152, S. 1 A 4; vgl. *O. Seel*, Herakliden und Mermnaden, in: Navicula Chilonensis (1956) 37—65; MhW, S. 32 ff. (mit Lit.); *H. Strasburger*, Homer und die Geschichtsschreibung, 1972.

[217] *Rosenthal*, A History, S. 17 verweist auf Richt. 5; Exod. 14,30; 1 Sam. 17; ebd., S. 154 bis 163 über poetische Formen der arabischen Historiographie.
In der griechisch-römischen Antike gab es historische Epen und Dramen in großer Anzahl. Allerdings ist — abgesehen von Ovids Metamorphosen, einer epischen Weltgeschichte von der Erschaffung (Entstehung) der Welt bis auf die Zeit des Dichters, Lucans Pharsalia, Silius Italicus' Bellum Punicum und der pseudosenecanischen Octavia — sehr wenig erhalten: *W. Kroll*, Das historische Epos, Sokrates NF 4, 1916, S. 1—14; *Hermann Schmitt*, De Graecorum poesi historica quaestiones selectae, Diss. Gießen 1924; *Th. Nissen*, Historisches Epos und Panegyricus, Hermes 75, 1940, 298—325 (vornehmlich über Claudian); vgl. *E. Norden*, Kunstprosa I 35 f. — Natürlich besteht zwischen den mündlich tradierten historischen Dichtungen vor der Entstehung der Historiographie und den historischen Kunstepen ein beträchtlicher Unterschied. Immerhin läßt sich das schriftliche historische Epos bis in sumerische Zeit zurückverfolgen: s. 1 A 213. Beziehungen zwischen Epos und Historiographie waren in der römischen Kultur nicht selten, vgl. z. B. *W. Aly*, Livius und Ennius, 1936; s. Quint. Inst. Or. X 31: *est enim (sc. historia) proxima poetis et quodam modo carmen solutum* (mit Anlehnung an Aristoteles, Poetik, c. 9).

[218] *P. Bertaux*, Mutation der Menschheit, 1963, S. 80: „Der Krieg ist eine Einrichtung, die der geschichtlichen Welt angehört. Mit den Kriegen beginnt in der Entwicklung der Menschheit die historische Phase. Die Geschichtsschreibung war lange Zeit nichts Anderes als der Bericht von Kriegstaten. ... Die Folgerung scheint unabweisbar, daß eine Menschheit ohne Kriege eine Menschheit ohne Geschichte sein wird." Die sachliche Aussage ist aufgrund der hethitischen Historiographie zu modifizieren; auch der von *Bertaux* gezogene Schluß ist unrichtig. Vgl. *G. Mann*, Geschichtsschreibung als Literatur, S. 20. Einige Beispiele aus den AM sind in § 12.3 besprochen; zu den TS s. § 14.3; vgl. MhW, S. 47. 68. 83 f.

[219] S. S. 130 f.; § 12.3 u. ö.

[220] Neuere Behandlung bei *v. Schuler*, Staatsverträge, a. O.

[221] Vgl. AA 9. J. (*Goetze* S. 106 ff.): Hutupijanzas und Nuwanzas; AA 25. J. (?) (*Götze* S. 170 ff.): Aranhapilizzis und Nanazitis; AA 27. J. (?) (*Götze* S. 190 ff.): Tarhinis und Hutupijanzas. Diese Texte sind in § 10.2 zitiert. Zur Kommandogewalt im hethitischen Heer s. *Götze*, Kleinasien, S. 125; Otten, Hethiterreich, 377 ff. — In diesem Zusammenhang ist auch die Untersuchung *v. Schuler*'s (Kaskäer S. 1 ff.) über die altorientalischen Berichte von Fremdvölkern, Nomaden und Bergbewohnern von Bedeutung: „Der Gegensatz zwischen Hochkultur und Barbarenvolk ist zwar scharf gesehen worden, doch finden sich in den hethitischen Texten, anders als in den mesopotamischen, keine herabsetzenden oder schmähenden Ausdrücke, wenn von fremden Völkern die Rede ist. Wohl kennt das Hethitische ein Wort für ,barbarisch, minderwertig' (*dampupi-*), braucht es jedoch mehr in sozialem als in ethnischem Sinn. Auch Barbaren gegenüber wahrt man, selbst in Konflikten, eine gewisse Toleranz." Zusammenfassend kommt *v. Schuler* (a. O. S. 9) zu folgendem Urteil: „Fremde Völker wurden nur kursorisch und nicht deswegen erwähnt, weil sie an sich als Gegenstände der Betrachtung und Aufzeichnung erschienen; vielmehr sind alle scheinbar ,ethnographischen' Bemerkungen ganz ersichtlich in irgendeiner Form zweckverhaftet. So ist die Situation bei den hethitischen Quellen über Randvölker die gleiche wie bei den mesopotamischen. Demgegenüber sind Unterschiede zwischen hethitischen und mesopotamischen Äußerungen zwar merklich, aber von untergeordneter Bedeutung. Die Hethiter wenden keine Schimpfworte auf andere Völker an und gebrauchen Volksnamen nicht in schmähendem Sinne. Ethnika werden auch nicht auf andere Völker übertragen, und endlich fehlen offensichtlich zu Stereotypen gewordene Vorstellungen von Fremdvölkern. In dieser Hinsicht machen die hethitischen ,ethnographischen' Bemerkungen den Eindruck größerer Wirklichkeitstreue."

[222] S. § 3.5; 11.32; u. ö.

[223] Dieser Zug der hethitischen Kultur, in der Religion (Anthropomorphismen!), Politik, Militärwesen und Recht zu beobachten, ist von *Riemschneider*, Welt (vgl. z. B. S. 68) einseitig, ohne genügende Berücksichtigung der gesellschaftlichen, ökonomischen und machtpolitischen Faktoren betont worden. Vgl. die einschränkenden Bemerkungen von *G. Walser*. Vgl. *Götze*, Kleinasien, 128: „Die hethitische Kriegführung kann namentlich der assyrischen gegenüber als sehr human bezeichnet werden. Grausamkeiten wie Verstümmeln, Niedermetzeln und Verbrennen der Waffenfähigen, Errichten von Kopfpyramiden, Pfählen und Schinden, bei den Assyrern gang und gäbe, begegnen wir bei den Hethitern nicht in einem einzigen Falle." Für die hethitische Historiographie ist eine Stelle wie TS frg. 51,10 (*Güterbock*, S. 118 „und er schnitt ihm den Kopf ab") schon ungewöhnlich. Die Gründe für die assyrische Grausamkeit und ihre Darstellung — nur zur Abschreckung? — sind m. W. noch nicht untersucht —: eine wichtige Aufgabe für Friedensforschung.

[224] Die Frage nach der ,historischen Bildung' der hethitischen Könige hängt mit der nach der Verfasserschaft der Annalen etc. zusammen, s. 1 A 201; 2 A 197, u. ö. Auch in den diplomatischen Verhandlungen waren historische Kenntnisse erforderlich, wie die Verlesung der Kurustama-Tafel bei den Verhandlungen zwischen Hanis von Ägypten und Suppiluliumas in TS frg. 28 E IV 26 ff. (*Güterbock* S. 98) lehrt.

Zur Stellung der hethitischen Schreiber vgl. § 6.1; 1 A 189. Einige Beispiele: Mittannamu-was war Oberschreiber unter Mursilis II. Er heilte Hattusilis III. von einer schweren Krank-heit. Auf seinen Rat hin begann dieser den Aufstand gegen Urhi-Tesup. Er wurde Verwalter von Hattusa, als Muwatallis die Residenz nach Dattassa verlegte. — Die Vereidigung des X]-Sarrumas, Ober-Holztafelschreibers unter Suppiluliumas II., ist in KUB XXVI 32+ er-halten (*Otten*, MDOG 94, 1963, 2 f.). Der Ober-Holztafelschreiber ist Ratgeber des Hofes (KBo IX 82). Ein anderer Ober-Holztafelschreiber, Sahurunuwas, war im Besitze ausgedehn-ter, steuerfreier Güter (KUB XXVI 43 und 50); er fungiert als Zeuge in einem Vertrag (KBo IV 10). Zu Armazitis s. *v. Schuler*, Kaskäer, S. 31 Anm. 146.

[225] a) Über die Stellung der Geschichte in der islamischen Erziehung und Gelehrsamkeit s. *Rosenthal*, A History, S. 28 ff. — b) *R. Kraus*, Die Istanbuler Tontafelsammlung, JCS 1, 1947, 93 ff.; S. 113 ff.: zu den Schultafeln der Nippur-Sammlung. Auf den Tafeln mit literarischen Übungen finden sich „Zitate einzelner Zeilen … Abschriften ganzer Texte oder Textpartien verschiedenen Inhalts, nicht zuletzt die Kopien historischer Dokumente, besonders aus der Zeit der dritten Dynastie von Ur und der Könige von Isin." Vgl. ebd. S. 115: „Wichtig sind alt-babylonische Inschriftenkopien, z. B. ein großes Duplikat zu der berühmten Akkadtafel, Ko-pien von zweisprachigen Inschriften der Könige von Babylon und zwei Schülerabschriften von Teilen des Codex Hammurabi …" — s. 1 A 184. — c) *E. A. Speiser* (RLA 3, 1952, S. 201) hat auf einen Brief aus Mari hingewiesen (*G. Dossin*, Les archives épistolaires du palais de Mari, Syria 19, 1938, 117 f.), der das politisch-geschichtliche Denken im Zweistromland gut doku-mentiert. Der Brief beginnt: „No king is powerful on his own. Ten or fifteen kings follow Hammurapi of Babylon. A like number may follow Rim-Sin of Larsa, Ibalpiel of Eshnunna or Amutpiel of Qaṭanum. There are perhaps twenty who follow Yarimlim of Yamhad." Dazu schreibt *Speiser* a. a. O.: „This incidental comment, addressed by Itur-Asdu, governor of Na-hor, to King Zimrilim of Mari, is a sage bit of historical wisdom. It shows keen awareness of the composite sources of authority and is fully alife to the checks and balances of internatio-nal relations …" — d) Zu den wenigen literarischen Texten, die sich in der altassyrischen Kolonie von Kültepe (Kanisch) fanden, gehört auch eine Inschrift des Irišum von Assur (Mitte 19. Jh.s); sie ist zweimal und mit zahlreichen Schreibfehlern überliefert, weshalb man auch hier an einen Schultext denkt. — e) Über Geschichtsunterricht in der ägyptischen Schule ist fast nichts bekannt: s. *H. Brunner*, Altägyptische Erziehung (1957) S. 105. — f) Auch in der grie-chisch-römischen Antike ist Geschichte kein Schulfach. — g) Eine der Quellen auch in der israeli-tischen Historiographie waren die Verträge; vgl. 2 Kön. 13,7: „Denn nicht war übrig geblie-ben dem Joahas Volk mehr denn 50 Reiter, 10 Wagen und 10 000 Mann Fußtruppen." Die Feststellung ist wahrscheinlich authentisch, sie stammt aus dem Friedensvertrag, s. *Gordon*, Grundlagen, S. 209. Vgl. § 7.3.

[226] a) *Rechtsgeschichte*: *J. Friedrich*, Die hethitischen Gesetze. Leiden 1959, S. 18 f. (§ 9): „Wenn jemand den Kopf eines Menschen verletzt, pflegte man früher 6 Sekel Silber zu geben, und der Verletzte nimmt 3 Sekel Silber, in den Palast pflegte man 3 Sekel Silber zu nehmen. Und jetzt hat der König die (Abgabe an den) Palast abgeschafft, und nur der Verletzte nimmt 3 Sekel Silber." Vgl. § 19 b; § 25. Vgl. 2 Chron. 3,3. — b) Eine kleine *Kultgeschichte* ist in KUB XXXII 133 I (CTH 482; vgl. 481) überliefert: „Folgendermaßen spricht Mursilis, der Großkönig, der Sohn des Suppiluliumas, des Großkönigs, des Helden. Als mein Vorfahr Tut-halijas, der Großkönig, die Schwarze Gottheit aus dem Tempel in Kizzuwatna entfernte, da verehrte er sie in Samuha in einem Tempel gesondert (*hanti ijat*). Die Kulthandlung (?) und Vorschriften, die sich mit dem Tempel der Schwarzen Göttin verbanden (oder: die in dem Tempel der Schwarzen Göttin festgelegt waren), die aber die Holztafelschreiber und Tempel-leute umgehend zu verändern begannen, die habe ich, Mursilis, der Großkönig, auf einer Tafel wiederum festgelegt (*tuppijaz* EGIR-*pa anijanun*). Sobald nun künftig entweder ein König oder eine Königin oder ein Prinz oder eine Prinzessin in den Tempel der Schwarzen Göttin von Samuha kommt, soll man diese Kulthandlung (?) ausführen:…" Text und Übersetzung

bei *H. Kronasser*, Die Umsiedelung der Schwarzen Gottheit (s. 1 A 20), S. 58 f. Eine noch stärker historiographisch stilisierte Partie findet sich in einem Kulttext Tuthalijas' IV. (XXV 21 CTH 524): „Dem Wettergott von Nerik (...) Nerik hatten die Kaskäer zur Zeit des Hantilis zerstört. Vier(?)hundert Jahre schon (...) lag die Stadt öde. Der Wettergott von Nerik aber war in Hakmis oben, und man pflegte ihm ein Fest im Herbst und ein Fest im Frühling (?) zu feiern. Weiter gab es kein Fest für ihn. In den Hatti-Ländern entstanden (...) und Aufruhr, und die Hatti-Länder gingen zugrunde. Als aber ich, Tuthalijas, erwachsen wurde, nahm mich der Großkönig Hattusilis auf und machte mich (zum Priester) des Wettergottes von Nerik. Als aber mein Vater Gott geworden war, ..." (Text und Übersetzung bei *v. Schuler*, Kaskäer, S. 186 f.) —

Vgl. KBo XII 38: Einrichtung des Totenkultes für Tuthalijas IV. durch seinen Sohn Suppiluliumas II.: s. 1 A 151 b. Aus dem babylonischen Kulturkreis sei hier nur die von *A. Götze*, in: JCS 19, 1965, 121—135 behandelte Weihinschrift des Simbar-Sīhu (ca. 11. Jh. v. Ch.) angeführt, die eine Geschichte des Thrones im Ekur Ellil's zu Nippur enthält. Geschichtliche Rückblicke in Gebeten sind überaus häufig: vgl. z. B. den Rückblick auf die glorreichen „alten Tage des Hatti-Landes" in dem Pestgebet KUB XXIV 3.4 par. (Übersetzung: *Götze*, ANET, S. 396). — c) Illujankas-Mythos: KBo III 7 I 3 f., nach *Götze*, Kleinasien, S. 139 Anm. 4.

227a *E. v. Schuler*, in: Neuere Hethiterforschung, S. 36 mit Verweis auf *H. G. Güterbock*, Authority and Law in the Hittite Kingdom, JAOS Suppl. 17, 1954, 16 ff. Zum *parā handandatar* als Ursprung des Rechts s. 1 A 146.

227 *Sommer*, HAB S. 210 verweist auf Rassam-Zylinder I 18 ff. = Streck, Assurbanipal II 4 (Asarhaddon ernennt — anstelle des verstorbenen älteren Sīniddinaplu — seinen dritten Sohn Assurbanipal zum Kronprinzen): „Er versammelte die Leute von Assur, groß und klein, vom oberen und vom unteren Meere. Um meine Kronprinzenschaft und das künftige Königtum über Assur zu schützen, ließ er sie einen Vertrag bei den Göttern sprechen und machte die Bindungen fest." Zum Testament als einer literarischen Form vgl. z. B. die politisch-moralischen Testamente der ägyptischen Literatur, z. B. Papyrus Harris (Ramses III., ca. 1164; ANET 260); zur Verbindung von Autobiographie und Paränese vgl. die „Lehre für König Merikare" aus der 10. Dynastie. Zur Sache vgl. *Gordon*, Grundlagen, S. 79: „Er (sc. Šamši-Adad I.; ca. 1727—1695) gab ihnen (sc. seinen Söhnen) nicht nur Befehle, sondern er begründete sie ihnen auch, damit sie nicht nur handeln, sondern auch verstehen lernten."

228 *Sommer*, HAB S. 177 bemerkt zu III 55: „Beginn des persönlichen Schreibens an den Thronfolger." Zum Verhältnis von §§ 22 bis 23 zum vorigen Text s. ebd. S. 202. — Vgl. Dtn. 17,18 ff.

229 a) In anderen Textgattungen sind Partien, die — für den Alttestamentler! — „weisheitlich" klingen, häufiger; vgl. z. B. KUB XXX 10 (CTH 373). Nachdem eingangs die „Macht und Weisheit" des Sonnengottes gepriesen ist, heißt es (Übersetzung von *Götze*, ANET, S. 400 f.): „Life is bound up with death, and death is bound up with life. Man cannot live for ever; the days of his life are numbered. Were man to live for ever, it would not concern him greatly even if he had to endure grievous sickness." Vgl. CTH 316: „Sagesse akkado-hittite". — b) In der Fürstenerziehung der Araber spielte die Historiographie eine bedeutende Rolle, weil sie „politische Weisheit" vermittelte: „The roll of history in the education of princes was not a fortuitous one. It was closely connected with the old oriental tradition of historical knowledge as the main source of political inspiration of kings and rulers." (*Rosenthal*, A History, S. 43) — Zur ‚politischen Weisheit' im AO vgl. z. B. *F. M. T. Böhl*, Der babylonische Fürstenspiegel, MAOG 11,3 (1937); s. 1 A 201 f.). — c) Von der juristisch-historisch-politischen Fachschriftstellerei der Westantike sei hier nur auf *v. Fritz*, Geschichtsschreibung, I S. 562; *A. Lesky*, Griech. Lit., S. 493 ff. verwiesen. — Aus den *commentarii consulares* zitiert Varro (1.1. 6,88.92) Anordnungen über Feldherrnpflichten, s. *F. Bömer*, Der Commentarius, in: Hermes 81, 1953, 210—250. Die Historiographie wurde von den Römern (teilweise) als Ergänzung dieser Fachschriftstellerei aufgefaßt und dadurch legitimiert, s. 3 A 134.

[230] Zur Sache vgl. *H. Klengel*, ZA (NF) 23, 1965.

[231] HAB II 63 — III 25 (ohne Bezeichnung der Ergänzungen); *F. Sommer* (HAB S. 108) bemerkt, daß diese Partie zu der „Gattung der Lehrepisode" gehöre; er verweist auf AU S. 151. — Der Text zeigt „eine klare und folgerichtige Disposition"; „die glatten Übergänge von einem Thema zum anderen liegen zutage. Auch der Exkurs III 26—32 ist mit dem Vorangehenden wie mit allem Folgenden inhaltlich gleich gut verkettet." (HAB S. 216).

[232] Daß die hethitische Historiographie bereits unter Hattusilis I. recht hoch entwickelt war, lehren jetzt auch die ‚Annalen' dieses Königs. Vgl. *H. Otten*, MDOG 91, 1958, 73 f. (Übersetzung der akkadischen Version), *F. Imparati — C. Saporetti*, L'Autobiografia di Hattusili I., a. O.

[233] S. § 4.2. Der Verfasser des Telepinus-Textes imitiert, wie es scheint, HAB: s. HAB S. 145; 215. — Vgl. 1 A 198.

[234] Vgl. Telepinus II 40: „Von jetzt an, wer nach mir König wird, und dessen Brüder ... sollen einig sein."

[235] Tav. III 41—50. Übersetzung aus *Sommer*, AU S. 15, ohne konsequente Bezeichnung der Unsicherheiten; vgl. a. O. S. 151.

[236] KUB XXIII, 1, II 15 ff. (CTH 105); s. *C. Kühne — H. Otten*, StBoT 16, 1971. — Vgl. die Vorgeschichte im Vertrag Hattusilis' III. mit der Stadt Tiliura; Übersetzung aus *v. Schuler*, Kaskäer, S. 146: (§ 3) „Die Stadt Tiliura war seit den Tagen des Hantili wüst. Mein Vater Mursili baute sie wieder auf, besiedelte sie aber noch nicht gut. Er besiedelte sie mit seiner durch die Waffe besiegten Deportierten(schar).

Die früheren Einwohner (von Tiliura) aber, die übrig waren, (ließ er) beiseite (?). (Ich), die Sonne, brachte sie zurück und siedelte sie wieder in der Stadt T(iliura an). (§ 4) Und von meines Vaters (Tagen an ...?...." — In § 5 greift der Verfasser des Vertrages bis in die Zeit des Labarnas, Hattusilis I. und Hantilis zurück: „Die, die (das Grenzland?) umgaben (?), nahmen es in Besitz und begannen auch von da aus, fortwährend ... Hantilis errichtete gegen sie Vorposten. Als erste aber haben sie Labarnas (und) Hattusilis nicht über den Kumesmaha-Fluß gelassen." Dies ist ein schöner Beleg für das Interesse an den ‚Anfängen' im historischen Denken der Hethiter. Es ist bekannt, daß beispielsweise der Jahwist ein sehr ausgeprägtes Interesse an den Anfängen von Welt, Mensch, Sünde, Ackerbau, Städtebau, Musik, Handwerk, Jahweverehrung, Weinbau und Tyrannen hat.

[237] Vgl. § 4.4.

[238] *Götze*, Kleinasiatische Forschungen I (1929), S. 165 ff.; englische Übersetzung bei *Götze*, ANET 394 ff. mit Quellen und Literatur. Zu der Theologie der Pestgebete s. hier § 4.42; zur Kritik in den Annalen s. § 11.11, in den TS s. § 14.1.

[239] CTH 147; *Otten*, StBoT 11, 1969 (mit Lit.). Nach *Otten*, a. O. S. 30, gehört der Text nicht, wie *Götze* u. a. annahmen, in das 13. Jh., sondern in die Zeit zwischen Telepinus (um 1500 v. Chr.) und Suppululiumas I. (nach 1375).

[240] *Götze*, Madd., a. O. S. 147; ders., Kleinasien, S. 92 A.6; ausgeführt bei *Otten*, a. O. S. 31. 33. Zum Midas-Text: *ten Cate*, Records, 63 f.; zum Formular des Gebetes des Arnuwandas vgl. *v. Schuler*, Kaskäer, 152 ff. 164. Zu vergleichen ist auch die schon im Alten Reich stark vertretene ‚Verfehlungsliteratur'; vgl auch das sog. Anekdotenbuch (CTH 8—9). Für weitere Parallelen vgl. *Täubler*, Tyche, S. 29 und 43. Im Zweistromland gibt es eine Art „moralische Historiographie" die *narû*-Literatur. An eine fingierte Königsinschrift wird die Mahnung angefügt, die Lehre der Geschichte zu beherzigen: *Güterbock*, Histor. Tradition, in: ZA 42, 1934, S. 19 ff.; 62 ff.; *Albrektson*, History, S. 29 f. — *A. Götze*, Historical Allusions in Old Babylonian Texts, in: JCS 1, 1947, 253 ff. handelt über jenen Omentyp, der aufgrund des Zusammentreffens einer bestimmten Leberform (oder anderer Ereignisse) mit einem Ereignis der Vergangenheit aus dem Wiedererscheinen dieser Leberform auf ein ähnliches Ereignis in der Gegenwart oder unmittelbaren Zukunft schließt, — s. 1 A 161.

[241] Referiert nach *G. E. Mendenhall*, Recht und Bund in Israel und dem Alten Vordern Orient, 1960, S. 46 f. Vgl. § 1.2. — Aus der reichen Literatur zu diesem Komplex seien hier nur genannt: *H. W. Wolff*, Jahwe als Bundesmittler, VT 6, 1956, 316—320; *F. C. Fensham*, Clauses of protection in Hittite vassal-treatise and the Old Testament, VT 13, 1963, 133—143; *S. R. Külling*, Zur Datierung der Genesis-P-Stücke, namentlich des Kapitels Gen. XVII (1964; rezensiert von *O. Eißfeldt*, Bibl. Or. 22, 1965, 48 f.); *M. Noth*, Das alttestamentliche Bundschließen im Lichte eines Mari-Textes (1955; Ges.Stud. 142—154); *R. Knierim*, Das erste Gebot, ZAW 77, 1965, 20 ff., bes. S. 38; *B. P. Harner*, Exodus, Sinai and Hittite Prologues, in: JBL 85, 1966, 233—236.

[242] Vgl. *G. Fohrer*, Der Vertrag zwischen König und Volk in Israel, in: ZAW 71, 1959, 1—22; *E. Kutsch*, ,Bund' und Fest. Zu Gegenstand und Terminologie einer Forschungsrichtung, in: ThQ 150, 1970, 299—320.

[243] Das Folgende ist dargestellt in engem Anschluß an die Arbeiten *G. v. Rad*'s (s. 1 A 155; außerdem ders., Das erste Buch Mose, in: ATD[7] 1964, 303—384; ders., Weisheit in Israel, 1970). — Zum Erziehungsideal der Jüngeren Weisheit vgl. Sir. 39,2.

[244] *v. Rad*, Ges.Stud., S. 274.

[245] Das Verhältnis der David-Salomo-Geschichten zu der von Joseph ist noch nicht genügend erforscht. Auf die ähnliche Grundhaltung dieser drei Erzählungen hat *v. Rad*, a. O. hingewiesen: 1 A 201 f.).

2. Teil

Die historischen Werke ‚Mursilis' II.'

I: Die Annalenwerke

§ 8: DER AUFBAU DER ZJA; DAS VERHÄLTNIS VON ZJA ZU AA

Vorbemerkung

§ 8: Daß ein historiographischer Text, insofern er nach ‚künstlerischen' Gesichtspunkten komponiert ist, als literarisches Werk zu interpretieren und nicht nur als linguistische oder historische Quelle auszuwerten sei, ist eine Auffassung, die für die Klassiker der griechisch-römischen Geschichtsschreibung allgemein anerkannt ist. Die Behauptung jedoch, die AM seien literarische Werke, bedarf eines ausführlichen Beweises, da die Annahme verbreitet ist, ein altorientalischer Annalentext berichte in chronologischer Reihenfolge die Ereignisse so, wie sie sich eben zugetragen haben. Diese Annahme trifft aus zahlreichen Gründen für die AM nicht zu.

Einmal berichtet kein historischer Text alle Ereignisse; jeder trifft nach bestimmten Gesichtspunkten eine Auswahl; dies zeigen auch die verschiedenen Redaktionen der assyrischen Annalen. Bei den ZJA liegt der günstige Fall vor, daß Mursilis selbst im Epilog ein sachliches Prinzip der Auswahl angibt[1].

Zum anderen sind Vorgeschichten, fiktive Reden und Briefe Elemente des historiographischen Stils, die nicht, etwa aus sachlogischen Gründen, notwendig in einen Annalentext gehören; die ‚Annalen' Hattusilis' I. beweisen dies zur Genüge. Die Aufnahme von Vorgeschichten und direkten Reden muß also besondere Gründe haben.

Daß nicht allein sachliche, sondern auch formale, ‚künstlerische' und sinngebende Gesichtspunkte bei Auswahl und Anordnung der zu berichtenden Sachverhalte und der Ausführlichkeit der Darstellung eine Rolle spielten, ist eine Hypothese, die auch durch den erstaunlich harmonischen Aufbau der Werke Mursilis' nahegelegt wird. Möglicherweise hat Mursilis aus Rücksicht auf die Symmetrie des Aufbaus und die gleichmäßige Abfolge der Stilschichten in den ZJA beispielsweise Reden, Briefe und Botenberichte in der Darstellung der

Kaskäerzüge vermieden, obschon es derartige Botenberichte in Wirklichkeit gegeben hat[2]. Vielleicht hat Mursilis die Feldzüge in TS frg. 34 bewußt knapp und schlicht, nämlich als Itinerar, dargestellt, weil ein Stilkontrast zu den vorangehenden Partien beabsichtigt war[3].

Der Aufbau der ZJA; Stilschichten

§ 8.1: Der Bericht über die ersten zehn Regierungsjahre Mursilis’ wird von einem Prolog und Epilog gerahmt, wobei der Epilog mit Wiederholung und Variation auf die Einleitung zurückverweist (§ 6 = § 42; Text vgl. hier § 9.1). Nach demselben Kompositionsprinzip ist, wie oben gezeigt (§ 4.41), der Rahmen des Großen Stiftungstextes Hattusilis’ III. gebaut. Etwa in der Mitte des auf diese Weise umrahmten Berichtes steht ein Binnenschluß (KBo III 4 Rs. III 27 ff), der die ZJA in zwei deutlich getrennte Teile zerlegt. Er gibt ein Resumé der politischen und militärischen Ergebnisse der Kämpfe um Arzawa, Mira, das Seha-Flußland und das Land Hapalla. Diese Länder kommen in den späteren (erhaltenen) Teilen der ZJA nicht mehr vor. Die abschließende Behandlung des (süd-)westlichen Schauplatzes hat also ihre guten Gründe; das Resumé ist ein Zeugnis für die Distanz und die Übersicht des Historiographen, der die ZJA nach den ersten zehn Regierungsjahren des Königs als ein Ganzes konzipiert hat[4].

Der Einschnitt nach dem vierten Jahre halbiert den berichteten Zeitraum ziemlich genau, da die ZJA nur einen Teil des zehnten Jahres berichten[5]. Wo der erzählerische Höhepunkt der ZJA lag, läßt sich nicht feststellen, da der Schluß des 7. Jahres, das ganze 8. Jahr und der Anfang des 9. Jahres verloren sind. Der Umfang der Lücke beträgt nach Forrer (2 Bo TU a. l.) 31, nach Götze (AM S. 120) 25 Zeilen. Dieser Verlust beeinträchtigt die Rekonstruktion des Gesamtaufbaus der ZJA sehr. Denn gerade an dieser Stelle trieben die Ereignisse, wie der in den AA teilweise erhaltene Bericht lehrt, einem Höhepunkt zu: Verwicklungen mit Syrien und Ägypten im Süden; das erstarkende Assyrien droht im Osten; Nuwanzas operiert im Oberen Lande; Mursilis selbst feiert ein wichtiges Fest in Kizzuwatna. Zahl und Ausdehnung der Schauplätze, der große Personenkreis, der gleichzeitig betroffen ist, und die bedrohliche Zuspitzung der Lage sind in den AA eindrucksvoll dargestellt: Diese Partie gehört darstellungstechnisch zu den fortgeschrittensten Stücken der hethitischen Historiographie (§ 10.4).

Nun sind in den erhaltenen Teilen der ZJA der südliche Kriegsschauplatz und die Operationen der hethitischen Prinzen und Generäle durchweg ausgespart. Man wird annehmen dürfen, daß Mursilis im 7. bis 9. Jahr ebenso verfahren ist und die Ereignisse im Süden wesentlich knapper dargestellt hat als in den AA. Die wichtige Schlacht Nuwanzas' gegen Azzi bei Kannuwara im 9.

Der Aufbau der ZJA läßt sich schematisch, wie folgt, darstellen:

Vorgeschichte Rede Gebet		Prolog	
einfache Handlung		1. Jahr	KASKÄER
einfache Handlung		2. Jahr	I
Vorgeschichte Uhha-LÚ-is-Briefe Briefe		3. Jahr	
3fache Handlung			
			ARZAWA
Nebenreihe Botenbericht		4. Jahr	
Irrealis Politik			
Politik	Zusammenfassung	Binnenschluß	
einfache Handlung		5. Jahr	KASKÄER
einfache Handlung		6. Jahr	II
Vorgeschichten Pihhunias, Annijas Exkurs Briefwechsel	1)	7. Jahr	
	2)		OBERES
Parallelhandlung 3. persönl. Narrative		8. Jahr	LAND
	3)	9. Jahr	
einfache Handlung	4)	9. Jahr	KASKÄER
einfache Handlung	Jahressa-Pigainaressa	10. Jahr	III
Vergangenheit/Zukunft		Epilog	

Gesamtumfang: ca. 366 hethit. Zeilen
1) 29 Zeilen: III 67—95; 2) Lücke von ca. 25 Zeilen
3) 35 Zeilen: IV 1'—34'; 4) 24'—34'

Jahr ist jedoch auch in den ZJA berichtet; aus KBo III 4 Rs. IV 22 ist zu schließen, daß auch Mursilis’ eigener Zug nach Karkemisch dargestellt war[6]. Man
wird also annehmen, daß die gleichzeitige Handlung im Norden, im Süden und
in Kizzuwatna in den ZJA berichtet war, jedoch kürzer, also beispielsweise
unter Weglassung verschiedener direkter Reden und der Vorgeschichte[7].

Aus diesen Überlegungen ergibt sich mit Sicherheit, daß in den ZJA die
Schilderung des Anfangs des 9. Jahres recht bewegt gewesen sein muß. Diese
Erkenntnis ist für das Schema der zweiten Hälfte der ZJA überaus wichtig.
Über das achte Jahr lassen sich zwar, da auch die AA an dieser Stelle sehr
lückenhaft sind, keine Aussagen machen. Da aber der Bericht über das 7. Jahr
in den ZJA, — wie aus dessen Anfang über Pihhunias von Tipija und Annijas
von Azzi, soweit er erhalten ist, sowie aus den Resten des Parallelberichtes
der AA zu schließen ist, — ebenfalls in einem durch profilierte Gegner, Vorgeschichten, Exkurse, Briefwechsel und Reden aufgelockerten Stil abgefaßt ist,
schließen sich wohl auch in der zweiten Hälfte der ZJA mehrere Jahresberichte
zu einer größeren stilistischen Einheit zusammen. Sie entspricht umfangsmäßig
und stilistisch dem Bericht von den Arzawazügen im 3. und 4. Jahre der ZJA.

Die Analyse, die durch Beobachtungen zu den TS bestätigt wird, zeigt deutlich einen literarischen Plan, nach dem aus dem reichen historischen Material
ausgewählt (s. hier § 9), geordnet und formuliert wurde. Deutlich wird auch,
daß eine derart gelungene Komposition eine erhebliche literarische Tradition
und Technik voraussetzt[8].

Die quantitativen Symmetrien der Komposition sind eigentlich erst optisch
recht wahrnehmbar. Auf dem Ein-, bzw. Zweitafel-Exemplar, auf denen die
ZJA überliefert sind, ist dieser durch die Gliederungsstriche angedeutete Aufbau besser zu erkennen als in dem über viele Seiten hingezogenen Text der
modernen Ausgabe, die die AA und ZJA, hethitischen Text und deutsche Übersetzung simultan abdruckt. Eine Verteilung der beiden Hälften des Werkes auf
Vorder- und Rückseite der Tafel ist freilich in dem erhaltenen Eintafel-Exem-
plar nicht erreicht, was allerdings nach dem Befund der übrigen Keilschrift-
literatur auch nicht erwartet werden konnte[9].

Das Verhältnis von AA zu ZJA

§ 8.2: Der Vergleich der beiden Annalenwerke Mursilis’ miteinander stellt
eine Anzahl reizvoller Probleme, die hier zum Teil nur aufgeworfen werden
können. Nur für die beiden Prologe wird der Vergleich ausführlich, also auch
mit dem Versuch, Umfang und Inhalt der in den AA verlorenen Stücke ungefähr zu bestimmen, durchgeführt.

Die Tatsache, daß die AA nicht mit dem 11. Jahre beginnen, wodurch die ZJA zu einem Unterteil der AA gemacht worden wären, bestätigt die Auffassung, nach der es sich bei den AA und ZJA um zwei selbständige und geschlossene Werke handelt (§ 6.4). Die ZJA sind kein erweiterungsfähiger Text. Es handelt sich bei den Unterschieden zwischen AA und ZJA nicht einfach um einen Unterschied in der Stoffmenge und im Formular von Datierungen und Götterbeistand (§ 8.23). Vielmehr zieht — wie das bei literarischen Werken höheren Niveaus zu erwarten ist — die Veränderung im Stoffbereich eine Veränderung der Darstellungsweise nach sich. Die größere Stoffmenge pro Jahr wird in den AA z. B. durch zahlreiche Nebenreihen und Vorgeschichten dargestellt, wodurch die drittpersönliche Narrative viel stärker in den Vordergrund tritt als in den ZJA. Die TS sind in dieser Richtung noch weiter fortgeschritten, insofern sie — bis auf die Reden — in drittpersönlicher Narrative verfaßt sind, die lediglich durch Ausdrücke wie „mein Bruder", „mein Vater" etc. den Zusammenhang mit der erstpersönlichen Narrative der Königsannalen verrät. Eine entsprechende chronologische Reihenfolge dieser drei Werke ist damit natürlich nicht behauptet.

Die Annahme, daß wie die ZJA nach dem 10. Jahre so die AA nach dem letzten der in ihnen berichteten Jahre abgefaßt worden sind, ist naheliegend[10].

Die Analyse der Unterschiede zwischen den beiden Werken dürfte übrigens auch für unsere Vorstellungen von parallelen (und kontaminierten) historischen Werken im Alten Testament von Nutzen sein. Dies gilt nicht nur vom Pentateuch, den Doppelüberlieferungen in den „Früheren Propheten", sondern auch vom chronistischen Geschichtswerk und seinen Quellen. Nach W. Rudolph (HAT 21, 1955, S. XIf.: im Anschluß an Klostermann) hat der Chronist nicht die uns erhaltenen kanonischen Königsbücher benutzt, sondern, wie vor allem seine Zusatz-Informationen zeigen sollen, eine erweiterte und fortgeführte Neuausgabe.

§ 8.21: Im Epilog der ZJA ist das Kriterium angegeben, nach dem Mursilis bestimmte Stoffe nicht in die ZJA aufnahm, sondern sie — so könnte man vermuten — für die AA aufsparte (§ 9.3); allerdings ist damit nicht gesagt, daß die AA zu dem Zeitpunkt, als der Schluß der ZJA geschrieben wurde, bereits geplant waren:

„Und seit ich mich auf den Thron meines Vaters setzte, war ich bereits 10 Jahre lang König.

Und diese Feindesländer besiegte ich in 10 Jahren mit eigener Hand.

Welche Feindesländer aber die Königssöhne und die Herren besiegten, die sind nicht dabei.

Was mir die Sonnengöttin von Arinna, meine Herrin, weiter bestimmt, das werde ich auf mich nehmen (oder: aufzeichnen) und es durchführen (oder: es vor der Gottheit niederlegen)." (ZJA Schluß, Götze S. 136 f.).

Der Personenkreis der AA ist — natürlich auch des größeren Zeitraumes wegen — sehr viel umfangreicher als derjenige der ZJA; die wichtigeren Personen sind:

Hethiter und Vasallen:
„Mein Großvater“,
Suppiluliumas,
Arnuwandas,
Mursilis,
Sarrikusuhas,
Muwattis, Tochter Suppiluliumas’;

Hutupijanzas,
Nanazitis,
Aranhapilizzis,
Kantuzzilis,   } Militärs (u. a. m.)
Nuwanzas,
Tarhinis,
Gullas,
Malazitis;
Hanuttis, Verwalter der Unteren Länder;
Talmi-Sarmas, Sohn des Telepinus,
    König von Halpa;
Mashuiluwas von Mira;
Manapa-Dattas vom Seha-Flußland
    und seine Mutter.

Gegner:
König von Ägypten,
König von Assur,
König von Ahhijawa;
Uhhazitis und Söhne von Arzawa;
Aitakkamas von Kinza und NIG.BA-^{d}U-as,
    sein Sohn;
Annijas von Azzi;
Aparrus von Kalasma;
Verschiedene Kaskäer, darunter Pazzanas,
    Nunnutas, Pihhunias;
Muttis, der Halimanäer;
Pitaggatallis und Pittaparas;
(Hurri-Länder).

Der Personenkreis der ZJA:

Hethiter und Vasallen:
„Mein Großvater“,
Suppiluliumas,
Arnuwandas,
Mursilis,
(„mein Bruder“)[11];
Nuwanzas,
Mashuiluwas,
Targasnallis von Hapalla,
Manapa-Dattas, seine Mutter, alte Männer
    und Frauen.

Gegner:
König von Ahhijawa,
Uhhazitis und Söhne,
Annijas von Azzi,
Pihhunias,

(Land Mitanni).

Bemerkenswert an diesem Personenverzeichnis ist vor allem das fast völlige Fehlen von Frauennamen. Erst der Verfasser der Thronnachfolge Davids und später Herodot haben das geschichtliche Wirken von Frauen für darstellenswert gehalten, weil sie das Menschliche und Innenpolitische, Familientragödien und Hofintrigen als geschichtliche Triebkräfte erkannten. Dies liegt der älteren orientalischen Historiographie fern, was deswegen besonders bemerkenswert ist, weil natürlich auch in hethitischer Zeit Königsmutter (Tawananna), Gemahlin des Königs und Prinzessinnen in die Politik eingriffen, worüber wir gerade für die Zeit Mursilis’ gut unterrichtet sind (CTH 70). In den AM werden insgesamt etwa 160 verschiedene Ortsnamen genannt. Die Reduktion des Personenkreises in den ZJA hat eine Reduktion der Schauplätze zur Folge. Sarri-Kusuhas, Bruder Mursilis' und hethitischer König in Karkemisch, spielt in den AA eine große Rolle; in den ZJA wird er nicht namentlich (2 A 11) erwähnt, nicht einmal im Prolog. Von den Hilfstruppen, die Nuwanzas im 2. Jahre der AA (Götze S. 26 ff.) zu Sarri-Kusuhas nach Karkemisch führt, um ihn gegen etwaige Angriffe der Assyrer — Assuruballit I. (ca. 1366-1330) — zu schützen, ist in den ZJA keine Rede. Das Unternehmen gegen Uhhazitis von Arzawa und seine Söhne wird in den AA von Mursilis und seinem Bruder gemeinsam, in den ZJA von Mursilis allein geführt.

Als in Syrien im 7. Jahre der Regierung Mursilis' (Götze S. 86 f) ein Angriff ägyptischer Truppen droht, entsendet Mursilis den Kantuzzilis nach Karkemisch. In den ZJA aber ist weder Ägypten noch Karkemisch erwähnt. Die Siege des Sarri-Kusuhas über die Städte (. . .)zanda und Tenti(. . .) im 7. Jahre der AA (Götze S. 94 f.) sind in den ZJA nicht genannt.

Im 9. Jahre der Regierung Mursilis' stirbt Sarri-Kusuhas in Kizzuwatna (Götze S. 108 f.); sein Sohn wird König von Karkemisch (Götze S. 124 f.); auch diese beiden Ereignisse sind in den ZJA nicht berichtet. Die Eliminierung des Sarri-Kusuhas aus den ZJA hängt mit der Eliminierung des syrischen Schauplatzes zusammen. In den erhaltenen Teilen der ZJA ist er nirgends erwähnt; allerdings kann mit einiger Wahrscheinlichkeit angenommen werden, daß Mursilis' eigener Zug nach Karkemisch auch in den ZJA berichtet war. Was hier für Sarri-Kusuhas ausgeführt wurde, gilt in analoger Weise für die anderen hethitischen Militärs, z. B. für Nanazitis (Götze 120 ff.) und vor allem für Nuwanzas. Der Gesichtskreis der ZJA ist also viel enger: die großen weltpolitischen Mächte der Zeit — Assyrien und Ägypten — treten nicht auf; nur der König von Ahhijawa, der einen Sohn des Uhhazitis ausliefern muß, ist im 4. Jahre (Götze S. 66 f.) kurz genannt.

Die Eliminierung des südlichen Schauplatzes hat für die Handlungsdarstellung zur Folge, daß die Schemata der nichtausgeführten und der möglichen Handlung in den ZJA seltener vorkommen als in den AA.

Im 2. Jahr der AA (Götze S. 26 ff.) ist berichtet:

„Bevor ich mich aber auf den Thron meines Vaters setzte, fuhr zu Sarri-Kusuh, meinem Bruder, dem König von Karkemisch, kein Großer hin, auch KARAŠ-muwas, der Groß-. . . beließ er in der Garnison drin . . . Als ich mich aber auf den Thron meines Vaters setzte, . . . und den Nuwanzas, den Großen des Weines, entsandte ich . . . nach dem Lande Karkemisch. Und er hielt sich bei Sarri-Kusuh, meinem Bruder, im Lande Karkemisch auf. Und den Nuwanzas, den Großen des Weines, wies ich folgendermaßen an: ‚Wenn der Assyrer kommt, so kämpft mit ihm! Wenn er aber nicht kommt, so besetzt das Land und das Land haltet beschützt!' Als aber der Assyrer hinüber erfuhr, ‚Truppen und Wagenkämpfer des Hatti-Landes kamen', kam er daraufhin nicht."

Diese folgenlose Episode ist in den ZJA nicht erzählt.

Ähnlich liegen die Verhältnisse für das 7. Jahr. Vor dem Zug gegen Pihhunias steht in den AA ein sehr langer, teilweise stark zerstörter Passus, in dem die Namen ‚Karkemisch, König von Ägypten, Leute von Nuhasse‘ erkennbar sind. Das folgende (Götze S. 86 ff.) ist besser erhalten:

> „(Als aber die Leute von Nuhasse . . .)ten und Krieg anfingen, (als) man über die ägyptischen Truppen aber die Botschaft brachte: ‚Sie kommen!‘, den ägyptischen Truppen zog ich da entgegen; voraus entsandte ich aber den Kantuzzilis . . . und der zog zu Sarri-Kusuh, meinem Bruder, nach dem Lande Karkemisch hinab. Und den Kantuzzilis wies ich folgendermaßen an: ‚Weil die Leute von Nuhassi Krieg angefangen haben, so vernichte sie! . . . (zerstört) . . .
>
> Als ich aber in Ziluna anlangte, brachte man mir die Nachricht entgegen: ‚Die ägyptischen Truppen sind geschlagen, und sie sind heimgezogen‘.“

Diese nichtausgeführte Handlung ist in den ZJA nicht berichtet. Sie dient in den AA als Vorbereitung auf die Ereignisse des 9. Jahres (Götze S. 108 ff.), wo von einem Zusammenstoß mit den Leuten von Nuhasse und wahrscheinlich mit dem König von Ägypten berichtet ist.

§ 8.22: Aus der Einschränkung des Personenkreises und der Schauplätze folgt für die Darstellungsweise der ZJA die Verkürzung oder Unterdrückung von Nebenreihen und Vorgeschichten. Die drittpersönliche Narrative, in der die AA die Taten von Gegnern und hethitischen Militärs so ausführlich schildern, fehlt in den ZJA weitgehend. Die Ausschaltung des Sarri-Kusuhas aus dem Unternehmen gegen Arzawa hat beispielsweise zur Folge, daß in den ZJA keine Briefe oder Botenberichte Mursilis’ an seinen Bruder stehen. Hier zeigt sich, wie die Verwendung verschiedener Redeformen von der Art der Handlungsführung abhängig ist.

Im 3. Jahre bringen die AA im Gegensatz zu den ZJA einen längeren Exkurs über das Gebirge Arinnanda; auch der Exkurs über Aripsa (AA 10. Jahr; Götze S. 132 ff.) fehlt in den ZJA. Im 4. Jahre fehlt den ZJA gegenüber den AA ein Briefwechsel und eine wörtliche Rede; dagegen ist die Vergebungsszene selbst, aus der die genannte Rede eliminiert wurde, in den ZJA ausführlicher gehalten als in den AA. Im 10. Jahre der AA ist eine längere Unterwerfungsszene der Dukkamäer mit Rückverweis und wörtlicher Rede geschildert, wo die ZJA (Götze S. 134 ff.) einfach melden: „Da nahm ich Aripsa und Dukkama im Kampfe ein!“ Nichtmilitärisches, wie Vergebungs- und Unterwerfungsszenen, erscheint auch sonst in den ZJA häufig gekürzt, wie beispielsweise in dem Bericht über die Einsetzung des Mashuiluwas in Mira.

Im 9. Jahre ist mit den Personen von Nuwanzas und Nanazitis auch der Botenbericht fortgefallen; ebenso ist das Treffen Mursilis’ mit seinen Generälen in Tegaramma (Götze S. 124 ff.) in den ZJA unterdrückt.

Besonders interessant sind die Stellen, an denen die ZJA mehr sachliche Information oder eine stärkere Ausgestaltung des Stoffes bieten als die AA. Diese Stellen beweisen, daß die ZJA kein Auszug aus den AA sind, sondern eine selbständige Gestaltung auf der Grundlage des gleichen Archivmaterials.

So ist beispielsweise im 3. Jahre der ZJA ein Brief Mursilis' an Uhhazitis wiedergegeben, der in den AA fehlt[12]. Dieser Brief enthält einen Rückverweis auf den Prolog; derartige Rückverweise sind in den ZJA an anderen Stellen unterdrückt. Umgekehrt fehlen — der allgemeinen Tendenz der ZJA entsprechend — im weiteren Verlauf des 3. Jahres in den ZJA mehrere Botenberichte, Reden und Briefe.

Im 4. Jahre zieht Mursilis zum Seha-Flußland; dessen Herr, Manapa-Dattas, fürchtet sich, kommt ihm deshalb nicht selbst entgegen, sondern schickt eine Gesandtschaft, die die Unterwerfung anbieten soll. Dieser Gesandtschaft gehören in den ZJA die Mutter des Manapa-Dattas an, sowie Greise und Greisinnen; in den AA ist nur die Mutter genannt. Auch von der Auslieferung von 4000 hattischen Kolonen berichten nur die ZJA.

Das 7. Jahr beginnt in den AA mit einer ausführlichen Schilderung der Verwicklungen in Syrien, die in den ZJA wohl ganz gefehlt hat. Dagegen ist die Geschichte von Pihhunias, dem Kaskäer aus Tipija, in den ZJA zu Beginn ausführlicher berichtet. Der Exkurs über die Person des Pihhunias ist — entgegen der sonstigen Tendenz der ZJA — genauso ausführlich wie der der AA; dazu aber kommt ein Brief Mursilis' an Pihhunias mit der Aufforderung, die von ihm geraubten hethitischen Untertanen auszuliefern, und ein Antwortschreiben des Pihhunias, worin die Auslieferung verweigert und der hethitische Großkönig zum Kampfe herausgefordert wird. Die nun folgenden Ereignisse sind in den AA wiederum breiter erzählt als in den ZJA.

Weitere Unterschiede zwischen ZJA und AA brauchen hier nicht im einzelnen aufgezählt zu werden. Sie hängen alle mit den Tendenzen zusammen, die bereits genannt und mit Beispielen belegt wurden. Darüber hinaus aber fehlen in den ZJA auch Einzelheiten über Mursilis' eigene Kriegszüge, selbst wenn sie auf Schauplätzen spielen, die sonst in den ZJA berücksichtigt sind. So fehlen beispielsweise im 9. Jahre der ZJA sechs Operationen im Kaskäergebiet sowie zahlreiche strategische Einzelheiten auch bei Zügen, die die ZJA berichten.

Für die unterschiedliche Behandlung derselben Ereignisse in AA und ZJA seien abschließend noch zwei instruktive Beispiele angeführt:

A: AA 7. Jahr (Götze S. 92 ff):
a) „Weil sich Pihhunias aber gegen mich empört hatte,
b) (ging er auf und davon).

c1) Und als ich das Land Tipija verbrannt hatte, kam ich dann nach dem Lande Istitina zurück.

c2) Weil das Land Istitina aber ... Pihhunias vernichtet hatte, und er die festen Städte verbrannt hatte — sobald ich da das Land Istitina wieder in der Gewalt hatte, Kannuwara ... ferner auch die festen Städte, die verbrannt worden waren,

c3) die baute ich wieder auf und befestigte sie und belegte sie mit Garnisonen.

 d) Sowie die Verhältnisse dem Pihhunias aber drückend wurden, geht er zu keinem (anderen) mehr, (er kam zu mir.) Und er kam und fiel mir zu Füßen ... und ich nahm ihn auf und (führte ihn nach Hattusa heim) ..."

ZJA 7. Jahr:

d) „Auch den Pihhunias ergriff ich und führte ihn heim nach Hattusa.

c1) Dann kehrte ich aus dem Lande Tipija zurück.

c2) Und weil Pihhunias das Land Istitina behalten hatte, baute ich es wieder auf

c3) und machte es wieder zu einem Land des Hatti-Reiches."

B: AA 9. Jahr (Götze S. 124 ff):

a) „Und als sich nun das Land Karkemisch geordnet hatte, da kam ich von Karkemisch aus herauf und begab mich ins Land Tegaramma. Und als ich nach Tegaramma gelangte, da kamen mir Nuwanzas, der Große des Weines, und alle Herren in Tegaramma entgegen und trafen mit mir zusammen.

b) Ich wäre auch noch nach Hajasa gezogen, aber das Jahr war zu kurz. Auch die Herren sagten zu mir: ,Das Jahr ist dir zu kurz geworden; ziehe, unser Herr, nicht nach Hajasa!'

c) Da zog ich nicht nach Hajasa; und (= sondern) ich begab mich nach Harrana. Und mein Heer gelangte nach Harrana, und ich stieß dort zum Heere."

d) Es folgt der Zug nach Jahressa und Piggainaressa.

ZJA 9. Jahr:

a) „Als aber ich, die Sonne, aus Kizzuwatna wieder heraufkam,

b) da war mir das Jahr zu kurz geworden,

c) und darum zog ich nach dem Lande Azzi."

d) Es folgt der Zug nach Jahressa und Piggainaressa.

Im ersten Beispiel ist die Reihenfolge der Ereignisse in beiden Berichten nicht die gleiche; der Umfang des Berichtes in den ZJA ist gleichmäßig gegenüber den AA gekürzt. Im zweiten Beispiel sind in den ZJA Rückverweise und wörtliche Rede ausgelassen. Statt einer irrealen Stufung findet sich nur das Schema der nichtausgeführten Handlung; die Reihenfolge der Ereignisse ist jedoch beibehalten.

Die Verkleinerung des Personenkreises und des Schauplatzes in den ZJA hat eine durchgängige Vereinfachung der Handlungsführung zur Folge. Nichtausgeführte oder mögliche Handlungen werden, wie wir sahen, nur selten berichtet. Auch andere schwierigere logische Schemata wie Konzessivität oder Irrealität sind in den ZJA seltener verwandt als in den AA.

So wird beispielsweise im 3. Jahre der AA (Götze S. 42 f.) von einem Hinterhalt der Kaskäer berichtet, in den Mursilis beinahe geraten wäre:

„Solange ich aber in Palhuissa war, und seine Erntevorräte vernichtete, eilte der Kaskäer-Feind gegen mich ... insgesamt zur Hilfe herbei, und Kuzastarina besetzte er.

Wenn ich aber marschiert wäre, hätten sie mich hinterrücks überfallen. Sowie ich ihn aber bemerkte, machte ich auf der Stelle kehrt und zum Kampfe trat ich gegen ihn an."

In den ZJA wird der Hinterhalt der Kaskäer übergangen; es wird nur Schlacht und Sieg über den pishurischen Feind hinter Palhuissa berichtet.

In der Manapa-Dattas-Episode im 4. Jahre bieten die AA (Götze S. 66 f.) eine Vorgeschichte mit konzessiver Stufung: Obschon Mursilis sich um Manapa-Dattas verdient gemacht hat, tritt dieser auf die Seite seines Feindes. Diese Vorgeschichte fehlt in den ZJA völlig.

In derselben Episode führt die Vereinfachung der Handlung in den ZJA noch einmal zum Verlust einer irrealen Stufung. In den AA nämlich schickt Manapa-Dattas dem hethitischen König einen Brief, in dem er seine Unterwerfung anbietet. Trotz dieses Briefes wäre Mursilis gegen ihn gezogen, aber da schickt Manapa-Dattas ihm seine Mutter entgegen; auf deren Bitten hin nimmt Mursilis die Unterwerfung des Manapa-Dattas an. Die ZJA berichten nichts von einem Briefe Manapa-Dattas', infolgedessen fehlt auch die konzessiv-irreale Stufung.

§ 8.23: Wie einzelne Divergenzen zwischen den beiden Annalenwerken — etwa im 3. (Götze S. 54 ff.) und 10. Jahre (Götze S. 136 ff.), wo die ZJA von Kampf und Sieg, die AA von freiwilliger Unterwerfung berichten — zu erklären sind, ist mir unklar. Höchst auffällig sind, gerade ihrer Geringfügigkeit wegen, die regelmäßigen Unterschiede zwischen ZJA und AA in den Jahreseingangs- und Jahresschlußformeln, der Namengebung und der Beistandsformel. Die ZJA bevorzugt zum Jahreseingang die Formel ‚im Jahre darauf aber', zum Jahresschluß die Formel ‚und das führte ich in 1 Jahre aus'. Die AA dagegen leiten das Jahr ein mit der Formel ‚als es aber Frühling wurde', und schließen dementsprechend meist mit ‚dann nahm ich in Ankuwa Quartier und überwinterte in Ankuwa'. Die Frühlingsformel findet sich in den ZJA nur zu Beginn des 4. Jahres, die Überwinterungsformel nie. Die AA unterscheiden zwischen Azzi und Hajasa, wo die ZJA nur von Azzi sprechen. Die Formeln, mit denen Mursilis vom Beistand der Götter bei einer Schlacht berichtet, sind in den AA und ZJA ebenfalls durchgängig verschieden. In den ZJA sind regelmäßig die Sonnengöttin von Arinna, der stolze Wettergott, Mezullas und „die Götter alle" genannt; in den AA dagegen Mezullas nie, dafür aber der hattische Wettergott, ᵈKAL, die Istar des Feldes und andere Kriegsgötter in wechselnder Zahl[13]. Diese Unterschiede könnten es nahelegen, für die beiden Annalenwerke Mursilis' verschiedene Verfasser oder Redaktoren anzunehmen.

§ 9: PROLOGE UND EPILOG VON ZJA UND AA

Zur Rekonstruktion des Prologes der AA

§ 9.1: Der Prolog der ZJA ist vollständig erhalten[14].

„Folgendermaßen die Sonne Mursilis, Großkönig, König von Hatti-Land, Held, Sohn Suppiluliumas', des Großkönigs, des Helden.

I

Bevor ich mich auf den Thron meines Vaters setzte, waren alle umliegenden Feindesländer mit mir im Krieg.

1) Und sobald mein Vater Gott geworden war, setzte sich Arnuwandas, mein Bruder, auf den Thron seines Vaters. Später aber erkrankte er ebenfalls.

Als aber die Feindesländer hörten, daß Arnuwandas, mein Bruder, krank (sei), da fingen die Feindesländer eines nach dem anderen Krieg an. Als aber Arnuwandas, mein Bruder, Gott wurde, da fingen auch die Feindesländer, die im einzelnen (noch) nicht Krieg geführt hatten, auch diese (apus-a) Feindesländer Krieg an.

2) Und die umliegenden Feindesländer sprachen folgendermaßen:

　　a) ‚Sein Vater, der König von Hatti-Land war, der war ein heldenhafter König. Und die Feindesländer hatte er bezwungen. Und er ist Gott geworden.

　　Sein Sohn aber, der sich auf den Thron seines Vaters setzte, auch dieser (apas-a) war früher ein Kriegsheld. Und er erkrankte, und auch dieser (apas-a) wurde Gott.

　　b) Jetzt aber, welcher sich auf den Thron seines Vaters setzte, der ist klein. Und das Hatti-Land und das Gebiet des Hatti-Landes rettet er nicht.'

II

1) Weil mein Vater aber im Lande Mitanni sich länger aufhielt, verspätete er sich bei dem Aufenthalt. Die Feste der Sonnengöttin von Arinna, aber meiner Herrin, blieben ungefeiert.

　　2) a) Als aber ich, die Sonne, mich auf den Thron meines Vaters setzte, welche umliegenden Feindesländer da mit mir im Kriege lagen, bevor ich da gegen irgendein Feindesland auszog, da kümmerte ich mich um die feststehenden Feste der Sonnengöttin von Arinna, meiner Herrin, und ich feierte sie.

　　b) Und zur Sonnengöttin von Arinna, meiner Herrin, erhob ich die Hand und sprach folgendermaßen:

　　‚Sonnengöttin von Arinna, meine Herrin! Die umliegenden Feindesländer, die mich klein schimpften und mich mißachteten und deine, der Sonnengöttin von Arinna, meiner Herrin, Gebiete immer wieder zu nehmen sich anschickten — nun, Sonnengöttin von Arinna, meine Herrin, komm zu mir herab und jene umliegenden Feindesländer schlage vor mir!'

III

Und die Sonnengöttin von Arinna erhörte mein Wort und kam zu mir herab. Und sobald ich mich auf den Thron meines Vaters gesetzt hatte, diese umliegenden Feindesländer besiegte ich da in 10 Jahren und schlug sie."

Aus dem Prolog der AA sind nur etwa 54 Zeilen erhalten, und zwar am unteren Ende der linken Seite der als KUB XIX 29 (= 2 BoTU 49) veröffentlichten Tafel. Erhalten ist also der untere Teil der ersten und der obere der vierten Kolumne. Der Text lautet in der Übersetzung A. Götze's (S. 14 ff.):

„Und .. ,

mein Vater ...
darauf (Personenname) ...
krank aber
fort er ... (als der Feind aber)
diese Krankheit ... sah — weil sie ihn krank (nicht fürchteten), wurden ... vom Hatti-Lande abtrünnig.
... mein Bruder starb auch noch. Sarri-Kus-uhas (aber) ... ich aber war noch ein Kind. Den Platz aber (meines Vaters mir in keiner) Weise anzuweisen (waren sie bereit)."

(Kol. II und III fehlen)

Rs. IV 1—5: Anfang der Rede sehr zerstört; Z. 6 ff.:

„Und du (kennst) mir deines Vaters (Politik nicht) ..., ... der mir Respekt abgenötigt hätte, wäre dein älterer Bruder gewesen, der vor seinem Vater Truppen und Wagenkämpfer befehligte, auch die Politik (?) seines Vaters kannte und früher ein Kriegsheld war. Wenn du mir Respekt abnötigen wolltest, müßtest du ein solcher sein.'

(Als sie) ... krank sahen, — Hanuttis, der aber zu dieser Zeit die Unteren Länder verwaltete, sobald er nach dem Lande Ishupitta auszog, starb er dort. Und als sie auch diesen Tod des Hanuttis erfuhren, wurden sie auch mit Rücksicht darauf aufsässig und schrieben mir daraufhin folgende Worte:

(16) ,Du bist ein Kind, und du verstehst nichts, du nötigst mir keinen Respekt ab. Zur Zeit aber ist dein Land zugrundegerichtet, und deine Truppen und deine Wagenkämpfer sind wenig geworden. Und gegen deine Truppen sind meine Truppen mehr; gegen deine Wagenkämpfer sind meine Wagenkämpfer mehr. Und dein Vater hatte viele Truppen und Wagenkämpfer; und der du ein Kind bist, wie wirst du ihm gleichkommen(?)?'

Und sie mißachteten mich und lieferten mir meine Untertanen nicht aus.
... weil der Feind ..."

Der Vergleich der erhaltenen Partien der beiden Prologe ergibt folgendes: Sarri-Kusuhas ist im Prolog der ZJA nicht genannt. Es ist möglich, von der Nennung dieses Namens in den AA auf eine Darstellung der Verhältnisse in Syrien, der Beziehungen zu Assyrien und Ägypten in Kol. II oder III zu schließen. AA Rs. IV 1 ff. bringt eine erste, Rs. IV 16 ff. eine zweite Rede von Feindesländern, die beide nicht mit der aus Anlaß des Todes des Arnuwandas gehaltenen Rede der Feindesländer in den ZJA identisch sein dürften, da sie sehr weit gegen Ende des Prologes stehen, der Tod Arnuwandas' aber bereits in I 9' berichtet ist.

Zu der Ergänzung von KUB XIX 29 macht Forrer (2 BoTU S. 37*) folgende Bemerkung: „ ... (49) ist also sicher die Anfangstafel der AA. Da diese Tafel in einer Spalte etwa 95 Zeilen hatte, Zeile 2' als neuntletzte Zeile die Zeile 87 der ganzen Spalte war, stehen für die Abschnitte oberhalb von Zeile 2' 86 Zeilen zur Verfügung ... Auf die etwa 190 Zeilen der fehlenden II. und III. Spalte entfallen etwa 15 Abschnitte = §§ 8-23. ..."

Forrers Ansatz von fünf verschiedenen Serien und seine Berechnung der Zeilenzahl sind von Götze[15] kritisiert worden; Götze selbst kommt mit drei

Serien aus. KUB XIX 29 rechnet er zu einer ‚großen Serie‘, in der eine Tafel doppelt soviel Text enthielt wie eine Tafel der ‚kleinen Serie‘. Zu der großen Serie gehören nach Götze auch KUB XIV 15, 16 und 17. KUB XIV 15 Vs I hat 32 Zeilen, danach unbeschriebenen Raum für sechs Zeilen, nach sechs bis acht weiteren Zeilen folgte der untere Tafelrand[16]. Eine Spalte dieser Tafel hatte also Raum für etwa 45 Zeilen. KUB XIV 16 hat 35 Zeilen und eine „kleine Lücke“ am Ende. In KUB XIV 17 sind in der II. Kolumne der Vorderseite 39 Zeilen erhalten. Unter diesen Voraussetzungen könnte man annehmen, daß die Gesamtzeilenzahl von KUB XIX 29 etwa $4 \times 40 = 160$ Zeilen betrug und nicht $4 \times 95 = 380$ Zeilen, wie Forrer berechnete. Es ist sicher, daß auf KUB XIX 29 nur der Prolog der AA gestanden hat.

Rs IV 22 enden die Worte der Feindesländer. Nach Analogie der ZJA muß man schließen, daß auch in den AA sachlich danach mindestens noch die Wiederherstellung der Feste der Sonnengöttin von Arinna, das Gebet des Königs und wahrscheinlich doch auch ein Vorblick auf das Werk — in den ZJA in 14 Zeilen abgehandelt! — gefolgt ist. All dies müßte noch in der zweiten Hälfte der IV. Kolumne von KUB XIX 29, also in etwa 20 Zeilen, gestanden haben. Berücksichtigt man nämlich den Faktor, um den vergleichbare Partien der AA gegenüber den ZJA erweitert sind[17], wird man kaum annehmen, der Bericht über die Feste der Sonnengöttin, das Gebet und der Vorblick hätten nur die etwa 20 verbleibenden Zeilen der IV. Kolumne eingenommen. Es scheint mir deshalb nicht unwahrscheinlich, daß sich der Prolog der AA noch auf eine zweite Tafel ausdehnte.

Der erhaltene Teil des Anfanges des Prologes der AA berichtet offenbar vom Ende der Regierung Suppiluliumas'. Es folgt der Tod Arnuwandas', darauf ist die Nennung von Sarri-Kusuhas erhalten, an die sich vielleicht eine Darstellung der syrischen Verhältnisse und — ähnlich wie in den ZJA — eine erste Rede der Feindesländer anschloß. In der ersten Kolumne sind vor dem Bericht von dem Tode Suppiluliumas' noch mindestens 30 Zeilen frei. Darin ist mit Sicherheit nur die Eingangsformel und die Titulatur unterzubringen. Was in den restlichen Zeilen gestanden haben mag, ist völlig unsicher[18].

Diese Berechnungen — ZJA-Prolog: 29, AA-Prolog: (mindestens) 160 Zeilen — zeigen, wie stark die beiden Prologe sich voneinander unterschieden haben müssen. In den beiden Prologen sind dieselben Tendenzen sachlicher und stilistischer Art wirksam, die bereits für andere Teile der beiden Annalenwerke festgestellt wurden. Die innere Einheit eines jeden der beiden Werke zeigt sich damit auch als Ergebnis dieser Betrachtung.

Aufbau des Prologes der ZJA

§ 9.2: Der Prolog der ZJA ist eine ‚Archäologie': Er gibt eine generalisie-rende Vorgeschichte all der Ereignisse, die sich in den ersten zehn Jahren der Regierung Mursilis' zugetragen haben[19]. Diese zehn Jahre werden zusammen-gefaßt und den Ereignissen vom Tode Suppiluliumas' bis zu Mursilis' Thron-besteigung gegenübergestellt; so entsteht ein historisch recht tiefer Raum. In verstärktem Maße dürften diese Aussagen auf den Prolog der AA zutreffen.

Der Prolog der ZJA gliedert sich in Vorspruch, zwei Hauptteile (I; II) und Schluß. Jeder Hauptteil — jeweils durch eine direkte Rede ausgezeichnet — steht unter einem besonderen Thema: der erste unter einem politischen, der zweite unter einem religiösen. In einer großen Periode wird die Verbindung der beiden Themen hergestellt (II 2a).

Thema des ersten Hauptteils ist die allmähliche Verschlechterung der Lage nach dem Tode Suppiluliumas'. Im Einleitungssatz von I deutet Mursilis selbst das Thema an: er will berichten, wie es kam, daß bei seinem Regierungsantritt alle Feindesländer gegen ihn aktiv waren. Der syntaktische Ausdruck dieses Themas ist beispielsweise der häufige Gebrauch der Partikel -(j)a, -pat — ‚auch, auch noch'. Es wird über drei Generationen hinweg ein Prozeß beschrie-ben, aus zwei verschiedenen Gesichtspunkten, dem hethitischen und dem der Feindesländer, in zwei Formen, der Narrative und der fiktiven (reflektieren-den) Rede.

Die Rede der Feindesländer wiederholt mit wörtlichen Anklängen das be-reits in der Narrative Berichtete[20], fügt aber auch Neues hinzu, nämlich, daß Mursilis inzwischen den Thron bestiegen habe.

Der zweite Teil des Prologes beginnt mit etwas völlig Anderem: während der langen Feldzüge Suppiluliumas' in den Mitanni-Ländern wurden die Feste der hethitischen Staatsgöttin nicht begangen. Dieser Sachverhalt ist als Vorge-schichte — mit Gliederungsstrich davor und dahinter — von der nun fol-genden Periode abgesetzt, die die isoliert nebeneinandergestellten Sachverhalte — Verschlechterung der hethitischen Lage, Ruhen der Feste der Sonnengöttin — miteinander verknüpft. Sie dient gleichzeitig der Begründung des auffälligen Verhaltens des jungen Königs, indem im Schema der nichtausgeführten Hand-lung die zu erwartende Handlung des Königs mit der wirklichen konfrontiert wird. In einer vollständigen Explikation lautet das logische Verhältnis folgen-dermaßen: ‚Obschon die Lage sich immer mehr verschlechtert hatte, zog ich doch nicht sofort in den Krieg, sondern, weil zur Zeit meines Vaters die Feste der Sonnengöttin geruht hatten, stellte ich erst diese Feste wieder her'. Man

darf aus Mursilis’ Worten heraushören, daß die Vernachlässigung des Staats-
kultes der tiefere Grund für die Verschlechterung der Lage war[21].

Ein Gebet an die Sonnengöttin beschließt den Prolog. Wieder werden
Außenpolitik und Staatskult zusammengenommen: Die Sonnengöttin, deren
Eigentum die Feinde des hethitischen Reiches verletzt haben, möge dem König
helfen. Von der Zeit nach dem zehnten Regierungsjahr her kann Mursilis dann
noch sagen, daß die Sonnengöttin ihn erhört hat: ein Leitmotiv der gesamten
Annalen, besonders stark in dem Binnenschluß und im Epilog betont, ist der
dauernde Beistand der Sonnengöttin, neben dem der anderen Götter. Wie
innerhalb des Prologes so sind auch in den Annalen selbst religiöse und poli-
tisch-militärische Sachverhalte zusammen gesehen. Die hier zugrundeliegende
Auffassung ist am deutlichsten, mit theologischen Begriffen, im Proöm des
Großen Textes Hattusilis’ III. ausgesprochen[22]. Die letzten Sätze des Prologs
der ZJA, bereits vorbereitet durch die *ex eventu* getroffene Feststellung von
der Erhörung des Gebetes durch die Sonnengöttin, dienen der Fixierung des
Erzählpunktes: der Erzähler macht ganz klar, daß der folgende Bericht aus
der Perspektive der Zeit nach dem letzten, dem zehnten Regierungsjahr gegeben ist[23].

Der Epilog der ZJA

§ 9.3: Im Anschluß an die Erwägungen über das Verhältnis der beiden
Annalenwerke und die Frage ihrer Literarizität ist eine kurze Betrachtung des
Epilogs der ZJA erforderlich. Im Epilog gibt Mursilis das Kriterium an, nach
dem er bestimmte Stoffe nicht in die ZJA aufgenommen hat. Je nach Interpretation des letzten Satzes enthält der Epilog aber außerdem einen Verweis
auf zukünftige Schriften oder Taten des Königs. Derartige Verweise sind in der
Schlußtopik der altorientalischen Historiographie nicht unbekannt[24].

Der fragliche Satz aus dem Epilog der ZJA lautet[25]:
pa-ra-a-ma-mu ᴰUTU ᵁᴿᵁTÚL-*na* GAŠAN-*JA ku-it pé-es-ki-iz-zi*
na-at a-ni-ja-mi na-at kat-ta te-eh-hi.

Götze[26] schwankt zwischen den Übersetzungen „das werde ich auf mich
nehmen und es durchführen“ und „das werde ich aufzeichnen und es (vor der
Gottheit) niederlegen“.

Der zweite Vorschlag Götzes beruht auf einer Parallele aus dem Großen
Texte Hattusilis’[27]:
ku-id-ma-an-ma-za TUR-*as e-su-un nu-za* KUR.KUR ᴸᵁKÚR *ku-e tar-ah-hi-
is-ki-nu-un na-at* ṬUP.PU *ha-an-ti-i* DÚ-*mi na-at PA.NI* DINGIR^*LIM* *te-
eh-hi.*

Götze (a.a.O.) übersetzt diese Stelle folgendermaßen: „Solange ich aber jung war, welche Feindesländer ich da besiegt habe, darüber werde ich wahrheitsgemäß eine Tafel anfertigen und sie vor der Gottheit niederlegen." Man könnte jedoch eher übersetzen: „darüber werde ich eine Tafel getrennt (oder eine besondere Tafel) anfertigen[28]." In beiden Fällen enthält der Text Hattusilis' einen Hinweis auf ein anderes, noch nicht fertiggestelltes Werk, das die Jugendtaten des Königs berichten soll[29]. Es ist charakteristisch, daß kein Begriff für Inhalt oder Gattung und kein Titel für das geplante Werk zur Verfügung steht, vielmehr der Inhalt umschrieben und auf das Material gewiesen wird, auf das das Werk geschrieben wird.

Der zitierte Text Hattusilis' enthält 1) einen Verweis auf andere (vergangene) Taten, 2) auf eine andere (noch nicht ausgefertigte) Tafel, 3) die Niederlegung vor den Göttern.

Der zweite Teil des Epilogs der ZJA enthält a) einen Verweis auf andere (vergangene) Taten (der Königssöhne und Herren), b) auf den Auftrag der Sonnengöttin für die Zukunft, c) die Worte *a-ni-ja-mi* und d) *kat-ta te-eh-hi*.

Sicher zu parallelisieren sind das erste und das letzte Glied der beiden Reihen. *nat katta tehhi* bedeutet[30] aufgrund des Textes des Hattusilis also eher: ,ich werde es niederlegen (vor der Gottheit)'. Es liegt nahe, auch für die vorangehenden Glieder Parallelität anzunehmen. *anijami* hätte dann eine schreibtechnische Bedeutung, wie sie Götze nachgewiesen hat: „Gewisse Gegenstände auf einer Tafel niederschreiben . . . religiöse Formeln in einer bestimmten Sprache abfassen . . . etwas mit Hilfe von Tafeln (*IŠTU ṬUPPI*) d. h. schriftlich abfassen . . .[31]" Götze hat sich in seiner Übersetzung und dem Kommentar zur Stelle ausdrücklich für die andere Bedeutung von *anijami* („schicksalhaft Gegebenes auf sich nehmen, leisten") entschieden.

Die schreibtechnische Bedeutung (,ausführen, Tafel ausfertigen') scheint mir jedoch wahrscheinlicher. Der Epilog der ZJA enthält in diesem Falle einen zweifachen Verweis auf andere Werke; einen negativen Hinweis auf einen Bericht über die Taten der Königssöhne und Herren, den man mit einiger Wahrscheinlichkeit auf ein den AA ähnliches Werk beziehen kann[32], und einen positiven, der die Abfassung weiterer Berichte über künftige Taten des Königs in Aussicht stellt.

§ 9.31: Die von Götze behauptete Deutung von *ṬUPPU hanti ijami* im Großen Texte Hattusilis' auf einen Wahrheitsanspruch wäre allerdings der Sache nach nicht unmöglich, wie Partien aus dem Madduwattas, dem Tavagalavas-Brief und einem Text Suppiluliumas' II. lehren.

Der Verfasser des Madduwattas zitiert aus einem Brief des Vasallen an den hethitischen Großkönig; danach schreibt er[33]: „Und wie mir (hier steht), ebenso schrieb Madduwattas." Es handelt sich um einen ganz verruchten Plan des Madduwattas, so verrucht, daß der Verfasser sich gedrängt fühlt, auf die Authentizität seiner Urkunden und seine eigene Glaubwürdigkeit hinzuweisen. Madduwattas hatte mit Kupanta-KAL-as, einem Feind des Vaters der Sonne, Frieden geschlossen, obschon er hethitischer Vasall und dem Vater der Sonne zu Dank verpflichtet war. Er gab dem Kupanta-KAL-as seine Tochter zur Frau und versuchte die Sonne mit folgendem Brief zu täuschen:

> „Siehe, den Kupanta-KAL-as (werde ich hintergehen), und ich werde ihm so schreiben: ,Auf zu mir, ich werde dir meine Tochter zur Frau geben', wenn er aber zu mir kommt, werde ich ihn ergreifen und ihn töten."

Hierauf folgt die zitierte Versicherung des Verfassers.

In ähnlicher Weise bekräftigt der hethitische Großkönig im Tavagalavas-Brief nach der Schilderung einer militärischen Expedition nach Ijalanda die Richtigkeit seiner Darstellung[34]:

> „Und, mein Bruder, frage doch nur, ob es nicht so ist! ... Wie nun diese Dinge, die ich dir geschrieben habe, ‹geschehen sind?›, habe ich, der Großkönig, beschworen. Der Wettergott soll zuhören, auch die übrigen Götter sollen zuhören, wie diese Dinge ‹richtig berichtet?› (sind)!"

Als Suppiluliumas II. (um 1200) den Totenkult für Tuthalijas IV. (ca. 1249-1220) einrichtete, fertigte er ein Bild seines Vaters an und verfaßte einen Bericht über seine Mannestaten[35]:

> „Und mein Vater Tuthalijas, der Großkönig, wie er ein wahrer König war, genauso die wahren Mannestaten zeichnete ich auf. Weil ich nicht(s) fehlen ließ, habe ich aber (scil. erst recht) nicht(s) unterdrückt."

Die *fides diplomatica* ist eine Wurzel des hethitischen Wahrheitsbegriffes.

§ 10: ERZÄHLFORMEN (I)

Die nichtausgeführte Handlung

§ 10.1: Wie wichtig die scheinbar triviale Tatsache ist, daß in den AM auch die nichtausgeführten Handlungen erzählt werden, wurde bereits angedeutet[36]. Schon der Prolog der ZJA ist mit negativen Formulierungen durchsetzt; besonders eindringlich klingt I 19 ff.[37]:

> „Als aber ich, die Sonne, mich auf den Thron meines Vaters setzte, welche benachbarten Feindesländer da mit mir im Kriege lagen, da zunächst noch nicht gegen irgendein Feindesland zog ich, und (= sondern) ..."

Die negative Formulierung dient der Emphase. Sie setzt voraus, daß ein Sachverhalt, wenn er einmal eingetreten ist, nicht einfach als allein möglich hingenommen wird, sondern mit einem anderen durchaus möglichen, aber nicht eingetretenen kontrastiert werden kann.

Das Interesse an nichtausgeführten Handlungen wird historiographisch ergiebig, insofern diese — stärker als die ausgeführten Handlungen — dazu Anlaß geben, die Umstände und Gründe zu nennen, die die Ausführung einer Handlung verhinderten; zudem erfordert der Bericht von nichtausgeführten Handlungen bisweilen, wie das folgende Beispiel lehrt, die Anwendung hypothetischer Satzformen.

Im 10. und 11. Regierungsjahre kämpft Mursilis im Lande Azzi[38]. Die Leute von Azzi bekommen Furcht, unterwerfen sich und versprechen die Auslieferung von Kolonen und die Stellung von Truppen. Mursilis vernichtet die Leute von Azzi deshalb nicht, sondern nimmt sie zur Untertanenschaft an. Weil ihm aber das Jahr zu kurz geworden war, konnte er also im Lande Azzi keine politische Neuordnung mehr durchführen, sondern mußte sich mit einer Vereidigung der Leute von Azzi begnügen. Als es aber Frühling wurde, wäre er nach dem Lande Azzi zum Ordnen gezogen. Als aber die Leute von Azzi von seinem Kommen hörten, schickten sie ihm den Muttis entgegen und ließen ihn folgendermaßen wissen: „Weil du, unser Herr, uns schon früher vernichtet hast, so komme du, unser Herr, nicht nochmals! Und nimm, unser Herr, uns zur Untertanenschaft an . . .“ Truppenstellung und Auslieferung von Kolonen werden noch einmal versprochen. Weil Muttis in solcher Weise zu ihm gesprochen hatte und die Leute von Azzi ihm die Kolonen zurückgegeben hatten, zog Mursilis also nicht nach dem Lande Azzi, sondern nahm sie zur Untertanenschaft an. Dieser bemerkenswerte Bericht über eine Folge von aus bestimmten Gründen nicht zur Ausführung gelangten Kriegszügen schließt folgendermaßen: „So zog ich, die Sonne, denn in diesem Jahre nirgendswohin ins Feld, und ich begab mich nach Ankuwa und überwinterte in Ankuwa[39].“

Ich weiß nicht, ob es in der Historiographie des Zweistromlandes einen derartigen Bericht gibt. Der tiefere Grund für die breite Darstellung auch der nichtausgeführten Handlungen bei Mursilis ist, wie sich bei der Betrachtung der Erzählformen immer wieder zeigen wird, die Verlagerung des Interesses vom Kriegstatenbericht auf die Schilderung politischer Zusammenhänge. Der angeführte Bericht Mursilis' enthält zahlreiche Ausdrücke der politischen Sprache der Hethiter: Furcht, Unterwerfung, Auslieferung, Truppenstellung, Aufnahme in die Untertanenschaft, politische Neuordnung, Vereidigung. Diese Begriffe spielen in den Werken ‚Mursilis'‘ aus dem genannten Grunde eine wichtige Rolle[40].

Die drittpersönliche Narrative

§ 10.2: In allen Werken Mursilis' sehen wir einen großen Personenkreis an der Handlung beteiligt. Es ist für das Niveau der Historiographie Mursilis' bezeichnend, daß nicht nur die Operationen des Gegners, sondern auch die der hethitischen Militärs und Vasallen berichtet werden. Die reichere Handlung aber erfordert die Verwendung von drittpersönlicher Narrative, die gelegentlich als Kriterium für ‚eigentliche Geschichtsschreibung' angesehen wird[41]. Aus diesem Grunde seien hier einige Berichte über hethitische Militärs in den AM etwas ausführlicher zusammengestellt.

a) AA 3. Jahr (Götze S. 38 f.; die Episode fehlt in den ZJA):

„Weil Mashuiluwas aber, der König von Mira, Impa besetzt hielt, trat SUM-KAL-as, der Sohn des Uhhazitis, zum Kampfe gegen ihn an. Und dem Mashuiluwas standen meine Götter bei, da besiegte er den SUM-KAL-as, den Sohn des Uhhazitis, und schlug ihn. Und als Mashuiluwas den SUM-KAL-as, den Sohn der Uhhazitis, besiegt hatte, zog er auch noch hin und überfiel das Land Hapanuwa. ... Und vom Lande Mira war die Hälfte auf seiten des Mashuiluwas, (die andere Hälfte aber besiegte er,) und die wurde (ein Teil) des Hatti-Landes."

b) AA 9. Jahr (Götze S. 106 ff.); ZJA verloren):

„Solange ich aber in Tiliura (? nach KBo 16,6 III 16; vgl. XXI 29 I 12 f. [K.]) war —
Hudupianzas, der Königs-Sohn, der das Land Pala verwaltete, gegen den führte Wasumana (Duplikat hier und im folgenden: Wasulana [K.]) Krieg. Da entsandte ich den Nuwanzas, den Großen des Weines, mit Truppen und Wagenkämpfern, und er zog (Dupl.: sie zogen [K.]) fort wegen Hudupianzas (erg. nach Dupl., K.).
Und sie zogen gegen Wasumana und überfielen Wasumana. Und meine Götter standen ihnen bei, da besiegten sie Wasumana, und sie verbrannten es. Mit Kolonen aber, Rindern und Schafen nahmen sie es auf und brachten es nach Hattusa heim."

Dieses Beispiel berichtet eine gleichzeitige Handlung. Die Handlung um Mursilis ist in einen Zustand der Ruhe bzw. des gleichmäßigen Fortganges überführt worden; in der Nebenreihe geht die kriegerische Handlung weiter. Diese Technik, gleichzeitige Reihen auszubilden, indem eine Reihe ‚sistiert' wird, findet sich in den Werken Mursilis' an mehreren Stellen[42]. Durch verschiedene Konnektive werden die beiden Handlungsstränge zusammengehalten: Mursilis selbst schickt die Truppen; seine Götter stehen den beiden Heerführern bei; diese bringen die Beute nach Hattusa heim.

c) AA 25. Jahr (?) (Götze S. 170 ff.):

Als es aber Frühling wurde, da zog ich, der König, nach ... und beging das Fest des Mala-Flusses. Den Aranhapilizzis aber und den Nanazitis nach ... entsandte ich, auch Truppen und Wagenkämpfer gab ich ihnen.
Und sie überfielen das Land Walkina und vernichteten es. Mit Kolonen aber, Rindern und Schafen führte es Hattusa als Beute weg.

... Nach dem Lande Lalha ...
(Es fehlen hiernach etwa 26 Zeilen)

Und weil ich, die Sonne, das Fest des Mala-Flusses beging ... Und sowie ich nach ... gelangte, brachte man mir die Nachricht: ‚Die Stadt Timmuhala, die du ... verbranntest, die
haben die Kaskäer ... und wurden aufsässig.'

Und als ich das hörte, weil Aranhapilizzis die Truppen (genommen hatte?), (sie aber gegen
den Feind?) geführt hatte, (mußte ich) sie ... Und was an Truppen bei mir war, das setzte
ich in Marsch, und in Heshaspa stieß ich zum Heer."

Die gleichzeitige Handlung ist hier in derselben Technik berichtet wie im
vorigen Beispiel. Mursilis befindet sich auf einem Fest; die Hauptreihe ist damit in den Zustand der Ruhe überführt. Währenddessen unternehmen zwei
Generäle eine andere Operation. Wenn, wie mir wahrscheinlich ist, in der langen Lücke nach II 52 von einem Zug der Generäle gegen Lalha gehandelt war,
hätten wir in dieser Passage einen sehr langen Text in drittpersönlicher Narrative. Durch zwei Wiederaufnahmen, die als materielle Konnektive wirken,
werden Haupt- und Nebenreihe ‚zusammengeschaltet'.

d) AA 27. Jahr (?) (Götze S. 190 f.):

„Ich hätte sie niedergezwungen. Und das Jahr wurde mir zu kurz: es wurde Winter. Und
ich kam heim nach Hattusa.

Und als ich nach Hattusa gelangte,
weil mir die festen Städte von Kalasma (zum?) Feind entkommen waren, zog Tarhinis mit
Truppen und Wagenkämpfern hin. Und in welchem Lakku sie den Aparrus getötet hatten,
Tarhinis nahm Lakku und führte Kolonen, Rinder und Schafe herab, Lakku aber verbrannte
er."

Die Aktion findet noch im Winter statt, während Mursilis in der Hauptstadt
weilt. Die gleichzeitige Handlung ist nach der üblichen Technik erzählt.

e) AA 27. Jahr (?) (Götze S. 192 ff.):

„Bevor aber der Winter zu Ende ging,
weil die Leute von Kalasma aber mir vereidigt gewesen waren und den Eid gebrochen
hatten und Krieg angefangen hatten, zeigten ihnen die Eidgötter ihre göttliche Macht, und die
Eidgötter packten sie. Und der Bruder verriet den Bruder, der Freund aber verriet den
Freund, und einer tötete den anderen.

Und welcher Hutupijanzas, der Sohn des Zidas, des Groß-Mesedi, des Bruders meines
Vaters, das Land Pala und das Land Tumanna verwaltete, der zog hin und nahm sofort
Sarkuzza und führte es mit Kolonen, Rindern und Schafen herab. Hinterher aber nahm er
Zaparasta, die Stadt, und führte sie mit Kolonen, Rindern und Schafen herab. Weiter aber
nahm er Missuwanza und führte es mit Kolonen, Rindern und Schafen herab. Und Hutu-
pijanzas machte das ganze Land Kalasma wieder zu einem Lande des Hatti-Landes."

Um die Bedeutung derartiger Erzählungen würdigen zu können, muß man
sich in Erinnerung rufen, daß in der sonstigen altorientalischen Historiographie
üblicherweise der Herrscher alles allein macht[43]. ‚Mursilis' dagegen widmet den
Taten von Untergebenen einen relativ großen Raum, am meisten wohl in den
TS. Diese Beobachtung weist auf die Voraussetzungen dieser Historiographie
in der verfassungsrechtlichen und politischen Wirklichkeit des hethitischen
Staates.

Für das merkwürdig ‚unorientalisch‘ anmutende Verhältnis Mursilis’ zu seinen Untergebenen sei noch ein Beispiel angeführt. In AA 9. Jahr (Götze S. 124 ff.) kommt Mursilis aus Karkemisch zurück und trifft mit Nuwanzas und den anderen Herren in Tegaramma zusammen. Mursilis will noch nach Hajasa ziehen, aber die Herren raten ihm ab: das Jahr sei zu kurz geworden, so geht also Mursilis nicht mehr nach Hajasa. Auffällig ist an dieser Episode, daß sie für den Handlungsverlauf überflüssig ist. In den ZJA ist denn auch nichts von dem Rat der Herren berichtet, sondern nur eine einfache nichtausgeführte Handlung des Königs; in den AA dagegen eine irreal gestufte, nichtausgeführte Handlung, die durch das Hineinwirken anderer Personen kompliziert und durch die wörtliche Rede stilistisch gehoben wird.

Die Großzügigkeit, die aus der Aufnahme dieser Episode in die AA spricht, ist einer jener sympathischen Züge, durch die sich die Gestalt Mursilis’ und seine Werke für den modernen Leser so wohltuend von den unnahbaren Großkönigen des Zweistromlandes und deren monumentalen Tatenberichten unterscheiden[44].

Eine komplexe Handlung (AA/ZJA 3. Jahr)

§ 10.3: Die Folgen einfacher Handlungen in den niedrig stilisierten Partien stehen in einem vermutlich beabsichtigten Kontrast zu höher stilisierten Passagen, deren Stilschicht außer durch noch zu behandelnde stilistische oder rhetorische Mittel auch durch die Verwendung komplizierterer Handlungsschemata konstituiert wird. Der Aufbau aller Werke Mursilis’ ist durch die Abfolge dieser Stilschichten bestimmt[45].

Im folgenden sei als Beispiel für die durchschnittliche Stilhöhe der AM eine komplexe Handlung, der Zug gegen Uhhazitis[46], vorgeführt. Da der Bericht in beiden Annalenwerken fast vollständig erhalten ist, kann hierbei noch einmal das Verhältnis zwischen AA und ZJA deutlich gemacht werden.

Von den bisher untersuchten Beispielen für die einfache Handlung unterscheiden sich diese beiden Berichte durch ihre starke Verumständung. Die AA gehen darin im allgemeinen viel weiter; doch ist bemerkenswert, daß die ZJA in einem Fall eine direkte Rede einführen, die in den AA fehlt. Die relative Unabhängigkeit der beiden Texte voneinander zeigt sich auch in diesem Beispiel. Beachtenswert sind auch die Unterschiede in dem Überleitungskonnektiv und in der geographischen Terminologie.

Gemeinsam aber ist beiden Berichten der geringe Umfang der Schlachtschilderung. In den ZJA sind der Schlacht am Astarpa-Fluß viereinhalb Zeilen gewidmet. Sie sprechen in den dafür vorgegebenen sterotypen Formeln lediglich vom Ort des Kampfes, der Tatsache der Schlacht, dem Beistand der Götter

AA 3. Jahr

(Überleitungskonnektiv:) Als ich aber diese Länder besiegt hatte und sie wieder unterworfen hatte, zog ich darauf noch in diesem Jahre nach dem Lande Arzawa.

(Dieser Brief ist in den AA nicht erwähnt!)

I 1) Und als ich zum Sehirija-Fluß gelangte, da zeigte der stolze Wettergott seine göttliche Macht und einen Donnerkeil schmetterte er hin...

I 2) Und ihn befiel eine schlimme Krankheit, und das Knie wankte ihm.

I 3) Als ich, die Sonne, aber marschierte, als ich da nach Sallapa gelangte, weil ich an Sarri-Kusuhas, meinen Bruder, den König von Karkemisch, geschrieben hatte, hatte der Fußtruppen und Wagenkämpfer nach Sallapa vor mich heraufgeführt, und ich stieß in Sallapa zu ihm.

I 4) Dann marschierte ich in das Land Arzawa, und als ich da nach Aura gelangte, da fuhr mir Mashuiluwas ... entgegen; und ich befragte ihn, und er sagte mir: ‚Den Uhhazitis hat der Donnerkeil getroffen, und ihn hat schlimme Krankheit befallen. Und das Knie wankte ihm. Und wenn ... (zerstört)

II 1) (Lücke in den AA)

II 2)

III 1)

III 2)

III 3) Brief an Sarri-Kusuhas über die Fluchtwege.

III 4) Verfolgung, Besiegung bzw. Unterwerfung der Flüchtlinge.

ZJA 3. Jahr

(Überleitungskonnektiv:) Dann kam ich von Palhuissa zurück nach Hattusa. Und ich setzte Truppen und Wagenkämpfer in Marsch. Dann marschierte ich in diesem Jahre auch noch nach dem Lande Arzawa.
Zu Uhhazitis aber sandte ich einen Boten und schrieb ihm: ‚...‘

Als ich aber marschierte, als ich da zum Gebirge Lawasa gelangte, da zeigte der stolze Wettergott, mein Herr, seine göttliche Macht, und einen Donnerkeil schmetterte er hin...
Auch ließ er den Uhhazitis in die Knie sinken, und er erkrankte.
Und als Uhhazitis erkrankte, da kam er mir infolgedessen zur Schlacht nicht entgegen.

(Beide Nebenfiguren, die gleichzeitige Handlung und die Transposition der Narrative in die Rede fallen fort.)

Er schickte mir den SUM-ma-KAL-as, seinen Sohn, mit Fußtruppen und Wagenkämpfern entgegen. Und er trat am Astarpa-Fluß bei Walma zum Kampfe gegen mich an, und ich, die Sonne, lieferte ihm eine Schlacht.“ — Beistandsformel — „... und ich schlug ihn.“
Dann verfolgte ich ihn auch noch und zog nach dem Lande Arzawa hinüber, und in Apasa nach dem Wohnquartier des Uhhazitis begab ich mich.“
Flucht des Uhhazitis.

Flucht des Landes Arzawa nach Arrinnanda und Puranda.

(Diese Person und infolgedessen der Brief und die gleichzeitige Handlung fehlen in den ZJA.)

Verfolgung, Besiegung bzw. Unterwerfung der Flüchtlinge.

und dem Sieg der Hethiter. Die handlungseinleitenden Partien dagegen — der Brief an Uhhazitis, der Donnerkeil, die Erkrankung des Uhhazitis — und die Folgen des Sieges — Flucht der Gegner in verschiedene Richtungen, die daraus entstehenden Schwierigkeiten bei der Verfolgung — beanspruchen in den ZJA mehr als 30 Zeilen.

Eine gleichzeitige Handlung (AA 8.—9. Jahr)

§ 10.4: Der im folgenden analysierte Text (AA 8.-9. Jahr; Götze S. 102 ff.) zeichnet sich ebenfalls durch den Umfang der Partien aus, die nicht-kriegerisches Geschehen berichten. Er beginnt mit einem diplomatischen Notenwechsel; im allgemeinen führt eine derartige Einleitung zur Schilderung eines Kriegszuges; an dieser Stelle aber wird die diplomatische Affäre sozusagen um ihrer selbst willen geschildert. Sie dient als Begründung dafür, warum es vorläufig noch nicht zum Kriege mit den Leuten von Hajasa kam. Der Bericht über die nichtausgeführte Handlung ist zugleich als Vorverweis auf den später dann doch zum Ausbruch gekommenen Konflikt zu werten.

Nicht-militärischen Inhaltes ist auch die Erzählung von dem Tod und der Bestattung des Sarri-Kusuhas, dem Wirken der Eidgötter unter den Leuten von Nuhassi, der Prodigienbericht und jene Partie, in der Mursilis in einer schwierigen Situation über zwei Handlungsmöglichkeiten reflektiert. So ist fast ein Drittel des Berichtes über die Verwicklung in Hajasa und Syrien im achten und neunten Regierungsjahr nicht-kriegerischen Inhaltes.

Die Handlung entwickelt sich folgendermaßen.

Nach dem Bericht über die Verwicklung in Hajasa und dem Notenwechsel wird die Handlung der Hauptreihe in den Zustand der Ruhe überführt: Mursilis befindet sich in Kizzuwatna auf dem Anrufungsfest der Hepat von Kummanni. Der zunächst beigelegte Konflikt mit Hajasa kommt aber gerade in diesem Augenblick zum Ausbruch; und ausgerechnet zu der gleichen Zeit fangen auch die Leute von Nuhassi Krieg an. Mursilis aber ist in Kizzuwatna noch nicht abkömmlich. In dieser Situation entscheidet er sich folgendermaßen: er schickt dKAL gegen die Nuhassäer, Nuwanzas gegen Hajasa. dKAL erringt einen Sieg über Kinza, Nuwanzas aber vermeidet die Schlacht und bittet den König um die Befragung der Fleisch- und Vogelvorzeichen.

In dieser Schwebesituation ereignet sich ein neuer Zwischenfall, der die Lage wieder verschärft: Der König von Assyrien besiegt das Land Karkemisch, dessen König, Sarri-Kusuhas, vor kurzem verstorben ist. In dieser kritischen Situation muß sich Mursilis entscheiden, ob er nach Hajasa oder nach Karkemisch ziehen soll. In einer längeren Reflexion wägt er die Folgen der beiden

Handlungsmöglichkeiten gegeneinander ab und kommt zu folgendem Ergebnis: Da die Prodigienanfrage für Nuwanzas günstig ausgefallen ist, wird Nanazitis nach Hajasa geschickt, um den Befehl zum Gegenangriff zu überbringen. Diese Person dient hier wie auch im folgenden, ganz ähnlich wie in anderen Fällen die Botenberichte oder Briefe, zur Verbindung der drei Schauplätze. Mursilis selbst zieht nach Karkemisch; damit verringert sich die Zahl der Schauplätze auf zwei. Die syrischen Angelegenheiten gestalten sich günstig; die Krise ist gelöst, als Mursilis noch vor Karkemisch durch Nanazitis die Botschaft von dem Siege Nuwanzas' bei Kannuwara erhält. Alle Handlungsstränge werden im folgenden wieder zusammengeführt: Mursilis trifft Nuwanzas und die anderen Herren in Tegaramma.

Diese so erstaunlich komplizierte, geschickt erzählte Handlungsfolge wird dadurch nötig und möglich, daß Mursilis einerseits durch das Anrufungsfest in Kizzuwatna gehindert ist, selbst in den Krieg einzugreifen, daß er andererseits fähige Generäle genug hat, die selbständig handeln können.

Es scheint mir unwahrscheinlich, daß die kultischen und militärischen Verhältnisse in Assyrien und Babylonien so grundsätzlich anders gewesen sind, daß sich aus diesem Unterschiede der Grund dafür herleiten ließe, daß in der mesopotamischen Historiographie nicht von derartigen Ereignissen berichtet wird.

Die Eliminierung der Schlachtgemetzel, Städteverbrennungen, der prahlenden Aufzählung von Beute und Jagden, die in der mesopotamischen Historiographie — übrigens auch noch in den Annalen Hattusilis' I., vgl. z. B. die Beuteliste KBo X 2 Kol. II 24-74 — einen sehr großen Raum einnehmen, läßt sich in allen Werken Mursilis' beobachten. An die Stelle der ungeheuren Siege, grausamen Strafen und der gewaltigen eigenhändigen Taten des Königs tritt die detaillierte Schilderung ‚umständlicher‘ Operationen, die sogar häufig genug nicht einmal in einer Schlacht enden. Schlacht, Sieg und Niederlage sind bei Mursilis nur Wendepunkte, von denen eine neue Handlungsfolge ausgeht. Diese Höhepunkte des Krieges waren offenbar für den hethitischen Historiographen von geringerem Interesse als die Verknüpfung verschiedener Handlungsstränge — etwa zwischen Mursilis und seinem Bruder — oder die Aufspaltung einer Handlung in drei gleichzeitige — wie beispielsweise bei der Schilderung der Flucht der Arzawa-Leute übers Meer, nach Arinnanda und Puranda. An diesen Stellen steigert sich die Darstellung durch Reden, Brief, Exkurse, auch durch wörtliche Wiederholungen und interessante Einzelheiten zu einer Lebendigkeit, die in den Schlacht- und Beuteschilderungen mit ihrem eintönigen Formular nie erreicht ist und wohl auch nicht erreicht werden sollte.

Die wahrscheinlichen und möglichen Handlungen

§ 10.5: Die Komplexität der Handlungsdarstellung wird gesteigert, wenn zu den einfachen ausgeführten, den nichtausgeführten, komplexen und gleichzeitigen Handlungen die wahrscheinlichen, möglichen und unmöglichen hinzutreten. Das schwierigste logische Schema, das in den Werken Mursilis' verwendet wird, ist die konzessive Stufung[47].

Die hypothetischen Konstruktionen

§ 10.51: Im Prolog der AA (Götze S. 16 ff.) werden in offenbar fiktiven Reden und Briefen die Stimmung und Gedanken der aufsässigen Feindesländer beim Regierungsantritt Mursilis' wiedergegeben[48]. In einer dieser Reden heißt es:

„Und du kennst mir deines Vaters Politik (?) nicht. . . . Wer mir Respekt abgenötigt hätte, wäre dein ältester Bruder gewesen, der vor seinem Vater Truppen und Wagenkämpfer befehligte, auch die Politik (?) seines Vaters kannte und früher ein Kriegsheld war. Wenn du mir Respekt abnötigen wolltest, müßtest du ein solcher sein."

In den ZJA fehlt dieser Irrealis[49].

Die hypothetischen Konstruktionen werden immer dann benötigt, wenn Mursilis seinen Feldherren Anweisungen für ihr Verhalten in verschiedenen Fällen gibt. Dem Nuwanzas beispielsweise gibt Mursilis folgende Instruktion[50]:

„Wenn der Assyrer kommt, so kämpft mit ihm! Wenn er aber nicht kommt, so besetzt vorn das Land und haltet das Land beschützt."

Auf einem Zuge gegen die Kaskäer[51] droht Mursilis in einen Hinterhalt zu geraten:

„Wenn ich aber marschiert wäre, hätten sie mich hinterrücks überfallen. Als ich ihn aber bemerkte, machte ich (auf der Stelle) kehrt, und zum Kampfe gegen ihn trat ich an."

Die ZJA lassen den Nebenumstand fort, verzichten auf die irreale Stufung und beschränken sich auf die Darstellung einer einfachen Handlung:

„Und hinter Palhuissa stellte sich mir der pishurische Feind zur Schlacht, und ich lieferte ihm eine Schlacht."

In einigen Fällen verschränkt sich die irreale mit der konzessiven Konstruktion. In dem folgenden Beispiel erzählen die ZJA wiederum um einen Schwierigkeitsgrad einfacher, indem sie zwar den Irrealis anwenden, durch Weglassung eines Nebenumstandes aber auf eine zusätzliche konzessive Brechung der Handlungsführung verzichten. In den AA wird berichtet[52]: Durch das Anrücken Mursilis' wurde Manapa-Dattas in Furcht versetzt, so daß er brieflich seine Unterwerfung anbot; Mursilis aber lehnte sie ab: „Ich wäre trotzdem gegen ihn gezogen und hätte ihn vernichtet, da schickte er mir seine Mutter entgegen." Aus diesem Grunde vernichtete Mursilis ihn nicht.

An dieser Stelle wird deutlich, wie die Durchsetzung des kriegerischen Geschehens mit politischen Motiven zu einer immer stärkeren Verumständung und Brechung der Handlung führt. Die ZJA lassen den Brief des Manapa-Dattas aus und berichten deshalb das folgende nicht in konzessiver Stufung:

> „... ‚welcher Manapa-Dattas da im Seha-Fluß drinnen Herr war, den hätte ich bekämpft. Und als Manapa-Dattas über mich hörte: ‚Der König des Hatti-Landes kommt', da fürchtete er sich, und kam mir infolgedessen nicht entgegen."

Das folgende Beispiel[53] möge die Ähnlichkeit des Schemas der nichtausgeführten und irreal gestuften Handlungen zeigen (§ 10.1).

Mursilis plante einen Zug gegen die Leute von Hajasa. Als diese aber davon erfuhren, sandten sie einen Boten und erklärten sich bereit, Gefangene und Kolonen auszuliefern. Daraufhin zog Mursilis nicht gegen sie. Die Hajasäer aber hielten ihr Versprechen nicht; eine neuerliche Aufforderung zur Auslieferung lehnten sie ab. Zum Kriege mit den Hajasäern kam es aber immer noch nicht, weil Mursilis zum Anrufungsfest der Hepat ziehen mußte.

Dieser lange Bericht handelt lediglich von einer Kette von nichtausgeführten Handlungen. Diese Kette ließe sich leicht — auch mit den Mitteln der hethitischen Sprache — in irreale Form bringen: Mursilis wäre nach Hajasa gezogen, wenn die Leute von Hajasa ihm nicht die Auslieferung der Kolonen versprochen hätten. Als die Hajasäer aber ihr Versprechen nicht hielten, wäre Mursilis nach Hajasa gezogen, wenn nicht gerade in diese Zeit das Anrufungsfest der Hepat gefallen wäre.

In ähnlichen Formen wird in den nächsten Jahren ein ähnlicher Sachverhalt geschildert[54]. Das politische Interesse Mursilis erweist sich auch in diesem Beispiel als der tiefere Grund für die Verwendung dieser komplizierten Erzählform.

Die Leute von Azzi haben sich freiwillig unterworfen; Mursilis hat jedoch keine Zeit mehr, eine durchgreifende politische Neuordnung durchzuführen; er muß sich mit der Vereidigung der Leute von Azzi begnügen. Dann heißt es:

> „Als es aber Frühling wurde, wäre ich nach dem Lande Azzi zum Ordnen gezogen. Als aber die Leute von Azzi hörten: ‚Die Sonne kommt!' schickten mir die Leute von Azzi den Muttis, den Halimanäer, entgegen und ließen mich folgendermaßen wissen: ‚...' Weil sie mir den Muttis, den Halimanäer, in solcher Weise entgegengesandt hatten, mir auch die hattischen Kolonen zurückgegeben hatten, so zog ich, die Sonne, also nicht nach dem Lande Azzi und nahm sie zur Untertanenschaft an und machte sie zu Untertanen."

Auf einem anderen Kaskäerzug[55] läuft Mursilis Gefahr, in einen Hinterhalt zu marschieren:

„Und nun erkenne, wie mir der stolze Wettergott, mein Herr, Beistand ist, und mich dem Bösen nicht überläßt, sondern dem Guten anempfohlen hält! Und als ich den Weg nach Taggasta einschlug, wenn ich da marschiert wäre — (zum Zeichen), daß da die Taggastäer dergestalt vor mir einen Hinterhalt eingenommen hatten, hatte sich ein Orakelvogel erhoben.“

Auch in dem folgenden Beispiel[56] erfolgt die Analyse einer strategischen Situation im Schema des Irrealis:

„Und weil ihnen Vorposten standen,
wenn ich da ausgerechnet Pittaggatallis hätte umzingeln wollen, weil mich da die Vorposten des Pittaggatallis gesehen hätten, hätte er mich nicht abgewartet und wäre vor mir davongegangen. Und ich wandte mich in entgegengesetzter Richtung gegen Pittaparas. Als es aber Nacht wurde, machte ich kehrt und zog gegen Pittaggatallis.“

Der Irrealis dient zur Darstellung eines möglichen Verhaltens; das mögliche Verhalten des Gegners wird ebenfalls in der Reflexion antizipiert, und der daraus gezogene Schluß für ein neues, durch Reflexion modifiziertes Verhalten ausgewertet. Derartige Konstruktionen gehören als Ausdruck von Reflexion in die Metaschicht.

Die folgenden drei Beispiele aus den AM[57] sind ein Beleg dafür, wie die irreale Stufung Ausdruck der Verumständung auch bei nebensächlichen Einzelheiten wird:

„Ich hätte sie belagert und hätte sie erobert. Aber das Jahr war mir zu kurz geworden. Da belagerte ich sie nicht und kam nach Istahara heim.“
„Ich hätte sie niedergezwungen. Aber das Jahr wurde mir zu kurz, es wurde Winter. Da kam ich heim nach Hattusa.“
„Ich wäre auch noch nach Hajasa gezogen, aber das Jahr war zu kurz. Auch die Herren sagten zu mir: ‚Das Jahr ist dir zu kurz, ziehe, unser Herr, nicht nach Hajasa!‘ Da zog ich nicht nach Hajasa; und ich begab mich nach Harrana ...“

In den TS gibt es auffallend wenig hypothetische Konstruktionen der hier behandelten Art. In dem Bericht über einen Kaskäerzug heißt es[58]:

„Dann (namma) kam er zurück in die Stadt Timuhala. Und Timuhala war für die Kaskäer ein Ort des Ruhmes[59]. Er hätte ihn zerstört. Danach fürchteten sie sich. Und sie kamen ihm entgegen, und sie fielen ihm zu Füßen nieder. Und er zerstörte ihn also (namma) nicht und machte es wieder zu einem Teil des Hatti-Landes.“

Die konzessiven Konstruktionen

§ 10.52: Das Hethitische besitzt verschiedene Möglichkeiten, um konzessive Stufungen und Nuancen mehr oder weniger eindeutig wiederzugeben[60]. Die für unsere Untersuchung bereits mehrfach herangezogene Manapa-Dattas-Episode[61] enthält verschiedene konzessiv gestufte Satzgruppen, außerdem eine irreale Stufung. Die Kompliziertheit des syntaktischen Gefüges erklärt sich aus der Kompliziertheit der politischen Situation, die hier beschrieben werden soll.

Die sorgfältige Stilisierung dieser Partie zeigt sich auch in den zahlreichen Reden und den konkreten Details; der militärische Gehalt dieser Partie verhält sich umgekehrt proportional zu ihrem politischen.

Im 9. Jahr der AA[62] wird erzählt, wie die Nuhassäer die Eide gebrochen haben und die Eidgötter deshalb gegen sie wüten. Da bieten sie ihre Unterwerfung an; Mursilis aber nimmt sie „auch unter diesen Umständen" *(apijaja)* nicht zur Untertanenschaft an.

Im folgenden Beispiel[63] ist die Konzessivität nicht expliziert, sondern nur im Sachverhalt vorgegeben. Mursilis berichtet über die hervorragenden Leistungen des Hutupijanzas im Lande Pala. Obschon Hutupijanzas nicht genügend Truppen zur Verfügung hatte, obschon das Land Pala in keiner Weise ein geschütztes Land war, schützte Hutupijanzas das Land Pala und gab dem Feinde nichts preis. Der gesamte Exkurs über die Zustände im Lande Pala steht in einem konzessiven Verhältnis zu dem Bericht über die Leistungen des Hutupijanzas.

Die Verbindung von irrealer und konzessiver Stufung beim Bericht von nichtausgeführten Handlungen wurde bereits oben belegt[64]. Ein weiteres Beispiel sei hier ausgeschrieben:

„Und ich zog weiter; ich wäre das Gebirge Tehsina hinauf gezogen. (A) die Wege aber waren vor mir beschwerlich, ferner waren sie schwer zugänglich. (B) Wenn die Wege vor mir auch beschwerlich waren, ich wäre zum Gebirge Tehsina trotzdem hinauf gezogen. (Aber ... (C) ...)" (stark zerstört)

Der Gedanke ist also: Obschon B ein hinreichender Grund gewesen wäre, A zu unterlassen, hätte ich doch A ausgeführt; aber da kam C hinzu; und dies, nicht B, war der Grund, warum ich A unterließ. Die komplizierte Konstruktion offenbart die Absicht des Verfassers, Mißverständnissen seiner Leser über die wahren Ursachen seines Verhaltens vorzubeugen[65].

Elemente der Metaschicht

§ 10.6: Unter den bisher angeführten Beispielen finden sich einige kurze Texte, in denen durch die Darstellung von nichtausgeführten und möglichen Handlungen, von Gedanken und Plänen Elemente der Metaschicht in den historischen Bericht selbst einbezogen sind (§ 4.1). Diese Elemente, ihr Zusammenhang mit der historiographischen Narrative und ihr Ursprung im politischen Denken der Hethiter können an einigen längeren Texten verdeutlicht werden.

Im 9. Jahre seiner Regierung[66] befindet sich Mursilis in einer gefährlichen Situation. Die Lage in Hajasa und Syrien treibt der Entscheidung zu; darauf schreibt Mursilis:

„Wäre (?) ich nach Istitina zu Hilfe geeilt, hätte ich die Hajasäer aus Kannuwara hinausgejagt.

(Aber da) besiegte (der König von Assur[67] das Land) Karkemisch und (...) es. Wenn ich nun gegen diesen Feind gezogen wäre und ihn besiegt hätte, sowie das da (die Assyrer) gehört hätten, hätten sie da nicht folgendermaßen gesprochen(?)[68]: ‚Sein Vater hat das Land Karkemisch besiegt, und es steht (...) Welchen Bruder von sich er aber im Lande Karkemisch zum König gemacht hat, der ist gestorben. Und er zog nicht nach dem Lande Karkemisch und ordnete das Land Karkemisch nicht; und er zog nach einem anderen Lande‘?

Und als ich mir diese Sachlage in meinem Sinne[69] so vergegenwärtigte, da machte ich für Nuwanzas, den Großen des Weines, mit Vogel- und Fleischvorzeichen eine Anfrage, und es wurde ihm durch Vogel- und Fleischvorzeichen festgestellt.“

Das Orakel ist günstig, Nuwanzas bekommt Befehl zum Angriff, Mursilis marschiert nach Karkemisch.

Eigenart und Niveau dieser Partie werden am leichtesten faßbar durch einen Vergleich mit einer Stelle aus den ‚Annalen‘ Thutmosis’ III. (1490-1436) aus Karnak. Auch hier wird zur dramatischen Gestaltung einer Entscheidungssituation der erzähltechnische Kunstgriff angewandt, die Gedanken des Gegners in einer fiktiven Rede in die eigene Argumentation einzubauen[70]. In einer Stabsversammlung vor der Schlacht von Megiddo (ca. 1468) wird über Marschrouten und Strategie beraten. Der Pharao widerspricht seinen vorsichtigen Beratern folgendermaßen[71]:

„Ich schwöre, so wahr mich Re liebt, ...: Meine Majestät wird auf diesem Wege von ’rn ziehen. Derjenige unter euch, dessen Wunsch es ist, möge auf den Wegen gehen, die ihr nennt; (aber) derjenige unter euch, dessen Wunsch es ist, möge im Gefolge meiner Majestät marschieren. Siehe diese Feinde, der Abscheu des Re, würden sagen: Ist seine Majestät auf dem anderen Wege weitergezogen, weil er in Furcht vor uns geraten ist? — So würden sie sagen.“

Der Unterschied zu dem zitierten Text der AA ist offenkundig. Bei Mursilis ist keine Stabsversammlung berichtet, sondern ein Gespräch in der Seele des Königs; bei Mursilis werden die verschiedenen Modalitäten der Handlung genau angegeben: mögliche Handlungen des Hethiterkönigs werden mit der möglichen Interpretation dieser Handlungen durch den Gegner konfrontiert; aus dieser Konfrontation wird ein Schluß gezogen, der die wirkliche Handlung einleitet. Der eine Text verherrlicht in der Formensprache der Königsnovelle den gottgleichen Pharao auf dem Hintergrund seiner etwas zu vorsichtigen Generalität; der andere berichtet die Kooperation eines gewiß auch frommen und selbstbewußten Königs mit seinen Generälen in einer Situation, deren Schwierigkeit nicht verheimlicht wird.

Stellen wie die soeben behandelte sind in der hethitischen Historiographie nicht sehr häufig, doch gibt es einige Parallelen, die diese Form des politischen

Kalküls und das diesem historisch-politischen Bewußtsein zugrundeliegende Ethos verdeutlichen können[72].

Im Großen Text Hattusilis' III. ist berichtet, wie Urhi-Tesup (= Mursilis III.) seinem Onkel auch noch dessen letzte Städte wegnehmen will; dieser fügt sich darum nicht mehr länger, sondern schickt seinem königlichen Neffen, den er selbst zum hethitischen Großkönig eingesetzt haben will, eine Kriegserklärung. Diese Handlungsweise ist zwar durch die vorangehende Darstellung des Großen Textes hinreichend motiviert, doch fühlt sich Hattusilis gedrängt, den Einwand eines fiktiven Interlokutors, der hier wohl zum ersten Male in der Weltliteratur in dieser Funktion auftritt, zu beantworten[73]:

„Und wie ich an Urhi-Tesup dieser Art schrieb,
wenn da etwa einer so sagt:
,Warum hast du ihn vordem in die Königswürde eingesetzt,
warum schreibst du ihm jetzt aber, um von ihm abzufallen?'
(wäre zu sagen) ,Wenn er mit mir je Streit nicht angefangen hätte, hätten sie (sc. die Götter) dann wirklich einen Großkönig (sc. Urhi-Tesup) einem kleinen König (sc. Hattusilis) unterliegen lassen?'
Weil er jetzt tatsächlich Streit mit mir anfing, haben ihn mir die Götter durch ein Gericht unterliegen lasssen."

Diese Partie ist inhaltlich und formal ein Höhepunkt des Großen Textes Hattusilis'; sie ist das politische Gegenstück zu dem Gebet an Istar am Anfang des Textes[74]. O. R. Gurney[75] hat bemerkt, der Große Text Hattusilis' sei ein Dokument eines hochentwickelten politischen Bewußtseins; der Kern des Textes sei die Passage über Urhi-Tesup: „This is a piece of reasoned argument, amounting almost to legal pleading, of a type which occurs elsewhere in Hittite litterature but has few parallels in that of the other peoples of pre-classical antiquity."

Der Ägypterlogos der TS[76] gipfelt in der Darstellung der Verhandlungen zwischen Suppiluliumas und der Witwe des Pharao Nibhururijas. Da Suppiluliumas die Aufrichtigkeit des ägyptischen Heiratsangebotes anzweifelt, argumentiert die Ägypterin in einem Briefe folgendermaßen:

„Wäre mir ein Sohn, würde ich meine eigene und meines Landes Schande einem anderen Lande geschrieben haben?"

Das moralisierende Pathos und die Absicht, den Partner zu überzeugen, finden wir besonders in den hethitischen Verträgen und der politischen Korrespondenz. Eine längere Passage aus dem Tavagalavas-Brief[77] mag einen Eindruck geben von dem mannigfaltigen Gebrauch der direkten Rede in der Argumentation mit Ausrufen, rhetorischen Fragen, Rede in Rede und dem Frage-Antwort-Schema, von der Bedeutung des hypothetisch eingeführten fiktiven Einwandes, der potentialen und irrealen Konstruktionen:

„Wenn er aber das sagt: ‚Ich geriet in Furcht, ermordet zu werden‘ — ja, habe ich denn nicht einen Sohn von mir … ihm entgegengeschickt und ihn dies geheißen:
  ‚Geh! Leiste ihm einen Eid; nimm ihn an der Hand und geleite ihn mir entgegen!‘?
Was aber das Ermordetwerden anlangt, dessentwegen er in Furcht geraten ist, — ist etwa Bluttat im Lande Hatti rechtens? — Das (ist) nicht (der Fall)!

Als aber der Bote meines Bruders mir das Wort sagte:
  ‚Nimm jenen Menschen entgegen! … !‘,
Da sagte ich das:
  ‚Wenn irgendeiner meiner Thronherren (??) gesprochen hätte oder (meinetwegen) einer meiner Brüder, so würde ich auch dessen Wort … gehört haben! Jetzt aber hat mein Bruder mir als Großkönig ein mir Gleichgestellter geschrieben! Das Wort eines mir Gleichgestellten höre ich nicht!!‘
Und ich fuhr selber … los! (Denn) wenn auch (nur) einer meiner Leute dort (?) eingetroffen (?) wäre, mein Bruder hätte ja (doch) wieder gesagt:
  ‚Mein Wort hat er nicht gehört! Er ist auf meinen Wunsch nicht eingegangen — der taube Kerl (??)! —‘
Würde ich daraufhin meinen Bruder nicht das fragen können:
  ‚Bist denn du auch in irgendeinem Punkte auf meinen Wunsch eingegangen?!‘
Ich aber bin, wie gesagt, losgezogen, und sobald (?) ich dort (?) ausstieg, sagte ich zu Atpa:
  ‚Vorwärts! Da mein Bruder dir geschrieben hat:
    Geh! Bring ihn zum König von Hatti!‘
  So führ ihn denn her! …“

Die Form der politischen Diskussion mit Einwand und Widerlegung findet sich — im Anschluß an ein historisches Exempel — auch im Sausgamuwas-Vertrag; diese Art der Darstellung gibt auch einige Anhaltspunkte dafür, was die hethitischen Historiographen und Juristen bei ihrem Publikum, das sie so unmittelbar ansprechen, voraussetzen konnten[78].

Der Verfasser der Verfassungsurkunde des Telepinus führt den Abriß der althethitischen Geschichte im schlichten Tone einer generalisierenden Beschreibung bis auf seine eigene Zeit herunter; dann erhebt sich die Darstellung zu höherem Pathos[79]. Telepinus hat, um sein Leben zu retten, seinen Vorgänger Huzzijas vertreiben müssen; er hat ihn aber nicht, wie es — laut Einleitung dieses Textes — manch anderer König vor ihm getan hat, getötet und seine Familie ausgerottet. Die Moral, die diesem politischen Handeln zugrunde liegt, wird in einer Rede ausgesprochen, die sich deutlich von der umgebenden historiographischen Narrative abhebt:

„Seinen (sc. Huzzijas’) fünf Brüdern ihnen teilte er (sc. Telepinus) Häuser zu.
  ‚Sie sollen gehen (phraseologisches Verb, K.), sie sollen sich setzen. Und
  sie sollen essen, sie sollen trinken!
  Böses aber soll ihnen keiner bereiten!‘
Ich will immer wieder sagen:
  ‚Jene taten mir Böses.
  Ich werde gegen sie nicht Böses tun!‘“
Von Amasja, dem König von Juda, wird berichtet (2 Kön. 14, 5—6):
„Da er nun des Königreiches mächtig ward, schlug er seine Knechte, die seinen Vater, den

König geschlagen hatten. Aber die Kinder der Totschläger tötete er nicht; wie es denn geschrieben steht im Gesetzbuch Moses (5 Mos. 24, 16), da der Herr geboten hat und gesagt: die Väter sollen nicht um der Kinder willen sterben, und die Kinder sollen nicht um der Väter willen sterben; sondern ein jeglicher soll um seiner Sünde willen sterben." (Luther)

§ 11: ERZÄHLFORMEN (II)

Die Vorgeschichten

§ 11.1: Die Bedeutung der Vorgeschichte für die Entwicklung der Geschichtsschreibung wurde bereits dargestellt[80]. Die Vorgeschichte ist fast immer in drittpersönlicher Narrative gehalten; sie dient häufig der Profilierung der Gegenseite; sie ist ein Ansatzpunkt für die Entwicklung von Vergangenheitsgeschichte. Durch die Erweiterung des zeitlichen Horizontes und die Vergrößerung des Personenkreises, durch die Ausbildung von größeren, gestuften Handlungskomplexen und die darin sich abzeichnende Entwicklung von Metaschichten bewirken die Vorgeschichten eine Öffnung des annalistischen Schemas; dieselbe Wirkung hat die Einfügung von Exkursen. In den AM wird die Bedeutung der Vorgeschichten noch dadurch vergrößert, daß sie in vielen Fällen einer — vielleicht kritischen — Gegenüberstellung der Politik Mursilis' und derjenigen seines Vaters dienen.

Die folgende Dokumentation von Vorgeschichten und Exkursen in den AM wird diese Aspekte konkretisieren.

Eine recht kurze und einfache Vorgeschichte findet sich in AA 4. Jahr[81]:

„Und Manapa-Dattas aber, den seine Brüder aus dem Lande verjagt hatten, und den ich den Karkisäern anempfohlen hatte, um dessentwillen ich ferner die Karkisäer beschenkt hatte, — Manapa-Dattas trat nicht auf meine Seite."

Diese Vorgeschichte wird in einem Briefe Mursilis' wiederholt:

„Ich aber antwortete ihm folgendermaßen: Einstmals als dich deine Brüder aus deinem Lande verjagten, habe ich dich den Karkisäern anempfohlen, ferner um deinetwillen die Karkisäer beschenkt und trotzdem bist du nicht auf meine Seite getreten."

In demselben Jahre[82] zieht Mursilis in das Land Mira und ordnet es; er belegt es mit Besatzungstruppen und setzt einen Vasallen ein. Bei dieser Einsetzung hält Mursilis seinem Vasallen Mashuiluwas eine Rede, in der — entsprechend der für die Vasallenverträge üblichen Topik — auch die Vorgeschichte referiert wird:

„Du, Mashuiluwas, kamst als Flüchtling zu meinem Vater; und mein Vater nahm dich auf und machte dich zum Schwiegersohn und gab dir die Muwattis, seine Tochter, meine Schwester, zur Ehe. Aber er konnte sich nicht um dich kümmern und deine Feinde nicht für dich schlagen. Aber ich kümmerte mich um dich und schlug deine Feinde für dich. Ferner habe ich Städte gebaut und sie befestigt und sie mit Besatzungstruppen belegt. Und ich habe dich in Mira zur Herrschaft eingesetzt.“

In den ZJA fehlt diese Vorgeschichte. In den AA wird sie offenbar auch deshalb so ausführlich erzählt, weil es im zwölften Jahre der Regierung Mursilis’ erneut zu Schwierigkeiten mit Mira kommt[83]. In der historischen Einleitung des Vertrages Mursilis’ II. mit Kupanta-KAL von Mira wird die Vorgeschichte der Beziehungen zwischen dem Hethiterreich und Mira ausführlich berichtet. Im Vertrage selbst aber richtet sich Mursilis noch verschiedentlich in direkter Ansprache an Kupanta-KAL und wiederholt dabei — wie in dem soeben angeführten Beispiel aus dem 4. Jahr der AA — Einzelheiten aus der Vorgeschichte als warnende Beispiele[84]:

> „Wenn du, Kupanta-KAL, aber gegen die Sonne irgendwie sündigst und gegen die Sonne Böses planst und
>> wie Mashuiluwas tat: er sündigte gegen die Sonne, dann fiel er von ihr ab; seine Knechte aber schlossen sich der Sonne an und sprachen folgendermaßen: ‚Du hast gegen die Sonne gesündigt, wir aber sind Diener eben der Sonne‘ —
> und wenn du, Kupanta-KAL, ebenso tust, deine Knechte aber von dir abfallen und auf seiten der Sonne treten, so will ich, die Sonne, mich um jene deine Sache nicht kümmern, und sie soll vom Eide ausgenommen sein.“

Das folgende Beispiel einer Vorgeschichte aus den ZJA[85] ist deswegen besonders interessant, weil die Vorgeschichte durch einen Exkurs erweitert ist:

> „Im Jahre darauf aber zog ich nach dem Lande Tipija.
> Und solange mein Vater im Lande Mitanni gewesen war, war Pihhunijas, der Tipijäer, aufgetreten und hatte das Obere Land immerzu durch Überfälle beunruhigt; und er war weiter vor nach Zazzisa gelangt. Und das Obere Land hatte er aufgenommen und es nach dem Kaskäer-Lande hinabgebracht; das ganze Land Istitina aber hatte er genommen und es zum Platze seiner Herrschertätigkeit (?) gemacht.

> Ferner (namma) herrschte Pihhunijas nicht nach Kaskäer-Art. (Sondern) plötzlich — wo in der Kaskäer-Stadt nicht die Herrschaft eines Einzelnen üblich war — herrschte doch (-ma) besagter Pihhunijas nach Art des Königtums.
> Und ich, die Sonne, zog gegen ihn; und ich schickte ihm einen Boten und schrieb ihm: . . . “

Die längste Vorgeschichte der AM steht in AA 20. (?) Jahr[86].

Durch neue Fragmente ist eine längere Vorgeschichte aus dem 26. Jahr (?) der AA kenntlich geworden (H. Otten, MIO 3, 1955, 172 ff.; vgl. Götze, 188 ff.):

> „Aparrus aber, der Kalasmäer, war nach Hattusa, vor die Majestät gekommen. Ich hatte ihn ausgezeichnet, und ich hatte ihn zum ‚Herrn‘ gemacht, und ich hatte ihm das Land Kalasma zur Verwaltung gegeben. Ferner hatte ich ihn vereidigt.
> Und er begann Streit und wurde mir feindlich. Und das Land Kalasma vereinigte er und herrschte darüber nach königlicher Art.

Da entsandte ich den Tarhinis und befahl ihm: ‚Geh und halte vor ihm dein (KBo 16,17
Z. 33; K.) Land beschützt.'

Und weil Aparrus, der Kalasmäer, feindlich wurde, da bot er 3000 Mann Truppen auf.
Und er kam, und das Land Sappa überfiel er. Und Tarhinis zog gegen ihn zur Schlacht.
Und dem Tarhinis standen die Götter des Königs bei, und den Aparrus mit 3000 Fuß- und
Wagentruppen schlug er und vernichtete sie. Und sie fingen viele, töteten auch viele. Aparrus
aber entkam."

In dem letzten Beispiel dieser Dokumentation[87] ist die Vorgeschichte nicht,
wie sonst üblich, vorweggenommen, sondern in die Geschichte selbst hineinge-
zogen. Dadurch entstand eine Art Ringkomposition, was die vielen Wiederholungen in dieser Passage erklärt:

„Das Land Kalasma fing mit mir Streit an.
Streit aber hatten sie niemals mit mir angefangen.
Und früher waren das Land Kalasma meinem Vater und Großvater Untertanen, und sie
zogen mit ihren Truppen an der Seite meines Vaters und Großvaters zu Felde, zu mir zogen
sie ebenfalls zu Felde.
Und sie fingen Streit mit mir an und stellten mir deshalb keine Truppen."

Die Rückblende bis in die Zeit des Großvaters findet sich beispielsweise noch
in ZJA 6. Jahr (Götze S. 80 f.). In einem Vertrage Hattusilis' III. wird bis auf
den alten Labarnas zurückgegriffen; vgl. 2 A 80.

Kritik an Suppiluliumas

§ 11.11: Bei einer Durchmusterung der Vorgeschichten in den AM fällt auf,
wie viele von ihnen mit der Formel beginnen: ‚Und solange mein Vater sich in
den Hurri-Ländern aufhielt und sich darin verspätete'; häufig enden sie ebenso
stereotyp: ‚Als ich mich aber auf den Thron meines Vaters setzte'. Diese Einlei-
tungs- und Schlußformeln lassen die Absicht Mursilis' erkennen, seine Militär-
politik derjenigen seines Vaters gegenüberzustellen. Falls diese Interpretation
einiger Vorgeschichten der AM zutrifft, fände sich auch die Kritik, die moderner Vorstellung nach für die höhere Entwicklung der Geschichtsschreibung unbedingt nötig ist, in der Geschichtsschreibung des Mursilis. Zwar wird hier nicht
— bzw. nicht explizit — eine andere historische Darstellung kritisiert; es wird
nur, dazu noch einigermaßen versteckt, eine andere Politik als weniger gut
beurteilt. Diese Kritik an der Politik seines Vaters beginnt bereits im Prolog
der ZJA[88]. Die hier implizierte Kritik dürfte umso schärfer sein, als sie sich
auch auf den Bereich des Kultes erstreckt[89].
Einige weitere Texte, aus denen man eine Kritik an Suppiluliumas heraushören könnte, sind anschließend zusammengestellt.
AA 2. Jahr (Götze S. 28 f.):

„Und die Zeit über, die mir der Kaskäer-Feind feindlich war, und das Hatti-Land durch Überfälle dauernd beunruhigte, hatte sich (‚mein Vater‘ oder ‚mein Bruder‘ [?]) nicht erhoben. Vielmehr hatte er dieses Heer nach Karkemisch geführt, und es war dem Assyrer gegenüber; dieses Heer aber hatte er nach dem Unteren Lande geführt, und es war dem Arzawa-Feind gegenüber. Und sie hielten das Land beschützt. Bei mir aber waren Truppen (nur in geringer Zahl) anwesend. Die Fußtruppen und die Gefolgsleute, die mir zur Verfügung standen, die zogen hin und überfielen das Feindesland.“

ZJA 5. Jahr (Götze S. 78 f.):

„Und solange mein Vater im Lande Mitanni gewesen war, welcher arawannäische Feind da das Land Kissija ständig überfallen hatte, der hielt (K.) es sehr bedrückt. Und ich, die Sonne, zog nach dem Lande Arawanna, und das Land Arawanna überfiel ich.“

ZJA 6. Jahr (Götze S. 80 f.):

„Im Jahre darauf aber zog ich nach dem Lande Ziharrija. Und welche Kaskäer-Stadt zu Zeiten meines Großvaters das Bergland Tarikarimu mit Gewalt besetzt hatte — dann wurde sie für Hattusa eine Gefahr, und sie kamen und überfielen Hattusa und bedrängten es sehr — ich, die Sonne, zog aus, und welche Kaskäer-Stadt das Bergland Tarikarimu besetzt hatte, die überfiel ich.“

ZJA 7. Jahr (Götze S. 86 ff.):

„Im Jahre darauf aber zog ich nach dem Lande Tipija. Und solange mein Vater im Lande Mitanni gewesen war, war Pihhunijas, der Tipijäer aufgetreten ... und ich, die Sonne, zog gegen ihn.“

Vergleiche auch ZJA 7. Jahr (Götze S. 96 f.):

Brief an Annijas von Azzi: „Solange mein Vater im Lande Mitanni war, die Diener von mir, die da zu dir hineinkamen (die gib mir zurück! ...)“

AA 12. Jahr (Götze S. 140 ff.):

„Als es aber Frühling wurde —
... weil mein Vater aber in den Hurri-Ländern war, und er sich darin verspätete und länger aufhielt, konnte er sich also nicht um ihn kümmern, und er ging nicht zurück und schlug seinen Feind nicht für ihn. Das Land seines Vaters aber gab er ihm anstelle seines Vaters nicht zurück. Mein Vater aber ist Gott geworden.

Als aber ich mich auf den Thron meines Vaters setzte, welcher Mashuiluwas da aber ... (um den kümmerte ich mich da) ...[90]“

AA 20. Jahr (Götze S. 152 ff.):

„Die Zeit über ferner, die mein Vater im Hurri-Land war — und solange er da mit den Hurri-Ländern kämpfte, verweilte er da, da mobilisierten aber in seinem Rücken von der Kaskäer-Stadt her viele Feinde und bedrängten das Hatti-Land. Und einiges Land verwüsteten sie, einiges aber besetzten sie auch. ... Als ich mich aber ... “

In den TS ist jedoch von der hier in den AM vermuteten Kritik nichts zu spüren. Die Kaskäer-Züge Suppululiumas’ werden ganz ausführlich berichtet; seine Frömmigkeit bei der Eroberung von Karkemisch, bei der er die Tempel der Stadt schonte, wird ausdrücklich hervorgehoben.

Die Exkurse

§ 11.2: Im Unterschied zu den Exkursen[91] der mesopotamischen Historiographie, die meist nur pittoreske Einzelheiten bieten[92], dienen die Exkurse in
den AM immer zur Klärung der Situation; sie stehen in einem modal, kausal
oder konzessiv gestuften Verhältnis zur Hauptreihe.

Die Werke Mursilis' unterscheiden sich auch in der Verwendung dieser historiographischen Form voneinander. Daß die ZJA weniger Exkurse haben als die
AA, wird nicht überraschen; daß aber in den TS nicht nur die irrealen Stufungen und Vorgeschichten, sondern auch die Exkurse fast völlig fehlen[93], ist höchst
auffällig und noch ungeklärt.

Anschließend sind die geographischen Exkurse der AM zusammengestellt[94].
AA 3. Jahr (Götze S. 54 f.):

„Und ich zog nach dem Gebirge Arinnanda.
Besagtes Gebirge Arinnanda aber (*asima*) ist sehr steil, ins Meer geht es hinaus, ferner
(*namma*) ist es sehr hoch und unzugänglich, ferner (*namma*) ist es felsig und mit Pferden
hinaufzufahren, ist unmöglich.
Die Kolonen aber hielten es insgesamt (besetzt), und die Fußtruppen insgesamt waren oben.
Und weil zu Pferde hinaufzufahren unmöglich war, ging ich, die Sonne, zu Fuß vor meinem Heere her und zog zu Fuß auf das Gebirge Arinnanda hinauf[95]."

AA 7. Jahr (Götze S. 98 f.):

„Weil dieser böse Worte zu mir zu sprechen begann, eröffnete ich die Feindseligkeiten
gegen ihn, und ich zog gegen ihn aus.
Und welche Stadt Ura des Landes Azzi erstes Grenzfort war, — und sie ist an einem stei-
len Orte gelegen —
und wer diese Tafeln . . . hört (= vorgelesen bekommt), soll aussenden und besagte Stadt
Ura ansehen, wie sie gebaut war."

AA 10. Jahr (Götze S. 132 ff.):

„ . . . und ich marschierte zum Kampfe gegen Aripsa.
Besagtes Aripsa aber (*asima*) liegt im Meere.
Was ferner (*namma*) seine Einwohnerschaft war, die hielt die felsigen Gebirge besetzt; fer-
ner sind sie sehr hoch.
Und weil das ganze Land hinaufgezogen war, hielten es die gesamten Truppen besetzt, und
mit denen kämpfte ich, die Sonne[96]."

AA 20. (?) Jahr (Götze S. 152 ff.):

„Das Land Pala aber war in keiner Weise ein geschütztes Land; eine feste Stadt, einen
Platz, auf den man sich stützen konnte, gab es überhaupt keine, vielmehr war es ein flaches
(unbefestigtes) (?) Land. Hutupijanzas aber schützte das Land Pala . . .[97]"

AA 24. Jahr (?) (Götze S. 166 ff.; die teilweise starken Ergänzungen sind
hier nicht bezeichnet):

„Und so wie ich, die Sonne, nach Timuhala zog —
weil Timuhala dem Kaskäer-Lande (. . . ist)[98], hatte es infolgedessen das Hatti-Land immer-
fort durch Einfälle beunruhigt und mir keine Truppen gestellt,

Und Timuhala liegt auf Bergen droben, und die Wege hinauf sind beschwerlich. Ferner ist
es schwer zugänglich, und es wurde mit Gewalt verteidigt. (Passiv fraglich: K.).
Und ich zog dem Heere zu Fuß voran, und sowie ich nach Timuhala gelangte, . . . “

Nach der Eroberung von Timuhala wird dieses Gebiet in fast zwanzig Zeilen verflucht. Es ist bemerkenswert, daß uns aus einem kultischen Anlaß mehr geographische Details berichtet werden als in militärisch-politischen Zusammenhängen.

In dem zitierten Text ist eine Vorgeschichte mit einem geographisch-strategischen Exkurs kombiniert. Hieraus ergaben sich Schwierigkeiten, die zu einem Bruch in der Syntax führten, wie wir sie auch sonst bei derartigen Einlagen finden. Man hat an solchen Stellen oft den Eindruck, daß die Erzählfreude und der Stilwille des Verfassers die Möglichkeiten der Syntax überschritten.

Formen und Funktionen der ‚Rede‘

§ 11.3: Die direkte Rede wird in den historischen Werken Mursilis’ verwandt, um Gedanken, Pläne und Wünsche, Kriegserklärungen, Auslieferungsforderungen, Unterwerfungsangebote, Vertragsinhalte, Instruktionen und Lageberichte in den Formen von Selbstgespräch, Dialog, Briefwechsel, Befehl, Bitte und Botenbericht mitzuteilen.

In fast allen diesen Formen und Funktionen ist die Rede bereits in der althethitischen Historiographie und Dichtung belegt[99].

Im Unterschied zu anderen Sprachen hat das Hethitische die Möglichkeit, durch die Partikel -wa- die Rede genau zu kennzeichnen; ein Unterschied zwischen direkter und indirekter Rede wird scheinbar nicht gemacht (2 A 181). Ein grundsätzlicher Unterschied zwischen Brief und Rede, nach dem orientalischen Briefformular und der antiken Brieftheorie auch nicht zu erwarten, besteht nicht[100].

Die Reden unterscheiden sich stilistisch stark von der Narrative. Ihre Sätze sind kürzer, Hypotaxe und damit auch Konjunktionen und logische Partikeln sind seltener; häufig dagegen sind nu und oft emphatisch gebrauchte persönliche Pronomina.

Die TS unterscheiden sich in diesen Punkten nicht von den AM[101].

Furlani[102] behandelt die Reden in den AM unter dem etwas irreführenden Titel „Citazioni di discorsi“. Furlani meint damit nicht etwa wörtliche Zitate aus Dokumenten, die ‚Mursilis‘ bei der Abfassung seiner Werke natürlich benutzt hat, sondern allgemeine Referate des Inhalts, beispielsweise von Verträgen[103]. Die Reden der hethitischen Historiographie sind genauso fiktiv wie die der antiken[104]; auch die hethitischen Historiographen formulierten die Reden so, wie sie nach Maßgabe der Umstände hätten gehalten werden können. Ein sachlicher Zwang der Verwendung der Rede in der Historiographie besteht nicht. Für ihre Verwendung sind stilistische Gründe ausschlaggebend. Die Reden sind ein Element der historiographischen Formensprache, die hierin sowohl von der Dichtung wie auch von der politischen Dokumentation (s. § 6.3) beeinflußt sein dürfte. Historiographische Texte, die Archivmaterial in die direkte Rede umformen, oder auch, wie zu zeigen ist, bestimmte Reden erfinden, wollen offenbar literarischen Ansprüchen genügen. Das in einzelnen Fällen zugrundeliegende Material, die historischen Dokumente, werden aus denselben Gründen wie in der westantiken Historiographie gekürzt und umstilisiert. Diese Deutung der ‚Rede‘ in der hethitischen Historiographie wird u. a. dadurch bestätigt, daß in einer Chronik über die Altreichszeit aus einer Bauinschrift (?) des Hantilis zitiert und dabei das Zitat mit -wa- gekennzeichnet wird[105]. Die künstlerische Absicht, die der Verwendung der Rede in der historiographischen Prosa zugrundeliegt, ist natürlich zunächst die, die Darstellung persönlicher, lebendiger, abwechslungsreicher und ‚dramatischer‘ zu gestalten[106]. So wird eine Kriegserklärung nicht berichtet, sondern direkt vorgeführt; die Unterwerfung nicht als Tatsache genannt, sondern in Szene gesetzt; die Gedanken und Pläne der Hethiter und ihrer Gegner werden nicht in einem drittpersönlichen Bericht wiedergegeben, sondern als Selbstgespräche in sicher fingierten Reden anschaulich gemacht[107].

Darüber hinaus aber lassen sich folgende Funktionen der Rede für die Handlungsführung erkennen. Die Reden sind in vielen Fällen, beispielsweise in den Befehlen, Kriegserklärungen und Plänen, handlungseinleitend. Indem sie in imperativischer oder futurischer Form das Geschehen antizipieren, wirken sie als prospektive Konnektive. Insofern in den Reden auch Gedanken, Wünsche und Absichten, die später nicht immer verwirklicht werden, zum Ausdruck kommen, tragen die Reden zur Profilierung des für die Historiographie Mursilis' so wichtigen Kontrastes zwischen Möglichkeit und Wirklichkeit bei[108].

Die Untersuchung der nichtausgeführten Handlungen in der hethitischen Historiographie hatte ergeben, daß in der einfachen Tatsache, daß auch die nichtausgeführten Handlungen berichtet werden, ein Schritt über den Kriegstatenbericht hinaus zu sehen ist[109]; ein diplomatischer Notenwechsel wird also auch mitgeteilt, wenn er nicht unmittelbar zu einem Kriege führt[110]. Fast die gesamte Diplomatie mit ihren Briefen, Boten und Unterhändlern gehört zur ‚Rede‘. Alle Reden, zumal diejenigen, die Absichten und Gedanken offenbaren (s. § 11.32), dienen nicht nur der stärkeren Motivierung, sondern zeigen auch, daß die hethitische Historiographie literarische Beschreibungen von menschlichen Handlungen bietet, mögen diese auch überwiegend kriegerischer Art sein;

zur menschlichen Handlung aber gehört die Rede[111]. Die israelitische Historiographie ist in der Darstellung dieser Ebene menschlichen Handelns weiter gegangen[112].

Botenbericht, Kriegserklärung

§ 11.31: Für die genannten Arten der Rede, ihre verschiedenen Funktionen und inhaltlichen Motive werden im folgenden einige Beispiele aufgeführt; sie werden einen Eindruck vom Umfang und der Mannigfaltigkeit der Reden in der hethitischen Historiographie vermitteln.

Häufig kann man beobachten, wie der Handlungsbericht — oft mit wörtlicher Wiederholung — in die Rede übernommen wird:

„Als ich aber Puranda berannte —
und Tapalazunaulis, der Sohn des Uhhazitis, der in Puranda oben war, der fürchtete sich, und er entfloh aus Puranda zur Nachtzeit. Ferner ließ er seine Frau, seine Kinder und die Kolonen von ihrem Zufluchtsort (?) vorausfliehen und führte sie aus Puranda hinab.

Als aber ich, die Sonne, hörte: ‚Tapalazunaulis ist zur Nachtzeit entflohen und ließ seine Frau und seine Kinder und die Kolonen von ihrem Zufluchtsort vorausfliehen und führte sie hinab‘, da schickte ich, die Sonne, Truppen und Wagenkämpfer hinter ihm her[113].“

Die fast wörtliche Wiederholung des Faktums im Botenbericht, mit dem der hethitische König über das Faktum unterrichtet wurde, ist für das Verständnis völlig überflüssig. Diese merkwürdige Wiederholung muß im Ausdruckswillen und Stilgefühl des Erzählers begründet sein[114], was auch die folgenden Beispiele nahelegen.

Beim Einmarsch in Arzawa erweist der Wettergott seine göttliche Macht und sendet ein dem Hethiterkönig günstiges Prodigium. Im Unterschied zu den ZJA bringen die AA einen Botenbericht[115]; durch eine Nebenperson erhält Mursilis auf seine Frage hin einen Bericht über das Prodigium, mit teilweise wörtlicher Wiederholung der vorher geschilderten Fakten. —

Die Leute von Azzi wagen nicht, bei Tage mit Mursilis zu kämpfen[116]:

„Und sie verlegten sich darauf, mich nachts zu überfallen: ‚Nachts wollen wir ihm zusetzen!‘ Als ich, die Sonne, aber die Kunde vernahm: ‚Die Leute von Azzi verlegen sich darauf, nachts Überfälle auf dein Heer zu machen‘, da instruierte ich, die Sonne, das Heer . . . “

Nach antiker Vorstellung ist der Krieg ein Gottesgericht[117]; nach dem damaligen Kriegsrecht wird er durch eine förmliche Kriegserklärung eingeleitet. Diese Kriegserklärungen sind an vielen Stellen der AM in mehr oder weniger ausführlicher Weise wiedergegeben. Gelegentlich werden dabei ganz knapp die Vorgeschichte und Kriegsgründe rekapituliert.

Die Verwicklung mit Uhhazitis beginnt damit, daß Feinde Mursilis' nach Arzawa flüchten[118]:

> „Und ich sandte an Uhhazitis einen Brief und schrieb ihm:
> ‚Welche Leute von mir, Scharen von Attarimma, . . . zu dir hineinkamen, die liefere mir aus!'
> Uhhazitis aber schrieb mir folgendermaßen zurück:
> ‚Nicht werde ich dir etwas ausliefern. Und wie sie mir (nicht) unter Zwang (hereingekommen sind, . . .)'"
> (Fortsetzung verloren)

Einige Zeit später erklärt Mursilis unter Hinweis auf die Ablehnung der Auslieferung dem Uhhazitis den Krieg[119]:

> „Zu Uhhazitis aber sandte ich einen Boten und schrieb ihm:
> ‚Meine Untertanen, die zu dir kamen, als ich die von dir zurückforderte, hast du sie mir nicht zurückgegeben. Und du hast mich ein Kind gescholten und mich mißachtet. Nun auf denn! Wir werden miteinander kämpfen! Und der Wettergott, mein Herr, soll unsere Rechtssache entscheiden!'"

In demselben Jahre schreibt Mursilis an die Leute von Puranda, zu denen hethitische Kolonen entflohen waren, einen Brief. Nach dem aus der politischen Korrespondenz der Hethiter bekannten Schema beginnt Mursilis mit der Vorgeschichte der Beziehungen der beiden Partner. Aus dieser Vorgeschichte werden rechtliche und politische Folgerungen für die Gegenwart abgeleitet[120]:

> „Ihr waret Untertanen meines Vaters. Und mein Vater nahm euch und gab euch dem Uhhazitis in Untertanenschaft. (Der aber) hing (dem König des Landes Ahhia)wa an und fing Krieg an. Ihr aber tretet wieder auf meine Seite! Und hänget dem Uhhazitis nicht mehr an. Und meine Untertanen, die Kolonen . . ., die zu euch hineinkamen, die liefert mir aus!"

Die Leute von Puranda aber geben dem hethitischen König eine abschlägige Antwort.

Der Verlauf der Verwicklungen mit Pihhunijas und Annijas ist ganz ähnlich geschildert[121]. In der Vorgeschichte ist das feindliche Treiben des Pihhunijas seit der Zeit Suppiluliumas' berichtet. In seinem siebenten Regierungsjahr macht Mursilis gegen ihn mobil, schickt ihm einen Boten und schreibt ihm:

> „‚Meine Diener, die du behalten, und die du nach der Kaskäer-Stadt hinabgeführt hast, die schicke heim zu mir!' Pihhunijas aber schrieb mir folgendermaßen zurück: ‚Ich werde dir nichts zurückgeben . . . In deinem Lande werde ich mich dir zum Kampfe stellen.'
> Und wie mir Pihhunijas in dieser Weise zurückschrieb und meine Diener nicht zurückgab, zog ich zum Kampfe gegen ihn . . . "

In demselben Jahre unternimmt Annijas, Herr des Landes Azzi, einen Überfall auf das Land Dankuwa. Als Mursilis davon hört, erkundigt er sich in einem Briefe nach der Ursache dieses Verhaltens und fordert Rückgabe des Raubes. Der Herr des Landes Azzi aber teilt ihm brieflich mit, er werde nichts ausliefern. Mursilis rückt daraufhin bis an die Grenze von Azzi vor und schickte dem Herrn des Landes Azzi die Kriegserklärung: Er habe den Streit begonnen, die Götter würden deshalb diesen Prozeß zu seinen, Mursilis', Gunsten entscheiden. Der Herr von Azzi aber ließ sich durch dieses Ultimatum nicht beeindrucken, sondern begann, böse Worte gegen Mursilis zu sprechen; diese Worte werden jedoch nicht mitgeteilt.

Plan, Selbstgespräch

§ 11.32: Am stärksten heben sich diejenigen Reden aus dem Fluß der Narrative, die Gedanken oder Pläne enthalten. Diese Reden sind fiktiv, zumal wenn es sich um Selbstgespräche handelt[122]. Sie sind meist sehr kurz, abgesehen von der längeren Reflexion Mursilis' im 9. Jahr der ZJA, wo der König verschiedene Möglichkeiten gegeneinander abwägt; dabei werden sogar die Gedanken mitgeteilt, die sich die Assyrer machen würden, wenn er nicht nach Karkemisch zöge[123].

In dem Bericht über seinen Regierungsantritt hat Mursilis zur Charakterisierung seiner schwierigen Lage in einigen Reden und Briefen von Feindesländern deren Stimmung und Gedanken nach dem Tode Arnuwandas' eingefügt[124]; er sei klein, heißt es da, er kenne die Politik seines Vaters nicht; auch von seinen militärischen Fähigkeiten hat man offenbar nicht viel gehalten[125].

Für den Bericht von Plänen des Gegners in den AM seien noch einige Beispiele angefügt.

Die Leute von Azzi, mehrfach von den Hethitern geschlagen, wagen nicht, Mursilis bei Tag zu bekämpfen; nachts, so planen sie, wollen sie ihm zusetzen[126].

Mursilis zieht gegen Taggasta[127]:

„Vorgeschobene (?) taggastäische Truppen aber hielten das Land Saddupa, das Land Karahna und das Land Marista besetzt und erkannten (*se-ek-kir!*): ‚Die Sonne kommt nach dem Lande Taggasta!' Und sie brachten Nachricht zu den Taggastäern hin: ‚Die Sonne kommt, Euch zu überfallen.' Und sowie die Taggastäer es erfuhren, . . . " —

Eine Kaskäer-Stadt sieht Mursilis anrücken[128]:

„Und sie sprachen folgendermaßen: ‚Nicht wollen wir ihn herablassen!'"

Ein Feind der Hethiter entwickelt einen Plan[129]:

„Ferner sprach er folgendermaßen: ‚Früher freilich (*namma?!*) (gehörte) Sapidduwa zum Lande seines Vaters, aber es ist vor ihm auf und davongegangen. Jetzt werden wir ihn in unser eigenes Land nicht hinablassen. Auch werden wir ihm Sapidduwa nicht (. . .) geben."
(Und sowie ich, die Sonne, Worte dieser) Art hörte, da . . . "

Ähnliche reflektierende Selbstgespräche gibt es vereinzelt auch in der ägyptischen und mesopotamischen Historiographie[130]. Am Anfang der Annalen Assurbanipal's, einem der fortgeschrittensten Stücke assyrischer Historiographie, wird die ägyptische Partei sehr eingehend mit einer kurzen ‚Vorgeschichte‘, Botenbericht, gleichzeitiger Handlung und drittpersönlicher Narrative dargestellt. Der Abfall der ägyptischen Fürsten von Assurbanipal, ihr Komplott mit Tarku von Äthiopien wird folgendermaßen geschildert[131]:

> „Später sündigten alle diese Könige, die ich eingesetzt hatte, gegen meinen Bund. Nicht bewahrten sie den Eid der großen Götter. Das Gute, das ich ihnen angetan hatte, vergaßen sie, und ihr Herz sann Böses. Gerede des Hochverrats redeten sie, und erfolglosen Rat schmiedeten sie bei sich also: ‚Den Tarqu stoßen sie aus Ägypten, wir, wie werden wir bleiben?‘
>
> Zu Tarqu, dem König von Kusi, sandten sie ihren Eilboten, um Bündnis und Versöhnung zu machen, also: ‚Friede sei zwischen uns gesetzt, und wir wollen uns gegenseitig begünstigen! Unsererseits wollen wir das Land unter uns teilen, und nicht soll ein Fremder Herr unter uns sein.‘“

§ 12: RELIGIÖSE UND POLITISCHE MOTIVE

Vorbemerkung

§ 12.1: Die AM handeln von Krieg, Politik und Religion. Die militärischen und religiösen Motive sind weitgehend zu der Darstellung eines politischen Geschehens integriert. Mit der Dominanz des Politischen ist die Tatsache zusammenzusehen, daß Jagd- und Bauberichte, die in der mesopotamischen Historiographie keine geringe Rolle spielen, aus dem Werke Mursilis’ völlig eliminiert sind. Die Selbstdarstellung des Königs als des Herrn über die Natur und des frommen Bauherrn im Auftrage der Götter gehörte nicht zum Programm der hethitischen Historiographie, war offenbar auch kein entscheidender Bestandteil der Königsideologie[132].

Der einfache Kriegsbericht in den AM enthält drei feste Bestandteile: 1) chronologische Fixierung, Auszug des hethitischen Königs mit Angabe von Gegner, Ziel und Grund des Unternehmens; 2) Kampf, Beistand der Götter, Sieg; 3) militärische und politische Folgen des Sieges (Verluste, Verwüstung, Beute; Neuordnung, Unterwerfung, Tribut). Ein Beispiel[133]:

1 a) „Im Jahre darauf zog ich nach dem Bergland Asharpaja.
  b) Und welche Kaskäer-Stadt das Bergland Asharpaja besetzt hielt und die Wege nach dem Lande Pala abgeschnitten hatte,
2 a) mit dieser Kaskäer-Stadt im Berglande Asharpaja kämpfte ich.
  b) Und die Sonnengöttin von Arinna, meine Herrin, der stolze Wettergott, mein Herr, Mezullas und die Götter alle standen mir bei;
  c) die Kaskäer-Stadt, die das Bergland Asharpaja besetzt hielt, die besiegte ich da und schlug sie.

3   Das Bergland Asharpaja aber machte ich leer."

Auffällig ist nun, daß der erste und letzte Punkt dieses Schemas nach Umfang, Inhalt und stilistischer Gestaltung sehr variabel sind, während der zweite auch in höher stilisierter Partien durchwegs kurz und stereotyp abgehandelt wird. Das Schwelgen in der Masse des Heeres und dem Glanze der Waffen, das Wüten des löwengleichen Königs, das schreckliche Gemetzel unter immerdar flüchtenden Feinden, die ausgesuchten Grausamkeiten an Gefangenen, — all dies, wodurch uns die assyrischen Annalen so sehr beeindrucken, ist der Historiographie Mursilis' vollkommen fremd[134]. Trocken und nüchtern heißt es immer wieder[135]:

„Und er kam mir zur Schlacht entgegen, und er stellte sich mir in seinem Feld (und seiner) Flur zur Schlacht. Und ich, die Sonne, lieferte ihm eine Schlacht."

A: Die religiösen Motive

Die Beistandsformel

§ 12.21: Der Beistand, den die Götter dem König oder seinen Generälen leisten, ist regelmäßig nach dem Beginn der Schlacht und vor der Gewinnung des Sieges erwähnt[136]. Dieses punktuelle Eingreifen der Götter ist als momentanes Wirksamwerden einer umfassenden göttlichen Ordnung und Gerechtigkeit, des *parā handandatar*, verstanden[137]; in dem als Prozeß und Gottesgericht aufgefaßten Krieg läßt die göttliche Gerechtigkeit die hethitische Seite siegen. Das Vertrauen auf das *parā handandatar* ist im Prolog der ZJA in dem Gebet an die Sonnengöttin von Arinna, die hethitische Staatsgöttin, ausgesprochen. Die Feinde der Hethiter vergreifen sich mit ihren Angriffen am Eigentum der Sonnengöttin; sie wird gebeten, herabzukommen und diese Feindesländer zu schlagen[138]:

„Und die Sonnengöttin von Arinna erhörte mein Wort, und sie trat zu mir hin; und ich besiegte, sobald ich mich auf den Thron meines Vaters gesetzt hatte, diese umliegenden Feindesländer in 10 Jahren und schlug sie."

Die Erwähnungen des göttlichen Beistandes sind in den AA länger und abwechslungsreicher als in der ZJA. Es ist auffällig, daß die Beistandsformeln der ZJA im Unterschied zu den AA regelmäßig die Gottheit Mezullas nennen[139]:

„Und als mir Pihhunijas in dieser Weise zurückschrieb und mir meine Diener nicht zurückgab, da zog ich zum Kampfe gegen ihn aus und überfiel sein Land.
Und die Sonnengöttin von Arinna, meine Herrin, der stolze Wettergott, mein Herr, Mezullas und die Götter alle standen mir bei;
da besiegte ich das ganze Land Tipija und verbrannte es."

Die AA haben an dieser Stelle eine Kurzformel[140]:

„Und das Land überfiel ich.
Und die Götter alle standen mir bei.
Und ich besiegte das ganze Land Tipija, und ich verbrannte es, mit Kolonen, Rindern und Schafen nahm ich es auf und brachte es nach Hattusa heim."

Die längere Beistandsformel der AA führt statt Mezullas regelmäßig die Gottheit dKAL auf und fügt oft noch andere Kriegsgötter hinzu[141]:

„Und die Götter standen mir bei: der stolze Wettergott, mein Herr, die Sonnengöttin von Arinna, meine Herrin, der hattische Wettergott, der hattische KAL, der Wettergott des Feldlagers, der übermächtige Wettergott."

Die Unterschiede der beiden Annalenwerke in den Beistandsformeln deuten vielleicht auf verschiedene theologische Konzeptionen und wahrscheinlich auf verschiedene Verfasser (§ 8.23).

Prodigienberichte

§ 12.22: Ebenso wie die Erwähnungen des göttlichen Beistandes ist der Bericht von Prodigien, die sich während eines Feldzuges ereignen, in die militärische Handlung eingeordnet. Sie stehen im Zusammenhang mit taktischen Einzelheiten oder weisen auf die Entscheidung voraus, die die Götter in diesem Prozeß treffen werden.

So wird beispielsweise berichtet, daß der Grenzschutzkommandant von Istahara die Fluchtburg von Pittalahsa infolge eines Traumgesichtes einnahm[142]. Der Wettergott hilft dem hethitischen König mit Sturm und Regen[143]:

„Ich, die Sonne, aber zog hin, in Pittaga (...) Die Truppen aber biwakierten (?). Der stolze Wettergott, mein Herr, aber stand mir bei, da regnete es die ganze Nacht, (und der Feind) konnte die (Lager-)Feuer der Truppen nicht sehen. ...

Als es aber helle wurde, da ... der stolze Wettergott, mein Herr. In der Frühe aber (erhob sich) plötzlich ein Sturm ... und eine Staubwolke (?) rief der Sturm hervor. Und solange ich nach (.... marschierte) (zog) der Sturm vor meinen Truppen (her und machte sie unsichtbar?). Als ich aber ..."

Im neunten Regierungsjahr marschiert Mursilis in nächtlichen Eilmärschen nach Jahressa[144]:

„Und weil mir Jahressa und das Land Piggainaressa feindlich waren, zog ich nach Jahressa. Und ich machte die Nächte zu Tagen. Und ich ließ das Heer in Eilmärschen marschieren; und ich, der Großkönig, marschierte mit Truppen und Wagenkämpfern heimlich. Und mir hatte der stolze Wettergott, mein Herr, den Hasammilis, meinen Herrn, gerufen, und er hielt mich verborgen, und keiner sah mich."

Vor einer wichtigen Schlacht gegen die Hajasäer bittet Nuwanzas den abwesenden König schriftlich um die Befragung der Wahrsagepriester und die Erkundung der Vogel- und Fleischvorzeichen. Die Zeichen sind günstig; Mursilis gibt dem General durch einen Boten die Nachricht, der Wettergott habe ihm den Feind schon in die Hand gegeben[145].

Als Mursilis in seinem dritten Regierungsjahr gegen Uhhazitis kämpft, zeigt der Wettergott seine göttliche Macht (parā handandatar) dadurch, daß er einen Donnerkeil gegen den Feind schmettert[146]:

> „Und den Donnerkeil sah mein Heer, auch das Land Arzawa sah ihn, und der Donnerkeil ging hin und traf das Land Arzawa, auch des Uhhazitis' Stadt Apasa traf er; auch ließ er den Uhhazitis in die Knie sinken, und er erkrankte. Und als Uhhazitis erkrankte, kam er mir infolgedessen zur Schlacht nicht entgegen."

Der Donnerkeil ist die Antwort des Wettergottes auf die briefliche Kriegserklärung Mursilis' an Uhhazitis:

> „Nun auf denn! Wir werden miteinander kämpfen! Und der Wettergott, mein Herr, soll unseren Rechtsstreit entscheiden."

Die Fälle, in denen sich der Prodigienbericht zu einem gewissen Pathos erhebt, sind sehr selten.

In seinem 19. Regierungsjahr wäre Mursilis beinahe in einen Hinterhalt der Taggastäer geraten[147]:

> „Und nun erkenne, wie mir der stolze Wettergott, mein Herr, Beistand ist und mich dem Bösen nicht überläßt, sondern dem Guten anempfohlen hält."

Dann wird erzählt, wie Mursilis durch zwei Orakelvögel dem Hinterhalt entgeht[148].

Feste

§ 12.23: Die dritte Gruppe der religiösen Motive in den AM bezieht sich auf die Feste. Im Unterschied zu seinem Vater legte Mursilis offenbar den größten Wert darauf, seinen kultischen Verpflichtungen als Staatsoberhaupt nachzukommen. Schon zu Beginn seiner Regierung stellte er den Kult der Sonnengöttin von Arinna wieder her[149]. Die regelmäßigen Feste, beispielsweise für die Hepat von Kummanni, das Mala-Flußfest und das purulijas-Fest werden vom König gefeiert, selbst wenn die militärische Lage seine Anwesenheit auf einem der zahlreichen Kriegsschauplätze dringend erfordert. Mursilis entsendet in diesen Fällen seine Generäle, deren Operationen und Erfolge er getreulich berichtet. Ein großer Teil der Berichte von gleichzeitigen Handlungen und der Partien in drittpersönlicher Narrative sind sachlich durch die kultischen Verpflichtungen des Königs bedingt[150]. So ist auch der kultische Bereich in die militärisch-politische Handlung eingeordnet.

B: Die politischen Motive

Politische Neuordnung

§ 12.31: Die Kriegsberichte Mursilis' werden gewöhnlich eingeleitet durch die Angabe der Gründe, die zu diesem Krieg führten. Nicht selten ist diese Einleitung als Vorgeschichte gestaltet. Für die Geschichtsschreibung Mursilis' ist nun bezeichnend, daß darüber hinaus der Kriegsbericht regelmäßig durch die Angabe der politischen Folgen des hethitischen Sieges abgeschlossen und dadurch fest in das übergreifende politische Geschehen eingeordnet wird[151]. Selbst kriegerische Unternehmungen kleineren Ausmaßes enden oft nicht nur mit der Aufzählung der Beute, sondern mit einem politischen Akt, der Sieger und Besiegte in einem neuen Rechtsverhältnis „bindet"[152]. Mursilis legte offenbar Wert darauf, den Vertragscharakter selbst derjenigen Leistungen zu betonen, die den Unterworfenen auferlegt wurden. Nach dem (verlorenen) Bericht über eine Schlacht gegen Arzawa heißt es beispielsweise[153]:

> „Da besiegte ich das Land Arzawa.
> Und den einen Teil führte ich nach Hattusa heim, den anderen aber an Ort und Stelle unterwarf ich und verpflichtete sie zu (K.) Truppen(stellung) (ishihhun), und sie stellten mir von da an regelmäßig Truppen."

Der letzte Satz bringt, nach der Deutung von V. Korošec[154], die Zustimmung der Unterworfenen zur Übernahme der neuen Pflicht zum Ausdruck.

Der übliche Ausdruck für die politische Ausnutzung eines hethitischen Erfolges ist *taninun* — ,ordnete ich'[155]:

> „Und ich ordnete das Land Karkemisch, dann machte ich den ... -Sarruma, den Sohn des Sarri-Kusuhas, im Lande Karkemisch zum König und vereidigte das Land Karkemisch auf ihn. Den Talmisarruma aber, den Sohn des Telepinus, machte ich im Lande Halpa zum König und vereidigte das Land Halpa auf ihn. Und als ich das Land Karkemisch geordnet hatte, da ... "

Zur Neuordnung eroberter Gebiete gehört auch der Wiederaufbau von Städten, die Anlage von festen Plätzen und die Verteilung von Garnisonen[156].

Die Arzawakriege

§ 12.32: Besonders ausführlich wird der politische Bericht bei der Einsetzung der Vasallen Mashuiluwas und Manapa-Dattas. Der historische Sachverhalt, die politischen Hintergründe, die juristischen Feinheiten und die historiographische Stilisierung dieser Einsetzungsberichte sind für uns recht gut erkennbar, da in den Verträgen mit diesen Vasallen, beziehungsweise ihren Nachfolgern, historische Dokumente als Vergleichsmaterial erhalten sind.

Mit dem Namen ‚Arzawa‘ bezeichnen die Hethiter das Land Arzawa im engeren Sinne, das man im Süden, bzw. Südwesten Kleinasiens anzusetzen pflegt[157], im weiteren Sinne die nördlich davon gelegenen Arzawa-Länder Mira, Kuwalija, Hapalla, das Seha-Flußland. Das politische Ergebnis der Feldzüge im dritten und vierten Regierungsjahr Mursilis' bestand darin, daß die Vormacht Arzawas über die Arzawa-Länder gebrochen wurde und diese direkt dem hethitischen König unterstellt wurden. Im Gegensatz zu den Arzawa-Verträgen Suppiluliumas' hat Mursilis die Arzawa-Länder „zu reiner Vasallenschaft herabgedrückt und damit fester in sein Reich eingefügt"[158]. Die neue Regelung wurde in Verträgen mit Mashuiluwas von Mira und Kuwalija, Targasnallis von Hapalla und Manapa-Dattas vom Seha-Flußland sanktioniert, und zwar so, daß für alle drei Vasallen gleiche Verträge abgeschlossen wurden[159]. Die Kernpunkte dieser Verträge sind: Der hethitische Großkönig übernimmt die Garantie für den Frieden zwischen den drei Vasallen untereinander (Targasnallis § 9; § 10); er übt die Schiedsgerichtsbarkeit zwischen ihnen in schwierigeren Fällen aus (Targ. § 11); er verspricht militärischen Schutz gegen äußere und innere Feinde (Targ. § 12; § 13); die außenpolitische und militärische Selbständigkeit wird ihnen jedoch genommen[160].

Von diesen Verträgen ist (wahrscheinlich) der mit Targasnallis abgeschlossene noch in der damals festgesetzten Form erhalten. Den Vertrag mit Mashuiluwas kann man aus dem, den Mursilis mit dessen Nachfolger, Kupanta-KAL, abschloß, und den Übereinstimmungen mit dem Targasnallis-Vertrag rekonstruieren. Reste des Manapa-Dattas-Vertrages — vor allem Teile der historischen Einleitung und der Fluch- und Segensformel am Schluß — sind von J. Friedrich zusammengestellt worden[161].

Manapa-Dattas

§ 12.33: Der Bericht von der Wiederaufnahme des Manapa-Dattas in die Untertanenschaft ist in AA und ZJA erhalten[162]. Die AA berichten:

„Manapa-Dattas aber, den seine Brüder aus seinem Lande verjagt hatten, und den ich den Karkisäern anempfohlen hatte, um dessentwillen ich ferner die Karkisäer beschenkt hatte, — Manapa-Dattas trat nicht auf meine Seite. Und als Uhhazitis Krieg mit mir anfing, wurde er Parteigänger des Uhhazitis und hing ihm an.

Sowie aber Manapa-Dattas, der Sohn des Muwa-UR.MAH, über mich hörte: ‚Die Sonne kommt‘, schickte er mir einen Boten entgegen und schrieb mir folgendermaßen:

‚Mein Herr! Töte mich nicht; nimm mich, mein Herr, zur Untertanenschaft an! Und die Leute, die zu mir kamen, die will ich meinem Herrn ausliefern!‘

Ich aber antwortete ihm folgendermaßen:

‚Einstmals, als dich deine Brüder aus deinem Lande verjagten, habe ich dich den Karkisäern anempfohlen, ferner um deinetwillen die Karkisäer beschenkt. Und trotzdem *(apija)* bist du nicht auf meine Seite getreten; auf die Seite des Uhhazitis, meines Feindes, bist du getreten. Und jetzt soll ich dich zur Untertanenschaft annehmen?'

Ich wäre trotzdem gegen ihn gezogen und hätte ihn vernichtet, da schickte er mir seine Mutter entgegen. Und sie kam und fiel mir zu Füßen und sprach folgendermaßen:

,Unser Herr! Vernichte uns nicht; nimm uns, unser Herr, zur Untertanenschaft an!'

Und weil mir ein Weib entgegenkam und mir zu Füßen fiel, dem Weibe willfahrte ich da und zog darum nicht nach dem Seha-Flußland. Und den Manapa-Dattas nahm ich zur Untertanenschaft an."

Der Bericht der ZJA lautet:

„Als ich aber nach dem Lande vom Seha-Fluß weg (?) kam, welcher Manapa-Dattas da im Seha-Fluß drinnen Herr war, den hätte ich bekämpft. Und als über mich Manapa-Dattas hörte: ,Der König des Hatti-Landes kommt', fürchtete er sich, und er kam mir infolgedessen nicht entgegen und sandte mir seine Mutter, Greise und Greisinnen entgegen, und sie kamen und fielen mir zu Füßen.

Und weil mir die Frauen zu Füßen fielen, willfahrte ich den Frauen zuliebe und zog darauf *(nu namma)* nicht nach dem Seha-Flußland. Und die hattischen Kolonen, die im Seha-Flußland drinnen waren, die lieferten sie mir aus. Und die Kolonen, die sie mir auslieferten, das waren 4000 Kolonen. Und nach Hattusa sandte ich sie weg, und man brachte sie heim. Den Manapa-Dattas aber und das Seha-Flußland nahm ich zur Untertanenschaft an."

In der Einleitung des Manapa-Dattas-Vertrages werden diese Ereignisse folgendermaßen geschildert[163]:

„Als aber mein Bruder Arnuwandas (kam und) Gott geworden war, ich, die Sonne, aber mich auf den Thron meines Vaters gesetzt hatte, kam ich, die Sonne, und kümmerte mich um dich; und ich vereidigte die Leute des Seha-Flußlandes auf dich, und sie schützten dich auf mein Wort hin. Und mit aufrichtigem Sinne half ich dir.... Als aber Uhhazitis, der König von Arzawa, kam und gegen die Sonne Krieg führte, hast du, Manapa-Dattas, gegen die Sonne gesündigt und dich hinter Uhhazitis, meinen Feind gestellt, die Sonne aber bekämpft, und du hast dich nicht hinter mich gestellt.

Als ich aber gegen Uhhazitis und gegen die Leute von Arzawa zu Felde zog, packten, weil Uhhazitis mir die Eide gebrochen hatte, ihn die Eidgötter, und ich, die Sonne, richtete ihn zugrunde. Und weil du dich auf die Seite des Uhhazitis gestellt hattest, hätte ich dich ebenso zugrunde gerichtet, aber du fielst mir zu Füßen nieder und entsandtest die alten Männer und Frauen zu mir; und deine Gesandten fielen mir zu Füßen nieder, und du sandtest folgendermaßen an mich:

,Mein Herr, erhalte mich am Leben, und, mein Herr, richte mich nicht zugrunde und nimm mich in Dienstbarkeit an und schütze mich. Und die Zivilgefangenen ... wer auch immer zu mir herübergekommen ist, jeden will ich von dort ausliefern.'

Und ich, die Sonne, faßte Gnade zu dir und war dir deshalb zu Willen und nahm dich in einem vertraglichen Frieden an."

Mashuiluwas

§ 12.34: Die Einsetzung des Mashuiluwas ist in den AA ausführlich geschildert[164]:

„Dann kehrte ich nach dem Lande Mira zurück und ordnete das Land Mira. Dann baute ich Arsani, Sarawa und Impa und befestigte sie und belegte sie mit Besatzungstruppen. Auch Hapanuwa belegte ich mit Besatzungstruppen.

Darauf setzte ich in Mira den Mashuiluwas zur Herrschaft ein und sprach folgendermaßen zu Mashuiluwas:

,Du, Mashuiluwas, kamst als Flüchtling zu meinem Vater; und mein Vater nahm dich auf und machte dich zum Schwiegersohn und gab dir die Muwattis, seine Tochter, meine Schwester, zur Ehe.

Aber er konnte sich dann nicht um dich kümmern und deine Feinde nicht für dich schlagen.

Aber ich kümmerte mich um dich, und schlug deine Feinde für dich. Ferner habe ich Städte gebaut und sie befestigt und sie mit Besatzungstruppen belegt. Und ich habe dich in Mira zur Herrschaft eingesetzt.‘

Ferner gab ich ihm 600 Mann zur persönlichen Bewachung und sprach folgendermaßen zu ihm:

,Weil die Leute von Mira schlecht sind, sollen diese 600 Mann deine persönlichen Wächter sein. Mit den Leuten von Mira sollen sie sich nicht einlassen, auch sollst du dich nicht gegen sie verschwören.‘

Als ich aber das Land Mira geordnet hatte, da . . .“

Dieser Bericht ließe sich in vielen Punkten mit der historischen Einleitung des Vertrages Mursilis’ II. mit Kupanta-KAL vergleichen. Die Reden an Mashuiluwas und Manapa-Dattas in den AM sind Referate der jeweiligen Verträge[165]. Wie in den Verträgen werden in den Reden der Geschichtswerke die Vorgeschichten berichtet. Die Wohltaten des hethitischen Königs fordern als Gegenleistung Treue und Loyalität des Vasallen. Die einzelnen Vertragspunkte dagegen sind aus dem historischen Bericht eliminiert; nur eine weniger juristische als militärische Maßnahme wie die Einsetzung von Schutztruppen wird mitgeteilt. In der Form einer fiktiven Rede also sind juristische Urkunden in historiographischer Stilisierung in die AM aufgenommen; freilich sind diese Urkunden selbst schon stark literarisch und als Ansprache des Königs an seinen Vasallen formuliert.

Die Annahme, daß bei der Abfassung der AM Archivmaterial benutzt wurde, also zur Darstellung der Arzawa-Kriege auch die Verträge mit den unterworfenen Arzawa-Fürsten herangezogen wurden, ist von vornherein recht wahrscheinlich. Umgekehrt dürften bei der Abfassung der historischen Einleitung von Verträgen Geschichtswerke benutzt worden sein.

Die Benutzung älterer Verträge verrät sich gelegentlich dadurch, daß in einem jüngeren Vertrag imperativische Formulierungen des älteren irrtümlicherweise nicht in indikativische umgesetzt werden. So heißt es z. B. im Vertrag Mursilis’ mit Duppi-Tesup von Amurru[166]:

„Welcher Tribut deinem Großvater und deinem Vater auferlegt sein soll (*ishijanza esdu*, statt *esta-*‚war‘), den . . . brachten sie ins Hatti-Land. Du bringe (ihn) ebenso!“

Ein Vertrag mit Aegypten?

§ 12.35: Ein wörtliches Zitat aus einem Vertrag mit Ägypten vermutete Furlani in einer langen direkten Rede der AA[167], die zwar sehr zerstört ist, sicher aber das Wort *ishiul* und einige Formulierungen bietet, die an Vertragsbedingungen anklingen. Furlani meinte, der hethitische König habe in einem Brief einige Klauseln aus einem Vertrag mit Ägypten zitiert.

II. Die Mannestaten Suppiluliumas' (TS=DS)

§ 13: ÜBERSICHT ÜBER INHALT, QUELLEN, GATTUNGS-ZUGEHÖRIGKEIT DER TS

Inhaltsübersicht

§ 13.1: Das dritte große historiographische Werk ‚Mursilis" ist unter dem für die Königsannalen üblichen Titel „Suppiluliumas', des Großkönigs, des Helden, Mannestaten" überliefert. Die Vermutung zur Verfasserschaft — in dem weiten Sinne, in dem dieser Ausdruck hier zu gebrauchen ist — stützt sich vor allem darauf, daß der Text von Suppiluliumas als „meinem Vater" spricht; die Präambel des Werkes ist leider verloren. Nur unsicher und fragmentarisch ist der Name eines Schreibers in Frg. 15 (S. 77 Güterbock) erhalten[168]:

„Zweite Tafel; nicht vollständig; der Taten
   des Suppiluliumas; (Hand des ? . . .) -*su-zitis* (?)"

Die TS sind also nicht, wie dem Titel nach zu vermuten, Annalen des Königs Suppiluliumas in erstpersönlicher Narrative, sondern eines der umfangreichsten Werke von Vergangenheitsgeschichte in drittpersönlicher Narrative, die aus dem Alten Orient bekannt sind. Die literargeschichtliche Herkunft dieses Typs von Vergangenheitsgeschichte aus den „Selbstberichten" der Könige ist dadurch klar, daß die Hauptbeteiligten als „mein Großvater, mein Vater, mein Bruder" eingeführt werden.

Zu welchem Zeitpunkt die TS einsetzten, ist ungewiß; dargestellt sind die Taten Suppiluliumas' vor seinem Regierungsantritt (ca. 1370) unter den Auspizien des — noch unbekannten — Großvaters Mursilis', und seine etwa zwanzigjährige Regierungszeit.

Mit welchem Ereignis die TS schlossen, ist, der fragmentarischen Überlieferung wegen, ebenfalls ungewiß: am wahrscheinlichsten ist, auch des Titels
wegen, ein Abschluß beim Tode Suppiluliumas'. Es ist jedoch möglich, daß die
Erzählung über die sehr kurze Regierung Arnuwandas' II., eines älteren Bruders des Mursilis, bis zur Thronbesteigung Mursilis' II. (ca. 1329) hinabgeführt
wurde (§ 13.3)[169].

Im Zusammenwirken mit seinem Vater hat Suppiluliumas zunächst das hethitische Kerngebiet gegen Feinde aus dem Kaskäergebiet, aus Azzi, Hajasa
und dem Oberen Lande gesichert; Tuttu, Karanni (?), Ariwasu werden hierbei
als besondere Gegner namentlich genannt[170]. Gleichzeitig operiert ein hethitischer Prinz in Arzija, jenem Gebiet um Karkemisch, das in späteren Zügen eine
so große Rolle spielen wird. Noch zu Lebzeiten seines Vaters kämpft Suppiluliumas gegen Arzawa, das von Südwesten her das hethitische Kernland be-
drohte und zeitweise bis Tuwanuwa und Uda vorgedrungen war[171]. Die hethitischen Kommandanten Takkuris, Himuilis und Mammalis werden in diesen Kämpfen namentlich erwähnt; auf arzawäischer Seite ragt Anzapahhaddus
mit seinen Generälen Alaltallis und Zapallis hervor[172]. Die Kämpfe der folgenden Jahre[173] schaffen im Osten des Reiches einigermaßen stabile Verhältnisse.
Das strategische Ziel dieser Kämpfe ist das Königreich von Mitanni, das dem
Hethiterkönig den Zugang nach Syrien durch die Tauruspässe sperrte. Mit Gewalt, Verträgen und Heiraten sichert Suppiluliumas diese Flanke und stößt
von Norden her gegen die mitannische Hauptstadt Wassukanni vor. Der mitannische König Tusratta leistet keinen Widerstand; die Hauptstadt wird
geplündert; der Weg nach Syrien ist frei. Suppiluliumas erobert Aleppo und
Alalach, Qatna und Kinza; er rühmt sich, Libanon und Euphrat zu seinen
Grenzen gemacht zu haben[174]. In der Darstellung der TS folgen zunächst wie-
der Kaskäerkämpfe, in denen außer Suppiluliumas die hethitischen Militärs
Himuilis, Hanuttis, Urawannis und Kuwatnazitis Erfolge erringen. Suppilu-
liumas befindet sich in Hattusa; Telepinus, ein Bruder Mursilis', setzt die
Eroberung von Syrien fort und unterwirft Arzija, das Land Karkemisch und
Murmuriga. Als er nach Uda zu einem Treffen mit Suppiluliumas reist, läßt er
Lupakkis in Murmuriga zurück. Die Hurriter benutzen die Abwesenheit des
Prinzen, um Lupakkis anzugreifen; außerdem greifen die Ägypter in Kinza
an. Die Hurriter werden von Suppiluliumas' Sohn Arnuwandas und dem General Zitas besiegt; Suppiluliumas selbst belagert Karkemisch; gegen die Ägypter sendet er Lupakkis und Tarhuntazalmas, die Amka am oberen Orontes
plündern. In diesem Jahre stirbt Tut-ankh-Amon; seine Witwe bittet Suppiluliumas um einen Sohn; dieser Sohn solle Pharao werden. Nach einigem Zögern
schickt Suppiluliumas, der die Aufrichtigkeit des ägyptischen Angebotes bezwei-

felt, seinen Sohn Zannanzas nach Ägypten. Mit der Klage Suppiluliumas' über die Ermordung dieses Sohnes schließen die Ägyptergeschichten der TS[175].

Auf die Ägyptergeschichten folgen in den TS wiederum Kaskäerzüge; in einer langen Folge von Ortsnamen, von Märschen, Angriffen, Niederbrennen von Ortschaften wird dieser eintönige Kleinkrieg gegen einen unfaßbaren Feind geschildert[176]. Nachdem Suppiluliumas die hethitische Macht im Norden Kleinasiens gesichert glaubte, wandte er sich wieder den syrisch-mesopotamischen Angelegenheiten zu[177]. Das mitannische Reich war nicht nur durch die hethitischen Siege, sondern auch durch innere Wirren stark geschwächt. Nachdem die Hethiter die Ägypter aus Syrien verdrängt hatten, wurde der ägypterfreundliche Tusrattas beseitigt, und eine sich an Assur anlehnende Partei unter Artatama und seinem Sohn Suttarna kam an die Macht. Ein Sohn Tusrattas' jedoch, Mattiwazas, gelangte zu Suppiluliumas; er wird mit einer Tochter Suppiluliumas' verheiratet und zum hethitischen Vasallen gemacht. Pijassilis (= Sarri-Kusuhas), hethitischer König von Karkemisch, erobert für den neuen Vasallen die mitannische Hauptstadt und verdrängt Suttarnas, den vom Assyrerkönig unterstützten Rivalen Mattiwazas'.

In dieser Zeit kommt es wiederum zu Verwicklungen mit den Ägyptern, gegen die Suppiluliumas seinen Sohn Arnuwandas ausschickt.

Der Schluß der TS ist nicht erhalten; anscheinend wandte sich die Darstellung wieder dem kleinasiatischen Schauplatz zu, wo es erneut Kämpfe mit Hajasa zu bestehen galt[178].

Quellen der TS

§ 13.2: Diese knappe Übersicht über den Inhalt der TS zeigt, daß der Verfasser dieses Werkes eine gewaltige Stoffmenge zu verarbeiten hatte. Welche Quellen konnte er benutzen? Stand nur Archivmaterial zu seiner Verfügung? Was veranlaßte ihn, wenn er sich auf bereits vorhandene historische Werke stützen konnte, diesen Zeitraum noch einmal darzustellen?

Die Regierungsberichte des Großvaters Mursilis', vielleicht Tuthalijas' III., sind vorläufig nur unvollständig bekannt[179]. Vielleicht lag dem Verfasser der TS neben den Regierungsberichten des Großvaters auch eine Darstellung über seine letzte Regierungszeit vor, in der das Zusammenwirken des alten, häufig kranken Großvaters mit Suppiluliumas berichtet war.

Regierungsberichte Suppiluliumas', in denen die Ereignisse berichtet gewesen sein könnten, die uns in den TS und in anderen Rückblicken auf die wenig glückliche Regierung seines Vorgängers überliefert sind (Hukkanas-Vertrag Suppiluliumas' § 33, u.ö.), können bisher nicht sicher nachgewiesen werden[180].

Über das Archivmaterial allerdings, das der Verfasser der TS benutzt haben dürfte, falls er nicht auf Regierungsberichte seiner königlichen Vergänger zurückgreifen konnte oder wollte, kann man sich eine zureichende Vorstellung bilden.

In den Verhandlungen zwischen Suppiluliumas und Hani, dem Gesandten der verwitweten Königin Ankhesenamun, über die Entsendung eines hethitischen Prinzen nach Ägypten verlangt Suppiluliumas die Verlesung der Tafel mit dem Vertrag zwischen Hethitern und Ägyptern über die Leute von Kurustama. Der Inhalt dieser Tafel, der aus dem ersten Pestgebet Mursilis' bekannt ist, wird in den TS folgendermaßen referiert[181]:

> „Und mein Vater verlangte daraufhin die Tafel des Vertrages: Wie früher die Leute von Kurustama, Hethiter, der Wettergott nahm; und er brachte sie nach Ägypten; und er machte sie zu Ägyptern; und wie der Wettergott für Ägypten und Hatti ein Bündnis zwischen ihnen schloß; und wie sie beständig miteinander befreundet (waren).
>
> Und als man ihnen die Tafel vorgelesen hatte, da sprach mein Vater zu ihnen (sc. der ägyptischen Gesandtschaft) folgendermaßen: …"

Im ersten Pestgebet wird die Übertretung dieses Vertrages durch Suppiluliumas, der — allerdings gegen seinen Willen, wie wenigstens er selbst im Mattiwazas-Vertrag und den TS (§ 14.3) sagt —, die Ägypter angriff, mit dem Wüten der Pest im Hethiterreich in Zusammenhang gebracht: ägyptische Gefangene sollen sie ins Hatti-Land eingeschleppt haben. Daß das Wüten der Pest, an der auch Arnuwandas, Sohn und Nachfolger Suppiluliumas', starb, in den TS anscheinend nicht erwähnt wird, liegt wohl an der Lückenhaftigkeit der Überlieferung. Auch daß Suppiluliumas sich hier selbst auf den Kurustama-Vertrag beruft, ist nicht auffällig; fühlte er sich doch zu dem Angriff auf Amka durch den ägyptischen Übergriff auf Kadesch provoziert (§ 14.1).

Der Verfasser der TS dürfte jedenfalls für sein Referat des Kurustama-Vertrages die Tafel dieses Bündnisses eingesehen haben, es sei denn, der Inhalt dieses Vertrages war ihm von seiner politisch-historischen Vorbildung her bekannt. Als Quelle für den in die TS aufgenommenen und entsprechend stilisierten Briefwechsel zwischen Suppiluliumas und der ägyptischen Königin wird man die im Archiv deponierte politische Korrespondenz des hethitischen Großkönigs, in der sich auch die Konzepte beziehungsweise Kopien seiner eigenen Briefe befanden, annehmen dürfen[182].

Für die Darstellung der mitannischen und syrischen Feldzüge Suppiluliumas' hätte der Verfasser der TS die Verträge, zumal deren historische Einleitungen, benutzen können, die Suppiluliumas mit Mattiwazas (=Kurtiwazas?)[183] und den syrischen Vasallen schloß, außerdem die politische Korrespondenz mit diesen Fürsten, von der auch die Funde aus dem Archiv von Ugarit eine Vorstellung vermitteln können[184]. Aus der Einleitung des Mattiwazas-Vertrages, die in einer Fülle von Orts- und Personennamen die Hurriter- und Syrienzüge Suppiluliumas' referiert, und aus Partien wie TS frg. 15 und frg. 34 kann man mit Sicherheit schließen, daß dem Verfasser der TS detaillierte Feldzugsberichte vorgelegen haben, die er wohl in einigen Fällen weitgehend übernommen hat[185]. Die Rolle der hethitischen Prinzen und Militärs ist aber beispielsweise im Mattiwazas-Vertrag nicht berücksichtigt, so daß der Verfasser der TS hierfür nicht die Einleitung dieses Vertrages benutzt haben kann; er mußte auf das diesem Vertrage zugrundeliegende reichere Material zurückgreifen.

Zur Gattungsbestimmung

§ 13.3: Die TS sind, wie gesagt, keine Königsannalen wie die AM[186]. Es gibt keine Zählung der Regierungsjahre, obschon der Verfasser die aus den AA bekannten Jahresschluß- und -anfangsformeln gelegentlich benutzt[187]:

„Als er aber Karkemisch geordnet hatte, da ging er in das Land Hatti zurück. Und er überwinterte im Lande Hatti. Als es aber Frühling wurde, da kam Hattusazitis aus Ägypten zurück..."

Die TS sind nicht in erst-, sondern in einer Art quasi-drittpersönlichen Narrative abgefaßt, die durch Pronomina, „mein Vater" u. ä. den Bezug auf den alten Typ der „Selbstberichte" eines Königs klar erkennen läßt. Jedoch gehen die TS in den Berichten über die Gegner und die hethitischen Prinzen und Generäle auch in der wirklichen drittpersönlichen Narrative erheblich über die AA hinaus[188].

Entscheidend für die Gattungsbestimmung der TS ist nun die Tatsache, daß in den erhaltenen Teilen Mursilis selbst nirgends genannt ist[189]. Hieraus folgt nämlich, daß die TS nicht in die Klasse der ‚Jugendberichte' gehören, in denen hethitische Könige die Taten berichten, die sie vor ihrer Thronbesteigung unter den Auspicien ihres königlichen Vaters vollbracht haben.

Von diesem Zweig der hethitischen Historiographie sind nur Spuren erhalten. Hattusilis III. kündigt in dem Großen Text seine Jugendberichte folgendermaßen an[190]:

„Solange ich aber jung war, welche Feindesländer ich da bezwang, darüber werde ich gesondert (hanti) eine Tafel machen; und ich werde sie (es?) vor der Gottheit niederlegen."

Über Form und Phraseologie dieser Jugendannalen läßt sich aus den Teilen des Großen Textes ein Bild gewinnen, in denen Hattusilis die Taten seit seiner Ernennung zum Oberbefehlshaber unter Muwatallis erzählt[191].

Bruchstücke von Jugendannalen sind von einem Arnuwandas erhalten; vgl. z. B.[192]:

„. . . nach Hattusas zu meinem Vater. Da zogen mein Vater Tuthalijas, der Großkönig, und ich, Arnuwandas, der Großkönig, aus, (und) das Land Arzawa schlugen wir.

Und den Kupanta-KAL-as, den wir da im Lande Arzawa . . . drin ließen, der begann Feindschaft. Das Land Ardukka . . . zerstört . . .

. . . das Land Masa, das Land Ardukka (?), . . . zogen sie in das Gebirge Hullusiwanda; das Gebirge Hullusiwanda aber ist gar sehr schwierig. Da zogen mein Vater Tuthalijas, der Großkönig, und ich, Arnuwandas, der Großkönig, hinterher. Und uns standen die Götter bei; da schlugen wir das Feindesland; die Gefangenen aber, Rinder, Schafe plünderte das Heer. Kupanta-KAL-as aber, der Arzawa-Mann, entfloh allein; und ihn fanden wir nicht. Seine Frau aber und seine Kinder fanden wir. . . .“

Die TS sind keine Jugendberichte. Der direkte Anlaß für ihre Abfassung ist unbekannt (§ 14.1); ob sie jedoch eine von unmittelbaren politischen Zwecken freie ‚Vergangenheitsgeschichte‘[193] sind, dürfte angesichts der starken legitimistischen Bedürfnisse, die auch diese Dynastie hatte, zweifelhaft sein: Suppiluliumas scheint durch einen Staatsstreich, unter Beseitigung des legitimen Thronfolgers Tuthalijas, des Jüngeren an die Macht gekommen zu sein!

Falls in 2 BoTU 45 (=XXI 10: CTH 40, VII, 50) mit ‚Muwatallis’ der hethitische Großkönig dieses Namens, der Nachfolger Mursilis’ II., und nicht ein Mitglied der königlichen Familie aus der Zeit Suppiluliumas’ gemeint ist[194], wäre dies ein weiterer Text vom Typ der ‚Väter-Berichte‘, in dem ein Nachfolger Muwatallis’, vielleicht Mursilis III., die Taten seines Vaters beschreibt. Das Bruchstück zeigt in Handlungsführung und Phraseologie sehr starke Ähnlichkeiten mit den AM und TS. Vor dem Kriegszug ist in kausaler Stufung der Kriegsgrund und vielleicht eine — allerdings sehr kurze — Vorgeschichte gegeben. Botenberichte über militärische Bewegungen und eine Kriegserklärung werden in direkter Rede eingefügt. Die Schlacht ist, wie üblich, sehr knapp geschildert. Die Beistandsformel, die sich von den in den TS gebrauchten unterscheidet, steht vor dem Sieg. Mit einem politischen Akt, der Vereidigung der Unterworfenen, schließt der Feldzugsbericht[195].

Unterschiede zwischen TS und AM

§ 13.4: Die drei ‚Mursilis‘ zugeschriebenen Werke (ZJA, AA, TS) bilden ein historiographisches oeuvre, das an Umfang mindestens den caesarischen *commentarii de bello Gallico* entsprochen haben dürfte[196].

Zwischen diesen drei Werken bestehen Unterschiede, die zur Entscheidung der Frage von Bedeutung sind, ob diese drei Werke von Mursilis selbst oder — in seinem Auftrage — von verschiedenen ‚Redaktoren‘ abgefaßt sind[197]; die Unterschiede könnten ja auch auf die Benutzung verschiedenen Quellenmaterials oder auf eine Entwicklung der Historiographie Mursilis' selbst zurückgeführt werden.

Die beiden Beistandsformeln der TS unterscheiden sich von denen der AM dadurch, daß sie einerseits ᵈKAL, ᵈMezullas und die Phrase „und die Götter alle" nicht gebrauchen, andererseits häufig den „Wettergott des Feldlagers" nennen. Die Gottheit Zababa, die in der Beistandsformel von TS (?) frg. 45 genannt ist, kommt weder in den AM noch sonst in den TS wieder vor.

Die Formeln „der Feind starb in Menge" und „sie legten ihre Waffen nieder" begegnen in den TS sehr häufig, in den AM nie[198].

Stichproben ergaben, daß die Sätze der AM im Durchschnitt länger sind und mehr Partikeln besitzen als die der TS. Unterschiede zwischen hoch und niedrig stilisierten Partien lassen sich in allen drei Werken nachweisen.

Die aus den AM bekannten Redeformen — Botenbericht, Kriegserklärung, Plan der Feinde etc. — begegnen auch in den TS. Für den ersten Teil der TS ist charakteristisch das Frage-Antwortschema, das sich häufig vor der Aussendung Suppiluliumas' durch seinen Vater findet[199]:

„So sprach mein Großvater: ‚Wer will ziehen?' So sprach mein Vater: ‚Ich will ziehen!' Und mein Großvater sandte meinen Vater aus."

In den hochstilisierten Partien der TS scheint der Gebrauch von Rede und Brief weiter entwickelt als in den AM. Das Schema der militärisch-politischen Handlung ist jedoch in allen drei Werken grundsätzlich gleich[200]. Allerdings finden sich in den TS — offenbar im Zusammenhang mit dem größeren Kreis der Personen und Schauplätze — mehr gleichzeitige Handlungen als in den AA. Umso auffälliger ist die Tatsache, daß es in den TS fast keine Exkurse, keine Vorgeschichten, keine hypothetischen oder konzessiven Stufungen gibt[201]; nichtausgeführte Handlungen werden dagegen häufig berichtet.

Bei der Bedeutung, die diese historiographischen Formen in den AM haben[202], muß man diesen Unterschied als sehr schwerwiegend ansehen.

§ 14: AUFBAU, ERZÄHLTECHNIK, STIL

Der Aufbau der TS, Stilschichten

§ 14.1: Bei einem so lückenhaft überlieferten Text wie den TS sind Aussagen über den Aufbau des Werkes fast unmöglich. Das Ende des Textes ist verloren; ob am Anfang eine bis in das Alte Reich zurückgreifende Archäologie stand, ist sehr ungewiß[203].

Am besten erhalten ist die „Siebente Tafel"[204], auf der die Eroberung von Karkemisch, einige Verwicklungen in Syrien und vor allem der Zusammenstoß mit Ägypten und die Verhandlungen zwischen Suppiluliumas und der Witwe Tut-ankh-Amon's geschildert sind. Dieser Bericht, dessen Breite und Detailliertheit offenbar nicht allein durch die unmittelbare militärische oder politische Bedeutung diese Episode zu erklären ist, stellt mit seinen zahlreichen gleichzeitigen Handlungen, den Reden und Briefen den erzählerischen und vielleicht auch den thematischen Höhepunkt der TS dar: denn der Sieg über die Ägypter war die Ursache jener furchtbaren Seuche, die die ägyptischen Gefangenen ins Hethiterreich verschleppten. Allerdings ist die Kriegsschuldfrage nicht als solche thematisiert; sie wird nicht, wie in den — wahrscheinlich für ein anderes, esoterisches Publikum bestimmten — Pestgebeten Mursilis', unter rechtlichen und theologischen Gesichtspunkten erörtert, was wohl in einer offiziösen Darstellung der Regierung eines hethitischen Großkönigs auch nicht erwartet werden darf (doch vgl. § 7.3). Ebensowenig ist — jedenfalls in den erhaltenen Teilen der TS — jenes apologetisch-legitimistische Moment ausgeführt, das doch, mehr oder weniger stark, der Anstoß auch für dieses Werk der hethitischen Historiographie gewesen zu sein scheint. In einem der Pestgebete (s. A. Götze, Kleinasiatische Forschungen I, 1929, S. 165 ff.) ist erstaunlich nüchtern und detailliert die Machtergreifung Suppiluliumas' und die Beseitigung des legitimen Thronfolgers, Tuthalijas' des Jüngeren, erzählt; auch dieser Vorfall war Gegenstand einer Orakelanfrage, bei der die Ursachen der Pest erforscht werden sollten. Doch ist, wie gesagt, diese dynastische Frage nicht als solche thematisiert.

Unmittelbar vor diesem Bericht steht eine längere Passage über Kaskäer-Kriege bei Almina und Istahara[205]. Diese Partie ist ganz anders stilisiert als die Ägyptergeschichte. Der Bericht, der fast zwei Jahre umfaßt, ist sehr knapp und enthält nur eine ganz kurze Rede[206]. In fünf Abschnitten von durchschnittlich zehn Zeilen werden sehr nüchtern ausschließlich militärische Operationen mitgeteilt.

Unmittelbar auf die Ägyptergeschichte folgen ebenfalls Kaskäerkriege, und zwar u. a. um Kammama, Istahara, Hattena, Tummana, Timuhala[207]. Diese Partie ist noch einfacher stilisiert als die vor der Ägyptergeschichte stehenden Kaskäerkriege, nämlich als Itinerar. Waren in jener durch die Beteiligung der hethitischen Militärs noch kurze Nebenreihen eingebaut, so wird hier ausschließlich von Operationen Suppiluliumas' berichtet. Es handelt sich um eine katalogartige Aufzählung von Märschen, Nachtlagern und Verbrennungen feindlicher Städte mit zahlreichen stereotypen Wendungen. Die zugrundelie-

gende Quelle, Kriegstagebücher Suppiluliumas', ist deutlich erkennbar. Die
Sätze sind kurz; außer *nu* werden nur wenige Partikeln gebraucht[208]:

> „Mein Vater aber marschierte von dort los.
> Und er zog auf das Gebirge Illurija.
> Und er schlief in Washaja.
> Und das Land Zinna (...) brannte er nieder.
> Von dort aber (fortgezogen) schlief er in Ga(x-kilussa).
> Und das Land Ga(x)kilussa (und) das Land Darukka brannte er nieder.
> Von dort aber (fortgezogen) schlief er in Hinariwanda.
> Und das Land Hinariwanda und Iwatalissa brannte er nieder.
> Von dort aber (fortgezogen) schlief er in Sappiduwa.
> Und das Land Sappiduwa brannte er nieder."

Die hoch stilisierte Ägyptergeschichte ist also durch zwei niedrig stilisierte
Darstellungen von Kaskäer-Zügen eingerahmt. Dieser Stilschichtenwechsel findet sich auch in anderen Teilen der TS; er scheint ein wichtiges Gliederungsmittel dieses Werkes zu sein, das ja, wie bereits gesagt, eine Einteilung nach
Regierungsjahren oder Feldzügen nicht kennt.

Unmittelbar auf die soeben referierten Kaskäerkriege folgt die Mattiwazas-
(Kurtiwazas-)Geschichte[209]. Die Aufnahme des flüchtigen Mitanni-Prinzen,
seine Verheiratung, Einsetzung zum Vasallen und Rückführung in seine Hauptstadt Wassukanna, die Hilfe des hethitischen Königs von Karkemisch gegen
Mattiwazas' Rivalen, den von den Assyrern unterstützten Suttarnas, bot wiederum Stoff für eine lebendige Erzählung. Leider ist der Text sehr zerstört;
immerhin läßt sich erkennen, daß in der Mattiwazas-Episode mindestens fünf
Reden gestanden haben. Direkt auf die Mattiwazas-Geschichte folgte offenbar
eine Darstellung von Kriegen in Hajasa, die jedoch fragmentarisch ist und
keine stilistische Bestimmung zuläßt[210].

Vor den ersten Kaskäerzügen der ‚Siebenten Tafel' sind der Bericht von der
ersten hethitischen Kampagne gegen Mitanni, über das damals Tusrattas
herrschte, und — wahrscheinlich — auch der Bericht von der ersten Eroberung
Syriens durch Suppiluliumas anzusetzen[211]. Auch dieser Teil der TS ist sehr
stark zerstört; von einer Schilderung, die mehrere Kolumnen gefüllt haben
dürfte, sind 45 verstümmelte Zeilen erhalten. Immerhin sind zwei Briefe Suppiluliumas' an Tusratta erkenntlich. Daß auch dieser Teil der TS, dessen Inhalt
aus der historischen Einleitung des Mattiwazas-Vertrages zu erschließen ist,
hoch stilisiert war, ist nicht zu beweisen, aufgrund der spannenden Handlung
und der Vielzahl der beteiligten Personen allerdings wahrscheinlich.

Unmittelbar vor der Tusrattas-Geschichte sind die Kämpfe gegen Armatana,
Isuwa und Hajasa berichtet, mit denen Suppiluliumas seinen Vorstoß nach
Mitanni vorbereitete[212]. Der sehr lückenhafte Bericht bringt zwei kurze, for-

melhafte Reden und beschränkt sich mit Wendungen, die aus den anderen Kaskäerzügen bekannt sind, auf militärische Operationen, Niederbrennen, Beutemachen, Versklaven.

Vor diesen Kämpfen mit den Stämmen am oberen Euphrat ist die Geschichte von Anzapahhaddus erzählt, die im Südwesten des Hethiterreiches, in Arzawa, spielt[213]. Auch diese Geschichte erstreckte sich wohl über mehrere Kolumnen; in den erhaltenen Resten sind ein Brief Suppiluliumas’ an Anzapahhaddus, dessen Antwort und drei Reden kenntlich. Durch die Beteiligung von hethitischen und arzawäischen Generälen an den Operationen entwickelt sich eine recht komplizierte Handlung (§ 14.2). Der Bericht von der Niederlage der hethitischen Generäle Himuilis und Mammalis ist hierbei besonders bemerkenswert, da auch die hethitische Historiographie in diesem Punkte nicht sehr mitteilsam ist.

Vor der Anzapahhaddus-Geschichte steht ein Bericht über Kämpfe mit verschiedenen arzawäischen Stämmen, denen einer über Kaskäer-Kriege unmittelbar vorausgeht[214]. Diese Berichte sind wiederum recht niedrig stilisiert; es gibt nur wenige, kurze und formelhafte Reden; der Gegenstand selbst erforderte offenbar nach Meinung des Verfassers der TS keine komplizierten Darstellungsformen.

Der Anfang der TS gibt für die Frage nach der Abfolge der Stilschichten wenig aus; es sind nur noch Kriege gegen Hajasa, Kaskäer und das Obere Land erhalten. Ob in den großen Lücken zwischen diesen Kriegen noch eine höher stilisierte ‚Geschichte‘ stand, ist nicht auszumachen[215]. Möglicherweise stand auf der ersten Tafel der TS eine umfangreichere Geschichte von dem Kaskäer Tuttu, einem Vorstoß nach Arzija und eine Archäologie[216].

Es ergibt sich folgende Übersicht über die erhaltenen Teile der TS:

(Präambel)
Archäologie (?), Arzija, Tuttu
    Kaskäerkriege: Hajasa, Oberes Land
    Arzawakriege
Anzapahhaddus-Geschichte
    Ishupitta, Armatana, Isuwa, Hajasa
Tusrattas-Geschichte
    Kaskäerkriege: Almina
Ägypter-Geschichte
    Kaskäerkriege
Mattiwazas-Geschichte
    Hajasa

Weitere Untersuchungen müssen klären, wieweit diese Gliederung ‚nur‘ Ergebnis sachlogischer Zwänge, wieweit sie auch Ergebnis literarischer Bearbeitung ist. Die Ähnlichkeit mit der Gliederung der ZJA ist jedenfalls auffallend, ein Streben nach Variation unübersehbar. Daß dem Verfasser der TS in der Disposition großer Stoffmassen einiges zugetraut werden kann, möge die Analyse von λόγοι der TS lehren.

Die Anzapahhaddus-Geschichte[217]

§ 14.2: Zwei Paraphrasen von ‚Geschichten‘ aus den TS sollen den von Kaskäerkriegen verschiedenen Aufbau dieser Geschichten, die Verwendung der Rede, die Kompliziertheit der Handlungsführung und die Kompositionskunst des Verfassers der TS verdeutlichen. Diese Geschichten der TS lassen sich unmittelbar mit entsprechenden Partien der israelitischen Historiographie vergleichen[218].

frg. 18   *I Politisches Vorspiel*

    A 1) Anzapahhaddus entführte hethitische Untertanen und siedelte sie an.

(a)		Außerdem *(namma)* rebellierten die Städte Mahuirassa und Peta, während *(ku-it-ma-an)* sich Suppiluliumas auf einer anderen Kampagne befindet. Vermutlich hatte Anzapahhaddus hierbei seine Hand im Spiel.
(h)	B 2)	Suppiluliumas zog deswegen in Richtung Arzawa.
(a)		Gegenaktion Anzapahhaddus' und seiner Generäle.
(h)	C 3)	a) Suppiluliumas schrieb an Anzapahhaddus: ‚Jene sind meine Untertanen; du aber hast sie entführt. Wenn du sie nicht zurückgibst, komme ich zum Kampfe mit dir.‘
(a)		a') Anzapahhaddus schrieb (?) in ablehnendem Sinne zurück.
(h)		b) Rede Suppiluliumas' um Auslieferung der Untertanen.
(a)		b') Anzapahhaddus aber gab nichts heraus.

II Der Kampf

(h)	A 1)	Folglich *(namma)* schickte Suppiluliumas seinen General Himuilis mit Truppen los. Himuilis griff das Land Mahuirassa an und behält es (prs. hist.).
(a)	2)	Als aber (?) Anzapahhaddus (und seine Generäle?) diese Sache hören (!) (prs. hist.), da kommen sie hinter Himuilis her, überfallen ihn überraschend und besiegen ihn.
(h)	3)	Als Suppiluliumas von der Niederlage Himuilis' hörte (!), wurde er zornig; er mobilisierte die hethitischen Truppen und marschierte nach Arzawa. Und als er dort ankam, da das Land Mira (...)
		(Kolumne II, III, IV dieser Tafel verloren. Anschluß an das Folgende unsicher.)

frg. 19

(h)	B 1)	Ein hethitischer (?) Sieg, der aber nicht ausgenutzt werden konnte;
(a)		denn *(-ma)* die Einwohner von Mahuirassa und ganz Arzawa zogen sich auf den Berg Tiwatassa zurück.
(h)	2)	Himuilis (?) verschanzte sich auf dem Berge Kuriwanda.

(a)   Allantalli und Zapallis und (...?) deckten (?) die Zivilisten auf dem Tiwatassa.

(h)   3) Himuilis (?) umzingelte und bedrängte (?) den Tiwatassa (?).

(a)   Als er ihn bedrängte, kam Anzapahhaddus (?) mit Truppen und er (... erringt einen Erfolg?).

(h) C 1) Als Suppiluliumas das (die Schlappe Himuilis’?) hörte (!), kam er selbst, bedrängte die Arzawäer auf dem Tiwatassa und schickte dem Anzapahhaddus eine Aufforderung, zum Kampfe herabzukommen.

(a)   Anzapahhaddus aber blieb auf dem Berge und ließ Suppiluliumas ausrichten (...)
                 (Kolumne II, III, IV auch dieser Tafel verloren. Anschluß an das Folgende unsicher.)

frg. 20

(a) D 1) Militärische Aktion des Gegners.

(h)   Als Suppiluliumas davon hörte (!), gab er dem Mammalis Truppen und Streitwagen und schickte ihn los.

(a)   2) Der Gegner überfiel Mammalis, nahm seine Truppen und Wagen fort; Mammalis aber selbst (fiel) als einziger. Suppiluliumas aber mußte die Belagerung des Tiwatassa aufgeben.

(a)   3) Als aber *(mahhanma)* Zapallis und (Anzapahhaddus?) nicht mehr belagert waren, entwichen (?) sie in die Stadt Hapalla.

(h)   Gegen-Aktion Suppiluliumas’.

(III Die Schlacht?)

(Kolumne II und III auch dieser Tafel sind verloren, so daß unklar bleibt, wie das Ringen ausging. Am Anfang der IV. Kolumne dieser Tafel sind anscheinend bereits wieder Züge im Osten des Reiches berichtet.)

Die Geschichte von der Auseinandersetzung der Hethiter mit Anzapahhaddus ist geradezu das Muster einer komplexen Handlungsdarstellung. In konstantem Wechsel berichtet der Erzähler die Aktion der einen Partei, Reaktion und Gegen-Aktion der anderen, die wiederum eine neue Aktion der ersten Partei auslöst. Im Unterschied zur Ausspartechnik, die in der Ägypter-Geschichte verwandt ist (§ 14.3), wird hier nicht zwischen längeren Haupt- und Nebenreihen abgewechselt; es werden vielmehr kleine Handlungsstücke gegeneinander gestellt.

Die Erzählung entbehrt nicht einer gewissen Spannung; Suppiluliumas bleibt zunächst im Hintergrund. Seine Generäle operieren sehr unglücklich, der Gegner jedoch mit Schnelligkeit und Geschick, wie der Erfolg seiner Überfälle zeigt. Der Inhalt der erhaltenen Teile der Anzapahhaddus-Geschichte ist Diplomatie, Strategie und Taktik. Gegenstand der Aufmerksamkeit ist die Auseinandersetzung selbst, nicht die Schlacht, das Gemetzel oder die Beute. Dieses agonale Interesse läßt sich in allen Teilen der TS beobachten[219].

Die „Siebente Tafel"

§ 14.3: Die Paraphrase der Ägypter-Geschichte der TS und die Interpretation einiger Reden soll die Erzähltechnik, die der Verfasser der TS für gleichzeitige Handlungen entwickelte, deutlich werden lassen[220] und die Unterschiede zwischen rhetorischer und historiographischer Sprache in den TS aufweisen.

Die Kaskäerkämpfe um Almina, die der Ägypter-Geschichte vorangehen, nehmen die erste Kolumne von BoTU 41 ein. Die zweite Kolumne beginnt mit der Darstellung des nordsyrischen Schauplatzes, wo Telepinus militärische Erfolge erringt (prs. hist.) und mit allen Ländern von Arzija und Karkemisch und der Stadt Murmuriga ein Abkommen schloß; nur die Stadt Karkemisch schloß kein Abkommen. Dennoch hielt Telepinus die Lage für sicher; er ließ Lupakkis mit einigen hundert Mann in Murmuriga zurück und begab sich, um Suppiluliumas zu treffen, zunächst nach Hattusa, dann, als er ihn dort nicht antraf, nach Uda, wo Suppiluliumas Feste feierte. Damit kommt die Handlung auf der hethitischen Seite zur Ruhe. Nach einem Gliederungsstrich, mit einem starken temporalen und materiellen Konnektiv setzt nun eine Handlung des Gegners ein[221]:

„Die Hurriter aber, als sie den Priester (sc. Telepinus) von hinten sahen, da kommen (prs. hist.) Truppen und Streitwagen der Hurriter — und Takuhlis, der *amimukuni*, (war) dabei — und umzingeln Murmuriga. Und sie sind überlegen den hethitischen Truppen und Streitwagen, die (dort sind)."

Mit der Umzingelung von Murmuriga und der Schilderung der Situation Lupakkis' ist auch diese Handlung zu einem Abschluß gebracht. Nach einem Gliederungsstrich wird ein neuer Schauplatz und ein neuer Gegner eingeführt[222]:

„Zum Lande Kinza, das mein Vater erobert hatte (*tar-ah-ha-an har-ta;* periphrastisches Vergangenheitstempus!), da kommen (prs. hist.) des Landes Ägypten Truppen und Streitwagen, und sie griffen (impf.) das Land Kinza an."

Dieser Satz steht an dieser Stelle der Erzählung als ein Vorverweis auf den Bericht der dritten Kolumne dieser Tafel, der die Aussendung Lupakkis' und Tarhunta-zalmas' gegen die Ägypter erzählt; der Erzähler fährt nämlich zunächst in der Schilderung der hurritischen Kämpfe fort. Der zitierte Satz enthält aber außerdem einen Rückverweis, der ganz ausdrücklich die Ägyptergeschichte mit der Geschichte von Tusrattas und der ersten Eroberung Syriens durch Suppiluliumas verknüpft[223]. Der vor- und rückweisende Einschub über den ägyptischen Angriff in Kinza machte nun für den hethitischen Erzähler die Verwendung eines neuen Konnektivs nötig, mit dem er die Darstellung der Hurriterkämpfe fortsetzen konnte. Ein Botenbericht an Suppiluliumas stellt durch eine wörtliche Wiederholung die Verbindung zu den bereits berichteten Tatsachen her[224]:

„Und zu meinem Vater brachten sie die Nachricht: ‚Truppen und Streitwagen, die in Murmuriga droben (sind), die Hurriter haben sie umzingelt[225].‘“

Suppiluliumas mobilisierte sein Heer, zog gegen die Hurriter und machte in Tegarama eine Truppenschau. Wieder teilt sich die hethitische Handlungslinie: Suppiluliumas sandte darauf (*namma*) Zitas und Arnuwandas voraus ins Hurriterland, wo dieser einen Sieg über die Feinde erringen wird (prs. hist.). Die Verbindung der beiden Handlungsstränge geschieht wiederum durch einen Botenbericht, der — mit wörtlicher Wiederholung — die Flucht der Feinde an Suppiluliumas meldet. Dieser verfolgte die Feinde, konnte sie aber nicht fassen und belagerte Karkemisch.

Mit dieser Belagerung ist die Handlung um Suppiluliumas — ähnlich wie bei der Belagerung von Murmuriga — in eine gleichmäßig fortlaufende Bewegung überführt. Mit einem Konnektiv, das die Gleichzeitigkeit der nun folgenden Handlung zu der Belagerung expliziert, wird in der dritten Kolumne der Vorverweis aus der zweiten aufgenommen und die Expedition zweier hethitischer Generäle gegen Amka berichtet[226]:

„Und während mein Vater im Lande Karkemisch drunten war, sandte er den Lupakkis aber und den Tarhunta-zalmas in das Land Amka. Und sie gingen, das Land Amka schlugen sie. Und Gefangene, Rinder und Schafe brachten sie zurück vor meinen Vater.“

Durch den letzten Satz wird die Bewegung, die von jener gleichmäßig fortlaufenden Handlung um Suppiluliumas abgezweigt wurde, wieder zu dieser zurückgeführt und abgeschlossen. Mit einem Konnektiv („hören“), das als verkürzte Form des Botenberichtes aufzufassen ist, wird die Schilderung der Wirkung dieser Expedition auf die Ägypter angeschlossen. Diese Expedition und — wie mit deutlicher Abstufung der Kausalität gesagt wird (*im-ma-ak-ku* — ‚obendrein auch noch‘) — der Tod des Pharao Nibhururijas (Nb-hpr.w-r’) bilden den Hintergrund der nun folgenden Verhandlung zwischen Suppiluliumas und Dahamunzus, wie die Hethiter die Witwe Tut-ankh-Amon’s nannten. Während dieser Verhandlungen geht die Belagerung von Karkemisch weiter. Der Text lautet[227]:

„Die Leute von Ägypten aber, als sie den Angriff auf Amka hören, da fürchten sie sich darüber.

Und weil ihnen ihr Herr Nibhururijas überdies gestorben war, da schickte die Königin von Ägypten, welche Dahamunzus war, meinem Vater einen Boten und schrieb ihm folgendermaßen:

‚Mein Mann ist tot.

Ein Sohn aber ist mir nicht.

Dir aber spricht man allgemein viele Söhne zu.

Wenn du mir einen Sohn von dir gäbest,
würde er mir Gatte werden.
Einen Knecht von mir aber werde ich niemals auswählen und ihn zu meinem Gatten machen.
      Befleckung (oder: sehr?) fürchte ich (mich).'"

Als Suppiluliumas das hörte, berief er seine Großen zur Beratung; dann sandte er den Hattusazitis nach Ägypten mit dem Auftrag, die Ehrlichkeit des ägyptischen Angebotes zu prüfen.

Damit ist die ägyptisch-hethitische Handlungslinie in die Form einer gleichmäßig fortschreitenden Bewegung gebracht; der Leser ist auf den Einsatz einer neuen Handlung vorbereitet. Mit einer für den Verfasser der TS charakteristischen Genauigkeit wird die Gleichzeitigkeit dieser neuen Handlung mit der ägyptisch-hethitischen Handlungslinie expliziert; außerdem wird durch einen Rückverweis noch einmal verdeutlicht, daß die Verhandlungen über die ägyptische Heirat während der Belagerung von Karkemisch stattfanden. Nach einem Gliederungsstrich heißt es[228]:

„Und bis (*nu kuitman*) Hattusazitis aus Ägypten zurückkam, eroberte aber mein Vater endlich Karkemisch, (und zwar) die Stadt (selbst). Und er hatte sie sieben Tage lang belagert[229] und zog zum Sturm gegen sie am 8. Tage, 1 Tag (lang).
Und er (nahm?) es in einer furchtbaren Schlacht am 8. Tage, an einem Tage[230]."

Die Stadt wurde — bis auf die Tempel — geplündert und Sarri-Kusuh, ein Sohn Suppiluliumas', als König in Karkemisch eingesetzt. Auch hier endet, typisch für die hethitische Historiographie, die militärische Operation in einem politischen Akt.

Suppiluliumas kehrte nach Hattusa zurück und verbrachte dort den Winter. Damit ist die Handlung um Suppiluliumas abgeschlossen; man erwartet, nach der bereits bekannten Erzähltechnik, den Einsatz einer neuen Handlung, also die Fortführung der ägyptisch-hethitischen Handlungslinie. An dieser Stelle muß nun der Erzähler über den Verlauf des Winters und den Bericht von der Belagerung und der Eroberung von Karkemisch hinweg auf den ersten Brief der Königin und die Aussendung des Hattusazitis nach Ägypten zurückgreifen: Der in der Nebenreihe (ägyptische Angelegenheiten) ausgesparte, durch die Ereignisse der Hauptreihe (Einnahme von Karkemisch) ausgefüllte Raum muß in der Nebenreihe überbrückt werden. Ein umfangreiches Konnektiv mit einer wörtlichen Wiederholung erfüllt diese schwierige kompositionelle Aufgabe:

„Als es aber Frühling wurde, kam Hattusazitis zurück aus Ägypten. Und ein ägyptischer Bote, der Herr Hanis, kam mit ihm.
Und weil mein Vater, als er den Hattusazitis nach Ägypten geschickt hatte, ihn folgendermaßen beauftragt hatte:
,Vielleicht ist ihnen ein Sohn ihres Herrn.
Mich aber betrügen sie und wollen meinen Sohn nicht zur Königsherrschaft!' —

schreibt meinem Vater die Königin von Ägypten in einer Tafel folgendermaßen zurück:
,Warum sagst du so: ,Sie betrügen mich!'
  Wenn mir ein Sohn von mir wäre,
  hätte ich meine eigene und meines Landes Schande einem anderen Lande geschrieben?
Und du trautest (?) mir nicht!
Und du sprachst sogar so zu mir!
Und mein Gatte, welcher (mir) war, der ist mir gestorben.
  Ein Sohn von mir ist nicht vorhanden.
  Einen Knecht von mir aber werde ich niemals auswählen und ihn zu meinem Gatten
  machen.
Und einem anderen Lande, nicht irgendeinem schrieb ich.
Und dir schrieb ich!
Man spricht dir allgemein viele Söhne zu.
  Und gib mir einen Sohn von dir!
  Und er (wird) mir Gatte, im Lande Ägypten aber (wird) er König sein.'"

Aufgrund dieses Briefes befaßt sich Suppiluliumas näher mit der Angelegenheit; in einer Rede an Hanis, den Überbringer des Briefes, begründet er sein Mißtrauen. Wieder wird mit wörtlicher Wiederholung ein Teil des Berichtes in die Rede umgesetzt[231]:

„Ich war ... freundlich. Und ihr tatet mir plötzlich Böses. Ihr kamt (?) und der Mann von Kinza, den ich dem König des Landes Hurri (wegnahm?), den schlugt ihr. Ich aber, als ich (das hörte), da wurde ich zornig, und meine Truppen und Streitwagen und meine Herren sandte ich aus. Und sie kamen und euer Gebiet, das Land Amka, schlugen sie.
  Und als sie das Land Amka, das euer (Land ist), schlugen, da fürchtet ihr euch wahrscheinlich. Und ihr bittet mich (sc. deshalb) um einen Sohn von mir (sc. als wäre es etwas euch) von Rechts wegen Zukommendes.
  Jener wird irgendwie ein Geisel werden, zum König aber werdet ihr ihn nicht machen.'"

Darauf antwortet der ägyptische Gesandte:

„Mein Herr! Das ist ... unseres Landes Schande!
  Wenn uns ein (Königssohn) wäre, würden wir zu einem anderen Lande gehen und uns unseren Herrn erbitten?
Unser Herr, welcher Nibhururijas war, der ist gestorben.
  Ein Sohn aber ist ihm nicht vorhanden.
  Die Frau unseres Herrn ist Witwe.
Und wir bitten um einen Sohn unseres Herrn (sc. Suppiluliumas') zum Königtum im Lande Ägypten, für die Frau, unsere Herrin, aber zum Gatten.
Außerdem, zu einem anderen Lande, nicht irgendeinem gingen wir.
Hierher nur kamen wir.
Und gib uns, unser Herr, einen Sohn von dir.'"

So befaßte sich denn Suppiluliumas mit der Angelegenheit; er läßt die Kurustama-Tafel, einen früheren Vertrag zwischen Ägyptern und Hethitern[232], vorlesen und beschließt, seinen Sohn Zannanzas zu entsenden.

Das Ende dieses Unternehmens ist schlecht überliefert; Zannanzas wird, soviel läßt sich erkennen, von Ägyptern ermordet; auf die Nachricht von der Ermordung hin erhebt Suppiluliumas einen Klageruf zu den Göttern, in dem er seine Unschuld beteuert (frg. 31).

Rhetorische und historische Sprache

§ 14.31: Die Briefe der ägyptischen Königin und der Dialog zwischen Hanis und Suppiluliumas unterscheiden sich sprachlich von der historischen Narrative. Die Sätze sind teilweise sehr kurz, enthalten aber sehr viele Partikeln; besonders zahlreich sind die emphatischen, oft pleonastisch gesetzten Pronomina und die modalen Adverbien („vielleicht, wahrscheinlich, irgendwie, dazu'). Lexikalisch fallen einige sehr seltene Worte auf (z. B. *tekri, ijashata*). Viel häufiger als in der Narrative sind affektische Ellipsen, rhetorische Fragen und Ausrufesätze. Die Gesamtheit dieser grammatischen Erscheinungen prägt den rhetorisch-emphatischen Stil dieser Reden und Briefe. Es ist bemerkenswert, daß sich der historische Bericht, den Suppiluliumas zu Beginn seiner Rede gibt, nach Satzlänge, Partikelgebrauch und Satzformen stilistisch stark von den übrigen Reden und Briefen unterscheidet.

Aufbau und Abfolge der Reden und Briefe mit ihren kunstvollen Wiederholungen, Variationen, Inversionen und Steigerungen sind ein schönes Zeugnis für die rhetorische Kultur des Alten Orients und die stilistische Könnerschaft des Verfassers der TS.

Nur eine Besonderheit sei hier hervorgehoben. Die zitierten Reden und Briefe bilden eine Triade. Der Umfang der Glieder nimmt stetig zu; das letzte Glied der Triade — Rede Suppiluliumas' und Hanis' — ist zweiteilig und hat den größten Umfang. Diese Technik der Triadenbildung beherrscht auch den Aufbau der einzelnen Briefe und Reden, besonders stark den zweiten Brief der Königin, dessen Gliederung sich folgendermaßen darstellen läßt:

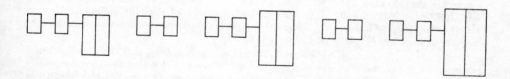

ANMERKUNGEN ZUM 2. TEIL

[1] S. § 8.2; § 9.13; 1 A 24.

[2] Daß Schreibunfähigkeit der Kaskäer oder die barbarischen Zustände bei diesen Stämmen keinen geregelten diplomatischen Verkehr möglich machten, daß der Kleinkrieg gegen diese Räuberbanden eintöniger, ,langweiliger' war als der Krieg gegen andere, politisch profilierte Mächte, ist selbstverständlich. Andererseits gibt es (fiktive) direkte Reden in Kaskäerzügen, s. § 14.1.

[3] S. § 14.1.

[4] Zu den generalisierenden Beschreibungen s. § 4.2. Vgl. Jos. 11,16 ff., Ende der Landnahme — Übergang zur Verteilung.

[5] Wie die von *Otten* veröffentlichten neuen Fragmente zu den AM (s. 2 A 10) endgültig lehren, waren die AA nicht nach Jahrzehnten gegliedert. In AA 20. (?) Jahr (*Götze* S. 154 f.) (Text s. hier S. 20) ist nämlich kein Binnenschluß anzusetzen. Mursilis gibt keinen Bericht über die Zustände in der Provinz Palā von seiner Thronbesteigung bis in sein 20. Regierungsjahr. Die Jahresangabe bezieht sich vielmehr auch auf die Zeit vor seiner Thronbesteigung. Diese Geschichte der Provinz Palā von der Zeit Suppiluliumas' bis in die Mursilis' ist das (bisher) längste Stück Vergangenheitsgeschichte in drittpersönlicher Narrative in den AM: mit den neuen Fragmenten und einschließlich des Berichtes über Mursilis ca. 50 Zeilen. Ein langer Zeitraum ist überbrückt, verschiedene Schauplätze zusammengefaßt, die temporalen, kausalen und konzessiven Bezüge dieser recht komplizierten Geschichte sind gut verständlich. Dabei hat es den Anschein, als übersteige der Ausdruckswille des Verfassers sein sprachliches Können. Die zahlreichen Anakoluthe und wörtlichen Wiederaufnahmen, sowie die umständlich geschachtelten Nebensätze, also die noch nicht ausgereifte Periodentechnik, könnten ein Indiz dafür sein.

[6] KBo III 4 Rs. IV 22: „(Als aber ich, die Sonne, aus Kizzu)watna wieder herauf kam, da . . ." — Auf die stark umstrittenen Einzelheiten der hethitischen Geographie braucht hier nicht eingegangen zu werden. Für diese Untersuchung reicht die Annahme, daß Kaskäer, Azzi, Hajasa und Oberes Land gegen Nord und Nord-Ost des hethitischen Kernlandes liegen, Kizzuwatna gegen Süd-Ost, die Arzawa-Länder gegen West und Süd-West. Grundlegend: *A. Götze*, Kizzuwatna and the Problem of Hittite Geography, 1940, bes. S. 18 ff.; für Teilfragen s. *F. Kinal*, Géographie et l'Histoire des Pays d'Arzawa, Ankara 1953; *F. Cornelius*, Zur hethitischen Geographie, RHA 62, 1958, 1—17; ders., Neue Aufschlüsse zur hethitischen Geographie, Or. 32, 1963, 233—245; *A. Götze*, The Roads of Northern Cappadocia in Hittite times, RHA 61, 1957, 91—103; *J. Garstang*, The Geography of the Hittite Empire, London 1959 (bearb. v. *O. R. Gurney*). Zur Lage des Kaska-Territoriums und der angrenzenden Gebiete s. die Übersicht bei *v. Schuler*, Kaskäer, S. 14.

[7] S. § 8.2. — vgl. *Götze*, Kizzuwatna, S. 20: „It is manifest, then, that the phrase ,when I came up from Kizzuwatna' cannot be accounted for by the assertion that the Ten-year-annals relate the celebration of festivals in Kizzuwatna and proceed with a report of his return from Kizzuwatna to Tegarama, without devoting a single word to the important affairs Mursilis had to settle in Syria."

[8] S. § 14 zu den TS; MhW, S. 52—54 zur Komposition der ZJA.

[9] Hinweis von *W. Röllig*. — Zu dem Zweitafel-Exemplar s. *Otten*, Neue Fragmente, S. 155.

[10] Wie weit die AA reichten, ist unbekannt. Jedoch ist aufgrund der von *Otten*, Neue Fragmente, S. 156 ff.; S. 166 ff. veröffentlichten Zusatzstücke zu den AM die Jahreszählung *Götze's* zu korrigieren. Diese Jahreszählung beruhte für die späteren Teile der AA darauf, daß *Götze*, AM S. 6 f. die Angabe „20 Jahre" in der Hutupijanzas-Geschichte (2 A 5) auf den Regierungsanfang Mursilis' bezog. Die neuen Fragmente lehren, daß diese Jahresangabe die Gesamtdauer der Bedrohung von Palā angibt. Lediglich aus Gründen der Einfachheit ist in dieser Arbeit die Jahreszählung *Götze's* beibehalten worden.

[11] Welcher Bruder in ZJA 3. Jahr (*Götze* S. 38 f.) gemeint ist, Arnuwandas — dann in einer Vorgeschichte (K.) — oder Sarri-Kusuhas, ist unklar. — Die Liste ist für die ZJA zu ergänzen, vor allem, was die Lücke vom 7.—9. Jahr angeht.

[12] *Götze*, S. 46 f.; der Brief lautet: „Meine Untertanen, die zu dir kamen, als ich die von dir zurückforderte, hast du sie mir nicht zurückgegeben. Und du hast mich ein Kind gescholten und mich mißachtet. Nun auf denn! Wir werden miteinander kämpfen! Und der Wettergott, mein Herr, soll unseren Rechtsstreit entscheiden!"

[13] S. § 10.3; 12.21; 13.4.

[14] Er umfaßt im Original 29 Zeilen, das sind etwa 51 Zeilen effektiven Textes in *Götze*'s Edition. Der effektive Text ergibt sich, wenn man die deutsche Übersetzung (bzw. den heth. Text) fortlaufend schreiben würde. Diese Zählweise ist der unterschiedlichen Zeilenlänge wegen von Wichtigkeit. — Die Übersetzung im Anschluß an *Götze*, mit Korrekturen von *H. M. Kümmel*. — Zur Gliederung s. § 9.2.

[15] *Götze*, AM S. 5 ff.; zustimmend *Furlani*, a. O. S. 70.

[16] *Götze*, a. O. S. 38.

[17] Das Verhältnis beträgt durchschnittlich etwa 1 : 3.

[18] Möglicherweise wurde die letzte Zeit der Regierung Suppiluliumas' in Kolumne I etwas ausführlicher behandelt. Man kann aber zur Stützung dieser Annahme nur mit Vorbehalt auf die Archäologie am Anfang der TS verweisen, s. § 14.1.
Nach *Forrer*'s Berechnungen müßten vor dem Einsatz des uns erhaltenen Prologes noch etwa 80 Zeilen gestanden haben. Was in diesen Zeilen gestanden haben soll, ist gänzlich unklar.

[19] S. § 3.3.

[20] Zu dieser Umsetzung der Narrative in die Rede s. § 11.3. Eine genaue Parallele: 1 Kön. 1,43, s. § 17.6.

[21] Zu der hier vielleicht implizierten Kritik an Suppiluliumas s. § 11.11. Zur Staffelung der Gründe s. § 3.32. Zur Frömmigkeit Suppiluliumas' s. TS frg. 28 (*Güterbock*, S. 95). Zum Typ der ‚Kultgeschichte' s. 1 A 226.

[22] S. § 4.41.

[23] Über das Distanzbewußtsein, das in dieser Erzähltechnik zum Ausdruck kommt, vgl. MhW, S. 60 f.

[24] Vgl. Tiglatpilesar I., Zerbrochener Obelisk Kol. IV 31 ff. (*Budge-King* S. 142 ff.). Zum Abschluß des Kapitels über die Jagden Tiglatpilesar's schreibt einer seiner Nachkommen: „Von dem Rest (vgl. *ytr* in den Schlußformeln der Königsbücher des AT!) der zahlreichen wilden Tiere und des Geflügels am Himmel, das fliegt, ... was mein ⟨Vater⟩ nicht erwähnte, dessen Zahl zusammen mit diesen anderen Zahlen, habe ich berichtet. Er eroberte (noch) andere Länder ... ⟨Aber diese Taten⟩ seiner ⟨Hand⟩ berichtete er nicht ..." Diese Zeilen enthalten einen Hinweis auf die Zylinder-Inschrift Tiglatpilesar's I. (Kol. VI 49 ff.): „Ich habe auch noch gegen viele andere Feinde Krieg geführt, die meine Macht nicht widerstehen konnten ... Die Füße meiner Feinde hielt ich von meinem Lande fern." Vgl. auch Kol. VIII 39: „Den (Bericht über) die Triumphe meiner Kraft..., den habe ich auf meine Steintafel und meinen Tonzylinder eingeschrieben und im Tempel von Adad auf immer niedergelegt." Vgl. aus persischer Zeit DB IV 46 ff.: „Auf dieser Inschrift ist nicht alles aufgeschrieben, was ich getan habe." Für die mittelpersische Zeit vgl. *F. Altheim*, Literatur und Gesellschaft, 2,14.

[25] Die Sonnengöttin von Arinna ist die vornehmste Göttin der hethitischen Staatsreligion, vielleicht Mursilis' persönliche Schutzgottheit. Vor ihr werden die Staatsverträge niedergelegt. Sie hilft in Staatsangelegenheiten, s. *Götze*, Kleinasien, S. 136. Daß sich die Annalen — in welcher Form auch immer — an die Sonnengöttin von Arinna wenden, zeigt, daß die ZJA a u c h als ein „politischer Akt" (*Götze*, Kleinasien, S. 174) zu verstehen sind. — Vgl. auch *A. Götze*, in: JCS 1, 1947, 90 f. zu einem kultischen Text, der den Wettergott als Besitzer von

Himmel, Erde und Volk, den König als seinen Verwalter (*manijahhatallas*) nennt. Dies ist gemeinorientalische Staatsideologie. Vgl. 2 A 149. Der Angriff von Feinden ist ein Angriff auf das Eigentum der Götter, vgl. den ZJA-Prolog, hier § 9.1, und *v. Schuler*, Kaskäer, S. 168 ff.: „Ritual vor Beginn eines Feldzuges gegen die Kaskäer".

Vgl. den Schluß der Nehemia-Memoiren (13,31): „Gedenke mir dies, mein Gott, zum Guten." Nach *Eißfeldt* (Einleitung, S. 742) erinnert diese Formel an den Eingang aramäischer Votiv- und Memorialinschriften; sie zeige, „daß Nehemias Selbstbericht als eine Weihegabe an Gott verstanden sein will".

[26] *Götze*, AM S. 137.

[27] Hatt. I 73 f. (*Götze*, S. 14 f.).

[28] *Götze*'s Übersetzung von *hanti* beruht auf der Ableitung von *handai* — „ordnen, fügen" und *handas* — „fest, treu, recht". Nach *Friedrich*, HWB existiert das Adjektiv *handas* nicht. Er leitet *hanti* von *hant* — „Vorderseite" ab; vgl. 1. Ergänzungsheft, S. 4. Immerhin gibt es ein Adverb *handan* — „wahrlich, wirklich"; vgl. *R. Gusmani*, Kleinasiatische Miszellen, IF 68, 1963, 284—294; S. 294: „Hethitisch *handa(s)* — ,gemäß'". — Zu der Phrase *hanti ijami* — „gesondert machen" s. 1 A 226.

[29] Zu der Klasse der Jugendberichte s. § 13.3.

[30] *Friedrich*, HWB s. v. *katta dai* — „niederlegen, niedersetzen", *kattan dai* — „(Dienst) verrichten, erledigen". — *Furlani*, a. O. S. 71 übersetzt zweifelnd: „deposizione davanti alla sua dea".

[31] *Götze*, AM S. 224 f.; *Friedrich*, HWB s. v.; *Götze*, in: JCS 1, 1947, 91 f.; ders., Kleinasien, S. 136: „vor ihr (sc. der Sonnengöttin) legt der König Rechenschaft ab, indem er seine Taten berichtet"; *H. Otten*, in: Bibl. Or. 8, 1951, 225 zu Tafel 767/f; der Schreibervermerk lautet: „Und diese Tafeln des Hisuwa-Festes hat er (sc. der Obertafelschreiber) an jenem Tage abgeschrieben (*arha anijat*)". Vgl. *V. Korošec*, a. O. S. 29 und 101 (zu *ŠAPAL ... kittaru*); *v. Schuler*, Kaskäer, S. 166: *appa anija* — „auf einer Tontafel wiederum festlegen".

[32] Dieses andere Werk wäre auf die ersten 10 Jahre beschränkt und würde die Taten Mursilis', der Prinzen und Generäle berichten. (Dieses Werk kann, muß aber nicht mit den AA identisch sein).

[33] Madduwattas § 16 (*Götze* S. 20 f.).

[34] Tav. I 27; 32—34; *Sommer*, AU S. 2 ff. Als letztes Wort von I 34 vermutet *Sommer* *asantes*, also etwa im Sinne von ὄντως.

[35] a) KBo XII 38 II 11'—16' (CTH 121) Text, Übersetzung und Erläuterungen bei *H. Otten*, in: MDOG 94, 1963, 16 ff. und *H. G. Güterbock*, The Hittite Conquest of Cyprus Reconsidered, in: JNES 26, 1967, 73—81; MhW, S. 87 ff.

Der Text KBo XII 38 ist aus verschiedenen Gründen auch für die Geschichte der hethitischen Historiographie von Wichtigkeit. Er beweist den Gebrauch von monumentalen, wohl hieroglyphen-hethitischen Inschriften historischen Inhalts für die Zeit des ausgehenden Hethiterreiches. Diese Inschriften, d. h. ihre im Archiv befindlichen Vorlagen, wurden in keilschrifthethitischer Fassung weiter benutzt (KBo XII 38 I—II 21): vgl. § 6.1.

KBo XII 38 ist eine Sammeltafel, die, nach der Analyse *Güterbock*'s, einen Zug Tuthalijas' IV. gegen Zypern, die Abfassung eines Tatenberichtes und Aufstellung eines Bildes seines Vaters durch Suppiluliumas II., einen Zug Suppululiumas' II. gegen Zypern und am Schluß einen Passus über eine Stiftung für Tuthalijas IV. enthält. Zu der Verbindung von Historiographie und Kultstiftung s. 1 A 151 b, 1 A 226 b).

b) vgl. KUB XXXI 121, 121 a (CTH 379): Gebet Mursilis' II.; Text und Übersetzung bei *H. G. Güterbock*, Mursilis' accounts of Suppiluliuma's dealings with Egypt, in: RHA 18, 1960, 57—63; vgl. § 14.3; MhW 85—87. Auffällig an diesem Text ist die Ausdehnung der Wahrheitsfrage auf die früheren Berichterstatter: dies ist charakteristisch für den relativ hohen Stand der Reflexion, der zur Zeit Mursilis' II. in den Bereichen von Geschichtsschreibung und

Theologie erreicht war. Der Durchstoß zu einer historischen Kritik (s. § 2.2 Ende; § 4.1), der von der Grundlage des hethitischen Wahrheitsbegriffes aus durchaus als möglich erscheint, ist jedoch in der hethitischen Geistesgeschichte, soweit sie gegenwärtig übersehen werden kann, nicht gelungen.

[36] S. § 2.1; 2.2; 3.5. — Nichtausgeführte Handlungen werden schon in der Historiographie des Alten Reiches berichtet, z. B. zweimal in den Annalen Hattusilis' I., KBo X 2 I 4 f.: „Nach Sahuitta zog er (!) und zerstörte sie nicht, und (= aber) ihr Gebiet verwüstete er." Vgl. II 34 ff. — Zum Schema der einfachen ausgeführten Handlung s. § 12.1.

[37] Vgl. § 9.1.

[38] Götze, S. 138 ff.

[39] Häufig findet sich in den AA folgendes Schema für die nichtausgeführten Handlungen: ‚Weil es Winter wurde, bzw. weil das Jahr zu kurz wurde, machte ich XY nicht'. Vgl. z. B. AA 24. Jahr (Götze S. 168 f.): „Und weil mir Winter wurde, zog ich also nicht hinter ihm her und suchte es nicht." — AA 27. Jahr (Götze S. 190 f.): „Ich hätte sie niedergezwungen. Und das Jahr wurde mir zu kurz: es wurde Winter. Und ich kam nach Hattusa heim."

[40] S. § 12.3.

[41] Mißverständlich Furlani, a. O. S. 77: „Per essere uno scritto compiutamente storiografico gli Annali dovrebbero essere scritti in terza persona e non in prima." Den relativ großen Umfang drittpersönlicher Narrative in den AA hat Furlani nicht beachtet. Im übrigen ist das von Furlani genannte Kriterium wenig geeignet, um ‚eigentliche Geschichtsschreibung' zu bestimmen, s. 1 A 19 c). — Vgl. § 3.1 — § 7.1.

[42] S. § 3.21; § 14.3.

[43] Die schönste Darstellung dieser Herrscherideologie steht bei Herodot VIII 101 (Rede der Artemisia). Die Siege gewinnen die Herrscher; die Niederlagen verschulden ihre Untergebenen. Daraus wird nicht nur klar, warum in der mesopotamischen Historiographie keine eigenen Niederlagen berichtet werden, sondern auch, warum alle Siege vom Herrscher selbst errungen worden sind. Zu dieser auch in der römischen Antike nicht unbekannten Vorstellung vgl. Horaz c. IV 4; IV 14 (Oden auf die Siege des Drusus und Tiberius, die auf einen Preis des Augustus hinauslaufen).

[44] Zu den Zusammenhängen zwischen historischem Bewußtsein und politischer Wirklichkeit, die hier in den Blick kommen, vgl. Register s. v. ‚Politik und Geschichtsschreibung'.

[45] S. §. 8.1; § 14.1.

[46] 3. Jahr (Götze S. 44 ff.).

[47] Die Kausalität ist bei Furlani, S. 76 ff. unter dem Titel „Le motivazioni" recht ausführlich behandelt (1 A 19 b). Die Häufigkeit von Kausalsätzen in allen Werken Mursilis' ist so auffällig und ihre Bedeutung für die Entwicklung der Historiographie so einleuchtend, daß auf eine ausführliche Darstellung verzichtet werden kann. Besonders wichtig ist die folgende Beobachtung Furlani's: „Ma è nel campo della politica che cade la maggior parte delle osservazioni del re sulle cause e sui motivi delle sue azioni..." s. § 7.1 und Furlani, a. O. S. 96.

[48] S. § 9.1.

[49] S. Furlani, a. O. S. 97 ff.

[50] AA 2. Jahr (Götze S. 26 ff.).

[51] AA 3. Jahr (Götze S. 42 f.).

[52] AA 4. Jahr (Götze S. 66 ff.); ebenso AA 25. Jahr (?) (Götze S. 176 ff.).

[53] AA 8. und 9. Jahr (Götze S. 102 ff.); ebenso AA 22. Jahr (Götze S. 160 f.): „Ich wäre selbst nach dem Lande Kalasma gezogen. Weil mir nun die Beute... bei weitem zu groß geworden war, zog ich also (namma) mit dem Heer nicht aus, und den Nuwanzas.... entsandte ich...".

[54] AA 10.—11. Jahr (*Götze* S. 138 ff.).

[55] AA 19. Jahr (*Götze* S. 148 f.); vgl. AA 3. Jahr (*Götze* S. 42 f.).

[56] AA 21. Jahr (*Götze* S. 156 f.).

[57] Zwei weitere Fälle von irrealer Stufung in den AA sind sehr stark zerstört: AA 5. Jahr (*Götze* S. 78 f.); AA 7. (?) Jahr (*Götze* S. 84 ff.). — Die Beispiele im Text: AA 25. Jahr (?) (*Götze* S. 180 f.); AA 27. Jahr (?) (*Götze* S. 190 f.); AA 9. Jahr (*Götze* S. 125 f.).

[58] TS frg. 34 (*Güterbock* S. 110); weitere Fälle s. 2 A 201; vgl. § 11.2 (Fehlen von Exkursen in den TS); § 13.4; 1 A 97.

[59] Sinn: ‚Wo sie sich sicher fühlten‘?

[60] S. § 3.5; 1 A 97.

[61] AA 4. Jahr (*Götze* S. 68 ff.); Text s. hier S. 148 f.

[62] *Götze* S. 112 ff.

[63] AA 20. Jahr (*Götze* S. 152 ff.); Text s. hier S. 51 f. Vgl. ZJA 7. Jahr (*Götze* S. 88 f.): *ma-ah-ha-an . . . -ma*.

[64] S. S. 124 ff.; das folgende Beispiel aus AA 25. Jahr (?) (*Götze* S. 176 ff.).

[65] Zu dieser Einbeziehung des Lesers vgl. S. 54 f.; S. 116 ff.

[66] AA 9. Jahr (*Götze* S. 116 ff.); zur Analyse der gleichzeitigen Handlung s. § 10.4. Zu den geographischen und historischen Einzelheiten dieser Partie s. *A. Götze*, Kizzuwatna, S. 18 ff.

[67] Diese Ergänzung ist unsicher.

[68] Zur Analyse des irrealen Temporalsatzes s. *Sternemann*, Nebensätze, S. 88.

[69] *nu-za ma-ah-ha-an ku-u-un me-mi-an* ZI-*ni* EGIR-*pa ki-is-sa-an AQ-BI* — „Und als ich mir dieses Wort (= Sache) in meiner Seele wieder so sprach, da . . .“; *memijas* ist die im Worte fixierte Sachlage, *appa mema* — „zurücksprechen, antworten, wiederholen, weitersprechen“. Mursilis hält ein wirkliches Selbst-Gespräch. Er fragt sich, was die Assyrer sagen würden, wenn er nach Hajasa zöge; sein Selbst antwortet ihm mit der Rede der Assyrer. *istanza(na)* (ZI; akkad.: *napištu*) ist nach *A. Kammenhuber*'s Wortuntersuchungen (Die hethitischen Vorstellungen von Seele und Leib, Herz und Leibesinnerem, Kopf und Person, in: ZA (NF) 22, 1964, 150—212; 23, 1965, 177—222) „Seele“; vgl. ZA 23, S. 178: „Als Sitz geistiger und emotional-affektiver Regungen empfanden die Hethiter bis in späthethitische Zeit nur — bzw. fast nur — die Seele und das Herz, und zwar dergestalt, daß sie mit der Seele zunächst mehr die geistigen Regungen und mit dem Herzen mehr die affektiven (mit Einschluß der memoria) verbanden.“ — Zum Zusammenhang zwischen Reflexion und Selbstgespräch vgl. hebr. *'mr* im Sinne von ‚denken‘ (Stellen bei W. Gesenius, Handwörterbuch[17], S. 50 s. v.; eindeutig z. B. 2 Mos. 2,14); assyrisch: *qabû itti libbi-šu*. Genaue Parallele: 2 Chron. 25,19 (vgl. 2. Kön. 14.10). — Vgl. Kupanta-KAL-Vertrag § 5 (Mursilis faßt einen Entschluß): „*nu kissan AQ.BI paimi-wa . . .*“ — ‚und ich sagte folgendermaßen: ‚Ich will gehen . . .‘.‘“

[70] Zur Beachtung des Gegners in der altorientalischen Historiographie s. § 2.2; § 3.1; zur fiktiven Rede s. § 11.3. Argumentation mit einer Möglichkeit auch Ex. 1,8—10.

[71] *Galling*, Textbuch, S. 16. Vgl. *Herrmann*, Die Königsnovelle, S. 59 (linke Spalte): „Eine solche Änderung ursprünglicher Absichten findet sich innerhalb der ägyptischen Königsnovelle in der Form, daß der König gegen die Meinung der Beamten selbständig seinen Entschluß durchsetzt.“ Der Widerspruch der Beamten ist eine „Stilform der Königsnovelle, die dazu dient, den Entschluß des Königs als seinen Entschluß nur um so größer erscheinen zu lassen.“ Auch dies ist ein gutes Beispiel für die Übernahme einer nicht primär historiographischen Erzählform in die Geschichtsschreibung.

[72] Zum politischen Kalkül s. § 3.6; § 12.3.

[73] III 73—79; Übersetzung nach *Götze* und *Kümmel*. *memai* (3. Sg. Prs.) — „er wird (würde) sagen“; s. *Götze* im Kommentar a. l.: „Potentialis“; er übersetzt jedoch: „gesagt hätte“.

[74] I 39—60.

[75] *Gurney*, Hittites, S. 176; vgl. S. 37.

[76] Frg. 28 A III 53 ff. (*Güterbock* S. 96). S. § 14.3; 2 A 201.

[77] Tav. II 3—23; Übersetzung aus *Sommer*, AU S. 7—9. Die Ergänzungen und Unsicherheiten sind hier nur in besonderen Fällen bezeichnet.

[78] Zum Sausgamuwas-Vertrag s. § 7.32.

[79] Telepinus II 13—15: § 7.32 Ähnliche Formulierungen gebraucht Hattusilis I. bei der Relegierung seiner Tochter (HAB III 20—25): „Auf dem Lande ist ihr ein Haus angewiesen, nun mag sie essen und trinken! Ihr aber dürft ihr nichts Böses tun! Sie hat Böses getan, ich werde nicht Böses dagegen tun! Sie hat mich nicht Vater genannt, ich nenne sie nicht meine Tochter! (*Sommer-Falkenstein* S. 13).

[80] S. § 3.3; § 5.4. — Längere Vorgeschichten gibt es schon in der hethitischen Historiographie des Alten Reiches. In KBo III 38 = 2 BoTU 13 (CTH 3, mit Lit.) ist eine Vorgeschichte überliefert, die sich wahrscheinlich über drei Generationen erstreckt und ungewöhnlich lebhaft, mit starker Profilierung der Gegenseite berichtet ist. — Die Vorgeschichte des Vertrages des Muwatallis mit Alaksandus von Wilusa (CTH 76) beginnt mit dem alten Labarnas und führt über Tuthalijas, Suppiluliumas und Mursilis bis auf Muwatallis. — Für assyrische Beispiele vgl. § 5.2—5.3 und Tiglatpilesar I. (Zylinderinschrift I 62 ff.): „Im Beginn meiner Herrschaft 20 000 Leute des Landes Muski und ihre fünf Könige, die 50 Jahre lang die Alzi-Länder und Purrukuzzu besetzt hatten, das Assur, meinem Herrn, Tribut und Steuer gebracht hatte, — und kein König hatte sie in der Schlacht besiegt — vertrauten auf ihre eigene Kraft und zogen hinab nach Kummuhi. Mit Hilfe meines Gottes Assur sammelte ich meine Wagen und Truppen, ich schaute nicht hinter mich, und überquerte dann das Kašiari-Gebirge, eine schwierige Gegend. Mit den 20 000 Kriegern und ihren fünf Königen ... kämpfte ich und besiegte sie.“ Im Gegensatz zu den meisten Vorgeschichten bei Mursilis sind die früheren Ereignisse bei Tiglatpilesar nur temporal, durch eine Zahlenangabe, — „50 Jahre lang“ —, nicht kausal gegen die folgende Handlung abgesetzt.

[81] *Götze* S. 66 ff.

[82] AA 4. Jahr (*Götze* S. 72 ff.); zu den Vasallenverträgen s. § 12.3.

[83] AA 12. Jahr (*Götze* S. 140 ff.); vgl. § 5.4.

[84] CTH 68; *Friedrich*, Staatsverträge I nr. 3; § 2 ff.: Vorgeschichte; das Zitat im Text: § 26 (*Friedrich* a. O. S. 144 f.); ähnlich § 11, § 18, § 21 f.

[85] ZJA 7. Jahr (*Götze* S. 86 ff.); der Bericht der AA ist nur zum Teil erhalten. Ein ähnlicher Exkurs findet sich bereits in den Annalen Hattusilis' I., col. II 3—5, über die Bedeutung von Parmanna.

[86] *Götze*, S. 152 ff.; vgl. § 5.4; 2 A 10.

[87] AA 22. (?) Jahr (*Götze* S. 160 f.).

[88] ZJA Prolog (*Götze* S. 20 ff.); s. hier § 9.1.

[89] Vgl. AA 2. Jahr (*Götze* S. 26 f.): „Bevor ich mich aber auf den Thron meines Vaters setzte, fuhr zu Sarri-Kusuh, meinem Bruder, (... kein Großer [?]hin) ... Als ich mich aber auf den Thron meines Vaters setzte..., und den Nuwanzas... entsandte ich...“ — Vgl. *Furlani* S. 79 f.; ebd. S. 16 ff.

[90] Vgl. *Götze* S. 72 ff.: Mashuiluwas wird in Mira zur Herrschaft eingesetzt. In der Rede, die Mursilis bei dieser Einsetzung an Mashuiluwas richtet, wird die Vorgeschichte der Beziehungen zwischen Mashuiluwas und den hethitischen Königen zwar auch berichtet; doch unterdrückt Mursilis in dieser Rede die Kritik am Verhalten seines Vaters den Vasallen gegenüber,

s. hier § 12.34 — In ähnlicher Weise weist die historische Einleitung in Vasallenverträgen in der Ausfertigung, die für den Vasallen bestimmt war, und die wahrscheinlich öffentlich verlesen wurde, gewisse Unterschiede gegenüber der für die hethitische Seite bestimmten Ausfertigung auf (z. B. Milderung des Berichtes über die Unterwerfung des Vasallen).

[91] S. § 3.6.

[92] Vgl. Tiglatpilesar, Prisma I 71 ff.: „... sammelte ich meine Truppen ... und überquerte das Kašiari-Gebirge, eine schwierige Gegend." Dieser Typ findet sich häufig in der hethitischen Historiographie, z. B. in den Annalen eines (undatierten) Arnuwandas (CTH 143; vgl *Götze*, Madduwattas, S. 156 ff.): „In das Gebirge Hullusiwanda zogen sie. Das Gebirge Hullusiwanda ist gar überaus schwierig" (oder: hoch, s. *Carruba*, StBoT 2, S. 14; K.) Vgl. AA 27. Jahr (?) (*Götze* S. 190 f.): „Weiter aber zog ich nach Lakku, und Lakku war eine befestigte Stadt. Und er (sc. Aparrus) brachte seine Truppen aus der Stadt herab, und es entstand ein Kampf ums Tor." — KBo XIV 20 II 9 ff. (Übersetzung von *Otten*, MDOG 94, 1963, 19): „Und zum NA₄hekur NA₄kurusta.., der NA₄kurusta aber war sehr steil (...), ferner auf dieser wie auf jener Seite (...), und einen Weg hinauf gab es kaum (?) von einer einzigen Seite aus! ... Den belagerte ich." Vgl. 1 A 79. — Vgl. Salmanassar III. (ca. 858—824) (Monolith-Inschrift von Karkh, col. II 30 ff.; Übersetzung von *Winckler*, KB I 164 f., mit Verbesserung von *A. Götze* bei *Täubler*, Tyche, S. 41; vgl. S. 218 f.): „Im Eponymenjahr des Assur-bel-ka'in ... brach ich von Ninive auf, den Tigris überschritt ich ... (folgt ein Itinerar) ... ... Steile Wege, unzugängliche Berge, welche wie Dolchklingen die Spitze zum Himmel richteten, grub ich mit bronzenen Hacken ab, ließ (über sie) Wagen und Truppen passieren; ..." Die geographische Schilderung ist zum Verständnis des Fortschritts der Handlung nicht unbedingt erforderlich; sie preist vor allem die Leistung des Königs, der sogar die Natur überwindet. Vgl. Sargon II. (Annalen, Z. 95 ff.): „Die Stämme Tamud, ... fern im Lande Arabien, die die Wüste bewohnen, ... die meinem königlichen Vater noch nie Tribut gebracht hatten, die unterwarf ich": — eine Abwandlung des schon bei Hattusilis I. (Ann. III 29 f.) belegten Topos ‚was noch kein früherer König getan hatte'. Diese Ansätze sind erst in der westantiken, arabischen und byzantinischen Historiographie weiterentwickelt worden. Exkurse wie die zu Beginn der Anmerkung zitierten gibt es auch in der altpersischen Historiographie, z. B. XPh 35 f.; DB V 22 f.

[93] Vgl. z. B. TS frg. 34 (*Güterbock* S. 110): „Er (sc. mein Vater) kam nach Timuhala. Timuhala war ein Platz des Stolzes der Kaskäer. Er hätte es zerstört, aber ..." — s. 2 A 58; § 13.4.

[94] Zum Pihhunijas-Exkurs s. S. 134.

[95] Die ZJA haben an dieser Stelle keinen Exkurs.

[96] Die ZJA berichten auch hier keinen Exkurs.

[97] Die konzessive Stufung ist nicht expliziert; s. § 10.52.

[98] Zu ergänzen vielleicht nach TS frg. 34, s. 2 A 93. Derartige Ähnlichkeiten zwischen TS und AM sind selten.

[99] In § 3.6; § 7.31; § 10.6 u. ö. ist über den Gebrauch der Rede im politischen Räsonnement gehandelt. Zum Gebrauch der Rede in der ältesten hethitischen Historiographie vgl. *Otten*, in: MDOG 86, 1953, S. 62 f. zu KBo VII 14 (CTH 15); der Text enthält eine Kriegserklärung und einen Botenbericht. In der „Belagerung von Ursu" (CTH 7; Zeit Hattusilis' I.) finden sich mehrfach Reden und Botenberichte. — In den assyrischen Annalen sind zwar Boten genannt, die Botenrede aber wird nur selten mitgeteilt. Vgl. z. B. Assurbanipal (Annalen I 123 ff.) in den Ägypterzügen über den Hochverrat der von ihm eingesetzten Fürsten: s. S. 143. Die ägyptische Erzählkunst macht auch in der Historiographie reichen Gebrauch von Rede, Brief, Dialog und Selbstgespräch; vgl. z. B. die Botenberichte in den Annalen Tutmose's III. in Karnak (ANET 234 ff.); Stele Seti's I. (ca. 1304—1290) von Beth-Shan (ANET 253 f.): „On this day one came to speak to his majesty, as follows: (15) ‚The wretched foe who is in the town of Hamath is gathering to himself many people, while he is seizing the town of Beth-Shan.

Then there will be an alliance with them of Pahel. He does not permit the Prince of Rehob to go outside'. Thereupon his majesty sent the first army of the Re, (named) ‚Mighty of Bows', to the town of Hamath . . ." — Vgl. *H. Grapow*, Untersuchungen zur ägyptischen Stilistik I. Der stilistische Bau der Geschichte des Sinuhe (1952) (§ 7, § 20, § 81).

[100] *Furlani*, 91. Es gibt, nach dem Bericht des Wen Amon (um 1100), beim Fürsten von Byblos einen Beamten mit dem ägyptischen Titel ‚Briefschreiber des Fürsten'; vgl. *A. Erman*, Die Literatur der Ägypter, 234 ff.

[101] Vgl. *Furlani*, S. 88 f.; z. B. AA 3. Jahr (*Götze* S. 52 ff.): Brief mit Lagebericht; AA 7. Jahr (*Götze* S. 86 f.): Befehl; vgl. AA 19. Jahr (*Götze* S. 146 f.); AA 25. Jahr (?) (*Götze* S. 172 f. und 180 ff.). — Die übliche Botenformel lautet: *numu* (bzw. *nu ANA ABU-JA*) *memijan uter* (oder: *watarnahhir*) — „und mir (bzw. meinem Vater) brachten sie das Wort (oder: teilten sie mit)". Vgl. TS frg. 11; frg. 12; frg. 15 (Botenbericht — Eingreifen Suppiluliumas' — Sieg); frg. 17; frg. 28; frg. 34 (Hilferuf der Leute von Zidaparha); frg. 38; frg. 50 (Kampfaufforderung) frg. 51. — Briefe: frg. 18; frg. 20, u. ö. — Beispiele für Reden in Unterwerfungsszenen s. *Furlani*, S. 90 ff. Eine sehr lange (mindestens 28 Zeilen!), aber sehr verstümmelte Rede steht in AA 7. Jahr (?) (*Götze* S. 80 ff.).

[102] *Furlani*, S. 86 ff.

[103] *Furlani*, S. 87: „. . . riferisce il nocciolo, l'argumento principale e decisivo, insomma la sostanza o lo spirito . . . Le parole sono dunque in parte inventate . . ." Zu den Zitaten in der hethitischen Historiographie s. 1 A 158; 1 A 198. *Furlani* (a. O. S. 110) meint aber auch: „Anniyas risponde — mi sembra soltanto verbalmente, perquè il testo dice alla lettera 'questi però fece portare dentro nella città di Hatti la parola (INIM) . . . e non accenda punto all'ambasciatore . . ."; ähnlich fraglich die Formulierung auf S. 113, 115 und 112 oben.

[104] Zeugnisse der westantiken Historiographie bequem bei *Adinolfi*, Storiografia, S. 54 ff.; vgl. *Lesky*, Gesch. d. griech. Lit., S. 359; 517 und 519 (zu Herodot und Thukydides).

[105] 2 BoTU 20: Vs. über Hattusilis I. und Mursilis I., Rs. über Hantilis, wohl den Nachfolger Mursilis' I. (CTH 11). *Forrer*, 2 BoTU S. 9: „Dies bedauerlich kleine Stück, das in neukanisischer Sprache abgefaßt ist, also erst aus dem 14.—13. Jh. v. Chr. stammt, ist das erste und einzige Beispiel einer Geschichtsschreibung, die sogar ihre Quellen wörtlich wiedergibt." Zur Korrektur dieser Behauptung s. hier § 9.31 mit Anm. 35. Die Bezeichnung von 2 BoTU 20 als ‚Sammeltafel' wäre nicht ganz korrekt, wenn es sich bei dem Hantilis-Text wirklich um ein Zitat handelt. Eine wirkliche Sammeltafel dagegen ist sicher 2 BoTU 30; sie enthält u. a. den Anittas-Text (CTH 1, B); vgl. *Kammenhuber*, S. 143 Anm. 37; vgl. 1 A 118. Zur Benutzung älterer Texte bei den Hethitern s. *Güterbock*, in: ZA 44, S. 96. — Für die Urkundenbenutzung in der westantiken Historiographie vgl. *C. Meyer*, Die Urkunden im Geschichtswerk des Thukydides, Zetemata 10, 1955. Hohe Geschichtsschreibung, so meinte die Antike, setzt die Urkunden immer in den Stil des Werkes um. Eine lehrreiche Ausnahme ist neben Eusebius z. B. L. Marius Maximus Perpetuus Aurelianus, der eine Biographie der Kaiser von Nerva bis Elagabal verfaßte. Jeder Biographie waren vollständige Aktenstücke angehängt (frg.: *Peter*, HRR S. 332; vgl. *G. Barbieri*, Mario Massimo, Riv. fil. 32, 1954, 36—66; 266—276).

[106] *Furlani*, a. O., betrachtet die direkten Reden der AM vornehmlich unter folgenden Gesichtspunkten: drammaticità, Lebendigkeit etc.; diese Kategorien sind nicht ausreichend, zumal wenn man die Bedeutung der Redeformen für den Aufbau der TS und die Konstituierung der verschiedenen Stilschichten der ZJA beachtet.

[107] S. schon § 10.6.

[108] S. § 10.5. — Zum Vergleich: Jos. 22,21 ff. (P?).

[109] S. § 10.1.

[110] AA 8.—9. Jahr (*Götze* S. 102 ff.); ohne Bezeichnung der Unsicherheiten; weitere Ergänzungen in KBo XVI 6 II (K.); (die Hajasäer fürchten den Angriff Mursilis'):

I „Da sandten sie mir einen Boten entgegen und ließen mir sagen: ‚Weil unser Herr ...; den Gefangenen, den wir irgendwann gemacht haben, den wollen wir in Marsch setzen und ihn unserem Herren ausliefern ...'

Und als mir die Hajasäer so zurückschrieben, zu dieser Zeit aber wurden mir (die Verhältnisse) zum Anrufungsfeste der Hepat von Kummani dringend.

II Und weil sie zu mir sagten: ‚Die hattischen Kolonen werden wir dir ausliefern!', ... und zog nicht gegen die Leute von Hajasa.

III Die Leute von Hajasa aber ... lieferten die hattischen Kolonen nicht aus.

Ich aber schrieb an Annijas folgendermaßen zurück: ‚Nichts schickst du dich an, mir zurückzugeben; die einen hälst du in Hajasa und auch das Land Hajasa hält (sie), andere aber nahmst du auch (noch).'

IV Dieser aber ließ nach Hattusa Bescheid ergehen: ‚Die hattischen Kolonen sind mir durch Kolonen von Azzi nicht ersetzt worden. Wenn Kolonen aus Hattusa auch irgendwelche hereingekommen sind, so werden wir sie nicht ausliefern.'

Und als also die Hajasäer der Sonne die hattischen Kolonen nicht auslieferten ...“

[111] Das homerische Erziehungsideal ist Hom. Il. 9,443 folgendermaßen formuliert (Phoinix zu Achill): μύθων τε ῥητῆρ' ἔμεναι πρηκτῆρά τε ἔργων; vgl. § 7.4 über das Erziehungsideal der israelitischen Weisheit.

[112] S. S. 190 f.; 197 ff.; 3 A 70.

[113] ZJA 4. Jahr (*Götze* S. 62 ff.); Korrekturen nach KBo XVI 1 IV von K.; vgl. ZJA Regierungsantritt (*Götze* S. 15 ff.) § 2 und § 3; AA 4. Jahr (*Götze* S. 68 f.): die Vorgeschichte wird im diplomatischen Notenwechsel wiederholt.

[114] Zu den Wiederholungen in der israelitischen Historiographie s. § 17.6.

[115] AA 3. Jahr (*Götze* S. 48 f.).

[116] AA 10. Jahr (*Götze* S. 132 f.).

[117] *G. Furlani*, Il giudizio del dio nella dottrina religiosa degli Hittiti, in: RHA 5, 1935, 30—34; ders., Saggi, S. 203—224; 113 ff.; *Götze*, Kleinasien, S. 127 ff.; vgl. 1 A 151.

[118] ZJA 3. Jahr (*Götze* S. 38 ff.), mit starken, hier nicht berücksichtigten Ergänzungen.

[119] ZJA 3. Jahr (*Götze* S. 46 f.); die AA haben hier offenbar keinen Brief wiedergegeben. Mursilis spielt in diesem Brief auf die im Prolog berichteten Reden der Feindesländer an.

[120] AA 3. Jahr (*Götze* S. 58 f.); dieser Partie dürfte eine Abschrift des Briefes Mursilis' zugrundeliegen. Es ist beachtenswert, daß trotz der Kürzung, die das Aktenstück, bei seiner Aufnahme in die AA erfuhr, die Vorgeschichte beibehalten wurde.

[121] ZJA 7. Jahr (*Götze* S. 90 ff.; 94 ff.); zur Vorgeschichte dieser Verwicklung s. § 11.1. — Vgl. auch AA 2. Jahr (*Götze* S. 34 ff.).

[122] Zum Selbstgespräch in der hethitischen Literatur vgl. z. B. *H. Otten*, Mythen vom Gotte Kumarbi, Neue Fragmente (1950) S. 15 f.; Kumarbi freut sich seines Sohnes: „Kumarbi begann zu sich selbst sprechen: ‚Welchen Namen werde ich dem Kinde geben ... (?). Wohlan ..., Ullikummi soll sein Name sein! Und er soll zum Himmel zur Königsherrschaft hinaufgehen ...' Als Kumarbi diese Worte zu sprechen aufhörte, da begann er zu sich selbst zu sprechen: ‚Wem werde ich ihn geben, jenen Sohn ... Der Sonnengott des Himmels und der Mondgott sollen ihn nicht sehen! ...'“ Vgl. ebd., S. 19; S. 32. — Zu ZJA 9. Jahr s. § 10.6; *Kammenhuber*, in: ZA 56, 1964, 169 f. Über diese Partie bemerkt *Furlani* (S. 95 ff.; 99 ff.): „In questo passo gli Annali di Mursilis raggiungono di nuovo il livello di un'opera veramente storiografica ... Essa è forse la prima opera veramente storiografica delle civiltà antiche anteriori alla civiltà greca.“

[123] Vgl. *Furlani*, S. 94 f.; 115 ff.

[124] Text s. § 9.1.

[125] Aus anderen Quellen weiß man, daß Mursilis unter Sprachstörungen litt, s. *A. Götze — H. Pedersen*, Mursilis Sprachlähmung, Kopenhagen 1934. Zu vergleichen ist auch die Darstellung, die Hattusilis III. von seiner Jugend am Anfang des Großen Textes gibt: Der hethitische Großkönig teilt der Menschheit mit, daß er in seiner Jugend so schwächlich war, daß man meinte, seine Jahre würden kurz sein. Welcher andere altorientalische Herrscher berichtet derartige Dinge über sich selbst?

[126] AA 10. Jahr (*Götze* S. 132 f.). — Ähnlich auch im Suppiluliumas-Mattiwazas-Vertrag, s. *Weidner*, PDK 6 ff.; ANET S. 318.

[127] AA 19. Jahr (*Götze* S. 146 f.).

[128] AA 22. Jahr (?) (*Götze* S. 162 f.).

[129] AA 21. Jahr (*Götze* S. 156 f.). Ergänzung nach KBo XVI 8 III 13′ (K.).

[130] Vgl. den Bericht über die syrischen Feldzüge Ramses' II., ANET S. 257; vgl. 2 A 122; 2 A 182.

[131] Annalen I 118—126.

[132] *Götze*, Kleinasien, S. 92: „Es ist kaum ein Zufall, daß uns Bauinschriften, in Mesopotamien so alltäglich, nicht erhalten sind. Denn gebaut ist natürlich worden; und was erhalten ist, ist eindrucksvoll. Es scheint, daß die Bauinschrift der Mentalität der Hethiter, die in ihren Annalen Proben echt historischen Geistes hinterlassen haben, nicht entsprochen hat. Das gleiche gilt vom Jagdbericht, der in vielen orientalischen Inschriften belegt ist." *Götze* verweist auf *R. Laqueur* (Neue Jahrb. f. Wiss. u. Jugendbildg. 7, 1931, 501 f.), der einleuchtend gezeigt habe, daß der Jagdbericht die Kraftfülle des Herrschers erweisen soll; diese orientalische Anschauung sei den Hethitern fremd gewesen; vgl. aber 1 A 158. Auch im westantiken Herrscherkult offenbarte sich die Göttlichkeit des Herrschers in seiner Macht über die Natur, d. h. in monumentalen Bauten, Jagden, Spielen und Tierwundern. Im Anittas-Text, der sich auch hierdurch als das bisher älteste Stück hethitischer Historiographie erweist, sind Bautätigkeit, Jagd und die Geschichte einer Statue berichtet (Z. 44 ff.); vgl. Hattusilis I., Annalen II 24 ff., III 23 f. Bau- und Jagdberichte sind typische Tatenberichte, s. § 2.1.

[133] ZJA 5. Jahr (*Götze* S. 76 ff.); zur Analyse der einfachen Handlung in den AM s. § 10.1.

[134] Zur hethitischen Kriegführung und der assyrischen Grausamkeit s. 1 A 223. — Vgl. *K. Riemschneider*, Heth. Fragmente historischen Inhalts . . ., in: JCS 16, 1962, 111.

[135] Das Beispiel stammt aus ZJA 4. Jahr (*Götze* S. 62 f.).

[136] Die Beispiele sind aufgeführt und erläutert bei *Furlani*, S. 119—126: „L'aiuto degli dèi". Ähnliche Formeln gibt es in der mesopotamischen und altpersischen Historiographie.

[137] Zu diesem Begriff s. S. 44 ff.

[138] ZJA Prolog (*Götze* S. 22 f.); zur Sonnengöttin von Arinna s. 2 A 25; Text des Prologes § 9.1.

[139] Bemerkt von *Furlani*, S. 121. Das folgende Beispiel aus ZJA 7. Jahr (*Götze* S. 90 ff.).

[140] AA 7. Jahr (*Götze* S. 90 ff.), ohne Angabe der Ergänzungen. — Für die verkürzte Formel der AA, wo in den ZJA, soweit erhalten, die längere steht, vgl. noch: AA 7. Jahr (*Götze* S. 94 f.); AA 9. Jahr (*Götze* S. 106 f.); ZJA 9. Jahr (*Götze* S. 126 f.) steht die für die ZJA übliche Beistandsformel, während die AA berichten: „Und mir hatte der stolze Wettergott, mein Herr, den Hasammilis, meinen Herrn, gerufen, und er hielt mich verborgen, und keiner sah mich." Ebenso AA 25. Jahr (?) (*Götze* S. 174 f.); verkürzte Formel: AA 22. Jahr (?) (*Götze* S. 162 f.); 25. Jahr (?) (*Götze* S. 182 f.); 26. Jahr (?) (*Götze* S. 184 f.; 188 f.).

[141] AA 2. Jahr (*Götze* S. 30 f.); vgl. AA 8. Jahr (*Götze* S. 100 f.); AA 2. Jahr (*Götze* S. 32 f.); ähnlich AA 3. Jahr (*Götze* S. 42 f.); vgl AA 10. Jahr (*Götze* S. 134 f.): Hier ist auch der Text der ZJA erhalten. AA 21. Jahr (*Götze* S. 158 f.): Langformel, außerdem Jarris; AA 24. Jahr (?) (*Götze* S. 170 f.). Beachte die Reihenfolge der Gottheiten.

[142] AA 25. Jahr (?) (*Götze* S. 180 f.).

[143] AA x. Jahr (*Götze* S. 194 f.).

[144] AA 9. Jahr (*Götze* S. 126 f.); die ZJA berichten hier weder diese besondere Taktik noch die Hilfe des Hasammilis. Dieser Gott hilft auch in AA 25. Jahr (?) (*Götze* S. 174 f.).

[145] AA 9. Jahr (*Götze* S. 116 ff.); vgl. die römische Formel *auspiciis meis*.

[146] ZJA 3. Jahr (*Götze* S. 46 ff.); zur Sache vgl. *Götze, Kleinasien*[2], S. 127 ff.; *Furlani*, S. 132 ff.

[147] AA 19. Jahr (*Götze* S. 148 f.).

[148] Der Vollständigkeit halber sei noch auf das Wirken der Eidgötter hingewiesen. Vertragsbruch ist Eidbruch, den die Götter des Eides rächen; s. AA 9. Jahr (*Götze* S. 112 f.), AA 27. Jahr (?) (*Götze* S. 192 f.); vgl. auch AA 27. Jahr (?) (*Götze* S. 190 f.): „Und weil Aparrus den Gotteseid gebrochen hatte, packten ihn die Götter des Eides." Die entsprechenden Formeln finden sich in den hethitischen Verträgen, vgl. z. B. den (undatierten) Kaskäer-Vertrag bei *v. Schuler*, Kaskäer, S. 109 ff.; § 9: „Wenn ihr kommt, um ins Hatti-Land einzufallen, soll euch Zababa eure Waffen umwenden und euer eigenes Fleisch fressen. Eure Pfeile aber soll er umwenden, und eure eigenen Herzen sollen sie durchbohren." Dieselbe Vorstellung ist auch aus der mesopotamischen Historiographie mannigfach zu belegen; vgl. z. B. Assurbanipal, Annalen Col. IX 58 ff. (Streck VAB VII 2, S. 77 ff.).

[149] Vgl. 2 A 25, dazu O. *Eißfeldt*, Ein neuer Beleg für die Funktion der Sonnengöttin von Arinna als Oberhaupt des hethitischen Staats (1944), in: Kl. Schr. 2, 507—513. Das hethitische Reich ist — bei Mursilis — Eigentum der Sonnengöttin; vgl. ZJA Regierungsantritt (*Götze* S. 22 f.): (die Feindesländer, die) „deine, der Sonnengöttin von Arinna, meiner Herrin, Gebiete zu nehmen, immer und immer wieder bestrebt waren". Vgl. Tiglatpilesar, Zylinder-Inschrift I 46 ff.: „Assur und die großen Götter . . . gaben den Auftrag, daß ich das Gebiet ihres Landes ausdehnen sollte . . ." — Zur Topik der Kultgeschichte s. 1 A 151, 1 A 168, 1 A 226 u. ö.

[150] *Furlani*, S. 126—132. Einige Beispiele: in AA 9. Jahr (*Götze* S. 109) befindet sich Mursilis auf dem Anrufungsfest der Hepat von Kummani in Kizzuwatna; außerdem muß er seinen Bruder bestatten. Der Krieg in Hajasa muß deshalb von Nuwanzas geführt werden. — AA 25. Jahr (?) (*Götze* S. 170 ff.): „Als es aber Frühling wurde, da zog ich, der König, nach (. . .) (und) beging ich das Fest des Māla-Flusses. Den Aranhapilizzis aber und den Nanazitis (nach . . .) entsandte ich, auch Truppen und Wagenkämpfer gab ich ihnen. Und sie überfielen das Land Walkina und vernichteten es." — AA 26. Jahr (?) (*Götze* S. 188 ff.): „Als es aber Frühling wurde, — weil ich das *purulijas*-Fest, das große Fest, dem Wettergotte von Zippalanda gefeiert hatte, im *hesti*-Hause aber der Lelwanis das *purulijas*-Fest, das große Fest, nicht gefeiert hatte, kam ich nach Hattusa hinauf und feierte der Lelwanis im *hesti*-Hause das *purulijas*-Fest, das große Fest, und richtete zunächst im *hesti*-Hause ein großes Fest aus. Und ich stieß zum Heere in Arduna . . ." — Eine Sonderstellung unter den religiösen Motiven der AA nimmt die Verfluchung von Timuhala und der überaus langen Grenzbeschreibung des verfluchten Ortes ein, AA 24. Jahr (?) (*Götze* S. 168 ff.).

[151] S. § 7; zu den Vorgeschichten s. § 3.33; § 11.1.

[152] *ishija*- — „binden, aufbinden, auferlegen"; hierzu gehört *ishiul* — „Vertrag, Verpflichtung", *ishiulahh*- — „durch Verpflichtung binden, instruieren". Das althethitische Wort für Vertrag ist *taksul*, gebildet von der Wurzel *taks*- — „zusammenfügen, vereinbaren"; vgl. H. *Otten*, in: JCS 5, 1951, S. 130; *Götze*, AM S. 249 f.; *v. Schuler*, Dienstanweisungen, S. 4 ff. Gelegentlich scheint *ishiul* allgemeine „(Bündnis-)Politik" zu bedeuten; AA Regierungsantritt (*Götze* S. 16 ff.; Rede der Feindesländer): „und du kennst mir deines Vaters Politik nicht . . . Wer mir Respekt abgenötigt hätte, wäre dein ältester Bruder gewesen, der vor seinem Vater Truppen und Wagenkämpfer befehligte, auch die Politik seines Vaters kannte."

[153] ZJA 5. Jahr (*Götze* S. 76 f.).

[154] *Korošec*, Staatsverträge, S. 29 f.; ders., Warfare of the Hittites — from the legal Point of View, in: Warfare in the Ancient Near East, 1963 (auch zu Krieg als Gottesgericht).

[155] AA 9. Jahr (*Götze* S. 124 f.). — Die neuassyrische Historiographie sagt dafür: *ana eššuti aṣbat* — „packte ich aufs neue, organisierte ich neu". Vgl. noch AA 20. Jahr (?) (*Götze* S. 154): „Als ich mich aber auf den Thron meines Vaters setzte, die Feinde, die sich da in großer Zahl auch erhoben hatten, solange ich die da bekämpfte, bis ich sie schlug und (ins Reich ein)ordnete,... vergingen (...) 20 Jahre." — ZJA 4. Jahr (*Götze* S. 72 ff.): „Darauf zog ich nach dem Lande Mira und gab das Land Mira dem Mashuiluwas; das Seha-Flußland aber gab ich dem Manapa-Dattas; das Land Hapalla aber gab ich dem Targasnallis. Und diese Länder unterjochte ich an ihrem Platze. Und ich verpflichtete sie zur Truppen(stellung), und sie stellten mir von da an regelmäßig Truppen."

[156] AA 7. Jahr (*Götze* S. 94 f.); u. ö. Zu den Unterwerfungsszenen vgl. *Furlani*, S. 90 ff. Für den Unterschied zwischen hethitischer und mesopotamischer Historiographie ist bezeichnend, daß bei Mursilis die Besiegten mit ihrer Bitte um Schonung oder Vergebung selbst zu Worte kommen. Vgl. AA 19. Jahr (*Götze* S. 152 f.): „Und sie kamen und fielen mir zu Füßen. Da nahm ich sie zur Untertanenschaft an und schalt sie. Dann legte ich ihnen Truppen auf..."

[157] *Friedrich*, Staatsverträge I 49 ff.; *Götze*, Kleinasien, S. 84.

[158] *Friedrich*, Staatsverträge a. a. O. und II 1 ff.

[159] Targasnallis § 10 (*Friedrich*, Staatsverträge I 60 f.): „Und weil ich euch e i n e n Eid (d. h. einen Vertrag gleichen Inhalts) gab, so seid unter euch einig, wie euch e i n Eid ist;..."

[160] Für die juristischen Einzelheiten dieser Suzeränitätsverträge s. *Korošec*, Staatsverträge S. 65 ff.

[161] S. *Friedrich*, Staatsverträge II, S. 1—41; vgl. den Brief des Manapa-Dattas: KUB XIX 5 (CTH 191); s. KBo XIX 79 (K.).

[162] AA und ZJA 4. Jahr (*Götze* S. 66 ff.); *Furlani*, S. 90 f.

[163] Manapa-Dattas-Vertrag § 3 und § 4 (*Friedrich*, Staatsverträge II 6 ff.; teilweise ergänzt nach den AA; hier ohne Bezeichnung der Unsicherheiten).

[164] AA 4. Jahr (*Götze* S. 72 ff.); die ZJA berichten nur: „Darauf zog ich nach dem Lande Mira und gab das Land Mira dem Mashuiluwas; das Seha-Flußland aber gab ich dem Manapa-Dattas; das Land Hapalla aber gab ich dem Targasnallis." Vgl. Kupanta-KAL-Vertrag § 3.

[165] Vgl. *Furlani*, S. 95; 2 A 103.

[166] § 8* = D I 29 f.; die Beobachtung stammt von *Sommer* (*Friedrich*, Staatsverträge I 35). Vgl. 1 A 198. Vgl. *v. Schuler*, Kaskäer S. 31 Anm. 143: „Der Kaskäervertrag XXXVI 115 (dazu jetzt KBo XVI 27) stammt möglicherweise von einem Arnuwanda, doch nach Ausweis des Schreibernamens Armaziti neigt man eher einem jüngeren König zu. Es ist aber nicht auszuschließen, daß die Nennung des königlichen Namens inmitten des Textes (I 21) auf ein Zitat aus einer älteren Vertragsurkunde zurückgeht." — Die Urkunde des Vertrages, den Mursilis II. mit Talmi-Sarruma von Aleppo geschlossen hatte, war entwendet worden. Deshalb fertigte Muwatallis eine Neufassung an: „Die Rahmenurkunde Muwatallis umschließt den älteren Vertrag, der wörtlich zitiert wird." (*v. Schuler*, in: Neuere Hethiterforschung, S. 40). *v. Schuler* (a. a. O.) verweist auf den Vertrag Tuthalijas' IV. (oder schon Hattusilis' III., s. CTH 97 und 106) mit Ulmi-Tesub von Dattassa, in den ebenfalls ältere Abmachungen aufgenommen sind: „So handelt es sich beide Male genau genommen nicht um neu geschlossene Verträge, sondern um die Fortsetzung und Neuregelung schon bestehender Vertragsverhältnisse." Auch in dem Vertrag Mursilis' II. mit Abiratta von Barga (CTH 63) wird auf einen früheren Vertrag Bezug genommen (*v. Schuler*, a. a. O.). — s. 1 A 137; 1 A 181. — Auffallender Personenwechsel findet sich auch in der akkadischen Version der ‚Annalen' Hattusilis' I. (*Otten*, MDOG 91, 1958, 78 f.): „... und die Länder insgesamt fielen von mir ab... Den Großkönig Tabarna, den Geliebten, die Sonnengottheit — auf ihren Schoß setzte sie ihn ... Zur Bestrafung (?) marschierte

er gegen Nenassa ... Zweimal erhob die Stadt gegen mich die Waffen ..." — „In jenen Tagen zog er los ..." u. ö. — Ganz ähnlich im Telepinus-Text II 13—16, wo der Übergang von der dritten in die erste Person durch eine direkte Rede vermittelt ist. Vgl. *R. Kilian*, Die Verheißung Immanuels Jes. 7,14, (SBS 35, 1968), S. 14 f.: Ich-Bericht Jesaias von ‚Schülern' umgewandelt in Er-Bericht (vgl. Jes. 7,3).

167 *Furlani*, S. 112; Stelle: AA 7. Jahr (?) (*Götze* S. 80 ff.).

168 *Güterbock*, S. 41; Kolophone: S. 66; S. 77; S. 79; S. 85; S. 97: „Siebente Tafel (Text) nicht vollständig. Noch nicht in eine Bronzetafel ausgefertigt." S. 98; S. 112; S. 116. — S. 2. A 197. — Neue Fragmente der TS: CTH 40, mit Lit.; dazu KBo XIX 19, 49.50 („9. Tafel"). 48 („12. Tafel"). 51. 53. 45; (K.).

169 Diese Möglichkeit ist aus äußeren Gründen unwahrscheinlich; die Zugehörigkeit von BoTU 47 (CTH 215) bleibt unsicher; vgl. *Güterbock* S. 49.

170 Frg. 4; frg. 13 D IV 43; frg. 14,3; 5,7. Vielleicht auch Pijapilis. Zu den Kaskäerzügen der TS s. *v. Schuler*, Kaskäer, S. 37 ff.

171 Frg. 14,35 ff. (*Güterbock* S. 68); frg. 15,21 (*Güterbock* S. 119).

172 Frg. 17,6; frg. 18,8—9 (*Güterbock* S. 79). Ob Dullis und Nahiruwas aus frg. 14,57 (*Güterbock* S. 68) auf die hethitische oder arzawäische Seite gehören, ist unsicher.

173 Frg. 23 ff. (*Güterbock* S. 82 ff.).

174 Die Stellung von frg. 27 ist nicht ganz sicher, s. *Güterbock* S. 74. Die genannten Ereignisse sind aus dem Vertrag mit Mattiwazas (Name unsicher: Kurtiwazas? Sattiwazas?) bekannt.

175 Frg. 31; frg. 32.

176 Frg. 33; frg. 34.

177 Frg. 35—frg. 38; dazu frg. 42?

178 Frg. 39—40.

179 CTH 142: „Annales d'un Tudhalija", mit älterer Literatur, dazu *Friedrich*, Staatsverträge II, S. 161; *F. Cornelius*, Zur hethitischen Geographie, in: RHA 62, 1958, S. 11 mit Anm. 67; *Houwink ten Cate*, Records, S. 40 f. (zur Filiation der Exemplare B-A); S. 80 (Zusätze); *Otten*, Die heth. histor. Quellen, 19 f.

180 Die Zuweisung von KBo XIV 19 und 20 (CTH 61. II, 8) („Selbstbericht eines Königs über Feldzüge in Gegenden, in denen auch Suppiluliumas tätig war", *v. Schuler*, Kaskäer, S. 39) an Suppiluliumas ist durch *Houwink ten Cate*, in: JNES 25, 1966, 162 ff., widerlegt. Zu den Berichten Hattusilis' III. über Suppiluliumas s. CTH 83. 84 (Lit.). Vgl. 2 A 197.

181 Frg. 28 E IV 26 ff. (*Güterbock* S. 98); ob die dreimalige Wiederholung von *mahhan* — ‚wie' als Andeutung von indirekter Rede zu deuten ist, vermag ich nicht zu beurteilen. — Übersetzung des Pestgebetes von *Götze* in ANET, 394 ff.

182 Zu Konzepten und Kopien: 1 A 198. Über den ägyptisch-hethitischen Briefwechsel, bes. aus der Zeit Hattusilis' III. und Puduhepas', s. CTH 153 ff.; vgl. *E. Edel*, Die Rolle der Königinnen in der ägyptisch-hethitischen Korrespondenz von Bogazköy, in: IF 60, 1952, 72—85; über die Briefe der Witwe Tut-ankh-amon's an Suppiluliumas s. ebd. S. 83 f. Ein Brief Suppiluliumas' an Ägypten wegen der Ermordung seines Sohnes: XIX 20. — Eine aufschlußreiche Heiratskorrespondenz, die auch das Zögern Suppiluliumas' verständlicher macht, wurde zwischen Amenophis III. und Kadašman-Enlil geführt, s. *I. A. Knudtzon*, Die El-Amarna-Tafeln (1915) Nr. 1 und 4. Zu einem späteren Heiratsprojekt zwischen Ägypten und dem Hethiterreich vgl. die ‚Heiratsstele' Ramses' II. (vielleicht 1267 v. Chr.): ANET 256 ff.; Übersetzung von *J. A. Wilson*: „Now after they (sc. die Hethiter) saw their lands in this destroyed state under the great prowess of the Lord of the Two Lands, Ramses II, then the Great Prince of Hatti said to his army and his officials: ‚What is this? Our land is desolated; our lord Seth is angry with us, and the skies do not give water over against us. ... Let us despoil ourselves

of all our goods, with my eldest daughter at the head of them, and let us carry gifts of fealty to the good god, so that he may give us peace, that we may live! Ramses II.'" — Die Partie ist historiographisch interessant, weil sie Gedanken des Partners in der fiktiven wörtlichen Rede einer Ratsversammlung darstellt; vgl. hier § 11.32; ANET, 232 ff. (Carnarvon Tablet I): Kamose (vor 1570) gegen die Hyksos mit einer Beratungsszene der Ägypter. *E. Edel,* Weitere Briefe aus der Heiratskorrespondenz Ramses II., in: Geschichte und Altes Testament, Tübingen 1953, 29—63. Heiratsverhandlungen zwischen Amenophis III. (ca. 1402—1366) und einem Fürsten von Arzawa, etwa aus der Zeit Tuthalijas' III. (?) sind aus den „Arzawa-Briefen" (CTH 151 f.; Lit.) bekannt.

[183] CTH 51; *Weidner,* PDK S. 2 ff.; vgl. *Götze,* ANET 318.

[184] PRU IV; *C. Schaeffer,* Ugarit und die Hethiter, in: AfO 17, 1954/6, 93—99. *M. Liverani,* Storia di Ugarit nell' età degli archivi politici, Rom 1962; *Klengel,* Geschichte Syriens, passim.

[185] Zu derartigen Feldzugsberichten s. 1 A 181. Zur Art des hier vorauszusetzenden dokumentarischen Primärmaterials vgl. *S. Alp,* Military Instructions of the Hittite King Tuthalija IV. (?), Belleten 11, 1947, 383 ff.; *v. Schuler,* in: Or. N. S. 25, 1956, S. 213 f. „Routenberichte", in der westantiken Historiographie: *E. Norden,* Die germanische Urgeschichte in Tacitus Germania (⁴1959) S. 22 ff., über Dienstberichte der Unterfeldherrn an den Feldherrn, des Feldherrn an den Senat, ibid. S. 87 ff. (*epistulae, commentarii* etc.).

[186] Mißverständlich deshalb der Titel von *Cavaignac,* Les annales de Subbiluliuma; dagegen *Güterbock:* „The Deeds of S.". Die Einordnung der TS in CTH unter Suppiluliumas, nicht unter Mursilis, scheint mir auch deshalb unglücklich. Zu etwaigen Selbstberichten Suppiluliumas' s. 2 A 180.

[187] Frg. 28 E III 21—25 (*Güterbock* S. 96). — Frg. 28 A I 38—42 (*Güterbock* S. 91): „... und er ordnete es, und er machte es wieder zu einem Teil des Hatti-Landes. Dann kam er zurück nach Hattusa, um zu überwintern. Als er aber das Jahresfest gefeiert hatte, da zog er in das Land Istahara ..." vgl. ebd. 47—50 (*Güterbock* S. 92). Auch in den AA ist vor der Überwinterungsformel regelmäßig die politische Neuordnung des betreffenden Gebietes beschrieben, s. § 12.31. Diese Wendungen sind in den TS jedoch selten.

[188] § 8.2; Stellen wie TS frg. 28 A II 3 (*Güterbock* S. 92) sind selten: „Und meinem Bruder stürmen die Götter seines Vaters voran." — Telepinus ist gelegentlich einfach ‚der Priester' genannt.

[189] Über die Möglichkeit, daß die TS bis zum Regierungsantritt Mursilis' herabreichten, s. § 13.1 mit 2 A 169. In der Präambel der TS dürfte natürlich der Name Mursilis genannt gewesen sein.

[190] I 73 f. (*Götze,* Hattusilis, S. 14 f.); s. hier § 9.3.

[191] Hatt. § 5—9; § 10 Ende; vgl. z. B. Hatt. II 20 ff. mit TS frg. 11,8; 14,11; 14,39 f. u. a. m. — Hier sei mit gebotener Vorsicht auf den ‚Zerbrochenen Obelisk' verwiesen, auf dem nach *Olmstead,* Historiography S. 12 ein Nachkomme Tiglatpilesar's I., vielleicht einer seiner Söhne — wohl Assur-bêl-kala, s. *R. Borger,* Einführung I, S. 135 —, ein Résumé der Annalen Tiglat's in drittpersönlicher Narrative aufgezeichnet hat. — S. 1 A 161.

[192] CTH 143, Datierung unsicher, vielleicht vor Suppiluliumas. — Vgl. auch Madduwattas § 25: „Der Vater der Sonne und die Sonne schrieben hinter dir her, du liefertest sie nicht aus. Und wenn wir in dieser Sache (...) schreiben, erhörest du deshalb in der Sache unsere Bitte (doch) nicht."

[193] Für Vergangenheitsgeschichte wären z. B. 2 BoTU 20 (CTH 1) und 30 (CTH 11) zu vergleichen sowie die neuhethitische Überlieferung von althethitischer Historiographie. — Ein Erlaß Hattusilis' III. (KBo VI 28 Vs. 6—15; CTH 88) bietet eine ungewöhnliche historische Einleitung, die bis in die Zeit vor Suppiluliumas zurückzugreifen scheint:

„Früher die Hatti-Länder vom Feindesland wurden ausgeplündert von jenseits. Und der kaskäische Feind kam, und die Hatti-Länder plünderte er, und Nenassa zur Grenze machte er. Von jenseits aber, zum (?) Unteren Lande, der arzawäische Feind kam, und auch dieser die Hatti-Länder plünderte, und Tuwanuwa und Uda zur Grenze machte er.

Von jenseits aber der araunäische Feind kam, und das ganze Land Gassija plünderte er.

Von jenseits aber der Feind von Azzi kam, und die ganzen Oberen Länder plünderte er, und Samuha zur Grenze machte er. Der isuwäische Feind aber kam, und das Land Tegarama plünderte er.

Von jenseits aber der armatanäische Feind kam, und auch dieser die Hatti-Länder plünderte, und Kizzuwatna, die Stadt, zur Grenze machte er. Und Hattusa, die Stadt, wurde niedergebrannt und (. . .) und das *hesti*-Haus entkam." Transkription und englische Übersetzung bei *Götze,* Kizzuwatna, S. 21 f.; zur Sache s. *Fr. Cornelius,* Zur hethitischen Geographie: die Nachbarn des Hethiterreiches, in: RHA 62, 1958, 1—17; S. 1 ff. — Zu den generalisierenden Elementen des Textes (*apas-a* — „auch dieser" Z. 8 und Z. 13, wörtliche Wiederholungen etc.) s. § 4.2. Vgl. auch die Schilderung der außenpolitischen Lage des salomonischen Reiches, S. 201. — Die Existenz der TS wird um so auffälliger, wenn es literarische Berichte von Suppiluliumas selbst gegeben hat, s. 2 A 180.

[194] *Güterbock,* der der ersten Möglichkeit zuneigt, die auch *Forrer* und *Götze* vertreten, hat den Text als frg. 50 in die TS aufgenommen (vgl. 97/c = TS frg. 51 = KBo XIV 18: nach *Forrer,* 2 BoTU S. 31 und *v. Schuler,* Kaskäer, S. 55 Anm. 384 ist Hattusilis III. der Berichterstatter); für die zweite Möglichkeit tritt *H. Otten* ein; Lit. s. *Güterbock,* a. O. S. 49, S. 50 Anm. 33. In KUB XIX 8,9 (s. CTH 83) berichtet Hattusilis III. über Kämpfe seines Großvaters und Vaters. Suppiluliumas II. berichtet (KBo XII 38 I 11—16; s. hier 2 A 35), er habe ein Bild seines Vaters Tuthalijas' IV. hergestellt und seine „wahren Mannestaten" aufgezeichnet. Hierbei scheint es sich jedoch um eine (monumentale) Inschrift zu handeln.

[195] Vgl. § 10.1 und § 12.31.

[196] Die erhaltenen Teile der ZJA z. B. machen in *Götze*'s deutscher Übersetzung etwa 450 Zeilen aus; das sind etwa 15 Seiten des lateinischen Caesar-Textes der Teubneriana. Die ZJA waren also im ganzen etwas länger als das dritte, kürzeste Buch des Bellum Gallicum und etwa ebenso lang wie die ‚Nehemia-Denkschrift' (s. u.). Wenn man annimmt, daß die AA etwa den doppelten Zeitraum durchschnittlich dreimal so ausführlich berichteten wie die ZJA und die TS etwa den gleichen Umfang hatten wie die AA, dann kommt man auf etwa 200 Teubnerseiten für alle drei Werke zusammen. Die Übersetzung der erhaltenen Teile der AA und ZJA nimmt bei *Götze* ca. 100 Seiten ein. Die sieben Bücher des Bellum Gallicum sind auf etwa 210 Teubnerseiten mit durchschnittlich je 30 Zeilen à 40 Anschlägen gedruckt. — Den Umfang der ‚Nehemia-Denkschrift' berechnet *S. Mowinckel,* Studien zu dem Buche Ezra-Nehemia II (1964) S. 81 Anm. 4 auf höchstens 8200 Buchstaben; vgl. Meša-Inschrift: 1117 Buchstaben. — Zur Länge antiker Prosabücher s. z. B. *Jacoby,* zu FGrHist 323a (Introduction, S. 12 Anm. 93).

[197] Über die historische Bildung der hethitischen Könige s. § 7.2. Geschichte zu machen, zu schreiben und zu lesen galt in vielen Kulturen, beispielsweise auch in der römischen, als herrscherliches Privileg. Zumal unter den Arabern gibt es eine große Anzahl fürstlicher Historiker. Von einem jemenitischen Herrscher weiß man, daß er seinen Sekretären Entwürfe vorlegte, die diese ausführten und ihm wiederum zur Korrektur und Ergänzung einreichten (*F. Rosenthal,* A History, S. 50; vgl. 1 A 198). Es scheint — vorläufig wenigstens — methodisch nicht gerechtfertigt, für TS, ZJA, AA ohne weiteres denselben Verfasser oder ‚Redaktor' anzunehmen.

[198] Beispielsweise TS frg. 15,15; 17,5; 37,16; 40,5; 43. — BA.UG₆ wird in den AM nie mit ‚Feind' oder ‚Menge' — *pangarit* nicht in den AM belegt! — verbunden, sondern nur mit ‚mein Bruder, Hanuttis, Uhhazitis' (*Götze* S. 14, 18, 60, 108, 118).

[199] TS frg. 14 F III 9—11 (*Güterbock* S. 67).

[200] S. § 10.1.

[201] Exkurse und Irrealis: frg. 34,46—51, S. 2A 58. — Exkurs und Rückblende: TS frg. 14 F III 12—16: „Und als mein Vater in dem Lande ankam, welcher Kaskäer-Feind da ins Hatti-Land eingedrungen war (*uwanza esta!*), und das Land hatte er sehr bös behandelt. Und welchen Kaskäer-Feind mein Vater im Lande antraf, der bestand da aus 12 Stämmen." — Vorgeschichten: vielleicht eine Archäologie in frg. 2; frg. 21 (*Güterbock* S. 81) ist sehr zerstört; eine längere Vorgeschichte scheint frg. 25 (*Güterbock* S. 83) enthalten zu haben; leider ist auch diese Partie sehr zersört. Frg. 18,1 ff. enthält vielleicht eine Vorgeschichte. Der Kriegsgrund wird natürlich regelmäßig angegeben, zum Teil in der Narrative und in der Kriegserklärung: frg. 18,4 ff. — Hypothetische Konstruktionen: frg. 18,19 f. (Anzapahhaddus-Geschichte): „Wenn du mir meine Untertanen nicht auslieferst, dann sei mein Feind . . ."; frg. 34 I 13—20: „Ferner, während mein Vater dort war, brachten die Leute von Zidaparha aber die Nachricht: ‚Würdest du, unser Herr, gehen (sc. nach N. N.?), in das Land Zidaparha aber nicht (kommen?), vor dem Feind würden wir nicht aushalten.' Mein Vater aber sprach folgendermaßen: ‚Würde ich von hier . . . gehen, (dann) würde ich . . . sehr (von meinem Wege) abbiegen (müssen).'" — frg. 28 A III 12—13 (1. Brief der Königin): „Wenn du mir einen deiner Söhne gäbest, würde er mein Mann werden." — frg. 28 A III 53—A IV 2 (2. Brief der Königin): „Wenn mir ein Sohn wäre, hätte ich meine eigene und meines Landes Schande einem anderen Lande geschrieben?" — frg. 28 E IV 15—17 (*Güterbock* S. 97 f.; Rede Hanis').

[202] S. § 10.5; § 11.

[203] Frg. 2; *Güterbock* S. 59 mit Anm. a.

[204] Frg. 28; dazu frg. 29—32.

[205] Frg. 28 A I 1—50.

[206] Ebd. Z 4: . . . „der Feind prahlte: ‚In das Land von Almina werden wir ihn keineswegs lassen.'"

[207] Frg. 33; *Güterbock* S. 108 mit Anm. 11; dazu frg. 34.

[208] Frg. 34, 31—39.

[209] Frg. 35 = BoTU 44 Kol. II; die vorangehenden Kaskäerzüge stehen in Kol. I. Zur Mattiwazas-Geschichte gehört wahrscheinlich noch die IV. Kolumne (frg. 37) und vielleicht als Nebenhandlung frg. 36 (BoTU 44 Kol. III), wo von Kämpfen Arnuwandas' gegen Ägypten die Rede ist. Vgl. frg. 41 und 42.

[210] Frg. 39 = Kol. III von 647/b, (KBo XIV 13), in dessen II. Kolumne die Hurriter und Mitanni genannt sind.

[211] Frg. 26 = XXXIV 23 Kol. II 1—35 (Rest der Kolumne und Rückseite dieser Tafel verloren); frg. 27 (= BoTU 43 Kol. I, 1—10), von *Güterbock* (S. 47 und 85) versuchsweise an dieser Stelle eingeordnet, berichtet von Kämpfen hethitischer Militärs in Kinza und Nuhassi; sie begeben sich anschließend zu Suppiluliumas. Die drei restlichen Kolumnen dieser Tafel sind verloren. Falls diese Tafel nicht an eine ganz andere Stelle gehört, waren in diesen Kolumnen wohl die syrischen Feldzüge Suppiluliumas' erzählt, die aus der Einleitung des Mattiwazza-Vertrages bekannt sind. Diese Feldzüge schlossen direkt an die Zerstörung des Mitanni-Reiches an und müssen an dieser Stelle der TS berichtet gewesen sein, ob nun frg. 27 ein Teil dieses Berichtes ist oder nicht.

[212] Frg. 23; frg. 24; frg. 25 (nennt Isuwa und Hajasa) = XXXIV 23 Kol. I; in der II. Kolumne dieser Tafel (= frg. 26) steht die Tusratta-Geschichte.

[213] Frg. 14,36 ff. (*Güterbock* S. 68); frg. 15; frg. 16 und frg. 17 berichten von Kämpfen mit verschiedenen Stämmen; spätestens mit frg. 18 beginnt die Anzapahhaddus-Geschichte.

[214] Frg. 14 = F III 1—35: Kaskäerkriege; Z. 36 ff.: Arzawazüge. Wahrscheinlich zog Suppiluliumas Vater gegen die Kaskäer, während Suppiluliumas gegen Arzawa geschickt wurde.

[215] Frg. 9 bis frg. 13, mit Lücken bes. hinter frg. 11 und frg. 13. Am Ende der ersten Tafel der TS ist nach frg. 18 eine ganze Kolumne verloren.

[216] Frg. 4 und frg. 6: Tuttu; frg. 3: Kantuzzilis und Arziya; frg. 2: Altes Reich (??).

[217] Frg. 18 bis frg. 20. Logische Partikeln sind nur dann im hethitischen Text enthalten, wenn sie in der Paraphrase genannt sind. Die Gliederungsstriche sind die des hethitischen Originals. Ergänzungen, Unsicherheiten etc. sind nicht notiert. (a) — Arzawa; (h) — Hethiter. — Dem hier paraphrasierten Text entsprechen 65 Zeilen hethitischen Textes. Dieser Text enthält 7 betonte Pronomina, 15 logische Partikeln (außer ‚und‘); an 3 Stellen ist das Verb ‚hören‘ zum Zusammenschluß zweier Handlungen gebraucht.

[218] S. § 17.3—§ 17.5.

[219] Vgl. § 12.

[220] Vgl. § 3.21—3.22.

[221] Über ‚sehen‘ als materielles Konnektiv s. § 3.21. — Das Zitat: TS frg. 28 A II 15—20 (*Güterbock* S. 92).

[222] A. a. O. Z. 21.

[223] Der Rückverweis geht auf frg. 27. An dieser Stelle der TS muß die erste Eroberung Syriens durch Suppiluliumas berichtet gewesen sein, s. 2 A 211. — Der Einschub über den Angriff der Ägypter zeigt die Wichtigkeit, die gerade dieser Schauplatz für den Verfasser der TS hat, s. § 14.1.

[224] A. a. O. Z. 23 f.

[225] Im Exemplar D findet sich an dieser Stelle ein Gliederungsstrich.

[226] Frg. 28 A III 1—5.

[227] A III 5—25.

[228] Frg. 28 A III 26—27.

[229] *anda wahnuwan harta.* — Der Gebrauch von periphrastischen Tempora in den Vorgeschichten und Rückverweisen der TS ist auffällig; vgl. frg. 14 F III 12—16; frg. 25,1 ff.; frg. 28 A II 21,25; vgl. auch AA 25. Jahr (?) (= 2 BoTU 60 Rs. III 6 f.). s. *Friedrich*, Elementarbuch I², § 259; *Sternemann*, Nebensätze, S. 179 ff., behauptet, daß das Hethitische das periphrastische ‚Plusquamperfekt‘ nicht zum Ausdruck der Vorzeitigkeit verwendete. Zur Sache vgl. *K. H. Schmidt*, Zum umschriebenen Perfekt in indogermanischen Sprachen, IF 67, 1962, 225 ff.; *E. Neu*, StBoT 6, 121.

[230] Diese Zeitangaben sind sehr interessant: Suppiluliumas hatte Lupakkis und ᵈU-zalmas nach Beginn der Belagerung von Karkemisch nach Amka geschickt. Sie hatten Amka geplündert und waren nach Karkemisch zurückgekehrt. Die Ägypter hatten von der Expedition gehört und sich gefürchtet und — nach Darstellung der TS — auch deshalb einen Boten von Ägypten zu Suppiluliumas nach Nordsyrien geschickt. Alle diese Ereignisse müßten sich in einer Woche abgespielt haben. Ist in dieser Raffung der Ereignisse eine darstellerische Absicht spürbar? Zielt die Darstellung darauf ab, nicht nur innerägyptische Ereignisse, sondern vor allem die Erfolge Suppiluliumas' als wahren Grund für das ägyptische Heiratsangebot herauszustellen? Zur Belagerung s. *H. Klengel*, Geschichte Syriens I S. 41.

[231] Frg. 28 E₃ IV 1—12; der Anfang der Rede ist verloren, in der Rede selbst kleine Lücken. Die Rede Hanis', ebd. Z. 13—25.

[232] S. S. 154. — In KUB XIX 20 (= VAT 7476) ist ein Brief Suppiluliumas an Ägypten, die Ermordung seines Sohnes betreffend, erhalten.

3. Teil:

Bemerkungen zum Erzählstil der alttestamentlichen Historiographie

§ 15: STUFUNGSMÖGLICHKEITEN

Vorbemerkung

§ 15.1: Die Kategorien zur philologischen Deskription von historiographischen Texten, die im ersten Teil dieser Arbeit in ihrem allgemeinen Zusammenhang entwickelt und im zweiten Teil zur Darstellung der historiographischen Werke Mursilis' verwandt wurden, liegen auch dem folgenden Teil zugrunde[1]. Es wird also beispielsweise untersucht werden, wie die israelitischen Historiographen Vorgeschichten und Nebenreihen konstruieren, ob sie nicht-ausgeführte Handlungen berichten, ob sie die Kategorie der möglichen Handlung besitzen, welchen Gebrauch sie von Wiederholungen und direkter Rede machen. Daß diese Kategorien die wichtigsten oder fruchtbarsten für die Untersuchung der israelitischen Historiographie seien, wird mit diesem Ansatz natürlich nicht behauptet; doch dürfte angesichts der begrenzten Aufgabe, Hinweise für einen philologisch verifizierbaren Vergleich von altorientalischen Historiographien zu geben, diese Einschränkung berechtigt sein.

In der Historiographie der Hethiter, Mesopotamier und Israeliten lassen sich drei weitgehend selbständige Typen von Historiographie erkennen[2]. So unterscheiden sich Grundformen, Gattungen und Erzählstil der israelitischen Historiographie sowohl von denen der mesopotamischen wie von denen der hethitischen Historiographie. Die Ähnlichkeiten zwischen der israelitischen und hethitischen Historiographie sind zum Teil darin begründet, daß beide auf einem gewissen literarischen Niveau Darstellungen geschichtlicher Handlungen bieten[3]. Doch sind die verschiedenen Handlungsteile in der alttestamentlichen Historiographie nicht mit den Mitteln der Partikel- und Konjunktionalhypotaxe so differenziert gegeneinander gestuft wie in der hethitischen Historiographie[4].

In der historischen Narrative der Israeliten sind offenbar zwar mehr Partikeln gebraucht als in der mesopotamischen, aber weitaus weniger als in der hethitischen Historiographie, deren Partikelreichtum nur mit dem der griechischen zu vergleichen ist. Dieser Unterschied würde noch deutlicher, wenn man den Genauigkeitsgrad der einzelnen Partikeln, Adverbien, Konjunktionen, Verweise und Konnektive berücksichtigte. Das Verhältnis von durchschnittlicher Satzlänge und Partikelmenge ist in der israelitischen Historiographie ebenfalls günstiger als in der mesopotamischen, aber ungünstiger als in der hethitischen[5].

Diese statistischen Unterschiede bedeuten konkret, daß modifizierte, gleichzeitige, hypothetische und konzessive Handlungsfolgen in der israelitischen Historiographie seltener sind als in der hethitischen und, falls vorhanden, weniger genau syntaktisch markiert. Diese Tatsache ist überaus merkwürdig, zumal da sie nicht, wie in diesem Abschnitt gezeigt wird, aus der angeblichen Armut der hebräischen Sprache hergeleitet werden kann: Sie muß anders und positiv, als Stilwille der, bzw. einiger israelitischer Historiographen gedeutet werden.

‚Perioden‘

§ 15.2: Einige allgemeine Hinweise für die positive Deskription des Erzählstils der israelitischen Historiographie wurden bereits im ersten Teil gegeben[6]. Es ließ sich zeigen, daß einige stilistische Eigenheiten der Narrative dieser Historiographen zum Teil aus ihrer Absicht, ‚sachnah‘, ‚unmittelbar‘ zu erzählen, heraus verstanden werden können. Es erwies sich als unfruchtbar, beispielsweise die Kettensätze der israelitischen Historiographie primär als unvollkommene Perioden zu beschreiben[7].

Dieser „enumerative“ Erzählstil ist umso mehr als legitimer Ausdruck eines eigenständigen Kunstwollens zu verstehen, als die hebräische Sprache durchaus über Mittel zu hypotaktischen Konstruktionen, bzw. über die Möglichkeiten zu ihrer Ausbildung, wären sie für nötig empfunden worden, verfügte[8].

Eine traditionsreiche Exegese hat zu den stilistischen und grammatischen Eigenheiten dieses Stils bereits zahlreiche Beobachtungen gemacht, die hier nicht wiederholt, sondern vorausgesetzt werden.

Um jedoch die Gefahren zu verdeutlichen, denen jeder Versuch, die Historiographien zweier verschiedener Sprachtypen zu vergleichen, ausgesetzt ist, sei auf eine neuere Behandlung der „Sprache“ des Alten Testamentes hingewiesen[9]. Nach einer kurzen Bemerkung über die „Gleichförmigkeit“ des hebräischen Erzählstils vergleicht J. Hempel den Weltentstehungsbericht Ovids mit den beiden Schöpfungsberichten der Bibel. Gen. 1,1 ff. übersetzt er folgendermaßen:

„Im Anfang schuf Gott die Welt!
A l s   n u n die Erde wüste Wüstung war
und Finsternis über dem Drachen lagerte
und starker Sturm über den Wassern brauste,
D a m a l s sprach Gott: . . .“

Nach Hempel läßt sich nicht verkennen, „daß die lateinische Dichtung den längeren ‚Atem‘ hat als der hebräische Text, der immer wieder ‚absetzen‘ muß“. Eine etwas getreuere Übersetzung hätte diese ‚Kurzatmigkeit‘ des ersten Schöpfungsberichtes gewiß noch viel deutlicher gemacht; Hempel aber fährt fort: „Nur der Jahwist, auch darin einer der bedeutendsten Schriftsteller seines Volkes, macht eine bemerkenswerte Ausnahme und zeigt die trotzdem (d. i. trotz der Armut des Hebräischen) bestehenden Möglichkeiten.“ Die — ebenfalls wenig getreue — Übersetzung des zweiten Schöpfungsberichtes, die Hempel zum Beweis anführt, zeigt nun freilich weder einen Unterschied zum ersten Schöpfungsbericht (in der Übersetzung Hempels), noch die Möglichkeiten der hebräischen Sprache. Hempel übersetzt:

„Des Tages, da Gott die Welt schuf,
   als noch kein Feldgras wuchs auf Erden,
   noch kein Feldkraut sproßte,
weil Jahwe Elohim noch nicht hatte regnen lassen auf Erden und kein Ackersmann da
   war, die Ackerflur zu bestellen,
als nun die Flut von drunten auf der Erde aufstieg und die ganze Fläche der Ackerflur
   feuchtete,
damals bildete Jahwe Elohim den Ackersmann aus Staub von der Ackerflur und blies in
   seine Nase Lebensodem,
und so ward der ‚Mensch‘ ein lebendig Wesen.“

Perioden, wie sie Hempel hier in den Text der Schöpfungsberichte hineinliest, gibt es natürlich auch im Hebräischen, vor allem in jüngeren Texten und in Reden, aber auch schon in der Siloah-Inschrift aus der Zeit Hiskia's (§ 3.4). Der Deuteronomist gestaltet eine argumentierend-deliberative Rede Jahwes folgendermaßen[10]:

„Und es entbrannte der Zorn Jahwes über Israel und er sprach:
Weil übertreten hat dies Volk meinen Bund, den ich befohlen habe ihren Vätern, und sie
   nicht gehorcht haben meiner Stimme,
werde auch ich weiterhin niemanden vertreiben vor ihnen von den Völkern, die Josua
   übrigließ,
         — und er ist gestorben —
damit ich durch sie Israel auf die Probe stelle, ob sie halten die Wege Jahwes, auf ihnen
   zu gehen,
         wie ihre Väter (sie) gehalten haben,
oder nicht[11].“

Andererseits gibt es natürlich zahlreiche Fälle, wo der moderne Leser aus den verschiedensten Gründen an der parataktischen Reihung Anstoß nimmt, beispielsweise 1 Kön. 22,20:

„Und Jahwe sprach:
　Wer wird verführen Ahab und er wird gehen
　und wird fallen bei Ramoth Gilead?"

Luthers Übersetzung („wer will Ahab überreden, daß er hinaufziehe und falle zu Ramoth in Gilead") zerstört den Phasenstil und die triadische Struktur des Verses, indem er den finalen Sinn syntaktisch expliziert — was ja auch im Hebräischen durchaus möglich gewesen wäre — und die Härte des Personenwechsels vom ersten zum zweiten Glied beseitigt.

Diese Beispiele zeigen, daß Charakterisierungen des Erzählstils der israelitischen Historiographie, die von der Partikelarmut oder Kurzatmigkeit der Sprache ausgehen, nicht zureichend sind. Prinzipiell dürfte nämlich die Sprache der älteren israelitischen Historiographie ähnliche Möglichkeiten geboten haben wie das Hethitische. Man muß also versuchen, positiv das Kunstwollen zu bestimmen, das sich in diesem besonderen Stil ausdrückt. Die folgenden Abschnitte bringen einige Bemerkungen zu diesem Problem. Es sei wiederholt, daß in diesen Bemerkungen Vollständigkeit der Belege oder Literaturangaben, grammatikalische Systematik oder Eingriff in die oft äußerst kontroversen Probleme hebräischer Syntax nicht beabsichtigt sind (§ 15.1).

„und", temporale Konnektive, Infinitive

§ 15.3: Die häufigste Partikel der israelitischen Historiographie ist wa/we — „und". Sie ist so häufig, daß man sich nicht mehr darüber wundert, wie durch die konsequente Anwendung eines — freilich recht einfachen, nicht spezifisch historiographischen — Mittels eine lückenlose Satzkette konstruiert wird, sondern eher die Monotonie der Verbindung als ‚langweilig' empfindet, wie fast alle modernen Übersetzungen mit ihrem Streben, hier möglichst kunstvoll zu variieren, bezeugen. Vielleicht äußert sich aber in diesem Gebrauch von wa dieselbe Absicht zu fugenloser (und gleichartiger) Verknüpfung aller Handlungsteile, die sich beispielsweise auch in der Auflösung der Handlung in eine kontinuierliche Folge von Phasen zeigt.

Der israelitische Chronikteil[12] kannte das wa der stetigen Fügung offenbar nicht, sondern reihte die Fakten asyndetisch auf[13].

Möglichkeiten zur temporalen Stufung sind in der Sprache der israelitischen Historiographie reich entwickelt. Zum Ausdruck des Andauerns oder Wiederholens dienen besondere Verben wie šwb — „sich wenden, zurückkehren, wieder", Partikeln wie ʿwd (ʾšr) — „bis, solange", z. B. in der Siloah-Inschrift: bʿwd . . . wbʿwd, ferner nominale Ausdrücke wie „alle Tage, in diesen Tagen"[14]. Mit Hilfe dieser und anderer Ausdrücke wie ṭrm — „noch nicht" (vgl.

Gen. 15, 13—16), *klh* — „vollenden“, *ysp* — „fortfahren“, sowie „zu dieser Zeit“ (z. B. Richt. 2,21; 1 Kön. 14,1) u.a.m. können beispielsweise gleichzeitige Handlungen exakt konstruiert werden.

Die Vor- und Nachzeitigkeit kann ebenfalls genau angegeben werden[15]. Da auch die kausale Stufung von Sätzen mehr oder weniger eindeutig bezeichnet werden kann[16], kann es nicht die Armut der hebräischen Sprache gewesen sein, die beispielsweise die Ausbildung von Vorgeschichten verhinderte; außerdem gibt es einige explizit kausal gestufte Vorgeschichten in der israelitischen Historiographie.

Selbst für hypothetische und konzessive Stufungen stehen genügend Partikeln zur Verfügung[17]; daß auch diese Möglichkeiten in der älteren israelitischen Historiographie fast gar nicht genutzt werden, kann also ebenfalls keine sprachlichen Gründe haben.

Das eleganteste Stufungsmittel der israelitischen Historiographie sind die Infinitivkonstruktionen, die kurz und genau Zweck, Nebenumstände, zeitliche Verhältnisse etc. angeben. Diese Infinitivkonstruktionen werden deshalb häufig zur Bildung von Konnektiven verwandt. Hierfür zwei Beispiele aus dem jeweiligen Anfang von Berichten über Feldzüge Davids.

2 Sam. 8,3: (Beginn des dritten Feldzuges)
„Und schlug David den Hadadeser. . . .
bei seinem Hinziehen zum Zurückholen seine Macht . . .

2 Sam. 8,13: (Beginn des vierten Feldzuges)
„Und machte sich David einen Namen
bei seinem Rückkehren von seinem Schlagen die Aramäer . . .“

Die Konnektivfunktion dieser Gefüge wird häufig durch die Hinzufügung von *wyhy* verstärkt:

„Und es geschah beim Schlagen Davids die Edomiter
beim Kommen Joabs . . . zu begraben . . .
und er floh . . .“ (1 Kön. 11, 15).

Dieses Konnektiv hat die Aufgabe, eine Vorgeschichte zeitlich genau festzulegen.

Die Festigkeit dieses Typus' von Konnektiven ist ebenso auffällig wie ihr relativ seltener Gebrauch in der älteren israelitischen Historiographie[18].

Zur Funktion von *wyhy* als Konnektiv noch einige Beispiele:

Der König von Assur führt neue Siedler nach Samaria: „und es geschah am Anfang ihres Wohnens dort“ (2 Kön. 17,25), daß sie Jahwe nicht kannten. Das mit *wyhy* eingeleitete temporale Konnektiv markiert genau das zeitliche Verhältnis der folgenden Episode (Löwenplage) zu dem vorangehenden Bericht von der Neubesiedelung des Landes. Ähnlich ist durch die Kombination von *wyhy* mit *ki* der Epilog auf den Fall Israels (2 Kön. 17,7) eindeutig als Neueinsatz und kausaler Satzgruppenkomplex bestimmt; eine Stufung in die Vorvergangenheit („denn die Kinder Israels hatten gesündigt ... deshalb wurden sie jetzt hinweggeführt') fehlt allerdings. Durch die Kombination von *wyhy* mit einem temporalen Ausdruck wird der Anfang einer neuen Episode und ihr zeitliches Verhältnis angegeben[19].

Auch „gemischte Konnektive", die in der hethitischen Historiographie so stark zur Integration von Handlungsreihen beitragen, sind in der älteren israelitischen Historiographie durchaus nachweisbar.

2 Sam. 10,15: „Und sah Aram, daß *(ki)* es geschlagen war vor Israel (retrospektiver Teil), und kam zuhauf (prospektiver Teil)." Ganz ähnlich heißt es bei Mursilis[20]: „Als aber das Kaskäer-Land den Untergang von Halila und Dudduska hörte (retrospektiver Teil), da eilte das ganze Kaskäer-Land zur Hilfe herbei (prospektiver Teil)."

Das Konnektiv des hethitischen Textes besitzt im Unterschied zu dem des israelitischen eine deutliche temporale Stufung und bringt mit dem fortführenden *-ma* auch noch eine leicht kontrastierende Nuance hinzu.

Metasprachliche Konnektive

§ 15.4: Der deutlichen Zusammenschließung von Satzgruppen und ihrer Abgrenzung gegen vorangehende oder folgende dienen auch die Konnektive, die mit metasprachlichen Ausdrücken wie *dbr-*„Wort, Ding" oder *'t-*„Zeit" gebildet werden[21].

1 Kön. 11,26 f.: „Und Jerobeam ... erhob die Hand gegen den König (sc. Salomo). Und dies ist *hdbr,* so (*'šr*) er aufhob die Hand gegen den König: ..."

Mit *dbr* ist die im folgenden erzählte ,Vorgeschichte' gemeint, die mit diesem Begriff zu einer Einheit zusammengeschlossen wird. Die kausale Stufung, die Luther durch seine Übersetzung des Relativsatzes mit „darum" einführt, ist im hebräischen Text nicht vorhanden. Die ,Vorgeschichte' ist durch *dbr* und die wörtliche Wiederholung nur als selbständiger Erzählkomplex gekennzeichnet; da dieser Komplex jedoch keine temporale oder kausale Stufung besitzt, handelt es sich — im Hebräischen wenigstens — nicht um eine Vorgeschichte im strengen Sinne[22]. Doch findet sich in demselben Abschnitt über die außenpolitischen Schwierigkeiten Salomos auch eine temporal gestufte ,Vorgeschichte':

„Und richtete auf Jahwe einen Widersacher für Salomo,
Hadad, den Edomiter ...
Und es geschah beim Schlagen Davids die Edomiter,
beim Gehen Joabs ... zum Begraben die Getöteten ..."

Durch *wyhy* ist lediglich der Neueinsatz als solcher bezeichnet. Die Infinitiv-konstruktion gibt an, daß es sich um ein Ereignis aus der Zeit Davids handelt. Eine kausaltemporale Stufung jedoch, wie sie Luther expliziert („Denn da David in Edom war ...“), fehlt im hebräischen Text. Da, wie bereits gesagt, der hebräische Erzähler die Kausalität hätte explizieren können, darf man sie in den Fällen, wo er es nicht tat, auch nicht hinzufügen. Anstelle einer Infinitiv-konstruktion kann auch ein einfaches „nach diesen Geschichten“ die temporale Stufung von Episoden anzeigen[23].

dbr — „Wort, Ereignis, Geschichte“ ist bereits in Konnektiven der älteren israelitischen Historiographie nachweisbar. Der Ausdruck gehört zu den Grundbegriffen der Metaschichten israelitischer Historiographie. Das Aufruhen der höheren Stufen der Metaschicht auf der historiographischen Narrative ließe sich an dem Gebrauch dieses Ausdruckes gut nachweisen[24]. Er findet sich sehr häufig in den Syllabi der Königsbücher und in der Titelgebung der jünge-ren Historiographie. So wird in 1 Kön. 11, 41 ein Buch der „Geschichten“ Salomos zitiert, was Luther — auch hier in alter abendländischer Tradition stehend (Hieronymus) — mit „Chronik von Salomo“ übersetzt[25]. Die hethiti-sche Historiographie hat, soweit ich sehe, die Ausdrücke *memijas* und *uttar* — „Wort, Sache“ nicht in Konnektiven oder Titeln gebraucht.

Die Episode von Ahia von Silo (1 Kön. 11, 29) wird eingeleitet mit den Worten: „Und es geschah zu dieser Zeit.“ Mit diesem Konnektiv hat der Histo-riograph, der diese Partie in einem Text über den Aufstand Jerobeams ein-arbeitete, nach der Personenvorstellung und der ‚Vorgeschichte‘ (Jerobeams Beamtenlaufbahn) zu seiner Erzählung übergeleitet. Der Ausdruck *'t* bezieht sich auf den Zustand, der sich im Verlauf der Vorgeschichte heraus-gestellt hatte: Jerobeam ist Aufseher über Arbeiten des ganzen Hauses Joseph. Das Konnektiv expliziert die Gleichzeitigkeit der nun einsetzenden Handlung mit dem vorher erreichten Zustand.

Diese und ähnliche Stellen[26] sind deshalb besonders lehrreich, weil sie — wiederum auf einer recht tiefen Stufe der Metaschicht — einen Begriff expli-zieren, der in den abgeleiteten Stufen der Metaschicht jeder Historiographie eine bedeutende Rolle spielt. Es zeigt sich, daß die israelitischen Historio-graphen einen ähnlichen Zeitbegriff hatten wie die hethitischen[27], griechischen und römischen. Diese Tatsache wird bei den Untersuchungen über das Zeit-gefühl der Hebräer, die Zeit des kultischen Festes, über „Kontraktion der Zeiten“, Gleichzeitigkeit und Zeitlosigkeit, Vergegenwärtigung und Aktuali-sierung der Heilsgeschichte gelegentlich etwas vernachlässigt. Offenbar standen im hebräischen, wie ja auch im modernen Denken, verschiedene Zeitvorstellun-gen mehr oder weniger unausgeglichen nebeneinander.

§ 16: SATZFOLGEN

Wortstellung

§ 16.1: Obschon die Sprache der israelitischen Historiographie grundsätzlich über alle die syntaktischen und lexikalischen (metasprachlichen) Mittel verfügt, deren Verwendung der hethitischen Historiographie ihr Gepräge verleiht, ist der Stil der beiden Historiographien verschieden. Unter den Stichworten ‚Fortsetzungssatz und Kettensatz, Phasenstil und stetige Fügung' werden im folgenden — wiederum ohne Anspruch auf Vollständigkeit oder grammatikalische Systematik — einige dieser Unterschiede behandelt.

In der hebräischen Prosa steht das Verbum bekanntlich fast regelmäßig am Anfang des Satzes (3 A 13). Diese Wortstellung gibt dem hebräischen Satz sein charakteristisches Spannungsgefälle. Die Struktur des Satzschemas wird gegen Ende des Satzes lockerer, so daß hier zahlreiche Erweiterungen angefügt werden können. Es entstehen jene Forsetzungssätze, die dem an klassischer Periodentechnik geschulten Ohr des modernen Lesers so anstößig klingen[28]:

„Und der König von Israel und Jehosaphat, König von Juda, (waren) sitzend jeder auf seinem Thron bekleidet mit Prunkkleidern auf der Tenne am Eingang des Tores von Samaria."

„Und erweckte Jahwe einen Widersacher für Salomo, den Hadad, den Edomiter, aus dem Geschlecht des Königs, dem in Edom."

„Und erweckte Elohim ihm einen Widersacher, den Reson, Sohn Eljada's, der floh (Luther: „geflohen war") vor Hadadeser, König von Soba, seinem Herrn."

„Und gab ihm eine Frau, eine Schwester seiner Frau, eine Schwester der Tahpenis, der Herrin."

Auch hier gibt die Umformung, die Luther — beispielsweise an der zuletzt zitierten Stelle — bei seiner Übersetzung vornimmt, Aufschluß über die Eigenart des hebräischen Erzählstils. Luther übersetzt: „Und Hadad fand große Gnade vor dem Pharao, daß er ihm auch seines Weibes Thachpenes, der Königin, Schwester zum Weibe gab." Die Konstruktion mit dem doppelten Akkusativ, die geschickt gestellte Apposition und vor allem die Endstellung des Verbums verleihen dem Satz eine viel festere Struktur, als er im Original hat. Im Hebräischen könnte der Satz vor jeder Erweiterung aufhören. Die Schlußstellung des Verbums bei Luther, des funktional und semantisch wichtigsten Gliedes dieses Satzes, hält die Spannung bis zuletzt aufrecht. Der Satz bleibt, um ein naturwissenschaftliches Bild zu gebrauchen, ‚ungesättigt', die Spannung ungelöst, bis das Verb den Spannungsbogen schließt: dies aber ist die — etwas bildhafte — Beschreibung einer Periodenstruktur, die im Hebräischen gerade nicht vorliegt[29]. Die Endstellung des Verbums erzeugt aber nicht nur innerhalb der Periode eine Spannung, sondern schließt auch diese Periode den umgebenden Sätzen gegenüber scharf ab. Die Wortstellung und das hieraus folgende Spannungsgefälle des hebräischen Satzes aber führt gerade nicht zu einer hierarchischen Periodenstruktur, sondern zu gleichgeordneten ,Kettensätzen'. So hängt ja auch die Endstellung des Verbums in der lutherischen Übersetzung damit zusammen, daß er zwei gleichwertige Hauptsätze des Hebräischen zu einer Periode zusammenfaßt.

Im hethitischen Satz steht das Verbum gewöhnlich am Ende. Diese Tatsache steht in Übereinstimmung mit den Bemerkungen, die früher über die Struktur der Satzgruppenkomplexe der hethitischen Historiographie gemacht wurden. Für eine dokumentarische Übersetzung ist aus diesen Beobachtungen zu folgern, daß die Auflösung der hebräischen Wortfolge keine Äußerlichkeit ist, sondern Struktur und Spannungsgefälle des hebräischen Satzes verändert.

Kettensatz und Phasenstil

§ 16.2: Während eine Periode durch die Endstellung des Verbums in sich geschlossen ist, ermöglicht die relative Offenheit eines hebräischen Satzes nicht nur die Erweiterung durch Appositionen o. ä., sondern erleichtert auch die lockere Anfügung weiterer Sätze. Es entsteht eine fortlaufende Kette gleichgeordneter, nicht selten sehr kurzer Sätze, die in stetiger Fügung ineinander übergehen, so daß es, wie u. a. die moderne Zeichensetzung in Bibelübersetzungen zeigt, oft schwer ist, irgendwo eindeutig einen stärkeren Einschnitt festzustellen. Einige Beispiele[30]:

„Und sprach Jahwe:
  Wer wird verführen Ahab
    Und er wird gehen
      Und er wird fallen bei Ramoth Gilead."
„Und ging heraus der Geist
  Und trat hin vor Jahwe
    Und sprach:..."
„Und näherte sich Zedeqia, Sohn Kena'anah's
  Und schlug Micha auf die Backe
    Und sprach:..."

Alle drei Beispiele haben triadische Struktur. Allen gemeinsam ist auch die genaue Analyse und sorgfältige Beschreibung der Bewegung. Der Geist kommt hervor aus der Schar himmlischer Geister um Jahwes Thron, er tritt vor Jahwe hin und spricht erst dann. Rein von der sachlichen Information her gesehen könnte es zunächst scheinen, als sei etwa im ersten Beispiel das Mittelglied der Triade überflüssig. Es zeigt sich jedoch, daß der Zusammenhang einer derartigen Kette gerade in dem Strom der Bewegung liegt, in der Energie, bildlich gesprochen, die die Handlung in Stößen vorwärtstreibt und die Bewegung nicht abbrechen läßt. Die Handlung wird dabei in ihre einzelnen Phasen zerlegt; je kleiner die Phase, desto fugenloser greifen die Glieder der Kette ineinander[31]:

> „Und ging nach Damaskus
>   Und blieb da
>   Und war König in Damaskus.“
> „Und der König starb
>   Und sie gingen nach Samaria
>   Und begruben den König in Samaria.“

Wieder macht Luthers Übersetzung auf die Eigentümlichkeit des hebräischen Stils aufmerksam. Luther übersetzt: „Also starb der König und ward gen Samaria gebracht. Und sie begruben ihn zu Samaria.“ Die ersten beiden Glieder des Trikolons sind in einer Periode mit Schlußstellung des Verbums zusammengefaßt. Aber auch das dritte Glied wird dadurch in diese Periode einbezogen, daß Luther das einhellig überlieferte „den König“ in ein Pronomen umwandelt. Das dritte Glied der Triade verliert dadurch an Gewicht und büßt seine Selbständigkeit ein.

Kettensatz, Bewegungsanalyse, stetige Fügung, Phasenstil: mit diesen Stichworten lassen sich einige Charakteristika der historischen Prosa der Israeliten beschreiben. Psychologische Ausdrücke wie ‚Lebendigkeit‘ und ‚Anschaulichkeit‘, mit denen man die israelitische Historiographie immer wieder gerühmt hat, sind in jenen grammatisch-lexikalisch-stilistischen Begriffen impliziert. Der ‚Verbalstil‘, lexikalische Besonderheiten wie die Differenzierung des Wortfeldes für Bewegung[32] etc. ließen sich in die hier angedeuteten Zusammenhänge ebenso einordnen, wie bereits früher angestellte Beobachtungen über Sachfreudigkeit und ‚Distanzlosigkeit‘ des israelitischen Erzählers oder über die Gegenwärtigkeit der Dinge im historischen Bericht[33]. Für weitergehende Betrachtungen über die Zeit und Bewegung in der israelitischen Historiographie kann auf die Literatur verwiesen werden; an dieser Stelle nur drei Beispiele[34]:

> „Und machte sich auf Jerobeam
>   Und floh nach Ägypten zu Sisak, dem König von Ägypten,
>   Und war in Ägypten bis zum Tode Salomos.“
> „Zu dieser Zeit eroberte Resin ... zurück Eilath ...
>   und vertrieb die Juden aus Eilath.
> Und die Edomiter (Aramäer?) kamen nach Eilath[35]
>   Und wohnten dort bis auf diesen Tag.“
> „Und hörte der König von Assur auf ihn
>   Und zog herauf der König von Assur[35] gegen Damaskus
>   Und eroberte es
>   Und führte es weg nach Kir
>   Und Resin tötete er.“

Alle drei Beispiele zeigen eine sorgfältige Analyse der Bewegung: Ausgangspunkt und Aufbruch, Fortgang, Ziel und Ende der Bewegung sowie die Auf-
hebung der Bewegung in einem neuen Zustand sind in der Triade des ersten
Beispiels eindrucksvoll dargestellt. Auch im zweiten Beispiel endet eine dreimalige Hin- und Herbewegung in einem Zustand der Ruhe. Das dritte Beispiel ist ein schönes Zeugnis für den Phasenstil. Wie häufig[36] beginnt die
Handlung mit einem Wahrnehmungsakt, der Verständnis und Einverständnis
impliziert. Anstoß, Ausgangspunkt, Aufbruch und Ziel der Bewegung sind in
den ersten beiden Sätzen genannt. Es folgt eine Triade ganz kurzer Sätze:
Eroberung der Stadt, Deportation der Einwohner, Exekution des feindlichen
Führers. Es kann wohl kein Zweifel bestehen, daß dieser knappe Kriegsbericht
mit seiner Zweiteilung in Vorbereitung und Durchführung und dem genauen
Aneinanderfügen der Fakten einen charakteristischen Stilwillen und eine
gewisse historiographische Kunst verrät.

1 Kön. 22

§ 16.3: Um einen geschlossenen Eindruck dieses Stils zu vermitteln, sei hier
eine dokumentarische Übersetzung von 1 Kön. 22, einer offenbar recht alten
und einheitlichen Partie, angeschlossen[37]. Die Übersetzung soll lediglich die
besprochenen stilistischen Besonderheiten der israelitischen Historiographie
veranschaulichen, nicht etwa den Text semantisch-syntaktisch analysieren, ‚verdeutschen‘ oder ‚nahebringen‘. Die Unterschiede zum Prolog der ZJA oder der
‚Siebenten Tafel‘ der TS werden bei dieser Art von Übersetzung am klarsten
sichtbar[38].

A

(1) Und sie saßen (ruhig) drei Jahre:
  kein Krieg zwischen Aram und Israel.
(2) Und es geschah im dritten Jahr:
  Und zog hinab Jehosaphat, König von Juda, zum König von Israel.
(3) Und sagte der König von Israel zu seinen Dienern:
  Wißt ihr nicht, daß unser (ist) Ramoth Gilead?
   Und wir (sind) untätig, es zu holen aus der Hand des Königs von Aram.
(4) Und sagte zu Jehosaphat:
  Wirst du gehen mit mir zum Kampf um Ramoth Gilead?
  Und sagte Jehosaphat zum König von Israel:
  Ich (bin) wie du,
   mein Volk wie dein Volk,
    meine Rosse wie deine Rosse.

B

(5) Und sagte Jehosaphat zum König von Israel:
  Suche doch gleich das Wort Jahwes!

I   (6)   Und versammelte der König von Israel die Propheten, etwa
                        vier Hundert Mann, und sagte zu ihnen:
                        Soll ich gehen nach Ramoth Gilead zum Kampfe oder soll ich ablassen?
                   Und sie sagten:
                        Geh! Und gegeben hat der Herr (es) in die Hand des Königs.

           (7)   Und sagte Jehosaphat:
                        Ist hier nicht noch ein Prophet Jahwes?
                        Und wir wollen suchen durch ihn!

           (8)   Und sagte der König von Israel zu Jehosaphat:
                        Noch (ist da) ein Mann, zu suchen Jahwe durch ihn
                        Und ich verabscheue ihn, denn nicht prophezeit er mir
                        Gutes sondern Schlechtes, Micha, Sohn Jimlah's.
                   Und sagte Jehosaphat:
                        Nicht sage der König so!

           (9)   Und es rief der König von Israel einen der Großen und sagte:
                        Bring schnell her Micha, den Sohn Jimlah's.

II 1   (10)   Und der König von Israel und Jehosaphat, König von Juda, (sind) sitzend
jeder auf seinem Thron bekleidet mit Prunkgewändern auf der Tenne (am) Eingang des Tores (von) Samaria und alle die Propheten (sind) weissagend vor
ihnen.

           (11)   Und machte sich Zedeqia, Sohn Kena'anah's, Hörner von Eisen und sagte:
                   So sagt Jahwe:
                        Mit diesen wirst du stoßen Aram bis zu ihrer Vertilgung.
                   Und alle Propheten (sind) weissagend so, folgendermaßen:
                        Zieh nach Ramoth Gilead
                           und führe es durch
                              und geben wird (es) Jahwe in die Hand des Königs.

II 2   (13)   Und der Bote, so hinging zu rufen Micha, sprach zu ihm folgendermaßen:
                   Sieh doch, die Worte der Propheten (sind) einstimmig gut für den König!
                        Es werde doch dein Wort wie ein Wort von ihnen.
                            Und du wirst reden Gutes!

           (14)   Und sprach Micha:
                        Beim Leben Jahwes: was sagt Jahwe zu mir, dies werde ich sprechen!

III 1   (15)   Und kam zum König
                   Und sagte der König zu ihm:
                        Micha, sollen wir gehen nach Ramoth Gilead zum Kampfe oder sollen wir
                        ablassen?
                   Und er sagte zu ihm:
                        Geh! Und führe es durch und wird geben Jahwe (es) in die Hand des
                        Königs.

           (16)   Und sagte zu ihm der König bis zu wievielen Malen:
                        Ich (bin) beschwörend dich, daß du sagst zu mir nur Wahrheit, beim Namen
                        Jahwes.

           (17)   Und er sagte:
                        Ich sah ganz Israel zerstreut auf den Bergen
                           wie Schafe, denen nicht ist ein Hirt,
                                 und sagte Jahwe:
                                 Nicht (ist) ein Herr für diese. Kehre um ein jeder zu seinem Haus
                                 mit Heil.

           (18)   Und sagte der König von Israel zu Jehosaphat:
                        Habe ich nicht zu dir gesagt:
                           Nicht wird er weissagen mir Gutes, sondern Böses?

III 2   (19) Und er sagte:
> Deshalb höre das Wort Jahwes:
> Ich sah Jahwe sitzend auf seinem Thron
> Und alles Heer des Himmels stehend bei ihm zu seiner Rechten und Linken.

      (20) Und sagte Jahwe:
> Wer wird verführen Ahab
> Und er wird gehen
> Und wird fallen bei Ramoth Gilead?

Und sagte der eine dies und der andere sagte das.

      (21) Und trat heraus der Geist und trat hin vor Jahwe und sagte:
> Ich will ihn verführen!

Und sagte Jahwe zu ihm:
> Wodurch?

      (22) Und er sagte:
> Ich werde ausgehen und sein ein Geist der Lüge im Munde aller seiner Propheten.

Und er sagte:
> Du sollst betrügen und auch (es) vermögen. Geh und tu so!

      (23) Und nun, siehe, gegeben hat Jahwe einen Geist der Lüge in den Mund aller dieser deiner Propheten und Jahwe sprach über dich Böses.

III 3   (24) Und näherte sich Zedeqia, Sohn Kena'anah's, und schlug Micha auf die Backe und sagte:
> Wie ist weggegangen der Geist Jahwes von mir, zu sprechen mit dir?

      (25) Und sagte Micha:
> Siehe du, du (wirst) sehend (sein) an dem Tage, so du gehen wirst von Kammer zu Kammer, dich zu verbergen.

      (26) Und sagte der König von Israel:
> Nimm Micha und halte ihn zurück bei Amon, dem Großen der Stadt, und bei Joas, dem Sohn des Königs.

      (27) Und sage: so sagt der König:
> Setzt diesen ins Gefängnis und ernährt mit Brot der Drangsal und Wasser der Drangsal, bis ich komme heil.

      (28) Und sagte Micha:
> Wenn wirklich du zurückkehrst heil, nicht spricht Jahwe durch mich.

      (29) Und zog der König von Israel und Jehosaphat, König von Juda, nach Ramoth Gilead.

D

      (30) Und sagte der König von Israel zu Jehosaphat:
> Ich will mich unkenntlich machen und in die Schlacht gehen!
> Und du bekleide dich mit deinen Kleidern!

Und machte sich unkenntlich der König von Israel und ging in die Schlacht.

      (31) Und der König von Aram befahl den Großen der Wagen, so bei ihm, folgendermaßen:
> Nicht bekämpft klein und groß, sondern den König von Israel, ihn allein.

      (32) Und es geschah: Als sahen die Großen der Wagen Jehosaphat, da sagten sie:
> Gewiß der König von Israel dieser!

Und kehrten sich zu ihm, ihn zu bekämpfen.

Und schrie Jehosaphat.

      (33) Und es geschah: Als sahen die Großen der Wagen, daß nicht König von Israel dieser, und wendeten sie sich von ihm weg.

(34)   Und jemand spannte den Bogen ahnungslos und traf den König von Israel
       zwischen Gurt und Panzer.
       Und er sagte zu seinem Wagenlenker:
           Wende deine Hand und bringe mich aus dem Kampf, denn ich bin wund.
(35)   Und ging los der Kampf an diesem Tage.
       Und der König (war) stehend auf dem Wagen gegen Aram
       Und floß das Blut der Wunde in die Höhlung des Wagens
       Und er starb gegen Abend.
(36)   Und ging der Ruf durch das Lager beim Untergehen der Sonne folgendermaßen:
           Jeder in seine Stadt und jeder in sein Land:
(37)   Denn tot ist der König!
       Und sie kamen nach Samaria und begruben den König in Samaria.
[(38)] Und wuschen den Wagen beim Teich von Samaria
       Und leckten Hunde sein Blut
       Und Huren wuschen sich gemäß dem Spruch Jahwes, so er gesprochen.
⟨(39)⟩ Und der Rest der Worte Ahab's und alles, so er tat, und das Elfenbeinhaus,
       so er baute, und alle Städte, so er baute, diese sind geschrieben im Buche der
       Worte der Tage der Könige von Israel.

§ 17: GRUNDFORMEN DER DARSTELLUNG VON EINFACHEN UND KOMPLEXEN HANDLUNGEN

Die gleichzeitige Handlung

§ 17.1: Die Ahab-Geschichte der Königsbücher ist für die Geschichte der israelitischen Historiographie deshalb von besonderer Wichtigkeit, weil sie die Verbindung von Historiographie und Prophetie für recht frühe Zeit bezeugt. Die vorklassische Prophetie, vertreten durch Micha, Ahia von Silo (1 Kön. 11, 29 ff.) und Nathan, hat ihre Wurzeln in der altorientalischen Kultur[39]; aber nur in Israel ist, soweit z. Zt. abzusehen, der Prophet ein Handlungsträger in der Historiographie geworden. Die zitierte Partie ist ihrer starken dialogischen Formung und der Darstellung einer gleichzeitigen Handlung wegen auch für die weitere Untersuchung des israelitischen Erzählstils ergiebig. Nach den bisherigen Bemerkungen über den Erzählstil der israelitischen Historiographie ist zu erwarten, daß die Konstruktion von gleichzeitigen Handlungen in einem Stil, der keine Hintergründe und Perspektiven schafft, anders ausfallen wird, als etwa in dem distanzierenden Erzählstil der hethitischen Historiographen.

Die gleichzeitige Handlung im Mittelteil von 1 Kön. 22 (B II) ist, was die Handlungsführung angeht, nach denselben Prinzipien gebaut wie die Ägypter-

Geschichte auf der ‚Siebenten Tafel‘ der TS oder die Thronbesteigung Salomons am Anfang des ersten Königsbuches[40].

Durch den Befehl des Königs von Israel an einen seiner Großen, Micha zu holen, ist eine gleichmäßig fortschreitende Handlung in Gang gesetzt worden. Während nun der Bote geht, wird die Weissagung des Zedeqia und seiner Zunftgenossen erzählt. Auch dieser Bericht wird in eine gleichmäßig fortlaufende Handlung — beachte den Partizipialstil am Anfang und Ende dieser Partie — überführt, und der Erzähler wendet sich wieder dem Boten zu, der inzwischen bei Micha angekommen ist. Ein Relativsatz („so hinging zu rufen Micha") ist ein retrospektives Konnektiv, das den Fortgang der Nebenhandlung mit ihrem Anfang verbindet. Mit der Ankunft Micha's bei dem König mündet die Nebenhandlung in die Haupthandlung; durch die spöttische Wiederholung des günstigen Prophetenspruches durch Micha (V. 15) werden beide Reihen fest verknüpft.

Bemerkenswert an dieser Darstellung ist zunächst, daß von der Sache her die Wahl einer so komplizierten Erzählform nicht notwendig war. Die Prophezeizung der vierhundert Propheten wird schon in Vers 6 berichtet; der Erzähler hätte leicht die Prophezeiung Zedeqia's an dieser Stelle einfügen können. Daß er eine gleichzeitige Handlung konstruierte, ist ein deutlicher Beweis für die Erzählfreudigkeit und Erzählkunst der früheren israelitischen Historiographen.

In formaler Hinsicht unterscheidet sich diese gleichzeitige Handlung stark von entsprechenden hethitischen Partien. Außer jenem retrospektiven Konnektiv (V. 13), dem Partizipialstil in Teil B II 1 und der wörtlichen Wiederholung in Vers 15 sind keine formalen Mittel angewandt, um die Gleichzeitigkeit der Handlungen zu explizieren. Die Nebenhandlung ist zwar als solche klar erkenntlich, fügt sich aber viel stärker in den Erzählstrom ein, als dies in entsprechenden hethitischen Berichten der Fall ist.

Exkurse und Vorgeschichten

§ 17.2: Ähnliches läßt sich bei der Konstruktion von Vorgeschichten oder Exkursen und der Artikulation von Anfang und Schluß allgemein beobachten.

Appositionen unterschiedlicher Länge, die der näheren Erklärung von Orten oder Personen dienen, sind in der israelitischen Historiographie nicht selten. Diese erklärenden Zusätze —textgeschichtlich oft als (sekundäre) Zusätze verdächtig — werden häufig durch ein Demonstrativpronomen eingeleitet, auf das ein Partizip oder eine zeitliche nominale Bestimmung folgt[41]:

„Malchi-sedek, König von Salem, brachte Brot und Wein
— und dieser (war) Priester für El 'Eljon —
und segnete ihn und sprach:..."
„Und kam ein Entkommener und meldete es Abram, dem Hebräer
— und dieser (war) wohnend bei den Terebinthen von Mamre, des Amoriters, eines
Bruders von Eschkol und eines Bruders von Aner,
— und die (waren) Bundesgenossen Abram's —
und hörte Abram, daß..."

Diese Exkurs-Struktur und die auf Fortsetzung angelegten offenen Sätze des hebräischen Textes werden durch periodisierende Übersetzung und moderne Interpunktion besonders stark verändert[42]:

„Ein Entronnener aber kam und berichtete es dem Abram, dem Hebräer, als er bei den Terebinthen des Amoriters Mamre wohnte, des Bruders von Eschkol und Aner, die waren Bundesgenossen Abrams. Als Abram vernahm, daß ...

In demselben Schema können geographische Bestimmungen eingefügt werden[43]:

„Und ging heraus der König von Sodom ihm entgegen nach seinem (sc. Abram's) Rückkehren von dem Schlagen Kedor-Laomer und die Könige, so mit ihm (waren), ins Tal
Schawe
— dies (ist) das Tal des Königs."

Nur selten sind diese Einschübe gestuft[44]:

„Und hörte Thoi, König von Hamath, daß geschlagen hatte David die ganze Macht
Hadadeser's. Und schickte Thoi den Joram, seinen Sohn, zum König David, um ihm zu ent-
bieten Heil und ihn zu segnen, so er gekämpft hatte gegen Hadadeser und ihn geschlagen
hatte
— denn ein Mann des Krieges war Thoi gegen Hadadeser."

Auffällig an diesen Einschüben ist ihre Stellung in der Handlung. Sie stehen nicht, wie die hethitischen Vorgeschichten, am Anfang der Handlung, sondern werden — was aus ihrer Entwicklung aus Attribut und Apposition folgt — an späterer Stelle in die Handlung eingefügt, selbst wenn sie größeren Umfang haben.

Die ersten drei Verse von Gen. 14 erzählen den Marsch der ‚Ostkönige' gegen die Könige am Toten Meer „in das Tal Siddim — dieses (ist) das Salzmeer". Erst danach wird die ‚Vorgeschichte' dieses Zuges berichtet. Die deutschen Übersetzer von Luther bis G. von Rad übertragen sie ins Plusquamperfekt[45]: „Denn sie waren zwölf Jahre unter dem König Kedor-Laomer gewesen und im dreizehnten Jahr waren sie von ihm abgefallen. Darum kam Kedor-Laomer ..."

Durch die kausalen und temporalen Stufungen, die Luther hinzufügt, wird aus einem appositionellen charakterisierenden Einschub eine nachgeholte Vorgeschichte im strengen Sinne, wie sie die israelitische Historiographie kaum kennt[46].

In der jetzigen Fassung der Jephtha-Geschichte beginnt der Bericht von der Auseinandersetzung mit den Ammonitern im zehnten Kapitel des Richterbuches. Am Anfang des elften Kapitels wird die ‚Vorgeschichte‘ Jephtha's nachgeholt und dann mit einer wörtlichen Wiederholung und einem temporalen Konnektiv („und es geschah einige Zeit danach") die Erzählung von den Ammoniterkriegen fortgesetzt[47]. In derartigen Fällen wird, wie auch das folgende Beispiel lehrt, der Übersetzer fast zwangsläufig dazu geführt, durch Tempusverschiebungen und Einfügung von Partikeln Vorgeschichten zu konstruieren, wie sie ihm aus der westantiken Tradition geläufig sind.

In 2 Sam. 21 wird berichtet, wie David eine Bluttat Sauls sühnt. David hat — eines großen Unglücks wegen — das Angesicht des Herrn gesucht und die Antwort bekommen: „Um Sauls willen, weil er die Gibeoniter getötet hat." Daraufhin läßt David die Gibeoniter rufen und „sprach zu ihnen". Hierauf folgt aber nicht die Rede Davids, sondern die ‚Vorgeschichte‘ der Bluttat Sauls. Luther übersetzt[48]: „Die Gibeoniter aber waren nicht von den Kindern Israels, sondern (ki) übrig von den Amoritern; aber die Kinder Israels hatten ihnen geschworen, und Saul suchte sie zu schlagen in seinem Eifer für die Kinder Israel und Juda."

Mit einer umständlichen wörtlichen Wiederholung (Luther: „So sprach nun David zu den Gibeonitern") wird die Hauptreihe angeschlossen. Das logische Verhältnis, in dem die ‚Vorgeschichte‘ zur Hauptreihe steht, wird in der Rede expliziert[49].

Der Bericht über die außenpolitischen Gegner Salomons[50] ist eine Reihe von drei Vorgeschichten, die Luther durch die Einfügung von „auch" (V. 23) und „dazu ... auch" (V. 26) als Schilderung einer fortschreitenden Verschlechterung der Lage des salomonischen Reiches interpretiert. Der erste Gegner, Hadad von Edom, wird in einem langen Fortsetzungssatz vorgestellt[51]. Durch *wyhy* wird der Neueinsatz markiert und mit einer langen Infinitivkonstruktion die folgende Erzählung in die Zeit der Kämpfe Davids und Joabs gegen Edom zurückdatiert[52]. Auf dieselbe Weise wird nach der sorgfältigen Vorstellung des zweiten Gegners, des Reson von Damaskus, das zeitliche Verhältnis der Vorgeschichte der Feindschaft Reson's mit Salomo angegeben (V. 24). Die Einschaltung der dritten Vorgeschichte, des Aufstandes Jerobeam's gegen Salomo, erfolgt wiederum nach einer ausführlichen Vorstellung. Als Konnektiv dient hier ein metasprachlicher Ausdruck und eine wörtliche Wiederholung: „Und dies (ist) die Geschichte, so er die Hand erhob gegen den König[53]."

Aus der Kurzform appositioneller Zusatzbestimmungen hat sich ein festes Schema des ethnographisch-antiquarischen Exkurses entwickelt, wie es beispielsweise aus Dtn. 2 bekannt ist[54]. Diese Exkurse über die früheren und jetzigen Bewohner von Ar und Seir, die Emiter, Horiter, Riesen und Kaphtoriter, beziehungsweise die Kinder Lot's und Esau's, stehen jeweils an einer bestimmten Stelle einer Rede Jahwes, vor dem Befehl zum Aufbruch. Sie begründen, warum nicht die Kinder Israel diese Länder einnahmen. Durch temporale Konnektive (V. 10, 12 und 20) sind sie von der Rede abgesetzt. Durch Wiederholungen und logische Partikeln („auch sie": V. 11 und 20) sind sie untereinander verbunden. Bemerkenswert ist die modale Stufung (V. 12 und 22), mit der die Ähnlichkeit der berichteten Ereignisse ausdrücklich festgestellt wird. In diesen Aussagen sind Ansätze zur Formulierung von ‚historischen Urteilen' zu sehen[55].

Der einfache Kriegsbericht

§ 17.3: Die Berichte von einfachen Handlungen, wie sie für die Annalen der Könige Israels und Judas rekonstruiert werden können, ähneln weitgehend in ihren einzelnen inhaltlichen Bestandteilen den hethitischen Königsannalen oder beispielsweise den Prunkinschriften Sargon's[56].

Die Auseinandersetzung zwischen Amazja und Joas[57] zum Beispiel wird eingeleitet durch ein temporales Konnektiv ('z[58]), das die folgende Handlung an den siegreichen Edomiterzug Amazja's anschließt[59]. Dem Bericht über die kriegerische Auseinandersetzung geht ein umfangsmäßig gleichlanger über die diplomatischen Verwicklungen voraus. Die beiden Teile sind nicht gegeneinander gestuft, wohl aber deutlich abgesetzt. Am Ende des diplomatischen Notenwechsels heißt es: „Und nicht hörte Amazja", der Provokateur, auf die ironische Warnung[60] Joas'. Eine wörtliche Wiederholung verbindet die beiden Teile miteinander[61].

Durch diese relativ deutliche Artikulation der Teile einerseits, das Fehlen von Stufungen andererseits, unterscheidet sich dieser Bericht sowohl von den hethitischen Annalen wie von großen Teilen der mesopotamischen Historiographie. Ein weiteres Beispiel[62]:

I 1 *Dann* ('z) z o g e n Resin, König von Aram, und Pekach, Sohn des Remaljahu, König von Israel, gegen Jerusalem, um es zu bekämpfen. Und belagerten es und konnten es nicht erobern.

2 *Zu dieser Zeit* ('t) eroberte Resin, König von Aram, zurück Eilath … und vertrieb die Juden aus Eilath und die Edomiter (Aramäer?) kamen nach Eilath und wohnten dort *bis auf diesen Tag.*

II 1 U n d   s a n d t e Ahaz Boten zu Tiglath Pileser, König von Assur, folgendermaßen: Dein Knecht und dein Sohn (bin) ich. Komm und hilf mir aus der Hand des Königs von Aram und aus der Hand des

Königs von Israel, die sich gegen mich erhoben haben.

2 Und nahm Ahaz das Silber und das Gold, das gefunden wurde im
    Hause Jahwes, und in den Schätzen des Hauses des Königs
und s a n d t e dem König von Assur Geschenke.

III 1 Und h ö r t e auf ihn der König von Assur
und z o g h e r a u f der König von Assur gegen Damaskus.

2 Und ergriff es und führte es fort nach Kir und den Resin tötete er.

Gliederung und Phraseologie dieses Berichtes sind fest. Seine Ausbildung
(bzw. Übernahme) dürfte in die Anfänge der Königszeit zurückreichen. Andererseits ist die Mannigfaltigkeit schon der älteren israelitischen Historiographie
nicht zu unterschätzen, wie etwa der Vergleich von 2 Sam. 8 mit 2 Sam. 10
lehrt[63]. Die folgende Interpretation des Berichtes über die Ammoniterkriege
Davids wird zeigen, daß diese ältere, „profane"[64] Historiographie, die oft im
Schatten der späteren großen Geschichtswerke steht, gelegentlich auch ein sehr
beachtliches historiographisches Niveau erreichte.

Die Ammoniterkriege Davids (2 Sam. 10)

§ 17.4: Die Darstellung der Ammoniterkriege Davids in 2 Sam. 10 beginnt
— wenigstens in ihrer jetzigen Form — mit einem Bericht über den Anlaß des
Krieges, die Entehrung der Gesandten Davids durch Hanun (10, 1—5). Der
Bericht der politischen ‚Vorgeschichte' des Krieges endet mit der Schilderung
eines Zustandes: Die geschändeten Gesandten bleiben in Jericho. Mit Hilfe
eines ‚Wahrnehmungs-Konnektivs' schließt der Erzähler die Reaktion des
Gegners auf diese Geste Davids an, wobei er geschickt den neuen Zustand, der
sich als Ergebnis der politischen Vorgeschichte herausgestellt hatte, noch einmal
— diesmal als Erkenntnisinhalt der Kinder Ammon — referiert:

„Und sahen die Kinder Ammon, daß sie verhaßt waren bei David, und sandten aus die
Kinder Ammon und kauften den Aramäer des Hauses Rehob . . .[65]"

Mit einem neuen Wahrnehmungskonnektiv („und hörte David") werden die
Gegenmaßnahmen auf die Rüstungen der Ammoniter und Aramäer angefügt.
Der Kampf gegen die feindliche Koalition verläuft in drei Phasen. In jeder
Phase ist die Handlung in der bereits angedeuteten Weise in strenger Folge als
Aktion, Reaktion oder Gegen-Aktion entwickelt, wobei die einzelnen Handlungsteile und die drei Handlungsstränge — David, seine Generäle, die feindliche Koalition — fast regelmäßig durch verschiedene Wahrnehmungskonnektive oder Bewegungsverben verbunden sind. In der ersten Phase des Krieges
besiegen Joab und Abisai die feindliche Koalition. Bereits hier (V. 9) wird der

Aramäer als der stärkere Feind angesehen. Wieder ist die Handlung auf der einen Seite in einen Zustand der Ruhe überführt. Mit einem Wahrnehmungssatz (V. 15), in dem wiederum der neue Zustand als Erkenntnis der Aramäer rekapituliert wird, werden die neuen Rüstungen der Aramäer erzählt. Ein Botenbericht verlagert die Handlung wieder nach Jerusalem: David erhält Meldung von dem Anmarsch der Feinde, sammelt die Macht Israels, zieht selbst aus, gelangt nach Helam und schlägt die Aramäer. Es folgen Verlustziffern und als Schluß die Angabe der politischen Folgen dieses Sieges: die aramäische Koalition bricht auseinander. Daraus wiederum folgt, daß die Aramäer den Ammonitern nicht mehr (ʿwd) zu helfen wagen. Dieses Teilergebnis ist die Voraussetzung für die dritte Phase des Krieges, die Belagerung von Rabba durch Joab im folgenden Jahre, wie mit einer annalistischen Formel gesagt wird (11, 1). Als die Stadt sturmreif ist, wird David benachrichtigt (12, 26 ff.); er erobert Rabba. Es folgen Beuteziffern und das politische Ergebnis: die Ammoniter werden „alle“, wie es in dem generalisierenden Schlußsatz heißt (12, 31), versklavt. David kehrt mit dem ganzen Heer nach Jerusalem zurück.

Durch die feste Folge von ‚Anlaß, Aussendung, Auszug, Aufstellung, Feldherrnrede mit Beistandsformel, Kampf, Sieg und Flucht, Verluste und Beute, politische Konsequenzen und Rückkehr‘, die in allen Teilen dieses Berichtes mehr oder weniger vollständig wiederkehrt, ergibt sich, wie das folgende Schema andeutet, ein ganz festes Gerüst der Erzählung.

	I (Vorg.)	II (1. Zug)	III (2. Zug)	IV (3. Zug)
Konnektiv:	Es begab sich danach	Ammon sah, daß …	Aram sah, daß …	Neues Jahr
Anlaß	Nahas Tod	Koalition mit Aram	Angriff der Aramäer	Einsatz: Belagerung von Rabba
1. Phase:	David sendet Boten	Aufmarsch der Gegner	Aufmarsch der Gegner	Einnahme der Wasserstadt
2. Phase:	Schändung der Boten	Sieg und Flucht	Sieg, Flucht, Verluste	Eroberung, Beute
3. Phase:	Politische Folgen	Rückkehr nach Jerusalem	Isolierung Ammons	Versklavung Ammons; Rückkehr nach Jerusalem
	(Zustand)	(Zustand)	(Zustand)	(Zustand)

Jede Kolumne beginnt mit einem Konnektiv, das den Bericht über den Anlaß der nächsten Handlung einleitet. Am Schluß jeder Kolumne steht die

Schilderung des jeweils erreichten neuen Zustandes. Dabei ist das Konnektiv der ersten Kolumne die Einleitung, der letzte Satz der IV. Kolumne der generalisierende Schluß[66] des gesamten Ammoniterkriegsberichtes. Der Schluß der einzelnen Kolumnen ist politischen Inhaltes. Nur Kolumne II, die offenbar nur einen Teilerfolg Joabs berichtet, schließt mit der Angabe der Rückkehr nach Jerusalem. Die Schlußbildung der I. Kolumne ist besonderer Art. Die politischen Konsequenzen, die David aus der Entehrung seiner Gesandten zieht, werden nicht ausgesprochen, sondern in einer großen Distanzierungsgeste, deren Sinn die Ammoniter gut verstehen, verschwiegen.

Dem Inhalt nach unterscheidet sich dieser Ammoniterbericht nicht prinzipiell von entsprechenden Berichten der hethitischen Annalistik. Direkt vergleichbar ist beispielsweise die Anzapahhaddus-Geschichte der TS[67]. Auch hier findet sich die Dreistufigkeit der militärischen Handlung; Teilerfolge der ausgesandten Feldherren, Sieg des Königs; eine diplomatische Vorgeschichte geht voran; die Handlungsteile sind kurz und stark ineinander verzahnt.

Die Übersicht zeigt, daß der Text trotz des fast völligen Fehlens von logischen Stufungen sehr gut artikuliert ist. Diese Beobachtung, die durch zahlreiche Beispiele illustriert werden könnte, mahnt zur Vorsicht gegenüber Schlüssen, die man vorschnell aus dem Fehlen von expliziten logischen Stufungen auf ein nicht-logisches, psychologisches o. ä. Verstehen der israelitischen Historiographen ziehen könnte[68].

Sprechen, Hören, Sehen, Handeln

Das Fehlen der Stufungen einerseits, die Verbindung der Handlungsteile durch Verben der Wahrnehmung oder Bewegung andererseits erzeugt den zwingenden Eindruck eines ununterbrochenen Zusammenhanges der Handlung. Dieser Zusammenhang liegt zunächst sozusagen in den Sachverhalten selbst, die in den zahlreichen Bewegungsvorgängen ineinander übergehen[69]. Gesandte gehen von David zu Hanun und kehren nach Jericho zurück. Joab wird ausgesandt, erringt einen Sieg, kommt wieder nach Jerusalem und wird im nächsten Jahre abermals ausgesandt. Ein Bote kommt aus Rabba zu David, David zieht nach Rabba.

Zum anderen aber werden zwei Handlungsreihen in den Akten des Sehens, Redens[70] und Hörens verbunden. Was in der einen Reihe als Faktum erzählt ist, erscheint in der anderen als Gegenstand des Wahrnehmens; erst auf diesem Wege löst es eine Reaktion aus. David befiehlt den entehrten Gesandten, in Jericho zu bleiben. Daraus erkennen („sehen") die Ammoniter, „daß sie vor

David stinkend geworden waren". Aramäer und Ammoniter stellen sich gegen Joab zum Streit auf; „da Joab nun sah daß der Streit auf ihn gestellt war", trifft er seine Gegenmaßnahmen.

Es wird nicht, wie so häufig in der hethitischen Historiographie, ein Sachverhalt in kausaler Stufung als Grund eines anderen angegeben; also nicht ,weil die Aramäer Kriegsvorbereitungen trafen, mobilisierte David sein Heer', sondern ,und die Kriegsvorbereitungen der Aramäer wurden David angesagt, und er mobilisierte das Heer'. Im menschlichen Geiste verknüpfen sich die Handlungen. Die Handlung erscheint nicht so sehr als eine Verkettung von Grund und Folge in der objektiven Wirklichkeit, sondern vor allem als ein durch menschlichen Verstand und Willen bewirkter Intentionszusammenhang. Ein Informations- und Bewegungsfluß durchzieht, bildlich gesprochen, alle Teile der politischen und militärischen Handlung. Die Handlung wird weitergetrieben durch Entschluß und Befehl, nach einem Plan, der aufgrund einer durch Sehen oder Hören empfangenen Nachricht gefaßt wurde[71].

Zur Quellenanalyse (L. Rost)

§ 17.41: Die Interpretation des Ammoniterkriegsberichtes im vorigen Abschnitt setzte die Einheit dieses Berichtes voraus. Sie hat weder die in diesen Kriegsbericht eingebaute Bathseba-Geschichte noch die den Kriegsbericht selbst betreffende Quellenanalyse berücksichtigt. Aus der reichen Literatur zu diesen Problemen sei hier nur die Analyse Leonhard Rost's[72], soweit sie für die Themenstellung dieser Arbeit fruchtbar ist, referiert. Auf den großen Komplex der Überlieferung von der Thronnachfolge Davids kann natürlich nicht eingegangen werden.

Nach Rost[73] gehört 2 Sam. 10, 1—6a nicht zur „Ammoniterquelle", und zwar nicht aus inhaltlichen Gründen, sondern aus stilistischen. Die ursprüngliche Vorgeschichte der Ammoniterquelle ist nach Rost „weggebrochen". Der Stil von 10, 1—6a sei dem von 11, 2 ff. und 13, 1 ff. viel ähnlicher als dem von 10, 6b ff. Für diesen Stilunterschied gibt Rost folgende Kriterien an: die Entfaltung einer Handlung nach drei Seiten hin in 10, 3; „die behagliche Breite, mit der zuerst der Entschluß Davids, eine Gesandtschaft an Hani zu schicken, dann die Absendung der Boten und ihre Ankunft im Ammoniterland geschildert ist"; zu dieser „Breite" gehört wohl auch der „nicht unbedingt nötige begründende Satz, ,denn die Männer wurden sehr beschimpft'"; der parallele Aufbau der Reden der ammonitischen Großen und Davids sei eine Eigenart der Thronfolgequelle. Statt behaglicher Breite findet Rost in 10, 6b ff. gedrängte Kürze, statt Wortfülle einen kurzen, knappen, wuchtigen Ausdruck, statt „intimer Einzelbilder" ein „rastlos fortschreitendes Geschehen".

Die Entfaltung der Handlung nach verschiedenen Seiten findet sich noch an verschiedenen Stellen des Ammoniterberichtes[74]. Breite und Wortfülle sind relative Begriffe. Eine politische Vorgeschichte wird natürlich anders erzählt als ein Kriegsbericht: das ist jedoch kein hinreichender Grund, verschiedene Quellen zu postulieren. Aus demselben Grunde geben auch die von Rost angestellten lexikalischen Untersuchungen[75] nichts für eine Abtrennung der Vorgeschichte vom Kriegsbericht aus. Ein unbefangener Leser wird weder den Plan Davids, Kondolenten zu Hanun zu schicken, noch den Verdacht der ammonitischen Großen, die Boten Davids seien Spione, für besonders intim halten. Eine Ähnlichkeit der politischen Vorgeschichte der Ammoniterkriege beispielsweise mit der Ammon-Thamar-Episode läßt sich schwerlich beweisen. Und selbst wenn man in dieser Vorgeschichte „intime Einzelbilder" findet, kann man sie dann deshalb von dem Kriegsbericht abtrennen, weil dieser keine intimen Einzelbilder schildert? Aus diesen Gründen scheint mir weder die stilistische Analyse von 2 Sam. 10 noch die quellenanalytische Abtrennung der Vorgeschichte vom Kriegsbericht zutreffend.

Nach Abtrennung der überlieferten Vorgeschichte, an deren Stelle ursprünglich eine andere, „wahrscheinlich jedoch bedeutend kürzere" (!) gestanden habe, und der Ausscheidung der Bathseba-Episode erhält Rost eine „ganz kurze selbständige Quelle": „Die Kürze der Quelle, ihre Form und ihr Inhalt legen es nahe, in ihr einen Feldzugsbericht zu sehen, der etwa zur Aufbewahrung im Staatsarchiv bestimmt sein konnte"[76].

Die Kürze eines Textes mit militärischem Inhalt ist freilich kein hinreichender Grund, ihn für einen für das Staatsarchiv bestimmten Feldzugsbericht zu halten. Die Lageraufzeichnungen und Beutelisten „in den Tagebüchern des königlichen Palastes" waren gelegentlich so lang, daß sie, wie ein ägyptischer Historiograph ausdrücklich bemerkt, „nicht auf dieses Denkmal gesetzt (wurde), um nicht (zu) viele Worte zu machen"[77]. Der Ammoniterkriegsbericht hat wohl auch nicht die „Form", die man für altorientalische Feldzugsberichte annehmen darf. In einem Heeresbericht stehen keine Selbstgespräche oder fiktiven Reden. Der Ammoniterbericht ist literarische Geschichtsschreibung und als solche für ein Publikum bestimmt[78]. Ob der Verfasser Archivmaterial benutzt und sein Werk auch im königlichen Archiv oder der Tempelbibliothek hinterlegt hat, ist eine andere Frage. Die wuchtigen, kurzen Hauptsätze des Ammoniterberichtes gemahnen Rost an den Stil assyrischer Königsinschriften[79]. Die durchschnittliche Satzlänge in einer Annaleninschrift Assurbanipal's ist ungefähr doppelt so groß wie die des Ammoniterberichtes. Die assyrischen

Königsinschriften sind keine Feldzugsberichte im typologischen Sinne dieses Begriffes.

Nach der Quellenanalyse und der stilistischen und formalen Bestimmung des Ammoniterkriegsberichtes versucht Rost, den Verfasser dieses Textes näher zu charakterisieren[80]: es sei ganz klar, daß ein Soldat — „ob Joab oder Abisai oder irgendein anderer, mag dahingestellt sein" — den Bericht verfaßt habe. Der Verfasser verstehe es, Massenhandlungen zu schildern, in „wohltuender Klarheit und Nüchternheit"; „freilich fehlt es etwas am straffen Aufbau und der Zielstrebigkeit der Erzählung. Denn davon merken wir erst am Ende des Ganzen etwas, nachdem vorher die Ereignisse oft recht lose nebeneinandergestellt waren."

Nun hat freilich Rost selbst die rastlos fortschreitende Folge der Ereignisse im Ammoniterkriegsbericht hervorgehoben. Der Schluß auf den Verfasser, der „zwar ein klarer Kopf und tüchtiger Soldat, aber kein gewandter, geschweige denn nach Effekten haschender Schriftsteller" gewesen sei, beruht auf einer Verkennung des Aufbaus sowie einer Stilbeschreibung und Quellenanalyse, die, wie mir scheint, nicht zutreffen.

Die Konstruktion der gleichzeitigen Handlung
(1 Kön. 1)

§ 17.5: Die Interpretation der mehrsträngigen Handlung im Ammoniterkriegsbericht sollte an einem alten Text das Niveau und einige Eigenheiten eines Zweiges der israelitischen Historiographie aufweisen. An einem vielleicht etwas jüngeren Text wird im folgenden noch einmal die Erzähltechnik verdeutlicht, mit der die israelitischen Historiographen gleichzeitige Handlungen konstruierten. Ähnlichkeiten und Unterschiede zwischen israelitischer und hethitischer Historiographie in der Bildung und Verwendung von Konnektiven sowie im Gebrauch von Wiederholungen und Reden werden die relative Eigenständigkeit und Verwandschaft dieser beiden Typen altorientalischer Historiographie weiter erhellen[81].

Der Bericht von der Thronbesteigung Salomo's[82], dem Höhepunkt der Geschichte über die Thronnachfolge David's, gehört zu den bekanntesten Stücken der älteren israelitischen Historiographie. Der große, viele Ereignisse umspannende Erzählzusammenhang dieser Geschichte mit dem bunten Wechsel der verschiedensten Schauplätze, die psychologische Feinheit der Personendarstellung, die spannende Erzählweise, die literarische Einheitlichkeit und Gegliedertheit dieser Geschichte hat von jeher Aufmerksamkeit und Bewunderung der Exegeten erregt[83]. Die folgende Untersuchung beschränkt sich auf ein Kapitel der Geschichte der Thronnachfolge David's; die in der Detailanalyse von Motivation, Handlungsführung, Aufbau etc. gewonnenen Ergebnisse stimmen mit denen überein, die die Exegese für die größeren Komplexe dieser Geschichte erarbeitet hat.

In der altorientalischen Historiographie gibt es einige Texte, die mit dem Inhalt, bisher keine, die mit dem Niveau des Berichtes über die Thronbesteigung Salomo's verglichen werden könnten. Von dem gelegentlich ‚Thronbesteigungsbericht' genannten Großen Text Hattusilis' III.[84] unterscheidet sich der israelitische Bericht u. a. durch die Gattung, die sparsamere Verwendung religiöser Motive, größere Intimität und Distanz und vor allem durch die historiographische Struktur. Ähnlichkeiten inhaltlicher Art bestehen beispielsweise in der frühzeitigen Erwählung des künftigen Königs durch eine Gottheit, die allmähliche Ausschaltung anderer Prätendenten, durch die der erwählte König schließlich gegen alle menschliche Erwartung doch auf den Thron kommt, wo er sich sogleich glänzend bewährt[85].

Eines der wichtigsten Formelemente des Thronbesteigungsberichtes Salomo's ist die Gleichzeitigkeit zweier Handlungen. Während Adonia ein Fest am ‚gleitenden Stein' in der Nähe von Jerusalem feiert, wird Salomo — durch das energische Eingreifen Nathan's und die Hilfe Bathseba's — auf Befehl David's zum König gesalbt und als Mitregent inthronisiert. Es scheint, daß der Erzähler „im Interesse einer dramatischen Gestaltung seiner Darstellung den Verlauf der Dinge zeitlich stark konzentriert. Daß Adonia mit seinen Gästen, wenn es mit der vorausgesetzten Gleichzeitigkeit sich wirklich so verhalten haben sollte, erst durch einen Boten ... unterrichtet worden sei und nicht schon — und sei es auch nur durch hin- und herlaufendes Volk — sogleich von dem Salbungsakt an dem vom ‚gleitenden Stein' aus zwar nicht sichtbaren, aber doch nur ca. 600 m entfernten Gihon erfahren habe, ist in sich nicht sehr wahrscheinlich"[86].

Die gleichzeitige Handlung ist folgendermaßen konstruiert. Auf die bereits früher interpretierte Exposition der drei Parteien, ihrer Stärke und Rechtsansprüche folgt in gleitendem Übergang ohne Stufung der Bericht vom Fest Adonia's im Kidrontal[87]; die Handlung um Adonia befindet sich im Zustand eines gleichmäßigen Fortschreitens. Ebenso undeutlich ist der Übergang zur Schilderung der Gegenaktion Nathan's (V. 11): „Und sprach Nathan zu Bathseba"; vielleicht war jedoch ursprünglich der Übergang durch ein Verb der Bewegung vermittelt[88].

Die Verbindung zwischen den beiden Schauplätzen wird — ähnlich wie in der hethitischen Historiographie — dadurch aufrechterhalten, daß in den folgenden drei Gesprächen — Nathan/Bathseba, Bathseba/David, David/ Nathan — immer wieder auf das Fest Adonia's und die sich daraus ergebenden Folgen Bezug genommen wird. Die Informationen, die der Leser über dieses Fest erhält, sind sorgfältig gestaffelt[89]. Zuerst erfährt man durch den Erzähler selbst den Ort des Festes, Teilnehmer und Zurüstung. Durch Nathan in seinem Gespräch mit Bathseba hört man, daß auf dieser Feier Adonia König geworden ist. Diese Aussage wird — mit einem neuerlichen Hinweis auf das Fest, dessen Teilnehmer und Ausstattung (V. 19) — von Bathseba vor David wiederholt. Nathan fügt in seiner Rede vor David neue Details hinzu: „Und siehe, während sie aßen und tranken vor ihm (Ptzp.), da sagten sie: ,Es lebe der König Adonia!'" In Vers 41 hört man vom Ende des Essens und schließlich (V. 49) noch vom Schrecken und Aufbruch der Gäste.

Durch alle diese Hinweise verliert der Leser die Nebenhandlung nie aus dem Bewußtsein. Das kompositionstechnisch schwierigste Problem dieser gleichzeitigen Handlung ist aber nun der Übergang von der Handlung um Salomo zu der um Adonia. Diese Verzahnung der beiden Handlungsstränge ist auf das sorgfältigste durchgeführt (V. 41)[90]. Die Handlung um Salomo ist abgeschlossen, die Salbung zum König vollzogen. Diese Tatsache hat eine gleichmäßig fortdauernde Handlung ausgelöst: das Volk freut sich, daß die Erde birst. Der Übergang zur Gegenseite wird zunächst durch ein einfaches Wahrnehmungskonnektiv vollzogen: „Und Adonia hörte und alle Geladenen, die bei ihm waren." Nach dem Prinzip der Staffelung der Information, wie es bereits bei der Schilderung vom Fest Adonia's beobachtet wurde, wird hier noch nicht gesagt, was sie hörten. Vorher markiert der Erzähler durch ein deutliches temporales Konnektiv die Gleichzeitigkeit der beiden Handlungen und den Handlungsfortschritt in der Nebenreihe: „Und sie waren fertig mit Essen[91]". Mit den folgenden Sätzen wird nun der Handlungsfortschritt der Hauptreihe in der Nebenreihe nachgeholt. In zunehmender Konkretisierung wird das Geschehen um Salomo den Feiernden im Kidrontal bewußt: Joab hört Posaunenschall, Getümmel und Geschrei in der Stadt. Nach diesem zweiten Wahrnehmungskonnektiv wird nun, wie ebenfalls aus der hethitischen Historiographie bekannt, die endgültige Verbindung der beiden Handlungs- reihen durch einen Botenbericht hergestellt. Jonathan berichtet die Salbung Salomo's und fügt in seiner Rede ein Detail an (V. 46: *gm*), das in der Erzäh- lung selbst nicht gebracht wurde: Salomo sitzt auf dem Stuhl des Königs und empfängt die Huldigungen seiner Untertanen. Diese Nachricht ist wohl mit Bedacht vom Erzähler in Vers 40 ausgespart worden.

Die Funktion der Wiederholung; Rede und Handlung

§ 17.6: Die Konstruktion der gleichzeitigen Handlung ist ein Grund für die zahlreichen Wiederholungen in dieser Partie. Mit leichter Variation, Auslassung bekannter und Hinzufügung neuer Details werden in den Reden die beiden Handlungen sozusagen ineinander gespiegelt. Bathseba beispielsweise erzählt vor David mehr, als Nathan ihr gesagt hat; Nathan berichtet vor David mehr als Bathseba.

Diese ausführlichen Wiederholungen bewirken die Präsenz der einen in der anderen Handlungsreihe. Der Erzähler tritt nicht etwa aus der Erzählung heraus und verständigt sich mit dem Leser über das Erzählte, etwa: ‚und Jonathan berichtete dem Adonia, was vorgefallen war (was ich früher bereits erzählt habe)‘. Derartige Verweise fehlen auch sonst in der israelitischen Historiographie[92].

Flavius Josephus[93] transformiert den Bericht in die Formensprache griechischer Historiographie: Als aber Adonia den jungen Mann begrüßt hatte, habe jener ihnen alles über Salomo und den Entschluß David's berichtet. Josephus unterdrückt die wörtliche Rede und die Wiederholungen. Die Gleichzeitigkeit der beiden Handlungen ist denn auch bei ihm mit ganz anderen Mitteln expliziert.

Dieser Unterschied in der Technik der Zusammenschaltung zweier Handlungsreihen zeigt noch einmal deutlich bereits früher beobachtete Eigenheiten des israelitischen Erzählstils: Die Dinge sind in der Optik des Erzählers immer gleich nah; die Verbindungen sind sensuell gefaßt und nur an besonders wichtigen Stellen durch formale Konnektive verstärkt.

Der zweite Grund für die Häufigkeit von Wiederholungen[94] in der betrachteten Partie ist das besondere Verhältnis zwischen Rede und Narrative[95]: die Handlung wird im Plan antizipiert und im Bericht rekapituliert. Im Hinblick auf die Redeformen zeigt 1 Kön. 1 folgende Gliederung:

Ausgangslage — Aktion (Fest Adonia's)
               Gegen-Aktion
A Intrige
  1) Plan (Nathan/Bathseba)
  2) Durchführung des Planes
B Handlung
  1) Befehl David's
  2) Ausführung des Befehls
               Reaktion

A Bericht von der Gegen-Aktion (allmähliche Enthüllung)
B Salomo/Adonia

So wird die Thronbesteigung Salomo's in drei verschiedenen Redeformen berichtet: im Befehl, als Narrative und als Botenbericht. Durch dieses Erzählschema, die straffe Handlungsführung und die hinreichend genau explizierte Gleichzeitigkeit der beiden Handlungen, die wohl eine gewisse Konzentration der Ereignisse durch den Erzähler zur Voraussetzung haben dürfte (déformation historique), entsteht der Eindruck einer starken Geschlossenheit. Zu diesem Eindruck eines unmittelbaren Zusammenhangs aller Handlungsteile tragen die Leitworte und Wiederholungen, Bewegungs- und Wahrnehmungskonnektive bei. In ähnlicher Weise wirkt der Phasenstil, der in diesem Kapitel besonders ausgeprägt ist[96]. Alle diese Stilmittel wirken zusammen, um einen einheitlichen und geschlossenen Text zu konstituieren, der einen ganz eigenen Ausdruck hat, obschon alle Stilmittel auch in der altorientalischen und westantiken Historiographie bekannt sind.

Politische und militärische Handlungen stellten sich den Verfassern des Ammoniterkriegsberichtes und der Thronbesteigung Salomo's als ein großer Bewegungszusammenhang dar, aufgegliedert in Wahrnehmung und Einsicht, Plan, Entschluß und Handlung. Es kann hier nur angedeutet werden, wie diese stark anthropozentrische Auffassung der geschichtlichen Handlung der historiographische Ausdruck der Vorstellung ist, daß auch die Geschichte als Ganze Sinn und Ziel habe, daß Verheißung und Erfüllung, Verfehlung und Gericht die Geschichte bestimmen könnten. Hier hat sowohl das starke genealogische Interesse der israelitischen Historiographie seine tieferen Wurzeln wie zahlreiche Themen der geschichts-theologischen Metaschicht.

Diese Art der Darstellung geschichtlicher Handlungen in der israelitischen Historiographie ließe sich mit zahlreichen Beispielen belegen[97]. Von besonderer Wichtigkeit bei diesen Interpretationen wäre die genaue Untersuchung der Verben des Sehens[98], Hörens[99] und Redens[100].

Die Eigenart des Erzählstils der israelitischen Historiographie in diesem Punkte wird dadurch nur besonders deutlich, daß man auf ähnliche Ausdrucksweisen der hethitischen und römischen Historiographie hinweist[101].

H. Fränkel interpretiert eine Periode aus Caesar's Bellum Gallicum folgendermaßen[102]:

„Qui (sc. *Morini Menapiique*) *longe alia ratione ac reliqui Galli bellum gerere coeperunt. Nam quod intellegebant maximas nationes quae proelio contendissent pulsas superatasque esse continentesque silvas ac paludes habebant, eo se suaque omnia contulerunt.*"

„Auf die allgemeine Ankündigung: ,sie verfuhren anders', folgt dann keineswegs sogleich die Angabe, wie sie verfuhren, sondern wieder läßt Caesar das Tun aus seinen Motiven hervorwachsen:... Das Wort (sc. *intellegebant*) verschärft die Abhängigkeit und strafft den

Satzbau (gleiches Subjekt im Haupt- und Nebensatz), indem es aus der Tatsache eine von jemand erkannte und verwertete Tatsache macht, aus dem aktiv auf die Entschlüsse einwirkenden Faktor einen passiv in die Erwägungen einbezogenen Faktor. Immer arbeitet Caesar mit solchen Begründungen auch für den Gegner. Er läßt die andere Partei genauso rational handeln wie sich selbst und interpretiert ihr Verhalten so sinnvoll wie nur möglich."

Zu einer anderen Stelle bemerkt Fränkel (a.O.S. 303 f.; B.G. 1, 2):

„Die Situationsschilderung steht also nicht absolut, wie wir es erwarten; sie ist auch nicht, trotz ihrer geographischen Natur, in den Zusammenhang der vorangehenden allgemeinen geographischen Übersicht einbezogen, sondern sie ist in die berichtete Handlung als treibendes Moment eingebaut. Daher erscheint sie sprachlich abhängig..., und sie wird zu dem Ganzen in Beziehung gesetzt durch die Vermittlung des Geistes der Handelnden: *magno dolore adficiebantur, arbitrabantur*. Die elementaren Faktoren werden bei Caesar nicht mechanisch wirksam, sondern durch Gefühl und Intellekt[103]."

Hier werden die Linien sichtbar, die die Historiographie des Alten Testamentes mit ihren Übersetzungen in Sprache und Struktur der griechisch-römischen Historiographie verbinden.

Anhang

§ 18: ÜBERSETZBARKEIT UND ÜBERSETZUNGEN DER ALTTESTAMENTLICHEN GESCHICHTSSCHREIBUNG

Vorbemerkung

§ 18.1: Im zweiten und dritten Teil dieser Arbeit wurden hethitische und israelitische Geschichtsschreibung als historiographische Typen charakterisiert. Gelegentlich wurden verschiedene Bibelübersetzungen, besonders diejenige Luthers, mit dem hebräischen Text konfrontiert, um durch den Vergleich von Original und Übersetzung einen Einblick in beider Eigenart zu gewinnen[104]. Diese Konfrontationen, durch die natürlich vor allem die Unterschiede herausgearbeitet werden sollten, sind jedoch nicht dahingehend zu verstehen, als bestünde zwischen verschiedenen Typen der Historiographie eine unüberbrückbare Kluft. Die Eigenständigkeit der alttestamentlichen und hethitischen im Rahmen der altorientalischen Historiographie war ja — jedenfalls von dem sachlichen und methodischen Ansatzpunkt dieser Arbeit aus — nicht darin gegeben, daß jeweils eine historiographische Tradition formale oder inhaltliche Elemente aufwies, die in der anderen nicht nachweisbar sind: Sie zeigte sich vielmehr in der Häufigkeit und Kombination der weitgehend gemeinsamen Elemente[105]. In diesem Anhang sei der Vergleich zwischen der israelitischen Historiographie und einigen ihrer Übersetzungen etwas ausführlicher durchgeführt. Der Vergleich wird die Frage, ob und wie der Typ der israelitischen Historiographie in den der westantiken überführbar ist, wenigstens teilweise beantworten. Die relative Eigenständigkeit der israelitischen Historiographie kann durch die Untersuchung ihrer Übersetzbarkeit sichtbar gemacht werden.

Das Ergebnis dieser Untersuchung entspricht durchaus demjenigen, das bei dem Vergleich der hethitischen mit der israelitischen Historiographie gewonnen wurde. Die Annahme, die Besonderheit der israelitischen oder christlichen Geschichte müßte sich direkt in den Formen oder gar der Sprache ihrer Historiographie spiegeln, erweist sich — in dieser Vereinfachung wenigstens — als falsch[106]. Es lassen sich vielmehr folgende Thesen aufstellen: Bei einer Übersetzung der israelitischen Historiographie in Sprache, Stil und Struktur der westantiken geht nicht mehr verloren, als bei irgendeiner anderen Übersetzung[107]; die teilweise sehr starken Veränderungen, die die israelitische Historiographie bei dieser Übertragung in einen anderen historiographischen Typ erfährt, lassen sich zum Teil als Verallgemeinerung von Ansätzen deuten, die in der israelitischen Historiographie selbst vorhanden sind[108]; die Eigenart der israelitischen Historiographie wird nicht dadurch verändert, daß vom Hebräischen in eine andere Sprache übersetzt wird, sondern dadurch, daß die israelitische Historiographie in einen anderen historiographischen Typ überführt wird; es handelt sich hierbei nicht um Unterschiede von (parataktischen oder hypotaktischen) S p r a c h e n, wie z. B. Gerleman meint, sondern um Unterschiede von T e x t strukturen und historiographischen Typen. Eine dokumentarische Übersetzung kann die historiographischen Eigenheiten der israelitischen Geschichtsschreibung weitgehend erhalten[109].

Diese Thesen, die durch die knappen Skizzen in den folgenden Abschnitten wenigstens von einer Seite her gesichert werden sollen, widersprechen zum Teil den Ergebnissen einer Forschungsrichtung, die von der Untersuchung des israelitischen Tempus-, Verbal- und Partikelsystems, der Wortstellung und des Wortschatzes, der Zeit- und Seinsbegriffe einen fundamentalen Unterschied im Zeiterleben und Geschichtsbewußtsein von Griechen und Israeliten erschloß[110]. Sollte aber der Unterschied zwischen hebräischem und griechischem Denken[111] so groß sein, wie man gelegentlich annimmt, dann stellt sich natürlich die Frage nach der Übersetzbarkeit hebräischer Texte in „eine an der griechisch-lateinischen Zivilisation ausgerichtete Sprache"[112]. Es ist bemerkenswert, daß diese Frage für die Geschichtsschreibung, wo sich doch, wenn überhaupt, der besondere Zeitbegriff der Israeliten und ihr eigentümliches Geschichtsverständnis am deutlichsten zeigen müßten, noch nicht aufgeworfen ist.

Flavius Josephus

§ 18.2: Griechische Historiographie findet sich bekanntlich bereits in den jüngsten Teilen des Alten Testamentes. Die Übertragung der älteren israelitischen Historiographie ins Griechische geschieht im Altertum auf drei verschiedene Weisen.

Die Septuaginta kann in einigen Teilen als eine wenigstens der Absicht nach dokumentarische Übersetzung angesehen werden[113]. Im Gegensatz dazu hat Flavius Josephus in seinen Antiquitates die Geschichte Israels neu geschrieben. Der historische Stoff der Bibel, die er in hebräischer und griechischer Sprache benutzte[114], wurde von Josephus in den Formen der westantiken Historiographie dargestellt. Der Titel des Werkes scheint in Anlehnung an die „Römische Archäologie" des Dionysius von Halikarnass gewählt. Prolog und Epilog exponieren die bekannten Themen von der Nützlichkeit und Wahrheit der Geschichtsschreibung. Ein Binnenprolog (ant. 14, 1, 1) betont, daß Schönheit und Klarheit der Darstellung nötig seien, damit man mit Freude und Genuß die Erkenntnis aufnehme, daß aber Genauigkeit und Wahrhaftigkeit für den Geschichtsschreiber das Wichtigste seien. Die Rede Juda's vor Joseph ist eine „echte Rhetorenrede"[115]; freilich ist sie bereits im hebräischen Original „eines der schönsten Beispiele jener hohen rhetorischen Kultur, die ... in der ersten Königszeit in Blüte stand"[116]. Eine sehr starke Veränderung des Stiles der israelitischen Historiographie bedeutet jedoch die häufige Umsetzung der direkten in die distanzierende, berichtende indirekte Rede[117]. Philosophische Exkurse über den Monotheismus, Anspielungen auf die griechischen Klassiker und Benutzung der jüdisch-griechischen Exegetentradition von Alexandria erweisen die Antiquitates als ein Geschichtswerk des jüdischen Hellenismus[118].

Für Hieronymus und Cassiodor war Josephus „fast ein zweiter Livius"; auf Cassiodor's Geheiß[119] wurden die Antiquitates ins Lateinische übersetzt. Übersetzungen des Bellum Iudaicum wurden dem Hieronymus, der Josephus nicht selten zitiert[120], dem Ambrosius und Rufinus zugesprochen. Die Historien Hegesipp's sind eine lateinische Übersetzung des Josephus mit christlichen Interpretationen. Für den Verfasser dieses Werkes ist Josephus nicht nur ein hervorragender Stilist, sondern auch Fortsetzer der alttestamentlichen Geschichtsschreibung[121]:

> Quattuor libros regnorum quos scriptura complexa est sacra etiam ipse stilo persecutus usque ad captivitatem Iudaeorum murique excidium et Babylonis triumphos historiae in morem composui. Macchabaeorum quoque res gestas propheticus sermo paucis absolvit; reliquorum usque ad incendium templi et manubias Titi Caesaris relator egregius historico stilo Josephus, utinam tam religioni et veritati attentus quam rerum indagini et sermonum sobrietati.

Die Schätzung und Verbreitung der josephischen Historiographie sind so groß[122], daß man in ihr eine der Quellen frühchristlicher Historiographie sehen kann.

Hieronymus

§ 18.3: Eine Mittelstellung zwischen der Übertragung der Septuaginta und der Neufassung der biblischen Geschichte bei Flavius Josephus nimmt die Übersetzung des Hieronymus ein.

Die lateinische Historiographie war dem gelehrten Kirchenvater von Jugend auf bekannt. Er preist Livius mit den Worten Quintilian's als Quell der Beredsamkeit[123], zitiert Sallust[124] und lobt den Oeconomicus Xenophon's, kennt auch die Cyropaedie, Herodot und Flavius Josephus[125]. Sein literargeschichtliches Werk *de viris illustribus* folgt, nach seinem eigenen Zeugnis[126], dem Vorbild Sueton's. Er verfaßt Lebensbeschreibungen des Hilarion und des Asketen Paulus, übersetzt den zweiten Teil der Eusebius-Chronik, zieht zur Ergänzung Sueton, Eutrop und Aurelius Viktor heran[127] und führt das Werk bis auf die eigene Zeit herab. Hieronymus dachte sogar daran, eine Geschichte seiner Zeit zu schreiben[128]. Er entdeckt neu die Bedeutung von Reisen, Augenschein und Archäologie für die philologische Arbeit[129]. Die Beschäftigung mit der heidnischen Geschichte hat nach Hieronymus den Sinn, die biblische Geschichte besser zu verstehen und das Eintreffen der Prophezeiungen zu beweisen[130]. Die Geschichtsschreibung des Alten Testamentes führt zu einem tieferen Verständnis der Kirchengeschichte[131]:

si historiam respicias verba simplicia sunt; si in litteris sensum latentem, ecclesiae paucitas et hereticorum contra ecclesiam bella narrantur. —
Esther in ecclesiae typo populum liberat de periculo et interfecto Aman, qui interpretatur iniquitas, partes convivii et diem celebrem mittit in posteros.

Da die Historiker nicht in demselben Sinne zum heidnischen Bildungsgut gehörten wie Plautus, Horaz, Vergil, Cicero und Seneca — Hieronymus' geliebte Klassiker — dürfte sich Hieronymus auch nach seinem berühmten Traum-Gelübde nicht gescheut haben, heidnische Geschichtsschreiber zu studieren[132]. Noch in Bethlehem soll er, nach der Aussage seines ehemaligen Freundes Rufin[133], seinen Schülern nicht nur Grammatiker, Vergil, Komiker und Lyriker, sondern auch Historiker erklärt haben. Es fällt auf, daß Hieronymus nie die Historiker nennt, wenn er sich von der heidnischen Bildung distanziert[134].

Auch als Übersetzer hat sich Hieronymus ausdrücklich in die antike Tradition gestellt. In dem Brief an Pammachius *de optimo genere interpretandi* zitiert er als „Lehrer" seines Übersetzungsideals (*non verbum ex verbo sed sensum exprimere e sensu*) ausführlich Cicero und Horaz und beruft sich — als Schüler Donat's — auf Terenz, Plautus und Caecilius, die Menander beziehungsweise die alten attischen Komiker ‚interpretiert' hätten, ohne am Worte „kleben" zu bleiben[135]. Dies habe er schon vor zwanzig Jahren im Vorspruch seiner Eusebius-Übersetzung vertreten, aus der er eine längere Partie zitiert[136]. Auch Hilarius, ja die Septuaginta, Evangelisten und Apostel hätten nach dieser Regel übersetzt: *apostolus non verbum expressit e verbo sed paraphrastikos eundem sensum aliis sermonibus indicavit* (ep. 57, 9, 7). So klagt er denn gelegentlich über ältere Bibelübersetzungen[137]. Er selbst wird die Bibel „nicht nur *fideli sermone*, sondern *puro sermone* übersetzen"[138].

Hieronymus begann seine Übersetzertätigkeit im Auftrage Damasus' mit einer Revision der lateinischen Evangelienübersetzungen[139], übersetzte den Psalter (Psalterium Romanum) aus der Septuaginta und später in Bethlehem (seit 386) noch einmal unter Benutzung der Hexapla des Origines (Psalterium Gallicanum). Auch bei der Übersetzung der anderen Teile des Alten Testamentes benutzte er die Septuaginta, außerdem Aquila, Symmachus, Theodotion; an verschiedenen Stellen ist — ähnlich wie bei Flavius Josephus — jüdische Auslegungstradition in der hieronymischen Übersetzung greifbar.

Zu den Grundlagen der Bibelübersetzung des Hieronymus gehört aber nicht nur die ältere griechische und lateinische Übersetzungtradition, die jüdische und christliche Exegese, sondern auch die grammatische und rhetorische Bildung des Kirchenvaters sowie die heidnische Historiographie.

So wundert man sich nicht, in seinen Kommentaren und Übersetzungen heidnischen Spukgestalten, dem Andromeda-Mythos, Cocytos, Adonis, Priapus und Merkur zu begegnen. Friedrich Stummer[140] sieht in dieser *interpretatio Romana* das Betreben, „die Weltanschauung eines fremden Volkes so zu sehen, daß sie der römischen nach Möglichkeit verwandt oder sogar im Wesen identisch erscheint." Auch in der Sprache wird auf den gebildeten Leser Rücksicht genommen. Wenn man von den altlateinischen Bibeltexten zur Vulgata kommt, so scheint „doch grundsätzlich eine Rückkehr zur klassischen Sprachform vollzogen"[141]. An verschiedenen Stellen läßt sich nachweisen, wie eine Reminiszenz an die klassische Literatur — Cicero, Lukrez, Plinius, Tacitus — die Übersetzung einer Bibelstelle formt[142]. Zu dieser Romanisierung des hebräischen Textes trägt nicht nur das Streben nach Wechsel im Ausdruck — bis heute eine Grundtendenz aller Bibelübersetzungen — bei[143], sondern auch und vor allem die Latinisierung und Rhetorisierung des Satzbaues. Ersetzung der Beiordnung durch die Unterordnung und syntaktisch feste, logisch möglichst klare Verbindung der Hauptsätze sind Erscheinungen, die schon in den Anfängen der Übersetzertätigkeit Hieronymus' zu beobachten sind. Es ist bemerkenswert, daß diese Tendenz zur Periodisierung in den späteren Übersetzungen Hieronymi immer stärker wird[144]. Dieselbe Entwicklung läßt sich bei Luther beobachten[145].

Friedrich Stummer führt all diese sprachlichen Erscheinungen auf ein Streben nach „Fülle und Rundung des Ausdrucks", nach „fließender, gut lateinischer Diktion" und letztlich auf die Rhetorik zurück[146].

Dieser Schluß ist sicherlich berechtigt; doch soll hier noch angedeutet werden, welche Folgen diese sprachlichen Änderungen für den Stil der von Hieronymus übersetzten iraelitischen Historiographie hatten. Eine genaue stilistische Analyse der entsprechenden Teile der hieronymischen Übersetzung wäre umso reizvoller, als Hieronymus gerade „für die großen Geschichtsbücher ... eine im ganzen vorzügliche, sorgfältige Arbeit" geleistet haben soll[147]. Wir beschränken uns hier indessen auf die Aufzählung einiger sachlicher und formaler Besonderheiten und die kommentierende Wiedergabe eines längeren Textes (1 Kön. 1, 1).

Die *interpretatio Romana,* für die oben einige Beispiele aus dem Mythos angeführt wurden, erstreckt sich auch auf das Gebiet der Politik und des Militärwesens. In Hieronymus' Übersetzung finden sich Liktoren, Legionen und Trieren. Saul erscheint „im Gewande eines römischen Kaisers"[148].

Die Struktur der Prosa der israelitischen Historiographie wird bereits durch die Einfügung von Partikeln, Tempusverschiebungen und eine allgemeine Straffung der Syntax stark verändert. Besonders eindrucksvoll ist die konsequente Gliederung des Textes durch Konnektive. Hieronymus verwendet in souveräner Weise Nebensätze, relative Anschlüsse und Partizipialkonstruktionen, besonders den Ablativus absolutus, um die Flächigkeit hebräischer Prosa zu durchbrechen und die Verbindung der Handlungsteile klar und differenziert anzugeben. So baut er z. B. einen Satz, der im Hebräischen der Narrative angehört (‚und sie durchzogen das Gebirge Ephraim') zu einem Konnektiv um: *Qui cum transissent per montem Ephraim*[149].

Ein Ablativus absolutus vermittelt in Gen. 2, 19 einen eleganten Übergang und expliziert die Nachzeitigkeit: *formatis igitur Dominus Deus de humo cunctis animantibus terrae ... adduxit ea ad Adam.* Nicht selten werden auch da Konnektive geschaffen, wo der hebräische Text nicht einmal inhaltlich eine Grundlage bietet. Zwei Beispiele: *tunc demum reminiscens pincernarum magister ait* (Gen. 41, 9); *merito haec patimur quia peccavimus in fratrem nostrum* (Gen. 41, 21). Diese Zusätze werden in später übersetzten Büchern immer umfangreicher[150].

Gelegentlich ist der Anschluß an die Sprache der lateinischen Historiographie unmittelbar nachweisbar. So gebraucht Hieronymus in Richt. 9, 44b und 20, 45 den Ausdruck *palantes* (Sallust, Tacitus, Ammian), obschon er vom hebräischen Text aus nicht unbedingt verlangt ist. In 1 Chron. 21, 29 wird „zu dieser Zeit" mit einem gewählten Ausdruck lateinischer Historikersprache (*ea tempestate*) wiedergegeben. In 2 Chron. 28, 9 ist dieses Konnektiv in der lateinischen Übersetzung frei hinzugefügt.

Um einen Eindruck von der Kunst aneignenden und neugestaltenden Übersetzens bei Hieronymus zu vermitteln, sei hier eine längere Partie aus dem Anfang des ersten Königsbuches[151] wiedergegeben. Da diese Partie bereits unter verschiedenen Gesichtspunkten untersucht wurde[152], erübrigt sich eine Besprechung im einzelnen.

Et rex David senuerat[153] *habebatque aetatis plurimos dies*
cumque[154] *operiretur vestibus non calefiebat*
dixerunt ergo ei servi sui
quaeramus domino nostro regi adulescentulam virginem
et stet coram rege et foveat eum
dormiatque in sinu tuo et calefaciat dominum nostrum regem[155]

quaesierunt igitur adulescentulam speciosam in omnibus finibus Israhel
et invenerunt Abisag Sunamitin et adduxerunt eam ad regem
erat autem puella pulchra nimis
dormiebatque cum rege et ministrabat ei
rex vero non cognovit eam[156]

Adonias autem[157] *filius Aggith elevabatur dicens*[158]
ego regnabo fecitque[159] *sibi currum et equites*
et quinquaginta viros qui ante eum currerent
nec[160] *corripuit eum pater suus aliquando dicens*
quare hoc fecisti
erat autem et ipse pulcher valde secundus natu post Absalom
et[161] *sermo ei cum Joab filio Sarviae et cum Abiathar sacerdote*
qui adiuvabant partes Adoniae
Sadoc vero[161] *sacerdos et Banaias filius Joiadae*
et Nathan propheta et Semei et Rhei
et robur exercitus David non erat cum Adonia

immolatis ergo[162] *Adonias arietibus et vitulis et universis pinguibus iuxta lapidem Zohelet qui erat vicinus fonti Regel vocavit universos fratres suos filios regis et omnes viros Juda servos regis.*
Nathan autem prophetam et Banaiam et robustos quosque et Salomonem fratrem suum non vocavit
dixit itaque Nathan ad Bethsabee matrem Salomonis
num[163] *audisti quod regnaverit Adonias filius Aggith*
et dominus noster David hoc ignorat
nunc ergo veni accipe a me consilium
et salva animam tuam filiique tui Salomonis . . .
ingressa est itaque Bethsabee ad regem in cubiculo
rex autem senuerat nimis[164]
et Abisag Sunamitis ministrabat ei
inclinavit se Bethsabee et adoravit regem
ad quam rex quid tibi inquit vis
quae respondens ait [165] *. . .*

Luther

§ 18.4: Die Vulgata genoß uneingeschränktes Ansehen, bis man in der Zeit der Humanisten wieder auf die griechischen und hebräischen Texte zurückgriff; jedoch erfolgte dieser Rückgriff nicht außerhalb der Tradition, auch nicht bei Luther[166].

Luther kannte natürlich die Werke des Hieronymus und schätzte sie. Er meinte freilich, seine eigene Übersetzung sei besser „als alle *versiones* Greckisch und Lateinisch"[167]. Dabei ist ihm, soweit ich zur Zeit sehe, der bestimmende Einfluß der Vulgata auf die syntaktische und stilistische Struktur seiner Übersetzung gar nicht bewußt geworden; die Auswirkung dieser (inneren) Abhängigkeit sei im folgenden an einigen Beispielen aus den geschichtlichen Büchern dokumentiert; auch hier bestätigt sich, daß es „kaum eine spätere kirchliche Übersetzung in die neueren Sprachen (gibt), die nicht irgendwie von ihr (sc. der Vulgata) beeinflußt und durch sie bestimmt wäre"[168]. Diese Tatsache ist für Luther umso bemerkenswerter, als er zur Zeit seiner Bibelübersetzungen zweifellos soviel Hebräisch konnte, daß er auch in den syntaktisch-stilistischen Fragen, die allein hier betrachtet werden, getreuer hätte dolmetschen können, — wenn er gewollt hätte.

Mit den klassischen Historikern dürfte Luther aufgrund seiner Schul- und Universitätsbildung einigermaßen vertraut gewesen sein[169]. Ob zeitgenössische Geschichtsschreibung oder klassische Historiographie auch direkt auf die Bibelübersetzung Luther's gewirkt hat, ist mir unbekannt. Jedenfalls zeugt „für den lebenshungrigen, politischen Sinn, mit dem Luther die Welt des Alten Testaments durchforschte, nichts mehr als die politische Auslegung ganzer alttestamentlicher Bücher"[170]. Im Hohen Lied, das Erasmus als Liebeslyrik verstand, fand er den wohlgegliederten Staat und die rechte Ordnung des Volkes Gottes beschrieben. Aus Psalm 101 machte er einen Fürstenspiegel für Kurfürst Johann Friedrich. Den Prediger legte er nicht mönchisch oder philosophisch aus; er wollte ihm vielmehr den Titel „die Politik oder Ökonomie Salomo" geben, weil Salomo darin Trost und Stärke gesucht habe, die Unglücksschläge im Staat zu ertragen. Lukas, den Geschichtschreiber unter den Evangelisten, hielt er — wie Hieronymus — „als ein meister jnn Ebreischer und Griechischer sprache"[171], hielt aber nie eine Vorlesung über die Apostelgeschichte.

Mit seiner Übersetzungsregel, nicht die Worte, sondern den Sinn zu übersetzen, steht Luther in der ciceronisch-hieronymischen Tradition[172]: „Wer Deudsch reden wil, der mus nicht der Ebreischen Wort weise füren, sondern mus darauff sehen, wenn er den Ebreischen man verstehet, das er den sinn fasse und dencke also: Lieber, wie redet der deutsche man jnn solchem fall? Wenn er nu di Deutsche wort hat, die hiezu dienen, so lasse er die Ebreischen wort faren und sprech frey den sinn eraus auffs beste Deudsch, so er kann."

Auch mit seiner Klage über die Armut der deutschen Sprache[173] setzt Luther eine ehrwürdige Tradition[174] fort: „*Linguae. Hebraea est refertissimis figuris et tropis* und hat vil vocabel. *Graeca est copiosissima lingua, sed Germanica est inops lingua . . .*"

Luther hat in seiner Tätigkeit als Übersetzer in den für unseren Zusammenhang wichtigen Punkten eine ähnliche Entwicklung durchlaufen wie Hieronymus[175]. Die syntaktische Struktur der Übersetzung war von Anfang an, vornehmlich unter dem Einfluß der Vulgata, relativ fest. Sie ist von Luther in den verschiedenen Neuauflagen seiner Bibel nur wenig verändert[176] und auch in den zahlreichen Revisionen der Lutherbibel bis jetzt nicht grundsätzlich neu gestaltet worden[177].

Allerdings ist zu beachten, daß Luther in seinem „Streben nach gedanklicher und inhaltlicher Klarheit"[178] immer mehr zur hypotaktischen Gliederung des Textes neigte: „Immer häufiger wählte er Haupt- und Gliedsätze, auch dort, wo er früher nur Hauptsätze nebeneinander gestellt hatte"[179]. Erwin Arndt kommt zusammenfassend zu folgendem Urteil[180]: „Sowohl im Vergleich mit älteren Sprachstufen als auch im Vergleich mit dem Schachtelstil der Kanzleien erreichte Luther damit eine neue Qualität der syntaktischen Ordnung und Fügung. Seine Sprache gewann — ganz im Gegensatz zu dem Papierdeutsch der Kanzleien — größere Klarheit und Durchsichtigkeit des Aufbaus und vermochte die sachgegebenen Abhängigkeiten und Zusammenhänge deutlich zu erfassen und zu bezeichnen."

Einige Beobachtungen zu den Folgen, die diese Tendenz zu einer logischen und syntaktischen Differenzierung für den Stil der zu übersetzenden israelitischen Historiographie hatte, sind im folgenden zusammengestellt.

Die Differenzierung von Haupt- und Nebensätzen in der Übersetzung Luthers führte allmählich zu einer fast regelmäßigen Endstellung des Verbums im Nebensatz. Welche Bedeutung diese Umstellung des Verbs für den Stil israelitischer Historiographie mit ihren Fortsetzungs- und Kettensätzen, ihren lockeren Einschüben und Nachträgen hat, wurde bereits angedeutet[181].

Der Straffung der Syntax und der Ausbildung größerer Satzgruppen dient auch der Ersatz des Nomens durch das Pronomen. Die Wiederholung des Nomens im zweiten Satz verleiht diesem eine größere Selbständigkeit. Das Pronomen weist auf den vorangehenden Satz zurück und nimmt dem folgenden Satz seinen Eigenwert.

Eine wörtliche Übersetzung von 2 Kön. 16, 9 lautet:

„Und hörte auf ihn der König von Assur
und zog herauf der König von Assur gegen Damaskus . . ."

Luther übersetzt[182]:

„Und der König von Assyrien gehorchte ihm
und zog herauf gen Damaskus . . ."

In 2 Sam. 8, 9-10 ist der Zusammenhang zwischen hypotaktischer Fügung und Ersatz des Nomens durch das Pronomen recht deutlich. Luther übersetzt:

„Da aber Thoi, der König von Hamath, hörte, daß David hatte alle Macht des Hadadeser geschlagen, sandte er Joram, seinen Sohn, zu David . . .[183]"

Die Bevorzugung des Pronomens in diesen Fällen hängt mit der Ersetzung
der materiellen durch formale Konnektive zusammen. Wiederholungen — so
wichtig für das dingnahe Erzählen israelitischer Historiographie[184] — werden
aus ähnlichen Gründen von Luther nicht selten unterdrückt[185]. In anderen
Fällen wird die Wiederholung durch das Streben nach Variation[186] beseitigt;
die enge Korrelation zwischen Plan und Handlung[187] geht dadurch, beispielsweise in 1 Kön. 22, 30, gelegentlich verloren.

Die Straffung der Syntax bei Luther, die Ausbildung größerer Satzgruppen-
komplexe, die Unterdrückung von Wiederholungen und die hierzu komple-
mentäre Hinzufügung von logischen Partikeln führen dazu, daß der Phasenstil israelitischer Historiographie mit seinen stetigen Fügungen sowie die Vor-
zugsstellung von Wahrnehmungs- und Bewegungskonnektiven teilweise aufgehoben werden[188]. Diese Umgestaltungen führen gelegentlich zur Veränderung
der historiographischen Struktur. So wird die Exposition des Berichtes von der
Thronbesteigung Salomo's bei Luther zu einer Vorgeschichte im strengen
Sinne[189].

Die für die israelitische Historiographie typische Form des charakterisierenden Kurzexkurses[190] ist bei Luther nicht immer bewahrt. So lautet eine wörtliche Übersetzung von 2 Kön. 14, 21:

> „Und nahm das ganze Volk Juda den Asarja
> und dieser (war) ein Sechzehnjähriger
> und machten ihn zum König ..."

Luther übersetzt[191]:

> „Und das ganze Volk Juda's nahm Asarja
> in seinem sechzehnten Jahr
> und machten ihn zum König ..."

Besonders eindrucksvoll zeigt sich die Übersetzungskunst Luthers, wenn man
den Aufbau längerer Partien betrachtet. Luther übersetzt nicht Satz für Satz.
Die Übersetzung selbst umfangreicher Texte wurde, wie es scheint, als ganze
konzipiert. Die gedankliche Vorarbeit, die hierbei geleistet wurde, ist bewun-
dernswert, zumal wenn man die gelegentlich elegantere, aber gedanklich
weniger klare Übersetzung des Hieronymus vergleicht.

Richt. 2, 11-22 hat in der Übersetzung Luthers folgenden Aufbau[192]:

I   1)   Da taten die Kinder Israel übel vor dem Herrn und ... und ...
         denn sie verließen je und je den Herrn und ...

    2)   So ergrimmte denn der Zorn des Herrn über Israel und ... und ...

II   1)   Wenn DANN der Herr Richter auferweckte, ...
         so gehorchten sie den Richtern auch nicht, sondern ...
         Wenn aber der Herr ihnen Richter erweckte,

so war der Herr mit dem Richter ...

Denn es jammerte ihn ...

Wenn aber der Richter starb,

so wandten sie sich ...

    2) Sie ließen nicht von ihrem Vornehmen

III   DARUM ergrimmte DENN des Herrn Zorn über Israel ...

Ein Klammerausdruck mag die Komplexität dieser Satzgruppe veranschaulichen: $\{[I\ ((1)2)]\ /\ [II\ ((1a,\ b,\ c)2)]\}$ III.

Der hebräische Text ist eine generalisierende Beschreibung[193], keine Darstellung einer historischen Gesetzmäßigkeit, wie man sie in der Übersetzung Luthers angedeutet finden kann. Die Übersetzung Luthers läßt sich durch den Hinweis auf die Rede Jahwe's (2, 20—23) rechtfertigen, in der in einer langen Periode mit kausaler und finaler Stufung die inneren Zusammenhänge des Geschehens gedeutet werden. Es ist aber für die israelitische Historiographie charakteristisch, daß sie Kausalität, Finalität etc. in der Rede, nicht in der Narrative expliziert.

Mit diesen Hinweisen zu Luther als „kreativem Übersetzer" seien diese Bemerkungen zur Wirkungsgeschichte der alttestamentlichen Geschichtsschreibung in der westantiken und abendländischen Kultur abgebrochen[194]. Die relative Einheit der betrachteten Epoche wird besonders deutlich durch die grandiosen Versuche von F. Rosenzweig[195] und M. Buber, die griechisch-römische Tradition zu überspringen und das Alte Testament mit den Hilfsmitteln moderner Philologie und jüdischer Gelehrsamkeit unmittelbar aus dem Hebräischen zu verdeutschen. Es ist verständlich, daß dieser Versuch begleitet ist von der Kritik an älteren Übersetzungen[196]: „ ... die griechische der Siebzig, die lateinische des Hieronymus, die deutsche Martin Luthers, gehen nicht wesenhaft darauf aus, den ursprünglichen Charakter des Buches in Wortwahl, Satzbau und rhythmischer Gliederung zu erhalten; ..."

Diese Kritik ist, wie hier am Beispiel einiger historischer Texte gezeigt wurde, berechtigt. Ein Grund für jene schöpferischen Fehlleistungen ist die Stärke der griechisch-römischen Tradition, in deren Formensprache hinein das Alte Testament übersetzt wurde. Daß Rosenzweig und Buber diese Stadien der Aneignung der israelitischen Literatur kritisieren können, ist auch noch eine Frucht eben dieser Tradition.

ANMERKUNGEN ZUM 3. TEIL UND ZUM ANHANG

[1] S. § 1, wo auch über die Auswahl der Texte u. ä. gehandelt ist.

[2] S. § 5.1.

[3] S. § 3.

[4] Einfache Sprachstatistiken könnten die hier angedeuteten Verhältnisse klarstellen, doch fehlen fast jegliche Vorarbeiten.

[5] Vgl. die in 1 A 74, 1 A 75, 2 A 217 angegebenen Zahlen.

[6] § 3.4.

[7] Literatur und weitere Beispiele zu den im folgenden genannten Punkten in den Grammatiken sowie der angegebenen Literatur. Zur Wortfolge sowie zu *wa* — „und" s. *A. Sperber*, A Historical Grammar of Biblical Hebrew, 1966, S. 577 ff.; *K. Schlesinger*, Zur Wortfolge im hebräischen Verbalsatz, in: VT 3, 1953, 381—390; *K. Beyer*, Semit. Syntax I 1,66 ff. (zur Einleitung von Nachsätzen); *Brockelmann*, Syntax §§ 130 ff.; *E. Kuhr:* Die Ausdrucksmittel der konjunktionslosen Hypotaxe in der ältesten hebräischen Prosa, Beitr. z. sem. Philol. 7, 1929 (= 1968).

[8] Eine gute Zusammenfassung mit reichen Literaturangaben bietet *E. Havers*, Enumerative Redeweise, in: Festschrift R. Thurneysen (IF 45, 1927) 229—251. Er bringt Beispiele aus verschiedenen afrikanischen und indogermanischen Sprachen für ‚pleonastische' Verben der Bewegung, Verwendung von Stützverben, Zerlegung von Tätigkeiten (‚holen' = ‚gehen nehmen kommen'). *Havers* zitiert ein Beispiel aus *Planert*, Die syntaktischen Verhältnisse des Suaheli (S. 38): „Das Wasser floß über kam erreichte ging hin Waldes Mund" (= Das Wasser trat aus bis an den Waldesrand). S. 241 ff. handelt *Havers* über die grammatischen, psycho-physischen etc. Bedingungen dieser Redeweise; er bringt sie u. a. mit einer „eidetischen Veranlagung" in Zusammenhang; vgl. hier § 16.2 und S. 209 f. über die Bewegungs- und Wahrnehmungsverben der israelitischen Historiographie. Ob man auch bei den Hebräern eine eidetische Veranlagung erschließen wird, scheint mir wenig wahrscheinlich. Das Hebräische ist bei *Havers* nicht berücksichtigt. — Die enumerative Redeweise findet sich, ebenso wie fast alle anderen in diesem Teil beschriebenen Eigenarten der hebräischen Historiographie, in verschiedener Ausprägung und Häufigkeit in zahlreichen anderen Historiographien. So gibt es z. B. genügend Beispiele für die im folgenden betrachtete Bewegungsanalyse oder die Verbindung von Handlungsteilen durch Rede und Wahrnehmung bei Mursilis bzw. Caesar.

[9] *Hempel*, Geschichte und Geschichten, S. 156 ff.: „Die Sprache". Die Sperrungen im folgenden Zitat von H. C.; die gesperrten Partikeln sind Zufügungen von *J. Hempel*. Zur syntaktisch-stilistischen Analyse, s. *Beyer*, Althebr. Syntax, S. 79 ff. In seiner Übersetzung fügt freilich auch Beyer die Partikeln „nach Bedarf" (S. 82) ein.

[10] Richt. 2,20—21. Zur dokumentarischen Übersetzung des folgenden s. 1 A 87.

[11] Einige weitere Beispiele: 1 Kön. 20,36: „Und er sprach zu ihm: ‚Darum daß du nicht gehört hast auf die Stimme Jahwes, siehe du, gehend von mir weg, und es wird dich schlagen ein Löwe'." — 1 Kön. 22,13: „Und der Bote, der ging zu rufen Micha, sprach zu ihm folgendermaßen: . . ." — 1 Kön. 22,14 und 1 Kön. 1,29b f.: geschachtelte Schwursätze; ebenso 1 Kön. 22,16: „Ich beschwöre dich, so du mir nicht die reine Wahrheit sagst, beim Namen Jahwes!" — 1 Kön. 22,36: „Und es ging der Ruf durchs Lager, als die Sonne wegging, folgendermaßen:. . .". Vgl. *K. Beyer*, Semit. Syntax I 1, § 259 ff. (Konditionale Schachtelsätze).

[12] Z. B. 2 Kön. 15,19; s. *A. Montgomery*, Archival Data, S. 50 mit weiteren Beispielen. Dieser Sprachgebrauch gehört zu den „archival idioms". Zum Stilwert von *iw* in neuägyptischen Erzählungen s. *F. Hintze*, Untersuchungen zu Stil und Sprache der neuägyptischen Erzählungen (Berlin 1950) S. 38 ff. (mit Lit. zu Parataxe etc.). Die theoretische Grundlegung, die *Hintze*

seiner Arbeit voranstellt (Stilforschung und Literaturwissenschaft, Stilistik und Linguistik etc.),
ist ebenso wie die in der Untersuchung angewandte Methode vorbildlich; Hinweise auf die
Arbeiten von *Herrmann, H. Grapow* u. a. bei *Hintze*, a. O.

[13] Zum Chronikstil vgl. § 2.1. Der übliche Satzanfang in den altaramäischen (historischen)
Inschriften ist *w* + Verb; andererseits ist am Neuhebräischen und in den aramäischen Sprachen
gegenüber dem Hebräischen Waw Apodoseos selten (vgl. *K. Beyer*, Semit. Syntax I 1,67). —
Daß natürlich weder der Gebrauch von *wa* noch die Stellung des Verbums je allein ausschlaggebend für die syntaktisch-stilistische Struktur der historischen Texte waren, lehrt z. B. das
hethitische *nu* oder die Endstellung des Verbums im Akkadischen; s. 3 A 29 und § 5 zu Syntax
und Stil der mesopotamischen Bauinschrift. *nu* — „und" ist in der hethitischen Historiographie
des Neuen Reiches die übliche Satzeinleitung. Gerade in der alten Sprache ist diese Partikel
viel sparsamer gebraucht: s. *Friedrich*, Elementarbuch I² § 309.

[14] 2 Kön. 15,37; 12,18; 16,6; 1 Kön. 14,1; 11,25; Richt. 2,18; Neh. 13,15.

[15] *mḥr* — „künftig"; *'z* — „olim", besonders häufig in den Königsbüchern in der Bedeutung ‚dann', s. *Montgomery*, a. O. S. 47 ff.; *lpnym* — „vor, früher"; *'ḥr* — „nach" und *ywm*
— „Tag" in verschiedenen Verbindungen (Gen. 15,1; 2 Sam. 10,1; 1 Kön. 20,15; Richt. 11,4);
u. a. m. Weitere Beispiele bei *J. L. Seeligmann*, Hebräische Erzählung und biblische Geschichtsschreibung, in: Theol. Ztschr. 18, 1962, 305—325 (über Schluß- und Einleitungsformeln sowie
— im Anschluß an *C. Kuhl*, Die Wiederaufnahme — ein literarkritisches Prinzip? in: ZAW
64, 1952, 1—11 — über variierende Wiederholung nach Einschüben o. ä.).

[16] *ki* — „denn" als kausales Konnektiv: 2 Kön. 17,20—21: „Und es verwarf Jahwe allen
Samen Israels und bedrängte sie und gab sie in die Hände von Räubern, bis daß er sie weg-
warf von seinem Angesicht. Denn er schnitt Israel vom Hause David, und sie machten Jerobeam zum König, und Jerobeam wandte Israel ab von Jahwe..." — Dieses einleitende *ki* ist
ein wirkliches Konnektiv, nicht nur Konjunktion des ersten folgenden Satzes. Es setzt die
ganze folgende gegen die voranstehende Satzgruppe ab, die allgemeine theologische Erörte-
rung von der konkreten historischen Aitiologie, die hier im Epilog rekapituliert wird. — Vgl.
Th. C. Vriezen, Einige Notizen zur Übersetzung des Bindewortes KI, in: BZAW 77, 1958,
266 ff. (Darin auch über konzessives *ki*).

[17] Vgl. *K. Beyer*, Sem. Synt. I 1,92; *Brockelmann*, Synt. §§ 1106.167. Vgl. noch Partikeln
wie „vielleicht" (1 Kön. 20,31); *rq* — „nur, wenigstens", gelegentlich wird der einschränkende
Sinn deutlich konzessiv (1 Kön. 15,14; 2 Kön. 17,2); ähnlich *'bl* — „aber, dennoch"; *'k* — „nur,
bloß" (1 Kön. 11,39: „allerdings nicht alle Tage"); *wgm* — „und selbst, auch nicht, nicht einmal, und dennoch".

[18] Vgl. *Beyer*, Sem. Synt. I 1, S. 34 ff. (Lit.); vgl. noch 1 Kön. 22,27; 2 Kön. 16,2; 1 Kön.
22,36; Gen. 14,17; u. ö.

[19] Vgl. *Beyer*, a. O., S. 29 ff.; einige Beispiele: 1 Kön. 14,25; 1 Kön. 22,2; 2 Kön. 18,1.
Deutlich zeigt sich der Konnektivwert von *wyhy* an Stellen, wo es überflüssig erscheint, wie in
1 Kön. 20,29, wo offenbar der Einschnitt betont werden soll; vgl. 1 Kön. 20,26; in ähnlicher
F u n k t i o n steht hethitisch *uit* — wörtl.: „kam", „es geschah", z. B. Hatt. III Kol. II,31
(am Kapitelanfang): „es ereignete sich aber, (daß) der Feind... einen Einfall machte"; ähnlich
Kol. II,69: „als es aber geschah, daß mein Bruder..." — Die Aufgabe, größere Abschnitte zu
gliedern, hat gelegentlich auch das deiktische „siehe" übernommen (1 Kön. 1,14. 22; 1 Kön.
20,13; 22,23. 25 u. ö.): *Beyer*, a. O., S. 57 f.

[20] ZJA § 8.

[21] S. § 4.1.

[22] S. § 3.3 — vgl. Jos. 5,4. — Ebenso ist die Siloa-Inschrift konstruiert: [...] *hnqbh wzh
hyh dbr hnqbh. bywd...* — „[Vollendet] ist seine Durchstoßung. Und dies ist *dbr* seiner
Durchstoßung. Während noch..." (*Galling*, Textbuch Nr. 38).

[23] Z. B. Gen. 21,1—21 + 22,1—19 (wohl elohistisch): Geburt Isaaks — Austreibung Hagars, Konnektiv: Opferung Isaaks. Die Nebenreihe (Hagar) zweigt sich allmählich von der Hauptreihe ab; ein Konnektiv führt zur Hauptreihe zurück. Ähnlich ist in Gen. 14 die Melchisedech-Episode in die Abraham-Geschichte eingebaut. Aufschlußreich wäre die Analyse von Gen. 22,20—24 (wahrscheinlich L oder J); vgl. Gen. 15,1 (wohl E).

[24] S. § 4.1; S. 205 f. über ‚Sehen, Hören, Sprechen‘ in der israelitischen Historiographie; vgl. 1 Kön. 1,7. 27; 2 Chron. 25,19. Zu *dbr* — „Wort, Sache" s. *Barr*, Semantik, S. 133 ff., bes. S. 140; zu *dbr* — „Geschichte" bei Jerem. 1.1 s. *W. Rudolph*, Hdb. z. AT I, Bd. 12 (²1958) p. 3: „Da Kap. 1—39 nicht nur die Worte, sondern auch die Erlebnisse Jeremias enthalten, ist *dbry* nicht ‚Aussprüche‘, sondern (wie Am. 1,1?) ‚Geschichte‘ zu übersetzen, wie schon Kimchi auslegt (*Budde*, JBL 40, 1921, 23 ff.)."

[25] Die bekannte Schlußformel der Königsbücher hat folgendes Schema: ‚Und der Rest der Worte ... und alles, so er tat und ...‘; diese Doppelgliedrigkeit ist sehr aufschlußreich. Zum Titel ‚Chronik‘ s. *W. Rudolph*, Chronik, Einleitung S. III.

[26] Vgl. 2 Kön. 16,6: „Zu dieser Zeit"; 2 Kön. 12,18; ähnlich wird *ymym* in Konnektiven und Titeln gebraucht (Richt. 2,18; 1 Kön. 11,25; 2 Kön. 15,37); *dbry hymym* — „Chronik"; vgl. auch die Formel „bis auf diesen Tag"; vgl. Meša-Stele Z. 6; 9 und 33: „in meinen Tagen"; ass.-bab.: *ina umišu; ina tarsi Šamaš-ditana* u. ä.

[27] Hatt. Großer Text I,51 f.: *kuwajami mehuni natta kuwapikki* — „zu irgendeiner Zeit niemals"; IV 7—9: „Weil mir aber die Königsherrschaft, die Istar, meine Herrin, schon vorher zugesprochen hatte, erschien zu eben dieser Zeit (*apedani mehuni*) die Istar, meine Herrin, meiner Frau im Traume: ..."; III 14 ff.: *apedani mehuni*. — HAB § 7 (= II 39—41; s. Kommentar a. l.): „Zur Stunde aber (*kuedanima mehuni*), wo eine kriegerische Verwicklung ihren Lauf nimmt ... müßt ihr ... meinem Sohn hilfreich zur Seite stehen." — Die Behauptung, hebräisches und griechisches Denken unterscheide sich besonders stark in der Zeitvorstellung, wird durch die Interpretation der historischen Texte nicht bestätigt. Es dürfte kein Zufall sein, daß zum Beweis dieses Unterschiedes keine Interpretationen von Texten, sondern Etymologien von Zeitpartikeln und Deutungen von Tempussystemen dienen; s. *Barr*, Semantik, S. 77 ff.: „Verben und Zeitbegriff". Auch hier spielt das Begriffspaar ‚zyklisch/linear‘ seine verhängnisvolle Rolle. — Index der Rezensionen zu *Barr* in: Biblica 43,1962, Nr. 2158. Besonders bemerkenswert ist die Rezension von *L. Alonso-Schökel*, ebd. S. 217—230, da dieser von einer ganz anderen Tradition (Romanistik; Vossler, Spitzer, Hatzfeldt etc.) her argumentiert als Barr.

[28] 1 Kön. 22,10; 11,14; 11,23; 11,19.

[29] Zur Wortstellung in den negierten Sätzen vgl. *Brockelmann*, Syntax §§ 27.48 u. ö. sowie die in 3 A 7 zitierte Arbeit von *K. Schlesinger;* 3 A 13.

[30] 1 Kön. 22,20. 21. 24,

[31] 1 Kön. 11,24; 22,37; der Text ist unsicher.

[32] Einige Beispiele: *‘br* — z. B. 1 Kön. 22,36: „und es ging der Ruf durchs Lager"; *bw’* — z. B. 1 Kön. 22,37; 2 Kön. 16,6; *qwm* — z. B. 1 Kön. 11,40: „Er machte sich auf und floh"; *lqḥ* — z. B. 2 Kön. 14,21: „Und das ganze Volk Juda nahm den Asarjah ... und machten ihn zum König ..." 2 Kön. 16,8: „Und es nahm Ahaz das Silber ... und schickte dem König von Assur ein Geschenk"; *‘lh* — z. B. 2 Kön. 16,5: „Sie zogen herauf ... um zu streiten"; 2 Kön. 16,9: „Er zog herauf ... und gewann es"; vgl. 1 Kön. 1,13 (*hlk*); 1 Kön. 1,25 (*yrd*). vgl. *Brockelmann*, Syntax § 133 a mit zahlreichen weiteren Beispielen; seine Bemerkung, „So ist *qwm* geradezu zu einem Flickwort geworden", ist richtig, gibt aber keine Erklärung.

[33] S. § 3.4. Die Begriffe ‚Verbalstil, Bewegung, Energie, Dynamik‘, die hier in Bezug auf Texte, nicht auf Sprache gebraucht werden, sind stark vorbelastet. Die Kritik von *James Barr* an früheren Analysen von ‚dynamischem und statischem Denken‘, ‚Sein und Werden‘, ‚Zeit

und Raum' scheint berechtigt. Übrigens ist, wie die Einführung des Handlungsbegriffes dieser Arbeit zeigen dürfte (vgl. 1 A 30), eine Handlungsdarstellung prinzipiell auch ohne Verben denkbar.

[34] 1 Kön. 11,40; 2 Kön. 16,6. 9; vgl. noch 2 Sam, 8,1: „Und es geschah hierauf, und es schlug David die Philister, und er unterwarf sie, und er nahm den Zaum der Knechtschaft (?) aus der Hand der Philister." vgl. 2 Sam. 8,7; 1 Kön. 11,30; 22,34.

[35] Von Luther ausgelassen; diese Auslassungen sind nicht (oder nur sekundär) als Versehen zu deuten. Sie folgen aus der Umsetzung von Kettensätzen in mehr oder weniger konzise Perioden.

[36] S. S. 203 ff.; S. 212 f.

[37] Das Kapitel ist auch nach *Jepsen*'s Analyse einheitlich (N). Nach *E. Kautzsch* (Die hl. Schrift des AT I, ⁴1922, S. 535 f.) ist cap. 22 gut erhalten, aber in V. 35 und 38 „stark erweitert". Ähnlich *J. A. Montgomery* (The International Crit. Comm., The Books of Kings, 1951, S. 336): „a literary unit".

[38] S. § 9; § 14.3.

[39] *W. v. Soden*, Die Verkündigung des Gotteswillens durch prophetisches Wort in den altbabylonischen Briefen aus Mari, Welt des Orients 1, 1947/52, 397 ff. — *M. Noth*, Geschichte und Gotteswort im AT, in: Ges. Stud. 1957, 230 ff. — *v. Rad*, Theologie II, 16 ff.: „Die vorklassische Prophetie"; *J. G. Heintz*, Oracles prophétiques et ,guerre sainte' selon les archives royales de Mari et l'Ancien Testament, in: Suppl. VT 17, 1969, 112—138.

[40] S. § 3.22; § 14.3; § 17.5.

[41] Gen. 14,18. 13. — vgl. Gen. 14,12: „Und sie nahmen Lot . . . und zogen davon — und dieser (ist/war) wohnend in Sodom."

[42] *G. v. Rad*, Das erste Buch Mose, ATD, 1964, S. 146. Beachte bes. die Voranstellung von „Amoriter" vor den Eigennamen in der Übersetzung *v. Rad*'s. Das anfügende Weiterführen des hebräischen Satzes wird durch diese geringfügige Änderung zu einer festen attributiven Zuordnung. Über die Aufgabe der Wiederholung — ebenso bei Luther — s. § 17.6.

[43] Gen. 14,17. Ebenso Gen. 23,2; vgl. Gen. 14,3. 10. Die Häufung dieses Exkurstyps in Gen. 14 ist auffällig. Die hier angestellten Beobachtungen sind unabhängig von der Quellenanalyse. Es könnte übrigens sein, daß in Gen. 14 eines der ältesten Stücke israelitischer (palästinensischer) Historiographie vorliegt.

[44] 2 Sam. 8,9—10. — Einige weitere Beispiele: Gen. 6,4 (?); 12,6 ('z); Richt. 1,10.11.17 (vgl. 2,5; Num. 21,3). 23; 19,10; 1 Sam. 9,9; 2 Sam. 4,2 f; 1 Chron. 11,4.5; Neh. 8,17 (*ki*).

[45] Gen. 14,4—5 in der Übersetzung Luthers.

[46] S. § 3.3.

[47] *H. W. Hertzberg*, ATD 9. Bd., ³1965, S. 211: „Aber Jephtha, ein Gileaditer, war ein starker Kriegsmann. Allerdings war er der Sohn einer Hure . . . Gileads Frau aber hatte ihm (auch) Söhne geboren . . . So war denn Jephtha vor seinen Brüdern geflohen und hatte sich im Lande Tob niedergelassen . . ." — vgl. 1 Kön. 20,35—37; 2 Kön. 17,1—6/7—23/24 ff. (kausal gestufter Epilog auf das Ende des Nordreiches, als Exkurs konstruiert).

[48] 2 Sam. 21,2. Die gesperrten Worte sind Interpretamente Luthers.

[49] S. S. 40 mit 1 A 125. Auch diese Feststellung ist unabhängig von der Quellenanalyse; sie bezieht sich auf den Autor, der diesen Einschub gerade so und gerade an dieser Stelle eingefügt hat.

[50] 1 Kön. 11,14—40. Quellenanalytische Fragen, die gerade hier besonders reizvoll sind, seien zurückgestellt. *Jepsen*, Königsbücher, S. 78, meint: „Der mündlichen Überlieferung sind endlich wohl auch die Geschichten . . . von den Widersachern Salomos, I, 11,14—25, die so manche anekdotenhaften Züge enthalten, entnommen." Die folgende Partie verteilt er auf verschiedenste Quellen. Zum Alter der Erzählungen vgl. *Noth*, Geschichte Israels, S. 180, 188; ders., Kommentar zu 1 Kön. 1,1 (1968) S. 250 ff.

[51] S. § 16.2.

[52] S. § 15.4.

[53] S. § 15.4; beachte das metasprachliche Konnektiv in V. 29, das die Ahia-Episode einleitet: „und es geschah zu dieser Zeit (ʿt)".

[54] Dtn. 2,10—12; 20—23: ein Doppel-Exkurs.

[55] Diese Aussagen gehören zur Metaschicht wie z. B. die generalisierende Beschreibung von Richt. 2, s. § 4.3.

[56] S. § 10.1; vgl. z. B. *Galling*, Textbuch, S. 62. (mit Quellenangaben): „Hānunu, der König von Gaza, zusammen mit ... erhoben sich in Rapihu, um Treffen und Schlacht gegen mich zu liefern. Ich brachte ihnen eine Niederlage bei." — Politische Vorgeschichte, Kriegszug, politische Folgen: ibid., S. 63 f.

[57] 2 Kön. 14,8 ff. — Vgl. bsd. Jdc. 9, eine für Phraseologie und Gliederung früher Kriegsberichte wichtige Partie.

[58] Vgl. *Montgomery*, a. O., S. 49, und dazu *M. Noth*, Überlieferungsgeschichtliche Studien, 1943 (= 1963), S. 70 A. 1.

[59] Auf diesen Zug wird in V. 10 zurückverwiesen. Der Bezugspunkt dieses Verweises, V. 7, gehört nach *Jepsen* nicht zu A; doch muß dieser Zug in A berichtet gewesen sein.

[60] Zu *hikkabed* s. *Rudolph*, Kommentar zu 2 Chron. 25,19: „fühle dich geehrt".

[61] V. 8/11; derartige Wiederholungen verteilen sich häufig auf Rede/Narrative, s. § 17.6.

[62] 2 Kön. 16,5—9; nach *Jepsen* bis auf V. 6 einheitlich Quelle ‚A'.

[63] In 2 Sam. 8 werden die Feldzüge Davids viermal mit „und schlug David" eingeleitet (vgl. V. 9 und V. 13); Beistandsformel: V. 6 und V. 14 („Und Jahwe half David in allem, wohin er zog"); Abschluß der Feldzüge durch Tributformel und/oder politische Ordnung: V. 2, V. 6 und V. 14. Zu dem Doppelfeldzug von V. 3—6 vgl. § 10. — Die Beistandsformel — vgl. 2 Sam. 10,12 — gehörte wohl von Anfang an zum Grundbestand auch der israelitischen Annalistik, s. § 12.2. Sie ist ein Ansatzpunkt für die Entwicklung von theologischen Metaschichten innerhalb der Historiographie. — vgl. 3 A 64; vgl. auch die relativ alte, aber formal völlig anders gestaltete Darstellung der außenpolitischen Schwierigkeiten Salomos in 1 Kön. 11.

[64] *E. Meyer*, Gesch. d. Altert., 2,2³, 1931 (1953), S. 284—286: „Gänzlich fern liegt (sc. dem Erzähler in den Zeiten Davids und Salomos) jede religiöse Färbung, jeder Gedanke an eine übernatürliche Leitung; der Lauf der Welt und die in der Verkettung der Ereignisse sich durch eigene Schuld vollziehende Nemesis werden dargestellt in voller Sachlichkeit, wie sie dem Beschauer erscheinen." Diese Aussage stimmt gerade für den Verfasser der David-Salomo-Geschichte nicht. Ob es im AO irgendwo Historiographie höheren Niveaus ohne religiöse Motive gab, ist zu bezweifeln; vgl. 3 A 63. *Sh. R. Bin-Nun*, a. O. S. 417 Anm. 1: „Jepsen consequently eliminates all religious material from the synchronistic history and thus achieves a modernized, completely secular historical account." Bin-Nun verweist demgegenüber mit Recht auf die babylonischen Chroniken.

[65] Luther: „Da aber die Kinder Ammon sahen, daß sie vor David stinkend (Stellung!) waren geworden, sandten sie hin und dingten die Syrer..." — Luther deutet also auch hier durch die Einfügung einer kausalen, leicht adversativen und temporalen Stufung die diplomatische Verwicklung als Vorgeschichte im strengen Sinne. Beachte die Umordnung der Satzglieder, die Endstellung des Verbums und die Ersetzung des wiederholten Subjektes („Kinder Ammon") durch ein Pronomen.

[66] Zu generalisierenden Schlüssen s. § 4.2. Die Generalisierung zeigt, daß hier kein Kriegstagebuch vorliegt (s. § 17.41). Aufgrund der gleichen Struktur der Schlüsse in Kol. I, II und III ist es unwahrscheinlich, daß der Schluß von IV von einem anderen Verfasser stammt, der den ‚Heeresbericht' gekürzt und hier eingearbeitet haben soll.

[67] S. § 14.2. Personenkreis: David/Suppiluliumas; Joab/Himuilis und Abisai/Mammalis; Hanun, Hadadeser, Schobach/Anzapahhaddus, Alantallis, Zapallis.

[68] Vgl. *Boman*, Hebräisches Denken, S. 170 ff. („Die Griechen sind Logiker, die Israeliten Psychologen"); zu dem Schema statisch/dynamisch s. 3 A 69.

[69] Von anderen Ausgangspunkten aus sind zahlreiche Gelehrte zu ähnlichen Formulierungen gelangt. *G. Gerleman* beispielsweise (Struktur, S. 255) bemerkt bei einem Vergleich von Richt. 4 und 5 „ein starkes Engagement in dem Geschehen": „Eine dynamische und aktivistische Auffassung des Daseins hat beiden Versionen ihr Gepräge gegeben, nur daß sie verschiedene Seiten davon sehen. Ebenso wichtig ist aber, was sie negativ gemeinsam haben. Das könnte so ausgedrückt werden: keiner von ihnen interessiert sich für die statische Seite des Daseins, für das Gegenständliche, das Malerisch-Anschauliche." Dieser Ansatz wird aber überzogen, wenn im folgenden von der „starken Stellung des Verbums" (S. 256), der Größe des verbalen Wortschatzes (S. 257), der Wortstellung (S. 258) und dem Gebrauch der Demonstrativa auf eine allgemeine „Gehemmtheit des Hebräers (!) gegenüber der äußeren statischen Welt" geschlossen wird. Dieser Schluß von der Sprache eines Textes auf ‚die Sprache' und ‚den Menschen' ist außerordentlich gewagt. — Gerade weil in diesem Abschnitt der vorliegenden Arbeit gelegentlich ähnliche Ausdrücke gebraucht werden, sei betont, daß die beliebten dualistischen Schemata statisch/dynamisch, linear/zyklisch, logisch/psychologisch, subjektiv/objektiv etc., die Begriffe personalistisch, voluntaristisch, aktivistisch etc. noch keineswegs genügend geklärt sind. Außerdem sind diese Termini, wie die zitierten Texte der hethitischen Historiographie und die Hinweise auf die römische (S. 212 f.) zeigen mögen, keineswegs so distinktiv, wie es zunächst den Anschein hat. Der Vergleich zwischen griechischem und hebräischem Denken, wie ihn beispielsweise *T. Boman* versucht hat, wäre übrigens zweifellos anders ausgefallen, wenn *Boman* nicht auf griechischer Seite fast ausschließlich eine bestimmte Schule von Philosophen (Eleaten, Heraklit, Platon) sondern auch die griechischen Theologen (z. B. Empedokles und die Tragiker), Lyriker und Geschichtsschreiber berücksichtigt hätte, und von den Geschichtsschreibern nicht nur Herodot, Thukydides und Polybius, sondern auch die rhetorische, pathetisch-tragische Geschichtsschreibung, deren Absicht im Gegensatz zu den soeben genannten Vertretern der wissenschaftlichen Historiographie die ‚Vergegenwärtigung des Vergangenen' durch die Künste der Rhetorik und Psychologie war, und vor allem die antiken Universalgeschichten, Mythographien, Romane und die Geschichtstheologie. Es ist wenig fruchtbar, die religiösen Motive und theologischen Themen in der westantiken Historiographie auszuklammern und dann die grundsätzliche Andersheit der biblischen Historiographie zu statuieren.

[70] Die erste Rede von 2 Sam. 10 ist sicher fiktiv. Es heißt: ‚Und David sprach', nicht, zu wem er sprach, obwohl die Rede auch dann fiktiv sein könnte; vielleicht ist zu ergänzen: ‚zu sich', s. 2 A 69. Die Rede enthält einen Plan (Vorverweis) und einen Rückverweis. — Die zweite Rede wird von den Großen Ammons, einem Kollektiv also, gehalten. Sie enthält in Frageform Verdachtsgründe und spiegelt wie die erste Rede Stimmungen, Gedanken des Sprechenden, die Motive für die folgende Tat werden: In der Rede werden die Motive der Tat expliziert. Beide Reden dienen nicht nur der Verlebendigung, sondern der Motivation. — vgl. Donat, zu Ter. Andr. 404: *„actio tamen ex his tribus consistit: cogitatione dicendo gerendo."* Zu ‚Rede — Plan — Handlung — Reflexion' vgl. Gen. 6,5—8; 12,10—13; 18,17 f.; Ex. 1,8—10 (Argumentation mit einem möglichen Krieg); vgl. § 3.5; § 10.6.

[71] *Boman*, Hebräisches Denken, S. 92; *H. J. Kraus*, Hören und Sehen in der althebräischen Tradition, Studium Generale 1966, 115 ff. — Zu Parallelen in der hethitischen und römischen Historiographie s. § 14.2; S. 212 f.

[72] a) *L. Rost*, Die Überlieferung von der Thronnachfolge Davids (1926), in: Das kleine Credo (1965), S. 119 ff. Den Analysen *Rost*'s sind zahlreiche neue Analysen entgegengestellt worden, s. *Eißfeldt*, Einleitung, S. 182 ff.; eine detaillierte innere Kritik seiner Analyse selbst ist mir nicht bekannt.

Nach *Hölscher*, Geschichtsschreibung, S. 27 und S. 378 ist 2 Sam. 10,1 bis 11,20. 21b—27a; 2 Sam. 12,15b—31 jahwistisch. Wichtig für die Interpretation von 2 Sam. 10 ist die Tatsache, daß nach *Hölscher* dieses Kapitel keine Spuren von Überarbeitung aufweist. Zu *Rost*'s Analyse sagt *Hölscher* (a. O. S. 57 Anm. 2): „Auch der Versuch von *L. Rost* . . ., die Geschichte Davids in einzelne biographische Quellen aufzulösen, ist nicht geglückt." *O. Eißfeldt*, Die Komposition der Samuelisbücher, 1931, S. 34 ff. hält 2 Sam. 10 und 11 für zusammengehörig mit 12,15b—25. 26—31; beide Stücke gehören zu Faden II. *G. v. Rad*, Der Anfang der Geschichtsschreibung im alten Isreal, a. O. S. 163: „Die Geschichte von Davids Ehebruch ist unauflöslich mit der Erzählung von dem Ammoniterkrieg verbunden. Dieser Ammoniterkriegsbericht entstand aber, wie zuletzt noch einmal *Rost* nachgewiesen hat, nicht selbst mit der Feder unseres Historikers (sc. des Verfassers der Thronnachfolge Davids), sondern ist ein Feldzugsbericht aus dem königlichen Archiv, den jener seiner Darstellung einverleibt hat." —

b) *H. U. Nübel*, Davids Aufstieg in der Frühe israelitischer Geschichtsschreibung. Diss. Bonn 1959, S. 78, behauptet: „Ammoniterkriegsbericht und Bathsebageschichte sind eine literarische Einheit, die für sich steht." Ders., S. 95 f.: „Ohne die Bathsebageschichte fehlt dem Ammoniterkriegsbericht das Salz einer deutlichen Pointe." Welcher Typ von Kriegsbericht hier zum Maßstab gesetzt wird, nach dem ein Kriegsbericht ohne Frauengeschichte ein unvollkommener Kriegsbericht ist, blieb mir unklar. — *Nübel* kontrastiert, um seine Interpretation der Geschichte von Davids Aufstieg zu verdeutlichen, diese Geschichte mit der griechisch-römischen Geschichtsschreibung. Da derartige Versuche, die Eigenart der israelitischen Historiographie durch Vergleich mit der altorientalischen einerseits, der westantiken andererseits herauszustellen, recht häufig sind, sei *Nübel* hier zitiert (S. 141 ff.): „Die Geschichte von Davids Aufstieg will nicht eine Macht der Ordnung in der Geschichte aufweisen, sondern die Hilfe, die Jahwe unbegreiflicherweise gerade diesem David zuwandte, anschaulich darstellen. Jahwes Fügungen aus freiem Entschluß ergeben Davids Aufstieg (II 7,21a). Darin unterscheidet sich diese Einstellung zur Geschichte von den griechischen und römischen Anfängen zu einer Vergegenwärtigung der Geschichte, die immer darin (sic!) innerhalb der ‚indogermanischen' Tradition bleiben, daß sie ein Ordnungsprinzip in den historischen Tatsachen aufsuchen (Ruhm, historische Gesetzmäßigkeit, das Imperium Romanum)." Daß der „Ruhm" ein „Ordnungsprinzip in den historischen Tatsachen" im Anfang griechischer oder römischer Geschichtsschreibung gewesen sei, wird sich wohl nie beweisen lassen. „Historische Gesetzmäßigkeit" ist wohl mit „Ordnungsprinzip in den historischen Tatsachen" gleichbedeutend und deshalb überhaupt kein Beispiel. Daß das Imperium Romanum ein Ordnungsprinzip sei, und gar noch in den Anfängen der griechischen oder römischen Geschichtsschreibung, will mir nicht einleuchten. Den Begriff ‚indogermanisch' sollte man in derartigen Argumentationen heutzutage nicht einmal mehr in Anführungszeichen benutzen. Auch die quellenanalytischen Forschungen von *F. Mildenberger* (Die vordeuteronomistische Saul-David-Überlieferung, Diss. Tübingen, 1962), *A. Weiser* (Die Legitimation des Königs David. Zur Eigenart und Entstehung der sogen. Geschichte von Davids Aufstieg, in VT 16, 1966, S. 325—354) und *R. Rendtorff* (Beobachtungen zur altisraelitischen Geschichtsschreibung anhand der Geschichte vom Aufstieg Davids, in: Probleme biblischer Theologie, Festschr. *G. v. Rad*, 1971, S. 428—439) führen, was die hier besprochenen Partien anbetrifft, zu keinem neuen, gesicherten Ergebnis.

c) Für die „Anfänge zu einer Vergegenwärtigung der Geschichte" in der westantiken Historiographie sei wenigstens auf *Werner Hartke*, Römische Kinderkaiser, 1951, S. 5 ff.; S. 10 ff. („Wandlungen der Zeit- und Raumanschauung" mit folgenden Unterteilen: „Der formale Ausdruck der Vergegenwärtigung des Geschichtlichen (*nunc*-Formeln); die geschichtswissenschaftliche, literarhistorische und geisteswissenschaftliche Bedeutung der Vergegenwärtigung; Entwicklungsgeschichte der Zeit- und Raumanschauung: Tacitus und die Biographie, Plastik des 5. und 4. Jhs. v. Chr., griechische und semitisch-christliche Historiographie (A. T. und N. T.), Sallust; objektivierte und subjektivierte Anschauung des Geschichtlichen") verwiesen. *Hartke* selbst zitiert *G. v. Rad* (Deuteronomium-Studien 1947) (*Hartke*, a. O. S. 20 Anm. 3); MhW 28 ff.; 117 ff. (zu 2 Makk.).

[73] A. O. S. 186 f.; im folgenden referiert unter Benutzung seiner Formulierungen. Die Kritik an *Rost*'s Beschreibung des Erzählstils der frühisraelitischen Historiographie bezieht sich nur auf seine Analyse des Ammoniterkriegsberichtes.

[74] S. die Paraphrase § 17.4.

[75] *Rost*, a. O. S. 188.

[76] A. O. S. 188 f.; die von *Rost* für diese Quellen genannten Stellen: 2 Sam. 10,6—11, 1.12, 26—31. — S. 186 schreibt *Rost:* „Weiter ist der Übergang von 12,25 zu 26 so plötzlich und unvermittelt, daß man kaum glauben kann, ein Schriftsteller habe in einem Zuge beide Verse nacheinander geschrieben." — 12,26 ist das Konnektiv der gleichzeitigen Handlung; es ist gesetzt — wie üblich —, nachdem die Nebenhandlung zum Abschluß gebracht worden ist. 12,26 bezieht sich direkt auf 11,1 zurück und exponiert mit einem deutlichen Neueinsatz noch einmal Orte und Personen. 11,1 ist — in seiner jetzigen Form wenigstens — deutlich Einleitungskonnektiv einer gleichzeitigen Handlung. Aus diesen Konnektiven läßt sich die Ausscheidung der Bathseba-Episode nicht herleiten.

[77] 1 A 181; vgl. § 14.1 zu dem Itinerar in den TS.

[78] S. § 6.

[79] *Rost*, a. O. S. 185, 188.

[80] *Rost*, a. O. S. 191.

[81] Über Bedeutung und Konstruktion gleichzeitiger Handlungen in der Historiographie s. § 3.22; dort auch Hinweise auf die prinzipiell ähnliche Technik der westantiken Historiographen. Eine kürzere gleichzeitige Handlung aus der israelitischen Historiographie ist bereits in § 17.1 untersucht. — Weitere Beispiele: Ex. 19 ff.; 1 Chron. 13—16 (vgl. 2 Sam. 6).

[82] 1 Kön. 1. — Für alle bibliographischen, textkritischen, historischen und quellenanalytischen Fragen kann auf *M. Noth*'s Übersetzung und Kommentar (Biblischer Kommentar IX, 1, 1964; im folgenden abgekürzt „Noth") und *Ernst Jenni*, Zwei Jahrzehnte Forschung an den Büchern Josua bis Könige, in: Theol. Rundschau 27, 1961 (zu *Nübel:* S. 138 f.) verwiesen werden.

[83] Formuliert im Anschluß an *v. Rad*, Der Anfang der Geschichtsschreibung, a. O. S. 173 f.; ähnlich *Noth, Rost, Nübel, E. Meyer* u. a. m.

[84] Zur Berechtigung dieser Benennung s. MhW, S. 65.

[85] Aus dem frühen 15. Jh. stammt die ‚Autobiographie' des Königs Idrimi von Alalah; Text, Übersetzung, Kommentar s.: *Sidney Smith*, The Statue of Idri-mi, 1949; *R. Dussaud*, L'autobiographie d'Idrimi, in: Syria 28,350; deutsche Übersetzung von *R. Borger*, in: *Galling*, Textbuch, S. 21—24; vgl. *G. Buccellati*, La ‚carriera' di David e quelle di Idrimi, re di Alalac, in: Bibb. e Or. 4, 1962, 95—99. Es wäre denkbar, daß dieser ungewöhnliche, für die Geschichte der altorientalischen Historiographie hochbedeutsame Text unter (indirektem) hethitischem Einfluß entstanden ist: Idrimi hat z. B. einen Vertrag mit Pillija von Kizzuwatna geschlossen, der seinerseits Bündnispartner des hethitischen Großkönigs Zidantas II. (um 1480) gewesen ist. Alalah war schon von Hattusilis I. erobert worden. Der Text steht, soweit ich dies beurteilen kann, innerhalb der babylonischen Literatur isoliert; auch auf dem Boden Syriens gibt es keine Parallelen. Das babylonische Schema *inuma-ina-umešu* (§ 5.2), das in einem historischen Text aus Alalah (Einsetzungs-, bzw. Schenkungsurkunde mit knapper historischer Einleitung im *inuma*-Satz) aus der Mitte des 18. Jhs. (AT* 1, *D. J. Wiseman*, The Alalah Tablets, 1953, p. 25) belegt ist, kommt bei Idrimi nicht vor. Dagegen scheint mir der Große Text Hattusilis' III. im ganzen vergleichbar zu sein; spezielle Parallelen zur Formensprache der hethitischen Historiographie sind allerdings nicht vorhanden. — Zu KUB XXVI 33 (Suppiluliumas' II. Thronbesteigung) s. 1 A 151. Für ägyptische Parallelen vgl. *K. Sethe*, Urkunden der 18. Dynastie IV, 80: Thronbesteigungsbericht Tutmosis' I. an den Vizekönig von Kusch. vgl. auch Jehu's Regierungsantritt 2 Kön. 9 bis 10; Athalja's Tyrannei: 2 Kön. 11 sowie den Aufstieg Josephs in Ägypten.

[86] *Noth* 26 f.; vgl. S. 19: „Man kann fragen, ob er (sc. der Erzähler) nicht um einer eindrucksvollen und spannenden Darstellung willen den Verlauf der Ereignisse zeitlich stärker konzentriert hat, als es geschichtlich der Fall gewesen war." Vgl. auch *Noth* S. 29.

[87] S. MhW, S. 61 ff.; *Noth* S. 17 bemerkt zu V. 9.10: „Mit 9 aber setzt die Schilderung der dramatischen Ereignisse eines einzigen Tages ein, die bis zum Ende des Kapitels reicht. Von hier aus erscheint das vorher Gesagte als kurze Zusammenfassung der Vorgeschichte eben dieses Tages; und so wird man die Meinung des Verfassers wohl am besten wiedergeben, wenn man die auf den allgemeinen Nominalsatz 5a folgenden Verbalsätze in dem Abschnitt 5b—8 im Deutschen plusquamperfektisch übersetzt." Diese Deutung ist in den Übersetzungen von Flavius Josephus bis Hieronymus und Luther vorweggenommen, s. hier S. 220 mit 3 A 153. Der israelitische Erzähler hat die sog. Vorgeschichte weder gegen die vorangehende noch gegen die folgende Handlung explizit gestuft.

[88] S. B. H., a. l.

[89] Vorzüglich *Noth* S. 27: „Ohne Frage aber hat der Erzähler mit dem Botenbericht von 43—48, der zugleich die Schilderung der Ereignisse über das bisher Berichtete ein Stück weiterführt, sich eines sehr kunstvollen und wirksamen literarischen Stilmittels bedient." — s. 2 A 20.

[90] Beachte die genaue Angabe der Gleichzeitigkeit in V. 14. 22. 42 (‛*wd* mit Partizip!).

[91] Dieser Einschub dient nicht nur der Situationsmalerei, sondern hat vor allem eine kompositionelle Funktion. *E. F. Sutcliffe,* Simultaneity in Hebrew. A Note on I Kings I 41, JSSt 3, 1958, 80 f., übersetzt: „And Adonijah and all the guests with him heard and put an end to the feasting." Dieser Satz drücke die Gleichzeitigkeit von Hören und Beenden des Festes aus; der dramatische Effekt werde dadurch erhöht. Seine grammatische Begründung ist jedoch keineswegs zwingend, sein allgemeiner Anstoß nicht gerechtfertigt: „Why should the writer wish to inform the reader and why should the reader want to know that Adonijah and his party had finished their feast? Nothing in the story depends on the completion of the meal. The mention of it is otiose and could be omitted without any weakening of the story." Die Auslassung dieses Konnektives würde den Ausdruck der Gleichzeitigkeit der beiden Handlungen stark abschwächen. Vgl. auch die ablehnende Bemerkung bei *Noth* S. 27.

[92] S. § 3.21.

[93] Ant. Jud. 7,359—360; vgl. § 18.2.

[94] Die Wiederholungen in der israelitischen Historiographie sind nach Form, Funktion und gattungsgeschichtlicher Herkunft sehr verschieden. Die Skala reicht von der schlichten dreimaligen Wiederholung im volkstümlichen Legendenstil über historiographische ‚Formelverse‘ bis zur ironischen Charakterisierung und versteckten Anspielung. Einige Beispiele: In der Prophetenlegende: Elias läßt dreimal Feuer vom Himmel fallen, die Nachricht Gottes an Ahasja wird dreimal wiederholt, Elias fragt dreimal Elisa (2 Kön. 1,9 ff. 1 ff.; 2,1 ff.). Wiederholung bei der Transposition der Narrative in die Rede und beim Schema Plan, Befehl/Ausführung: 2 Sam. 8,9 f.; 1 Kön. 20,12. 31 f. 34; Orakel/Erfüllung: 1 Kön. 20,22/26; 1 Kön. 22,21—23; Plan/Ausführung; 1 Kön. 1,2—4. 13 ff.; 22,30; vgl. Mesa-Inschrift Z. 14—15: „Und Kemos sprach zu mir: ‚Geh, nimm Nebo (im Kampf) gegen Israel‘. Da ging ich bei Nacht und kämpfte gegen es . . ."; ähnlich Z. 32—33; vgl. 2 Sam. 9,4—5; 2 Kön. 14,8/11 (= 2 Chron. 25,17/21). Wiederholung zur psychologischen Charakterisierung: 1 Kön. 20,18: „Und er (sc. Ben-Hadad) sprach: ‚Ob sie zu friedlichen Zwecken kommen, fangt sie lebendig, ob sie zum Kampfe kommen, lebendig fangt sie‘." Beachte die Variation der Stellung im ‚Kehrvers‘. Sie zeigt, daß die Wiederholung beabsichtigt ist; ebenso V. 23/25. Wiederholung als Ironie: 1 Kön. 20,1/20,16; 22,15/12. Wiederholung zur Gliederung: 2 Kön. 17,26 (Schlußbildung in der Rede); zur Gesprächsanknüpfung: 1 Kön. 22,7—8; als materielles Konnektiv: 2 Sam. 21,3 (nach einer Vorgeschichte); 1 Kön. 20,27/29 (beachte die Variation); 1 Kön. 11,14, wo Luther ein „auch" einfügt, während im Hebräischen die Gliederung durch die Wiederholung erreicht wird: 1 Kön. 11,26/27 (Konnektiv zur Vorgeschichte); 1 Kön. 11,15/16; Wie-

derholung als Rückverweis: 1 Kön. 11,29 f.; Wiederholung im Aufzählungsstil: 2 Sam. 8,1—12;
zur Episodengliederung: 2 Sam. 8,6 und V. 14: „Und der Herr half David in allem, so er
ging"; im Stichwortstil: 1 Kön. 20,20 ff. („irreführen" in der Frage Jahwes, als Vorschlag des
Lügengeistes, als Befehl Jahwes); zur Gliederung von größeren Abschnitten in 1 Kön.
20,13/22/28: Das dreimalige Auftreten eines Propheten, mit wörtlichen Wiederholungen for-
melhaft berichtet, beim dritten Male mit deutlicher Variation, leitet jeweils eine neue Episode
ein; Gen. 37,36/39,1 (Joseph in Ägypten, eingeschoben die Juda-Thamar-Geschichte); zur
Buchverknüpfung: das Ende des Buches Esra wird am Ende von Nehemia wiederholt; vgl.
Jos./Richt. — Die Unterdrückung von Wiederholungen kann in der LXX (z. B. 1 Kön. 1,28),
bei Hieronymus, Luther und natürlich bei Flavius Josephus beobachtet werden.

[95] Ähnliche Fälle aus der hethitischen Historiographie s. § 11.3. Ein weiterer Grund für den
Gebrauch der Wiederholung ist die Leitmotivtechnik. Das Stichwort der Thronfolgeerzählung
(„wer wird auf dem Throne Davids sitzen") tritt in dieser Partie sehr häufig auf (V. 13. 17.
20. 24. 27. 30. 35. (37). 46); vgl. v. Rad, Ges. Stud., S. 177 ff. Beachte auch die sorgfältige, erst
auf dem Hintergrund der Wiederholung sichtbar werdende Variation in der Erzählung der
Audienzen. Die Variationstechnik in typischen Szenen ist aus dem ugaritischen und westantiken Epos bekannt.

[96] Zum Phasenstil vgl. noch: „Adonija überhob sich und sprach . . . und machte sich" (V. 5);
„Nathan ging und sprach" (V. 11); „Geh und tritt ein und sage" (V. 13. 28); „Sie ging hinein . . . und verneigte sich und fiel nieder" (V. 16/31); „Nathan kam . . . kam vor den König
und fiel nieder vor dem König auf sein Angesicht auf die Erde und sprach" (V. 22 f.); „Adonija
zog herab und opferte" (V. 25); „er antwortete (schwur) und sprach" (V. 28. 29. 36. 43); „Ihr
sollt hinaufziehen, und er soll sich auf meinen Thron setzen und König sein" (V. 35); „Er
ließ das Horn des Öles holen und salbte" (V. 39); „Sie zogen hinab . . . ließen das Maultier
besteigen . . . führten ihn" (V. 38); ‚hören — Hornschall hören — Getümmel, Geschrei —
Botenbericht' (V. 41 f.); „Adonija fürchtete sich — machte sich auf — ging hin — faßte die
Hörner des Altares" (V. 50); ‚Bathseba kam hinein — der König stand auf — fiel vor ihr
nieder — setzte sich auf seinen Thron — ließ einen Thron holen — Bathseba setzte sich und
sprach' (2,19); ‚Benaja ging hinauf — fiel über ihn her — tötete ihn' (V. 34). — Die Bildung
von Kettensätzen, die Tendenz zur Triadenbildung und die sorgfältige Bewegungsanalyse sind
an diesen Beispielen ebenfalls deutlich erkennbar.

[97] Z. B. 2 Sam. 6,15—23; 3 A 188.

[98] Vor allem r'h — „sehen", mṣ' — „finden", vgl. z. B. 2 Kön. 17,3—4: „Gegen ihn (sc.
Hosea von Samaria) zog herauf Salmanassar, König von Assur, und Hosea wurde ihm unter-
tan und gab ihm Tribut. Und erkannte der König von Assur gegen Hosea Hochverrat, so er
Boten zu So, dem König von Ägypten, sandte und nicht bringen ließ Tribut zum König von
Assur Jahr um Jahr."

[99] šm' — „hören, verstehen, gemäß dem Verständnis handeln"; vgl. 2 Sam. 8,9; 2 Kön.
14,11 (schlußbildend); 2 Kön. 16,9: „Und hörte auf ihn der König von Assur und zog der
König von Assur." — Auf das Hilfegesuch des Ahas von Juda folgt also nicht sofort eine
Handlung; zwischen Bitte und Gewährung ist eingeschoben ein geistiger Akt des Hörens,
Verstehens, Einverstandenseins.

[100] Motto: 1 Kön. 8,24 (Dtr.): „Was du durch deinen Mund verheißen hast, das hast du
durch deine Hand erfüllt." — Hatt. III., Großer Text § 12 (IV 17); „und wie sie (sc. Istar)
mir sagte, so geschah es auch." Vgl. v. Rad, Ges. Stud., S. 204. — Über die Reden im AT vgl.
Adinolfi, Storiografia, S. 52—58; J. Hempel, Geschichten und Geschichte, S. 157 ff., (erzählte
Dialoge; mehrpersonale Gespräche: vgl. aber 1 Kön. 22!); G. v. Rad, Theologie, 1,68 f. (frühe
Beispiele für Rhetorik und Dramatisierung in der israelitischen Historiographie, vielleicht unter
ägyptischem Einfluß: 1 Sam. 17; 24; 26); F. Dornseiff, Aus Antike und Orient, S. 330 f. (Reden
mit Zitaten, Anspielungen etc.). Formen und Funktionen der Rede sind in der israelitischen

Historiographie mannigfaltiger als in der hethitischen und mesopotamischen, und zwar was die Anzahl der redenden Personen, die Länge der Reden, den schnellen Wechsel der Sprecher u. ä. angeht. Es gibt zahlreiche berichtete Reden, Selbstgespräche, mehrfach gestaffelte Reden (1 Kön. 1,13 f.: Nathan sagt Bathseba, was sie zu David reden soll). Zur Rede in der Politik vgl. 2 Kön. 18; Richt. 11,12—28. Häufig sind — wie in der hethitischen Historiographie — Botenberichte: Gen. 22,20 (wichtig für die formale Bedeutung der Botenberichte und ihre Fiktivität!); 1 Kön. 20,1—12; 22,13 ff. (gleichzeitige Handlung); 2 Kön. 1,1 ff. (gleichzeitige Handlung); 2 Sam. 6,12 (materielles Konnektiv); 2 Kön. 14,8 ff. (Kriegserklärung); Redezitat im Botenspruch: 2 Kön. 1,2 ff. (vgl. Amos 7,14 ff.); Rede und Brief: 2 Kön. 19,9—14. vgl. *Rendtorff*, Botenformel und Botenspruch, ZAW 74, 1962, 165—177. — Zur Verbalisierung der Handlung durch Transposition von Narrative in Rede vgl. noch 2 Kön. 17,25—28: „Und es geschah zu Beginn ihres Wohnens dort: (a) nicht fürchteten sie Jahwe. (b) Und sandte Jahwe gegen sie Löwen. (c) Und sie wurden Würger gegen sie. — Und sie sprachen zum König von Assur so: ‚Die Völker, die du herbeigeführt und angesiedelt hast in den Städten Samariens, (a') nicht kennen sie die Gesetze des Gottes des Landes. (b') Und er schickte gegen sie Löwen. (c') Und siehe, sie sind ihre Töter, (a") weil nicht vorhanden sind bei ihnen Kenner des Gesetzes des Gottes des Landes.'" (Beachte die variierende Ringkomposition).

[101] S. § 14.2.

[102] *H. Fränkel*, in: Wege und Formen, S. 300; Caesar B. G. 3,28.

[103] Die Beispiele aus Caesar ließen sich häufen, vgl. nur noch B. G. 1,49,1: *ubi eum castris se tenere Caesar intellexit*, mit Anspielung auf 1,48,4: *(Ariovistus) exercitum castris continuit*; ähnlich 4,5,2/4,6,1; 2,12,5; 2,31,1 *(commoti)*; 3,8,2 f. *(existimabant, adducti)*; 3,9: (zu Beginn einer neuen Operation): *intellegebant, confidebant, sciebant, confidebant, perspiciebant*; 3,21,3: *ubi ... intellexerunt ... mittunt*; 3,23,2: ... *commoti quod ... cognoverant ... coeperunt*; 3,28 (neue Operation); 4,5,1 ff. (mehrsträngige Handlung). Es erübrigt sich, Beispiele aus anderen westantiken Autoren anzuführen. — vgl. § 3.1.

[104] Vgl. Register, s. v. ‚Luther'; zum Methodischen vgl. *E. Hock*, Ein Weg zum Stilverständnis, Vergleich von Original und Nachdichtung, in: Die Neueren Sprachen 3, 1954.

[105] S. § 15.1.

[106] Vgl. schon die nicht ungefährlichen Formulierungen von *B. Landsberger*, Die Eigenbegrifflichkeit der babylonischen Welt (1926) in: Libelli 142, Darmstadt 1965, S. 16: „Die Leistung jener (sc. der Israeliten) liegt in dem Herabrücken des Gottbegriffes aus der gelehrten Sphäre, so daß der Mann des Volkes daran teilnehmen konnte; vor allem aber, wie dies *Hermann Schneider* treffend dargestellt hat, in der Verlebendigung der Gottheit, von der nun einmal mit den sumerischen Ordnungsbegriffen verbundene eleatische Starrheit zum Walten des Lenkers der Geschichte. Aber auch dies hat seine Wurzel „(?)" in der Sprache. Auf der einen Seite die stets parallel gebauten analytischen Sätze des Akkaders, die nur die einfachste Aufeinanderfolge der Geschehnisse kennen, auf der anderen lebendigster Wechsel von Satzform, Aspekt und Aufmerksamkeitsträger, die das Hebräische für die Geschichtsdarstellung prädestinieren." —

Über Formen antiker Historiographie in der Kirchengeschichte des Eusebius s. *F. Overbeck*, Die Anfänge der Kirchengeschichtsschreibung, S. 42, S. 61, S. 64, S. 46; in Anm. 112 zitiert *Overbeck* Euseb. E. H. V Vorwort § 3 f.: „Andere Geschichtsschreiber würden von siegreichen Schlachten, von Siegeszeichen, die dem Feind abgenommen, von ausgezeichneten Thaten der Führer, von Tapferkeit der Soldaten zu erzählen haben, und wie diese sich mit Blut und unzähligen Morden für Kinder, Vaterland und sonstigen Besitz befleckten, die Erzählung der Geschichte unseres Gemeinwesens (*Politeuma*) soll dagegen die friedlichen Schlachten um des Friedens der Seele selbst willen, und die Namen derjenigen, welche sich darin für die Wahrheit mehr als für das Vaterland und mehr für die Religion als für ihre Familien ausgezeichnet haben, auf ewige Säulen eintragen ..."

[107] Als Maßstab könnte man etwa die in hethitischer und akkadischer Sprache abgefaßte Historiographie Kleinasiens wählen, vgl. 1 A 74, 1 A 75. Zum Problemkreis im ganzen vgl. *W. v. Soden*, Zweisprachigkeit in der geistigen Kultur Babyloniens, SB Wien 1960. — s. hier § 1.1 mit 1 A 6.

[108] S. § 15.2; § 15.3.

[109] § 16.3.

[110] 1 A 6; *Barr*, Semantik, S. 77 ff. über Verben, Zeitbegriff und Geschichte. Vgl. *H. H. Schaeder*, Der Mensch in Orient und Okzident, 1960, S. 173: „Sie (sc. die griechische Sprache) hat in der Rede- und Denkweise der Orientalen die gleiche tiefe Umgestaltung heraufgeführt wie heutzutage der Einfluß der europäischen auf die asiatischen Sprachen." vgl. ebd., S. 112 ff.

[111] Zur Analyse dieser Begriffe s. *Barr*, Semantik, S. 24f. Zu dem Begriff ‚zyklisches/lineares Denken' vgl. die kritischen Bemerkungen bei *E. A. Speiser*, The Biblical Idea of History in its Common Near Eastern Setting, in: IEJ 7, 1957, 201—216; S. 201 und *H. Gese*, Geschichtliches Denken, S. 127; 133 ff. — 3 A 27. — *E. Otto*, Zeitvorstellungen und Zeitrechnung im Alten Orient, in: Stud. Generale 12, 1966, 743 ff. bes. 748 ff. (Ägypten).

[112] *C. Tresmontant*, Etudes de métaphysique biblique, Paris 1955, S. 253 ff. (zitiert nach *Barr*, a. O. S. 263 Anm. 3). — *Barr*, Semantik, S. 87: „Wie ich weiter unten darlegen werde, versteifen sich nämlich einige theologische Interpreten so sehr auf die Besonderheit des Hebräischen und die Spiegelung der Denkstruktur in der Sprache, daß prinzipiell die Unübersetzbarkeit der Bibel der Fall sein muß." S. 263: „Das, worum es mir hier geht — die wirkliche Kommunikation von religiösen und theologischen Gedanken geschieht durch größere Wortkombinationen und nicht durch lexikalische Worteinheiten — ist für ein Problem, das ich zu Anfang erwähnte, entscheidend wichtig, das Problem der Bibelübersetzung ... Diejenigen, die in der morphologisch-syntaktischen Struktur der hebräischen Sprache oder in der Verteilung ihres lexikalischen Bestandes etwas wie einen Reflex der theologischen Wirklichkeit zu entdecken vermeinen, geraten dadurch ziemlich nahe an die Anschauung heran, daß das Hebräische unübersetzbar sei. Die Abwertung des ersten, wirklich einflußreichen Übersetzungswerkes, der Septuaginta, ist davon nur die natürliche Folge ... Die Verehrung der hebräischen Struktur als einer Spiegelung der theologischen Wirklichkeiten und als der einzigen autoritativen Anleitung zum Verständnis des Neuen Testamentes muß zu einer ähnlichen Ungewißheit über den möglichen Wert von Übersetzungen führen." — Zur Frage des Übersetzens einige Literaturhinweise bei *Barr*, a. O. S. 263 Anm. 2 und 3.

[113] *H. H. Schaeder*, a. O. (s. 3 A 110), S. 115 f.: „Dennoch ist die griechische Übersetzung des Alten Testamentes gegenüber dem Urtext ein völlig neues Buch. Nicht sowohl um des hebräischen Sprachgewandes willen, sondern auch, wenn man so sagen darf, wegen seiner inneren Sprachform war der hebräische Text nur einem Anhänger der jüdischen Gemeinde ... assimilierbar. Durch die Übertragung ins Griechische wurden die stilistischen Unterschiede, die, als Zeugen einer jahrhundertelangen literarischen Entwicklung, zwischen den einzelnen Büchern des Alten Testamentes und innerhalb ihrer obwalten, in einen einheitlichen Stil erhoben. Die Unbestimmtheit, ja man darf sagen, die Konturlosigkeit der hebräischen Begriffe macht den klaren begrifflichen Verhältnissen griechischer Terminologie Platz. Das Buch war nun für jeden griechisch Redenden nicht nur im äußeren Sinn zugänglich, sondern von innen her auffaßbar." — Besonders weit fortgeschritten in der Rezeption hellenistischer Historiographie ist 2 Makk., s. MhW, S. 108 ff.

[114] Die Quellenfrage bei Josephus ist außerordentlich kompliziert, zumal da über seine Sprachenkenntnisse Unklarheit herrscht. S. *G. Hölscher*, RE IX, 1916, Sp. 1934 ff. s. v. Josephus

Flavius; Sp. 1952 f.; *Michel-Bauernfeind*, Bellum Judaicum I, S. XXI Anm. 16; *G. Ricciotti*, Flavio Giuseppe, lo storico Giudeo-Romano, ²1949, S. 85 ff.; S. 101 ff. Die einschlägigen Stellen über Flavius' Sprachkenntnisse (c. Apion. 1,50; Ant. 20,263; 1,7) müßten genau interpretiert werden; auch die Frage der ,Mitarbeiter' bleibt hier unberücksichtigt. Über vorjosephische Bearbeitungen der biblischen Geschichte (Demetrios, Eupolemos, Artabanos) s. *G. Hölscher*, a. O. Sp. 1952. Zum Stil des Josephus vgl. bes. *A. Pelletier*, Flavius Josèphe, Adapteur de la lettre d'Aristée. Une réaction atticisante contre la Koinè, 1962, bes. S. 272 ff.

[115] Ant. 2,140 ff.; das Zitat aus *G. Hölscher*, a. O. Sp. 1958.

[116] *G. v. Rad*, Das erste Buch Mose (ATD⁷ 1964) S. 344 f.

[117] Vgl. *G. Gerleman*, Hebreisk berättarstil, SvTKv 25, 1949, 81—90. — s. 3 A 155; 2 A 181. — *Beyer*, Althebr. Syntax, S. 83 gibt folgende Beispiele für indirekte Rede im AT: Gen. 12,13; 21,23; 41,15; 50,5; 1 Sam. 24,22; 30,15, u. a. m.

[118] *G. Ricciotti*, a. O. S. 85: „una vera storia universale dell'ebreismo". Ähnliches gilt für das Bellum Judaicum, das Josephus selbst als Fortsetzung der antiquitates angesehen hat (ant. 20,12). vgl. *A. Wolff*, De Flavii Josephi Belli Judaici scriptoris studiis rhetoricis, Diss. Halle 1908, p. 3: „Mihi autem nunc in animo est explicare et ostendere, Flavium Josephum et arte scribendi et consuetudinibus res tractandi sollemnibus non numero Graecorum scriptorum esse eximendum, sed in ordinem redigendum . . ." vgl. *G. Ricciotti*, a. O. I S. 51 ff. über die griechischen und lateinischen Klassikerzitate im B. J. (Thukydides, Herodot, Xenophon; Demosthenes und Sophokles; Vergil, Sallust, Cicero, Horaz und die commentarii der Flavier). Wieviel von diesen Zitaten oder Reminiszenzen auf die rhetorische Bildung des Flavius, auf seine Mitarbeiter oder seine Quellen zurückzuführen ist, braucht hier nicht untersucht zu werden. vgl. *Ricciotti*, a. O. S. 50 f.: „Il collaboratore letterario di Giuseppe ha compiuto nella Guerra un'opera eccellente." Ihr Stil, „ispirato a quello della storiografia classica ma senza servilismo, costituisce uno dei migliori esempi dell'età alessandrina." Es ist bekannt, daß der jüdische Dichter Ezechiel die geschichtlichen Traditionen seines Volkes in historische Dramen griechischer Sprache und Form faßte.

[119] Cassiodor, de inst. div. litt. 17: *ut est Josephus paene secundus Livius in libris antiquatum Iudaicarum late diffusus, quem pater Hieronymus scribens ad Lucinum Baeticum propter magnitudinem prolixi operis a se perhibet non potuisse transferri. Hunc tamen ab amicis nostris quoniam est subtilis nimis et multiplex magno labore in libris viginti duobus converti fecimus in latinum. Qui etiam et alios septem libros captivitatis Iudaicae mirabili nitore conscripsit, quorum translationem alii Hieronymo alii Ambrosio alii deputant Rufino. Quae dum talibus ascribitur omnino dictionis eximiae merita declarantur.* vgl. Hieron. epist. 22,35 (Josephus als griechischer Livius); *St. Perowne*, Herodier, Römer und Juden, 1958, bemerkt auf S. 147: „Man hat Josephus einen zweiten Livius genannt, täte aber besser, ihn als neuen Dionysius von Halikarnass zu bezeichnen . . ." (zitiert bei *Michel-Bauernfeind* I, S. XV, Anm. 10). Diese Bemerkung bezieht sich auf die Antiquitates; die beiden antiken Gelehrten wollten natürlich ein stilistisch-ästhetisches Urteil abgeben.

[120] Hieron. vir. ill. c. 13; comm. in. Isaiam c. 64 (Schluß); im Jeremias-Kommentar etwa sieben Mal zitiert (s. Index im CSEL 59, 1913 (= 1962)); vgl. epist. 70,3,3.

[121] CSEL 66, 1932 § 1 (ed. *V. Ussani).*

[122] *G. Ricciotti*, a. O. I: Übersichten über Nachleben und Editionen am Ende der jeweiligen Kapitel; ebd. S. 77 ff. über das Ansehen des Josephus bei den Christen; vgl. die Testimoniensammlung bei *Hudson*, Bd. 1 und *Michel-Bauernfeind*, I p. XXX ff.

[123] Hieron. epist. 53,2 (*ad Paulinum Presbyterum;* Untertitel in einigen Hss.: *de omnibus divinae historiae libris*): *ad Titum Livium lacteo eloquentiae fonte manantem visendum de*

ultimo terrarum orbe venisse Gaditanum quendam legimus; ... *J. Hilberg* (CSEL 54, 1910, a. l.) verweist auf Quint. 10,1,32 (*illa Livi lactea ubertas*) und Plin. epist. 2,3,8; vgl. epist. 57,3; 105,2 (Geschichten aus Livius).

[124] Comm. in Hab. (PL 25,1296 B; verfaßt ca. 392); nach *R. Eiswirth*, Hieronymus' Stellung zu Literatur und Kunst, Klass. Philol. Stud. 16, 1965, S. 27 aus einem Lexikon, da auf das Sallustzitat eines aus Cicero zu demselben Stichwort folgt. — comm. in Gal. I 3 (PL 26,347 A Anspielung auf Sall. Hist. 2,37, nach *Eiswirth*, a. a. O. aus Tertullian, *de anima* c. 20). — Weitere Sallustreminiszenzen sind notiert bei *A. S. Pease*, The Attitude of Jerome towards Pagan Litterature, TAPhA 50, 1919, 150—167 in der Anm. auf S. 164; vgl. *Hagendahl*, Latin Fathers and the Classics, 1958, S. 89—328.

[125] Epist. 121,6; vgl. epist. 70,3,3; *P. Courcelle*, Les lettres Grecques, 1943, S. 88; 90—100; 111.

[126] Epist. 47,3,2: *scripsi librum de inlustribus viris ab apostolis usque ad nostram aetatem imitatus Tranquillum Graecumque Apollonium* ... — Zur Benutzung Eutrops s. *E. Schwartz*, Eusebius, in: Griechische Geschichtsschreiber, 1957, S. 510. Vgl. Hieron. epist. 112,3,2; vir. ill. prol.

[127] S. *A. Schöne*, Die Weltchronik des Eusebius in ihrer Bearbeitung durch Hieronymus, 1900, 205 ff. Zur Benutzung des Aurelius Victor, Hieron. chron. (p. 6 Helm): *nunc addita nunc admixta sunt plurima quae de Tranquillo et ceteris inlustribus historicis curiosissime excerpsi.* — epist. 10,3,2 (verfaßt 379 oder 380, sicher nach dem Traum): Hieronymus erbittet sich von Paulus aus Concordia *commentarios Fortunatiani et propter notitiam persecutorum Aurelii Victoris historiam simulque epistulas Novatiani.*

[128] Vgl. *v. Campenhausen*, Lateinische Kirchenväter, 1960, S. 123.

[129] *v. Campenhausen*, a. O. S. 130.

[130] Comm. Dan. prol. (PL 25,494 A): *ad intellegendas* ... *extremas partes Danielis multiplex Graecorum historia necessaria est, ut probemus ea quae a sanctis prophetis ante saecula multa praedicta sunt tam Graecorum quam Latinorum et aliarum gentium litteris contineri.*

[131] Epist. 53,8,5 (nach einem Referat über die historischen Bücher des AT); das folgende Zitat: epist. 53,8,18. vgl. epist. 53,9,4 über die Apostelgeschichte. Die bei Hieronymus zum Ausdruck kommende Auffassung von Kirchengeschichte ist stark von Eusebius geprägt, s. 3 A 106.

[132] *Eiswirth*, a. O. S. 29; *Pease*, a. O. S. 158; vgl. Aug. de doctr. Christ. 2,44.

[133] Rufin, PL 21,592 A: *quod in monasterio positus in Bethleem ante non multo adhuc tempore partes grammaticas exsecutus sit et Maronem suum comicosque ac lyricos et historicos auctores traditis sibi ad discendum Dei timorem puerulis exponebat.*

[134] Epist. 21,13,2: Die Schweine in der Parabel vom verlorenen Sohn deutet Hieronymus auf heidnische Weisheit und rhetorischen Wortpomp. In epist. 21,13,8 nennt er *philosophos, oratores, poetas,* vor denen man sich hüten muß. Auch sonst werden nur Dialektik, Dichtung, Rhetorik und Philosophie angeklagt. Diese Haltung entspricht der Stellung, die die Historiographie auch früher in der römischen Kultur einnahm. Neben der juristischen und politischen Rede galt in der römischen Gesellschaft die Geschichtsschreibung als die vornehmste Art der Prosa. Sie ist — neben gewissen Sparten der Fachschriftstellerei (z. B. Agrarwesen, Militärwesen, Auguraldisciplin, Pontificalrecht) — die einzige Literaturgattung, die einem *nobilis* zusteht (vgl. z. B. Ammianus Marcellinus 28,4,15). — vgl. 1 A 229.

[135] Epist. 57,5,2 ff.: *ego enim non solum fateor sed libera voce profiteor me in interpretatione Graecorum absque scripturis sanctis, ubi et verborum ordo mysterium est, non verbum e verbo, sed sensum exprimere de sensu. habeoque huius rei magistrum Tullium* ... Danach

bringt Hieronymus ein Zitat aus Cic. de opt. gen. orat. 13,14 und 23 (... *in quibus non pro verbo verbum necesse habui reddere, sed genus omnium verborum vimque servari...*) und aus Hor. a. p. 133 (*nec verbum verbo curabis reddere fidus / interpres*). Auch in epist. 106,3,2 beruft er sich aus denselben Gründen auf Cicero, Plautus, Terenz und Caecilius. Weitere Zeugnisse zu dieser Übersetzungsregel aus Cicero, Plinius (epist. 7,9,2), Quintilian (10,5,2—3) und Hieronymus (vir. ill. 135; epist. 71,5; praef. in quat. evang.) sind zusammengestellt bei *G. Cuendet*, Cicéron et Saint Jérôme traducteurs, REL 11, 1933, 380—400; vgl. 3 A 138.

[136] Epist. 57,5,6 aus Hieron., Euseb. chron. II 1,8 (*Schöne*).

[137] Epist. 2,1,3; in Is. praef. p. 5—6; in Galat. I p. 387; praef. in Pentat. Weitere Testimonien sind abgedruckt in einem Anhang bei *F. Stummer*, Einführung in die lateinische Bibel, 1928, S. 222 ff. — Über die Sprache und Übersetzungstechnik der älteren lateinischen Bibelübersetzungen s. *Stummer*, a. O. S. 57 ff.; 64 ff.; 67: „Aus derselben Ängstlichkeit heraus bemüht man sich, auch die griechischen Partikel möglichst wiederzugeben."

[138] *L. Traube*, Vorlesungen und Abhandlungen II, 1911, S. 66. — Es ist mir unverständlich, wie *G. Cuendet* (s. 3 A 135) aufgrund seiner Zeugnissammlung und Detailuntersuchung von Übersetzungen Ciceros und Hieronymus' zu dem Schluß kommen kann: „Ainsi Cicéron et saint Jérôme n'adoptent ni la même attitude vis à vis des originaux grecs ni la même méthode de traduction." (S. 384; vgl. S. 386); S. 399 f.: „En revanche, saint Jérôme ne vise qu'au calque; il abdique sa personnalité et, dégagé de tout purisme, il prétend reproduire chaque détail de son modèle; ... Somme toute, Cicéron et saint Jérôme ont atteint le but qu'ils s'étaient assignés: l'un a donné à la traduction l'éclat d'une œuvre originale, l'autre a réalisé une copie fidèle." Vgl. dagegen *C. Mohrmann*, in: Etudes sur le Latin des Chrétiens, 1958, S. 357.

[139] Referiert nach *F. Stummer*, a. O. (s. 3 A 137) S. 80 ff.

[140] Alle hier und im folgenden genannten Beispiele sind einem Aufsatz von *F. Stummer*, Griechisch-römische Bildung und christliche Theologie in der Vulgata des Hieronymus, ZAW (NF) 17, 1940/41, 251—269 entnommen. Das Zitat im Text a. O. S. 254. Für Stellenangaben und Literaturhinweise sei auf diesen Artikel verwiesen — Vgl. *Th. Mommsen*, Über die Quellen der Chronik des Hieronymus (1850), in: Ges.Schr. VII (1909), 606—632.

[141] *Stummer*, a. O. S. 257.

[142] *Stummer*, a. a. O. nennt folgende Stellen: Jer. 5,8 / Cic. in Pison. c. 9; Deut. 19,5 / XII-Tafel-Gesetz 8,24 (wohl durch Vermittlung Ciceros); Deut. 32,2 / Lukrez 6,495—497; 1 Sam. 1,11 / Plin. NH 10,55 (76); Ez. 2,6 / Tac. Ann. 3,28.

[143] *Stummer*, a. O. S. 256. In 1 Sam. 19,11—21 bietet die LXX in Übereinstimmung mit dem hebräischen Text nur ein Wort (*Aggeloi, ml'kym*), wo Hieronymus folgendermaßen variiert: *satellites — apparitores — nuntii — lictores* (!) *— nuntii;* Luther hat immer: „Boten". vgl. *Stummer*, Einführung in die lat. Bibel, S. 114. —

[144] Z. B. Dtn. 20,19; *Stummer* übersetzt den hebräischen Text folgendermaßen: „Wenn du eine Stadt längere Zeit belagerst, um wider sie Krieg zu führen (und) um sie einzunehmen, so sollst du ihre Bäume nicht fällen, indem du wider sie die Axt schwingst, denn von ihnen issest du, und sie sollst du nicht fällen. Denn ist vielleicht der Baum des Feldes ein Mensch, daß er von dir belagert werden müßte?" Hieronymus (Quentin 1936): *quando obsederis civitatem multo tempore et munitionibus circumdederis ut expugnes eam, non succides arbores de quibus vesci potest nec securibus per circuitum debes vastare regionem quoniam lignum est et non homo nec potest bellantium contra te augere numerum.* Der Stil des Deuteronomiums ist dem des Hieronymus natürlich einigermaßen verwandt. vgl. *Stummer*, Einführung S. 116:

„Besonders aber tritt dieses Streben in den zuletzt übersetzten Büchern zutage. Bei der Genesis hat man geradezu den Eindruck, Hieronymus habe ein Buch in gut lesbarem Latein schaffen wollen."

145 S. § 18.4.

146 *Stummer*, Griechisch-römische Bildung, S. 257; ders., Einführung, S. 116 f.

147 *v. Campenhausen*, Die lateinischen Kirchenväter, S. 132.

148 1 Sam. 15,12 (*erexisset sibi fornicem triumphalem*); *Stummer*, Griechisch-römische Bildung, S. 255 f.

149 1 Sam. 9,3; *Stummer*, Einführung, S. 115, bemerkt richtig: „in echt lateinischer Weise."

150 *Stummer*, Griechisch-römische Bildung, S. 256 f. mit weiteren Beispielen.

151 Biblia Sacra, VI (*malachim*) 1955 (*ex interpretatione Sancti Hieronymi*) S. 66 f. — Die Josephus-Zitate stammen aus ant. 7,343 ff.; im folgenden abgekürzt: Jos. Der Vergleich zeigt, daß Hieronymus in der syntaktischen Gestaltung eine Mittelstellung zwischen LXX und Josephus einnimmt.

152 S. § 3.4; § 17.5.

153 V. l.: *senuerat autem rex David*. Josephus wählte statt temporaler Stufung die Partikel ἤδη. Beachte die Differenzierung von *et, nec* und *-que, atque* etc. zur Variation und Straffung. vgl. die Paraphrase und Deutung dieser Stelle in Hieron. epist. 52,2: *David annos natus septuaginta bellicosus quondam vir senectute frigente non poterat calefieri. quaeritur itaque puella ... quae cum rege dormiret et senile corpus calefaceret.*

154 Jos.: „so daß er nicht einmal (μηδ') unter einem Überwurf von vielen Kleidern warm wurde". Die konzessive Nuance hat sich — ebenso wie das Plusquamperfekt im vorigen Satz — bis Luther und *M. Noth* gehalten.

155 Die ganze Partie von *dixerunt* bis *regem* erscheint bei Josephus als ein riesiger Genetivus absolutus. Die direkte Rede wird vermieden; über die Gründe s. 3 A 117. Der Phasenstil des hebräischen Textes wird bei Josephus auch dadurch verdrängt, daß er die Suche nach Abisag fortläßt. Aus dem Finden wird ja hinreichend klar, daß vorher gesucht wurde. Ebenso werden alle Wiederholungen, die sich im Hebräischen aus dem Erzählschema ‚Plan/Ausführung' ergeben, unterdrückt.

156 Josephus fügt eine Erklärung und einen Vorverweis, wie es ihn in der israelitischen Historiographie wohl überhaupt nicht gibt, hinzu: „Vor Alter nämlich war er zum Liebesgenuß und Verkehr mit einer Frau zu schwach. Und über diese Frau werden wir nach kurzem weiteren Aufschluß geben."

157 Jos.: δέ; LXX: καί; Luther: aber.

158 Jos.: indirekte Rede, s. 3 A 155.

159 Jos.: δέ; LXX: καί; Luther: und.

160 Jos.: „obwohl er (dies) sah" hinzugefügt; Luther: Plusquamperfekt.

161 Jos.: δέ; LXX: καί.

162 Durch diese starke Partikel wird der voranstehende Text als Vorgeschichte konstituiert, aus der die folgende Handlung gleichsam mit historischer Notwendigkeit resultiert. Der Ablativus absolutus macht den Einschnitt noch schärfer spürbar. Weiter geht Josephus, der die Partie von *immolatis* bis *non vocavit* als Genetivus absolutus bringt. Die Gleichzeitigkeit von Opferfest und Hofintrige wird auf diese Weise elegant zum Ausdruck gebracht, zugleich — allein durch den gewaltigen Umfang der Periode — ein scharfer Einschnitt zwischen Vorgeschichte und Haupthandlung gesetzt. Ähnlich Luther: „Und da Adonia ... opferte ... lud er alle ... Aber nicht ... Da sprach Nathan ..."

163 Jos.: indirekte Rede, s. 3 A 155.

164 Wiederholung von Jos. unterdrückt.

[165] Jos.: indirekte Rede; Jos. fügt einen Rückverweis ein: „sie ging alles durch, wie der Prophet es ihr geraten hatte". Straffung der Erzählung durch indirekte Reden, Unterdrückung von Wiederholungen etc. wird besonders deutlich in § 359 ff. (Jonathan bei Adonia).

[166] Luther, Tischreden (ed. O. *Clemen*, 1950) Nr. 5327: „Wen wir die Greckische und Lateinische bibell nicht hetten, so kunden wir heutt die wortt noch kein wortt im Hebreischen verstehen, den *proprietas verborum* ist bey der Juden da hin, so sindt die *phrases* und *figurae* auch dahin . . ." vgl. W. *Schwarz*, Principals and Problems of Biblical Translation. Some Reformation Controversies and their Background, 1955; S. 167 ff. über Luther; S. 201 ff.; 208: Luther und Hieronymus. Die folgenden Bemerkungen zu einem Aspekt von Luthers Übersetzungstechnik sind philologisch, stilistisch, komparatistisch; zentrale Fragen, etwa nach dem Einfluß von Luthers Christologie, Inspirationslehre etc. auf seine Übersetzung sind nicht berücksichtigt. Weiterführende Literatur: S. *Raeder*, Das Hebräische bei Luther untersucht bis zum Ende der ersten Psalmenvorlesung, Beiträge zur historischen Theologie 31, 1961; ders., Die Benutzung des masoretischen Textes bei Luther in der Zeit zwischen der ersten und zweiten Psalmenvorlesung, ebd. 38, 1967; H. *Feld*, Martin Luthers und Wendelin Steinbachs Vorlesungen über den Hebräerbrief. Eine Studie zur Geschichte der Neutestamentlichen Exegese und Theologie, Veröffentlichungen des Instituts für europäische Geschichte, Mainz, 62, 1971, bes. S. 75—93; D. Martin Luther, Die gantze Heilige Schrifft Deudsch 1545 / Auffs new zugericht, hrg. v. H. *Volz*, München 1972 (mit zahlreichen Beigaben, einer umfangreichen Einführung durch den Herausgeber und reichen Literaturangaben; bes. S. 118*—131*: „Luther als Bibelübersetzer", darin S. 126 ff. zu Luthers Hilfsmitteln; S. 62*—92*: „Die Übersetzung des Alten Testaments"). Herrn Dr. Helmut Feld (Entringen/Tübingen) danke ich für Literaturhinweise und kritische Beratung.

[167] Ebd., Nr. 5324: *de translatione et laude Germanicae bibliae* (gegen die Rabbinen). vgl. Vorrede zur Übersetzung des Jesus Sirach von 1533 und den Schluß der Vorrede der Bibelübersetzung von 1523 (Text bei K. Bischoff (Hg.), Martin Luther, Sendbrief vom Dolmetschen, ²1965, S. 36): „Ich wolt auch gar gelert seyn und meyn Kunst kostlich beweysen / wenn ich solt S. Hieronymus latinische Bibel taddeln / aber er solt myr widderumb trotz bieten / das ichs yhm nach thet."

[168] v. *Campenhausen*, Lat. Kirchenväter, S. 133 — Die Forschung zu den Übersetzungen Luthers konzentriert sich aus naheliegenden Gründen auf den Psalter. s. H. *Bornkamm* (s. 3 A 170) S. 185 ff.: „Luthers Übersetzung des Alten Testaments ins Christliche"; auch bei dieser Übersetzungsarbeit wandelt Luther in den Spuren des Hieronymus.

[169] Vgl. z. B. Tischreden Nr. 603; Nr. 3803; eine Spezialuntersuchung über Luthers klassische Studien ist mir nicht bekannt. vgl. immerhin H. *Boehmer*, Der junge Luther, ⁵1962, S. 19 ff. (zu seinem Kummer bekam Luther auf der Schule nur Grammatiker und Dichter, keine „Historie" zu lesen). Über Luthers Geschichtsverständnis (*ex historia aedificanda est fides*) gibt es natürlich eine Anzahl Arbeiten, vgl. H. *Lilje*, Luthers Geschichtsanschauung, 1932; A. *Schleiff*, Luthers Deutung des Alten Testaments aus seiner Sicht der Geschichte, Luther, Mitt. d. Luther-Gesellschaft 21, 1939, 75—82; vgl. 3 A 170.

[170] H. *Bornkamm*, Luther und das Alte Testament (1948), S. 13; für die folgenden Beispiele vgl. ebd. S. 14; S. 9; S. 54 ff. (mit Quellennachweis).

[171] Sendbrief vom Dolmetschen (ed. K. *Bischoff*) S. 21; Hieron. epist. 20 (CSEL 54, 108): *inter omnes evangelistas Graeci sermonis eruditissimus fuit, quippe ut medicus et qui in Graecis Evangelium scripserit.* — s. E. *Haenchen*, Die Apostelgeschichte, ⁵1965, S. 12.

[172] Luther, Summarien über die Psalmen und Ursachen des Dolmetschens, WA 38,11. — vgl. hier S. 217 ff. — vgl. auch Sendbrief (a. O.) S. 15; WA 10,I,6. Über humanistische Einflüsse bei Luther s. W. *Schwarz*, a. a. O. (s. 3 A 166).

[173] Tischreden Nr. 5328.

[174] Lukrez 1,832: *patrii sermonis egestas* (sc. gegenüber dem Griechischen); ähnlich 3,260; vgl. 1,139 (er müsse viele neue Worte gebrauchen) *propter egestatem linguae et rerum novitatem.* vgl. Plin. ep. 4,18.

[175] S. S. 218.

[176] *E. Arndt*, Luthers deutsches Sprachschaffen, 1962, S. 154.

[177] In dieser Arbeit wird zitiert nach dem 1912 vom Deutschen Evangelischen Kirchenausschuß genehmigten Text (Taschenausgabe der Privilegierten Württembergischen Bibelanstalt, Stuttgart o. J.). Die neuesten Revisionen (1921—1964) haben auch im Partikelgebrauch, Flexionsendungen, Wortstellung etc. modernisiert. Für Einzelheiten s. D. Martin Luther, Die gantze Heilige Schrifft Deudsch. Wittenberg 1545 ... Hrsgg. von *Hans Volz* ... 1972 (mit zahlreichen Beigaben).

[178] *Arndt*, a. O. S. 203.

[179] *Arndt*, a. O. S. 156; ebd. Beispiele aus den Bibelfassungen von 1522 und 1546. *Arndt* bemerkt dazu: „Wenn andere spätere Schriften nicht so stark hypotaktisch durchgegliedert sind, so liegt das vor allem daran, daß Luther sie eilig abgefaßt hat und sie nicht so sorgfältig wie sein Hauptwerk, die Bibel, hat durchfeilen können." — Die Unterschiede zwischen Original und Übersetzung sind — nach den in dieser Arbeit verwandten Kategorien — bei Luthers Übersetzung aus dem AT bedeutend größer als bei der Übersetzung aus dem NT; vgl. z. B. Matth. 1,28 ff. in den Übersetzungen von Vulgata, Itala, Luther und Emser (Text bei *Bischoff*, Sendbrief, S. 48 f.).

[180] A. O. S. 157.

[181] S. § 16.1; 16.2.

[182] Hieronymus vermeidet die Wiederholung durch einen relativen Anschluß: *qui et adquievit voluntati eius/ascendit enim rex Assyriorum in Damascum* ... — Verschiedentlich herrscht in derartigen Fällen bereits im hebräischen Text (vgl. LXX und die jeweiligen Parallelen in der Chronik!) Unsicherheit über die Wiederholung des Nomens; vgl. z. B. 1 Kön. 22,37.

[183] Ähnlich 2 Sam. 8,6. 15 u. ö.

[184] S. § 17.6. Diese Funktionen von Wiederholungen sind von *Raeder*, Das Hebräische, a. O. S. 281—289 nicht untersucht worden; *Raeder* betrachtet auch hier vornehmlich die semantischen, rhetorischen, ästhetischen und theologischen Aspekte.

[185] 1 Kön. 20,18: „Und er sprach: Wenn sie in friedlicher Absicht gekommen sind, greift sie lebendig! Und wenn sie zum Kampfe gekommen sind, lebendig greift sie!" — Luther: „Er sprach: Greifet sie lebendig, sie seien um Friedens oder Streits willen ausgezogen!" vgl. 1 Kön. 22,27 f.; 2 Kön. 16,6 f.

[186] Über Variationen bei Hieronymus s. 3 A 143.

[187] S. § 17.6.

[188] 2 Sam. 6,15—23: Muster einer zweisträngigen verzahnten Handlung. (In dem folgenden Schema bedeuten: K — Konnektiv; S — Schluß; V — Verweis). — K$_1$ — Wahrnehmungs- und Bewegungs-Konnektiv (Luther: „Und da die Lade des Herrn in die Stadt Davids kam, guckte Michal ..."); K$_2$ — Wahrnehmungs-Konnektiv und Wiederholung (Luther: „Da sie aber die Lade des Herrn hineinbrachten ..."); K$_3$ — Bewegungs-Konnektiv und individualisierende Fortsetzung des generalisierenden Schlusses S$_2$ (Luther: „Da aber David wiederkam ..."). Durch die sorgfältige Schlußbildung und die Konnektive ist der Verlauf der Handlung im hebräischen Text eindeutig markiert. Luther verstärkt und überdeckt diese Gliederung mit anderen Mitteln. — vgl. Hieronymus: *cumque intrasset arca Domini civitatem David Michol filia Saul prospiciens per fenestram vidit regem David subsilientem et saltantem coram Domino ... et introduxerunt arcam ... cumque complesset offerens holocaustum ...*

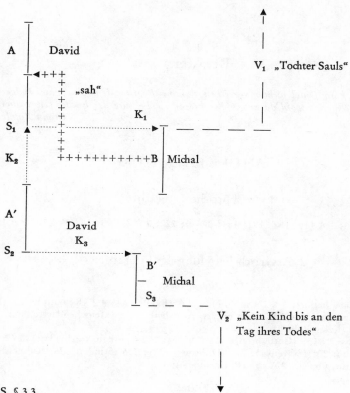

[189] S. § 3.3.

[190] S. § 17.2.

[191] Hieron.: *tulit autem universus populus Judae Azariam annos natum sedecim et constituerunt eum regem pro patre eius Amasia.* — Durch die Übersetzung Luthers und Hieronymus' wird, wie in vielen anderen Fällen, die triadische Struktur des hebräischen Textes zerstört.

[192] Hieron., Richt. 2,15 ff.: *sed quocumque pergere voluissent manus Domini erat super eos / sicut locutus est et iuravit eis / et vehementer adflicti sunt / suscitavitque Dominus iudices qui liberarent eos de vastantium manibus / sed nec illos audire voluerunt / fornicantes cum diis alienis et adorantes eos / cito deseruerunt viam per quam ingressi fuerant patres eorum / et audientes mandata Domini omnia fecere contraria / cumque Dominus iudices suscitaret in diebus eorum flectebatur misericordia ... postquam autem mortuus esset iudex / revertebantur et multo maiora faciebant ...*

[193] S. § 4.2; § 4.3.

[194] Ein mehr unfreiwilliges Zeugnis für die Bedeutung der alttestamentlichen Traditionen zur Entwicklung des Geschichtsdenkens und der Historiographie im Abendland gibt *H. Preller*, a. O. Leider sind seine aufklärerischen Absichten stärker als seine Kenntnisse auf dem Gebiet der Historiographie.

[195] *F. Rosenzweig*, Die Schrift und Luther, in *M. Buber* — *F. Rosenzweig*, Die Schrift und ihre Verdeutschung (1936), S. 88 ff. (= F. R., Kleinere Schriften (1937), S. 141 ff.).

[196] *M. Buber*, Über die Wortwahl in einer Verdeutschung der Schriften, in: M. B., Werke II, S. 111 ff.

Register

I. ANTIKE LITERATUR

1. Aegyptische Literatur:

2. Assyrisch-babylonische Literatur:

a) Allgemeines:

b) Texte:

3. Hethitische Literatur:

a) Allgemeines:

b) Texte:

Anittas:	S. 36; 1 A 110; 2 A 132.
Anekdotenbuch:	1 A 198 a); 240.
Arnuwandas:	S. 155 f. (Jugendberichte).
Hattusilis I.:	
Annalen	S. 58; S. 125; 1 A 186; 232; 2 A 36; 85; 166;
HAB	S. 54; § 7.31; 1 A 182; 206 (Aufbau); 2 A 79.
Hattusilis III.:	S. 27 (CTH 172); § 4.41—4.42 (Großer Text); S. 54; S. 65; S. 131; S. 135; S. 155 (Jugendberichte); 1 A 236 (Kritik an Mursilis); 2 A 180; 182 (Briefwechsel mit Aegypten); 193 (CTH 88); 194; 3 A 27.
Madduwattas:	S. 66; S. 117 f.; 1 A 105; 198 e).
Milavatas-Brief:	S. 27.
Mursilis II.:	§ 7.1 (politische Geschichtsschreibung); § 10.2 (drittpersönliche Narrative); § 11.11 (Kritik); § 12.1 (Stoff); 2 A 125 (Biographie);
AA	§ 6.2; § 8; Prolog: § 9.1; 3. Jahr: § 10.3; 8.—9. Jahr: § 10.4; § 10.6; 12. Jahr: § 5.4; 20. Jahr (?): § 5.4; S. 134 f.; 2 A 5;
ZJA	§ 8; Prolog: S. 61; § 9.1—9.2; S. 118 f.; S. 142; 3. Jahr: § 10.3; Epilog: § 9.3;
TS	S. 104; S. 105; S. 131; S. 136; S. 137; S. 138; § 13—14; frg. 19 ff.: § 14.4; „Siebente Tafel": § 14.3;
Verträge	§ 3.2; § 3.33; § 12.3; 1 A 198 d); 2 A 166;
Pestgebete	S. 45; S. 65 f.; vgl. 2 A 35.
Suppiluliumas II.:	S. 44; S. 118; 1 A 158; 2 A 35; vgl. 1 A 226 b).
Tavagalavas-Brief:	S. 27; S. 118; S. 131 f.
Telepinus:	S. 39; § 7.32; S. 132 f.; 1 A 198 c); 2 A 166 (Personenwechsel).
Tuthalijas (III. ?):	2 A 179 (Annalen).
Tuthalijas IV.:	S. 65; 1 A 226 b) (CTH 524).

c) Editionen:

2 BoTU	20:	1 A 158; 198; 2 A 105; 193.
2 BoTU	30:	S. 53; 2 A 193.
KBo III	38:	2 A 80; 99.
IV	12:	S. 43.
VI	9:	S. 43.
VI	28:	1 A 135; 2 A 193.
VII	14:	S. 53 mit 1 A 188; 2 A 99.
XII	38:	2 A 35 a); 194.
XIV	19. 20:	2 A 92; 180.
KUB XIV	45:	S. 43.
XVII	20:	1 A 146.
XIX	8. 9:	2 A 194.
XIX	20:	2 A 182.
XIX	25. 26:	1 A 137 (Einsetzungsurkunde).
XXI	10:	S. 156.
XXIII	21:	2 A 192.
XXV	21:	1 A 226 b) (Kultgeschichte).
XXVI	33:	1 A 151; 3 A 85.
XXVI	43. 50:	1 A 139 (Landschenkungsurkunde).
XXX	10:	1 A 229 a) (Weisheit).
XXXI	121. 121 a:	2 A 35 b).

4. Altes Testament und jüdische Literatur:

a) Allgemeines:

b) Texte:

5. Griechische und römische Literatur:

§ 1.6; S. 16 und 20 (Caesar); § 3.21; § 3.22 (Homer); S. 25 (Thukydides); S. 33 (Homer); S. 34 (Herodot); S. 37 (Hekataios); S. 212 f. (Caesar);
1 A 8; 9; 21; 25; 30; 35 (Hesiod); 46; 63 und 66 (Herodot); 156; 177 (etruskische Literatur?); 199 (Quellen); 203 („Einheit"); 216; 229; 2 A 43 (Herodot); 104 und 105 (Quellen); 3 A 27; 72 b); 134.

6. Verschiedene Kulturen:

Syrien: 1 A 200 b)—c); 201 b); 214; 2 A 184; 3 A 85 (Idrimi).
Persien: S. 53; 1 A 205; 2 A 24; 92; 136.
Arabische Historiographie: 1 A 33; 156; 208; 217; 225 a);229 b); 2 A 197.

II. BEGRIFFE, NAMEN, SACHEN